거짓을 이기는 믿음 Ⅲ

JMS(정명석)의 교리에 대한 반증

저자 김경천

거짓을 이기는 믿음 Ⅲ
JMS(정명석)의 교리에 대한 반증

초판 1쇄 발행 2021년 12월 24일
저자 김경천
북디자인 DesignSEN
인쇄 넥스트프린팅
펴낸곳 기독교포털뉴스

등록 제 2016-000058호(2011년 10월 6일)
주소 우 16518 경기도 수원시 영통구 중부대로 335 삼부리치안 1동 806호(원천동)
전화 010-4879-8651
이메일 unique44@naver.com
홈페이지 www.kportalnews.co.kr

가격 16,000원

ISBN : 979-11-90229-21-0   93230

무지 속의 상극세계, 휴거론, 영계론, 죽은 뒤에도 구원받을 수 있는가?
천사·사탄론, 예정론, 중심인물론, 한 때·두 때·반 때, 천년왕국론, 인류의 기원,
아담, 노아, 아브라함, 예수 그리스도, 역사란 무엇인가?, 재림이 동시성으로 이루어지는가? 등
한국교회 최초의 JMS 교리 비판서

거짓을 이기는 믿음

III

JMS(정명석)의 교리에 대한 반증

저자 **김경천**

기독교포털뉴스
www.kportalnews.co.kr

서 문

이 책이 나올 수 있게 해 주신 하나님께 감사와 영광을 돌립니다.

모태신앙이었던 제가 왜 이단에 빠졌을까요?

성경 공부하다가 빠졌습니다. 제가 이단에 빠질 것이라고는 눈곱만 큼도 생각하지 못했습니다. 내가 들어보면 이단인지 아닌지 충분히 알수 있다고 자신했습니다. 그러나 이단의 말을 듣다가 빠졌습니다. 이 것은 이단에 빠진 사람들의 공통점이기도 합니다. 저는 성경에 대해서 평소 궁금한 것이 많았습니다. 예를 들면, 우리나라에 기독교가 들어 오기 전의 사람들은 어떻게 구원받았는가? 나는 택함 받았는가? 천년 왕국은 어떻게 진행되는가? 공중휴거가 될까? 가인의 아내는 누구인 가? 등등….

이와 같은 것들은 재림 예수님이 오셔야 알 것이라고 미루어두었는 데, 정명석에게서 그 답을 듣게 되자(나중에 보니 엉터리 답이었지만) 그를 메시아로 믿게 된 것입니다. 정명석은 자기가 예수님께 직접 성 경을 배웠고, 천국에 갔다 왔고, 예수님의 영이 자기 몸에 들어와서 자 신의 육신을 쓰고 있다고 말했습니다. 저는 그런 말을 믿을 수밖에 없 었습니다. 그런 허무맹랑한 말에 속아 넘어간 것은, 지금 와서 돌이켜 보니, 어쩌면 구원받기 위한 필요악(必要惡)의 과정이었던 것 같습니 다. 내가 JMS에 빠지지 않았더라면 신천지나, 안상홍 하나님의 교회 에라도 빠졌을 것 같습니다. 제 신앙이 그것밖에 안 되었던 것입니다.

성경공부는 다 좋을까요?

아닙니다. 성경공부는 본래 좋은 것이로되, 지나고 보니 성경공부가 다 좋은 것은 아니었습니다. 참된 성경공부가 하나님과 예수님에 대해 서 가르치는 것이라면, 거짓된 성경공부는 이단 교주에 대해서 가르치는 것입니다. 그래서 이단에 빠질수록 예수님과는 점점 멀어지고, 이단 교주와는 점점 가까워지는 것입니다.

저는 왜 그렇게 오랫동안 나오지 못했을까요?

신비한 경험과 반복교육 때문이었습니다. 꿈과 신비한 현상 등을 통해 정명석이 하나님의 사람이라고 믿어졌고, 강의를 들으면서 점차 세뇌되었고, 특히 제가 직접 강의하면서 스스로 세뇌되었습니다. 이단에 빠지면 쉽게 탈출할 수 없습니다. 왜냐하면 그곳이 하나님의 단체이고, 그곳을 떠나면 지옥 갈지 모른다는 두려움 때문입니다. 나도 JMS를 이탈하는 마지막 순간까지 "내가 혹시 이 시대의 가룟 유다가 아닌가?" 하고 끊임없이 자문하며 두려워했습니다.

저는 어떻게 나올 수 있었을까요?

교리가 잘못되었다는 것을 깨닫고 나올 수 있었습니다. JMS에 있을 때는 그 교리가 딱 맞는 줄 알았기에 충성하였고, 지금은 틀렸다는 것을 알기에 이단 대처사역을 하고 있습니다. 지금도 그곳에는 수만 명이 있습니다. 그들도 속았다는 것을 깨닫게 된다면, 자살하고 싶을 정도로 충격이 크겠지만, 남아 있을 사람이 어디 있겠습니까? 다들 장밋빛 미래를 꿈꾸며 남아 있지만, 속았다는 것을 깨닫는다면 그들도 나오겠지요.

이단마다 '지옥 팔이' 포교를 많이 합니다. 그러나 지옥은 무서워한다고 피할 수 있는 것이 아닙니다. 인간 교주를 구원자로 믿으면 지옥에 갈 수밖에 없습니다. 인간 교주를 하나님, 성령님, 주님으로 믿는 것은 우상숭배이기 때문입니다.

제가 이단에서 나와 보니, 이제야 비로소 찬송가 가사도, 성경 구절도 제대로 눈에 들어옵니다. 과거에는 예정론을 비판했지만 지금은 예정론을 감사함으로 받아들입니다. 이제 저는 "나의 나된 것은 하나님의 은혜라"(고전15:10)고 고백했던 바울의 고백을 제 것으로 삼았습니다. 저는 JMS에 빠지기 전에 공중 휴거에도 관심이 많았습니다. 남들은 다 휴거 되고 나 혼자만 남게 되면 어떻게 하나 걱정이 많았습니다. 그렇게 걱정하고 있을 때, 정명석은 이스라엘 백성들이 모세를 따라 출애굽한 것이 휴거이고, 마찬가지로 이 시대는 이 시대의 지도자를 믿고 따르는 것이 휴거라고 하였습니다. 저는 공중으로 올라가는 것보다는, 땅에서 새 지도자인 정명석을 믿고 따르는 것이 더 합리적이라고 믿었습니다. 이단들은 이처럼 잘못된 확신을 심어주어 추종자들을 교만하게 합니다. 그러나 지금은 하나님께는 모든 것이 가능하다고 믿습니다.

저는 어떻게 회복될 수 있었을까요?

저는 이단에서 처음 나왔을 때 무슨 일을 할 수 있을까 앞이 캄캄했습니다. 그러나 하나님께서 복음 전하는 목사들을 만나게 하시고, 목사 안수까지 새롭게 받게 해주셨습니다. "JMS 목사"라는 주홍글씨가 쓰인 옷을 벗어버리고, 대한예수교장로회 목사(합동)라는 새 옷으로 갈아입혀 주셨습니다. 지금은 이단 상담소에서 JMS뿐만 아니라 각양각색의 이단자들을 성경으로 상담하여 예수님 품으로 돌아오게 하는 일을 하고 있습니다. 지금은 이단에 빠졌던 것도 감사하게 느껴질 정도로 회복되었습니다. 지금은 십자가만 생각해도 가슴이 뜨거워지고, 눈시울이 뜨거워집니다. 지금은 성경을 읽으면 꼭 내게 주시는 말씀으로 다가오고, 찬송가의 가사 한 줄 한 줄이 제 마음을 잘 표현하고 있다고 느껴집니다. 이 책이 이단의 피해자들, 특히 JMS에 빠진 사람들이 예수 품으로 돌아오는 길의 셰르파(sherpa)가 되었으면 좋겠습니다.

오랫동안 이단 대처사역에 앞장서 주신 진용식 목사님께 감사를 드리고, 그 외 이단 대처 사역하는 분들과 기쁨을 나누고 싶습니다. 이단을 나와 방황할 때 정착할 수 있도록 도와주신 한상신 목사님께 감사를 드리고, 이 책을 맡아서 발간해 주신 기독교포털뉴스 정윤석 사장님께도 감사를 드립니다. 특히 『거짓을 이기는 믿음』 Ⅰ, Ⅱ, Ⅲ권이 출간될 수 있었던 것은 전북의 유 권사님 모녀와 울산의 김 목사님, 네이버 카페 '가나안(jms를 떠나 예수 품으로)' 회원들의 후원 덕분에 가능했습니다. 마지막으로 사랑하는 아내와 가족들의 성원은 항상 큰 힘이 됩니다.

2021년 11월 12일 김경천

거짓을
이기는
믿음
Ⅲ
JMS(정명석)의
교리에 대한 반증

목차

01. 무지 속의 상극세계

01
무지(無知) 속의 상극(相剋)세계

요시야는 유대의 선한 왕이었으나 전쟁 중에 죽었다(BC609년). 우리가 구약성경의 역사서들을 통해 알 수 있는 것은, 흔히 선한 왕은 하나님이 보호하시고, 악한 왕은 벌하신다는 권선징악의 메시지이다. 그러나 요시야 왕은 보기 드물게 선한 왕인데도 일찍 죽었다. 요시야 왕은 왜 일찍 죽었을까? 이에 대하여 정명석은 "무지 속의 상극세계" 때문이었다고 주장한다.

정명석의 "무지 속의 상극세계"는 정명석이 성범죄를 저질러 형벌을 받아도 그의 범죄 때문이 아니라 사람들이 무지해서 의인을 핍박한 것이라 믿게 만드는 교리이다. 또한 이 교리는 정명석을 비난한 사람들에게는 당신도 요시야 왕처럼 비참하게 죽게 될 것이라고 겁박하는 교리이다. 그렇다면 정명석의 "무지 속의 상극세계"란 무엇인가?

대하35:16~25(왕하23:28~30)

16 이와 같이 당일에 여호와를 섬길 일이 다 준비되매 요시야 왕의 명대로 유월절을 지키며 번제를 여호와의 단에 드렸으며

17 그 때에 모인 이스라엘 자손이 유월절을 지키고 연하여 무교절을 칠 일 동안 지켰으니

18 선지자 사무엘 이후로 이스라엘 가운데서 유월절을 이같이 지키지 못하였고

이스라엘 열왕도 요시야가 제사장들과 레위 사람들과 모인 온 유다와 이스라엘 무리와 예루살렘 거민과 함께 지킨 것처럼은 유월절을 지키지 못하였더라

19 요시야의 위에 있은지 십 팔년에 이 유월절을 지켰더라

20 이 모든 일 후 곧 요시야가 전을 정돈하기를 마친 후에 애굽 왕 느고가 유브라데강 가의 갈그미스를 치러 올라왔으므로 요시야가 나가서 방비하였더니

21 느고가 요시야에게 사신을 보내어 이르되 유다 왕이여 내가 그대와 무슨 관계가 있느뇨 내가 오늘날 그대를 치려는 것이 아니요 나로 더불어 싸우는 족속을 치려는 것이라 하나님이 나를 명하사 속히 하라 하셨은즉 하나님이 나와 함께 계시니 그대는 하나님을 거스리지 말라 그대를 멸하실까 하노라 하나

22 요시야가 몸을 돌이켜 떠나기를 싫어하고 변장하고 그와 싸우고자 하여 하나님의 입에서 나온 느고의 말을 듣지 아니하고 므깃도 골짜기에 이르러 싸울 때에

23 활 쏘는 자가 요시야왕을 쏜지라 왕이 그의 신복에게 이르되 내가 중상하였으니 나를 도와 나가게 하라

24 그 신복이 저를 병거에서 내리게 하고 저의 버금 병거에 태워 예루살렘에 이른 후에 저가 죽으니 그 열조의 묘실에 장사하니라 온 유다와 예루살렘 사람들이 요시야를 슬퍼하고

25 예레미야는 저를 위하여 애가를 지었으며 노래하는 남자와 여자는 요시야를 슬피 노래하니 이스라엘에 규례가 되어 오늘날까지 이르렀으며 그 가사는 애가 중에 기록되었더라(개역한글).

정명석의 주장[1]

유다의 요시야 왕(BC640 – BC609)은 우상을 타파하며 종교개혁을 단행하는 등 여호와께서 보시기에 정직히 행하였다. 요시야 왕은 역대에 그처럼 선하고 의로운 왕이 없었다고 평가받았으나, 애굽의 느고(Necho, BC610 – BC597 재위) 왕과 싸우던 중 죽고 말았다. 요시야 왕은 선하고 의로운 왕이었는데 어찌하여 죽게 되었는가?

(1) 요시야 왕과 갈그미스 사건
1) 요시야 왕의 개혁정치

2 여호와 보시기에 정직하게 행하며 그의 조상 다윗의 길로 걸으며 좌우로 치우치지 아니하고(대하34:2, 개역개정).

유다의 요시야 왕은 역대지략에 그처럼 선한 왕이 없었다고 평가할 정도로 하나님 앞에 크게 인정받을 만한 실적을 세운 왕이다. 8세의 어린 나이에 왕이 되었으나 조부 므낫세 왕이나 부친 아몬 왕과 같이 우상숭배를 하지 않고 조상 다윗의 정통적 신앙을 본받아 좌우로 치우치지 않고 하나님 보시기에 정직히 행하였다.

우상을 타파하였으며, 여호와의 성전을 수리하였고, 율법 책을 발견하고 하나님만을 섬기기로 서약한 후, 율법을 근거로 하여 종교개혁을 시작하였다(대하34:29~33). 나아가서 선지자 사무엘 이후로 어떤 왕

---

[1] 정명석의 주장에 대해서는 다음의 자료를 참조하였다: 세계청년대학생MS연맹, 『초급편』, (서울: 세계청년대학생연맹기획실, nd). 225~243. 이 책은 JMS 창설 초기에 강사용으로 만들어진 강의안이다. 이 강의안은 『입문편』, 『초급편』, 『중급편』, 『고급편』, 『역사편』으로 구성되어 있는데, 이 장에서는 특히 『초급편』을 참조하였다; 기독교복음선교회, 『R 30 개론 직강 말씀 I 2006년1/10 - 2/4』 (충남: nd), 94~112.

들도 지키지 못한 유월절을 요시야 왕은 온 백성들과 함께 지켰다(대하35:18). 이처럼 이스라엘 왕 가운데 요시야 왕 같은 이가 없었다고 할 정도로 종교개혁을 감행하여 이스라엘 민족을 하나 되게 만들었다.

2) 갈그미스의 위협과 애굽의 동방원정

요시야 왕 때처럼 이스라엘이 정치, 경제, 종교, 사회, 문화 등 모든 조직과 분야가 이상적으로 잘 된 적이 없었다. 그러나 단 한 가지 요시야 왕이 처리하지 못한 것이 있었는데 바로 북쪽의 갈그미스라는 나라에 대한 국방 문제였다. 요시야 왕에게는 그것이 가장 큰 걱정거리였고 신앙의 염려거리였다. 그는 가만히 있을 수 없어서 국가 안보 문제를 두고 하나님께 늘 기도했다. 요시야 왕이 그렇게 하나님의 일을 해드렸는데 하나님께서 가만히 있겠는가? 하나님께서 그 문제를 해결할 수 있는 날을 주었다. 애굽 왕 느고에게 하나님이 나타나서 애굽의 대군으로 갈그미스를 치게 하셨던 것이다.

그런데 여기서 문제가 발생했다. 요시야 왕은 갈그미스라는 나라에 대해서만 걱정하고 있었는데, 정작 생각지도 않은 애굽의 백만 대군이 유다 나라를 향하여 올라오고 있었다. 요시야 왕은 애굽 군대가 유다를 치려고 올라오는 줄 알고 방비하였다. 그때, 애굽의 느고 왕이 유다의 요시야 왕에게 사신을 보냈다.

> 유다 왕이여 내가 그대와 무슨 관계가 있느냐 내가 오늘 그대를 치려는 것이 아니요 나와 더불어 싸우는 족속을 치려는 것이라 하나님이 나와 함께 계시니 그대는 하나님을 거스르지 말라 그대를 멸하실까 하노라 하나(대하35:21, 개역개정).

요시야 왕은 애굽의 느고 왕이 전하는 사연을 받아보고는 "우리를

치러 온 것이 아니라 하나님의 명령을 받고 다른 나라를 치러 가는구
나! 안심하고 돌아가자" 하고서 군대를 거두어 돌아갔다.

3) 므깃도 전쟁과 요시야 왕의 죽음

그런데 돌아갔던 요시야 왕이 변장하고 다시 나왔다. 요시야 왕은
느고 왕이 '안 친다고 하고 치면 어떡하나?' 하고 의심이 나서 도저
히 그냥 앉아 있을 수 없었던 것이다. 느고 왕도 이 소식을 듣고 가만
히 있을 수가 없어서 유다를 향하여 대오를 벌일 수밖에 없었다. 결국
유다와 애굽이 서로 적으로 생각하고 므깃도 골짜기에서 함께 싸우
게 되었다. 그러나 그것은 코끼리와 개미의 싸움과 같이 이미 판가름
이 나 있었다. 므깃도는 완전히 피바다가 되었으며 거기서 애굽 병사
의 활에 요시야 왕이 죽고 말았다. 국가와 민족이 한창 잘되고 있던 판
국에 국방 문제만 해결되었으면 좋았을 텐데, 그 문제로 슬픔을 당하
게 되었다. 외적의 침입을 막다가 죽었으니 얼마나 장렬하게 순국했는
가? 요시야 왕도 '나는 나라를 수호하다 죽었다'고 생각하겠지만, 그
것은 순국(殉國)이 아니었다. 요시야 왕이 멋모르고 대들어서 죽게 되
었다는 것이다.[2]

그 후에 느고 왕은 요시야 왕과의 므깃도 전쟁이 끝나고 나서 갈그
미스로 올라가 갈그미스와 싸움을 벌였다. 그러나 느고 왕의 애굽 군
대는 이미 므깃도에서 한바탕 유다와의 싸움으로 전력에 손실이 왔고,
더구나 이미 소식을 들은 갈그미스는 완전히 방어태세를 갖춘 뒤였다.
그래서 느고 왕은 갈그미스와의   싸움에서 이길 수가 없었다. 이제 보
니까 하나님께서 요시야 왕의 기도에 대한 응답으로 느고 왕을 들어
서 갈그미스를 치려고 올라갔는데, 요시야 왕이 사명자인 느고 왕을

---

2)　세계청년대학생MS연맹, 『초급편』, 231.

막았다는 것이다. 그 때문에 요시야 왕은 느고 왕과 하나 되지 못해서 개죽음을 당한 것이다.[3]

사실 느고 왕의 백만 군대는 하늘의 편이었다. 그러면 하나님은 왜 느고의 백만 군대를 들어서 역사하셨는가? 그때 유다 나라의 힘만으로는 갈그미스를 이길 수 없었기 때문이다. 하나님은 법칙의 하나님이시라 능력 주시는 것도 법칙 안에서 움직이신다. 고로 하나님은 막강한 군사력을 가진 애굽을 통해 역사하시며 도와주신 것이다. 느고 왕의 처지에서 볼 때, 사실상 갈그미스는 지정학적으로 위험한 잠재적인 가상의 적이었다. 만약 그 갈그미스가 유다를 쳐서 영토를 확장하고 그 세력이 강성해지면, 애굽의 안보에도 위협이 되기 때문에 느고 왕도 그 점을 염려하고 있던 바, 마침 하나님께서 느고 왕에게 계시를 주시며 갈그미스를 치라고 시키셨다. 고로 느고 왕은 현실적인 안목으로 판세를 보고 대군을 일으켰던 것이다.[4]

(2) 상극의 발생 원인과 그 결과

요시야 왕은 자기를 위하여 하나님께서 사람을 통해 구원하시려는 사실을 모르고 무지 속에 대적하다가 죽었다.

1) 상극 발생의 원인

① 유다의 요시야 왕이 그 상황을 함부로 판단한 것이다. 애굽 군대는 느고 왕의 말과 같이 분명히 갈그미스를 치러 가는 길이었다. 느고 왕이 유다를 향하여 쳐들어온 것이 아닌데, 그것을 모르고 요시야 왕이 므깃도에서 건드린 것이다. 그때 요시야 왕의 처지에서 볼 때, 애굽은 적으로 생각되었지만, 하나님의 입장은 그것이 아니라는 것이다.

---

3) 『초급편』, 232.
4) 『초급편』, 232.

문제는 애굽이 과거에는 원수였지만, 그때는 아니라는 사실이다. 어제의 악인도 오늘 변화시키면 의인이 될 수 있는 법이다. 고로, 사명 받으면 아벨인데, 그때는 느고가 아벨인 것이다.[5] 그러니까 요시야 왕은 느고 왕의 말을 믿었어야 했다.

② 하나님의 역사에 대한 무지

요시야 왕이 하나님의 역사의 흐름을 몰랐던 것이다. 첫째, 항상 보면 하나님께서 직접 도울 때도 있지만 대개는 강자를 통해서 돕는다. 둘째, 과거 요셉이 애굽을 도와준 공적이 있었기 때문에, 그 공적을 후손들이 대신 받게 된 것이다. 옛날에 이스라엘의 요셉이 꿈 풀이를 하여 애굽을 흉년에서 구원해준 적이 있었다. 고로 하나님께서는 그때의 빚을 갚으려 애굽을 들어서 기회를 준 것이다.[6]

③ 섭리적 뜻에 대한 무지

더욱이 대대적인 큰 역사를 이끄시는 하나님께서 뜻 없이 악한 나라였던 애굽을 사용하실 리가 없다. 그때 느고 왕과 요시야 왕이 서로 화친하며 하나가 되었다면, 메소포타미아 전역에 걸쳐서 하나된 정치, 경제, 사회, 문화권을 지닌 애굽의 육적 바탕 위에, 종교와 신앙을 지닌 유다를 하나로 합쳐 메시아 강림의 발판을 준비할 수 있었을 것이다. 하지만 요시야 왕이 하나님의 뜻을 알지 못했기 때문에 당세의 섭리적인 뜻이 깨지고 말았다.[7]

④ 요시야 왕은 상대를 믿어주는 마음이 적었다.

요시야 왕은 한번 약속을 했으면 그 약속을 지켜야 했다. 그런데 두 마음을 품고서 겉 다르고 속 다른 짓을 하다가 죽음을 당한 것이다.

---

5) 『초급편』, 233~234. 여기서 아벨은 의인을 의미하는 단어이다. 정명석은 아벨은 의인을, 가인은 악인을 대표하는 단어로 쓴다.
6) 『초급편』, 234.
7) 『초급편』, 234~235.

2) 하나님의 재섭리(再攝理)

하나님은 하시고자 하는 일을 반드시 이루시는 분이다. 1차 섭리에서 안 되면 2차 섭리를 통해서 더 크게 역사하신다. 어느 시대든지 그 시대 역사의 주인공은 생각지도 않은 사람에게서, 생각지도 않은 곳에서 나타난다. 이 경우는 애굽을 통한 1차 섭리가 이루어지지 않아서 제2의 섭리로 바벨론을 들어서 갈그미스를 치신 것이다. 결과적으로 갈그미스는 자기편이라고 생각한 바벨론에 의해 멸망했다. 또한 바벨론은 유다마저 멸망시키고 유다 백성들을 잡아갔다. 그리고 애굽은 이후부터 국력이 약해지고 점차 망하게 되었다.[8]

(3) 시대별 무지 속의 상극세계

요시야 왕과 느고 왕처럼 역사 속에 "무지 속의 상극세계"가 많이 일어났다. 어느 시대를 막론하고 문제를 해결할 사람이 나타나면 기다리던 자들에 의해 공격을 당한다. 사명 강자가 자기를 위해 오는데 그것을 모르고 덤비다가 "무지 속의 상극세계"가 일어나 망하였다.

1) 유다의 요시야 왕과 애굽의 느고 왕

유다 왕 요시야는 선한 왕이었다. 그러나 그는 평소 북쪽의 갈그미스라는 나라와의 국방문제 때문에 골머리를 앓고 있었다. 그래서 하나님께 갈그미스를 해결해달라고 기도하였다. 하나님은 그 응답으로 애굽 왕 느고를 들어 갈그미스를 없애려고 하셨다. 그러나 유다왕 요시야는 애굽 군대를 보고, 하나님의 입에서 나온 느고의 말을 믿지 못하고 변장하고 나타나 느고의 군대를 치다가 전사하였다. 그것이 바로 무지 속의 상극세계였다. 요시야는 굿이나 보고 떡이나 먹으면 될 것

---

8) 『초급편』, 236.

인데, 괜히 지나치게 잘하려다가 개죽음을 당하였다. 이와 같은 일이 성경의 역사에서 반복되고 있다.

2) 출애굽 역사(이스라엘 민족과 모세)

이스라엘 민족이 요셉 사후 400년 동안 애굽에서 종살이를 하며 고역을 당하고 있었을 때, 하나님이 모세를 통하여 느고 왕처럼 이스라엘 백성을 구원하시려고 모세를 보내셨다. 모세는 이스라엘 백성을 학대하는 애굽 사람을 쳐 죽였다. 다음 날 이스라엘 민족이 두 패로 갈려서 "모세가 선지자이다". "아니다, 모세는 선지자가 아니다" 면서 서로 싸우고 있었다. 그때 이스라엘 사람들은 모세가 자기 민족을 구원해 줄 메시아임을 깨달았어야 했다. 그러나 그때 모세를 믿지 못했던 사람이 "어제는 애굽 사람을 죽이더니 오늘은 나를 죽이려 하느냐?"며 대들자, 모세는 미디안 광야로 도망갔다. 그것이 바로 "무지 속의 상극세계"였다. 그러나 하나님께서는 제2차 섭리를 감행하셨다. 하나님께서는 미디안 광야에 있던 모세에게 40년 만에 다시 나타나셔서 바로 왕에게 가서 이스라엘 백성을 구하라고 하셨다. 모세는 바로 왕을 치고, 이스라엘 민족을 이끌고 출애굽했다. 만약 이스라엘 민족이 모세가 처음 나타났을 때 모세의 말을 곧장 믿었더라면, 해방이 40년이나 미뤄지지 않을 수 있었을 것이다. 믿어주지 못하는 만큼 하나님의 역사는 지연될 수밖에 없는 것이다. 보낸 자[9]를 불신했으므로 하나님의 역사가 40년 후로 미루어질 수밖에 없었다. 이스라엘 민족은 40년간 더 종살이를 하게 되었고 모세도 40년 뒤에 다시 올 수밖에 없었다.

---

9) 정명석에게서 "보낸자"란 "보냄을 받은 자"라는 의미이다.

3) 유대 종교와 예수님

구약 4000년 동안 유대인들을 비롯한 온 인류가 사망권 가운데 살고 있었는데, 예수님께서는 사명 강자였던 느고 왕 같이 예수님께서 기다리던 자들에게 구세주로 나타나셨다. 그러나 예수님이 오직 사탄을 멸하러 오셨지만, 유대인들이 무지 속에 그리스도를 불신하고 십자가에 매달아 살해하고 말았다. 그리하여 사도 바울을 통하여 2차 섭리가 유대인들 가운데 일어나게 되었다. 바울이 후(後) 역사로 나타나서 예루살렘에서 예수님을 그리스도로 증거하며, 유대인들을 기독교로 개종시키며 나아갔다. 바벨론이 유다 백성들을 바벨론으로 잡아갔듯이, 바울은 유대 종교인들을 기독교로 개종시켰던 것이다. 예수님과 유대종교인들 간에 "무지 속의 상극세계"가 일어났던 것이다.

4) 종교개혁의 역사

1600년 동안 천주교가 내려오면서 종교가 세속화되고 타락, 부패하게 되었다. 그래서 하나님께서 루터를 통해서 종교개혁을 하려고 하셨다. 그때 사람들이 루터를 잘 따르기만 했으면 천주교의 부패한 체제 문제를 해결할 수 있었을 것이다. 원래 루터는 천주교에 대항할 생각은 꿈에도 생각하지 않았다. 그러나 천주교가 루터를 이단으로 규정하고 핍박하고 죽이려 하였다. 이러므로 루터가 교황권과 싸울 수밖에 없었다. 그 후에 칼빈이 나타나서 천주교를 교리적으로 비판하면서 종교개혁을 이루어 내었다. 교황이 유다의 요시야 왕이라면, 루터는 느고 왕, 칼빈은 2차 섭리의 바벨론과 같은 입장이었다.

5) 시대적 종교역사

평소 원수처럼 여겼던 애굽에서 이스라엘을 도울 자, 곧 구원자가 나타났다. 구약 때도, 구교인 유대교에서 적대시하던 신교(기독교)에서 종교의 왕인 예수님이 나타나셨다. 이처럼 사명 강자가 있고 사명 약자가 있는데 생각지도 않은 곳에서 역사가 이루어진다. 고로 자기를 도와주겠다고 하는 사람에게 활을 쏘아서는 안 된다. 정명석은 자신 역시 하나님으로부터 이 시대 구원의 명령을 받고 나타났다고 주장한다. 정명석 자신은 개인, 가정, 민족, 세계의 무지와 사탄 마귀를 멸하러 가는 도정 위에 있다는 것이다. 하나님이 그런 막다른 골목의 문제를 해결하려고 복음의 사람(정명석-필자 주)을 배치하신 것이다.[10]

그러나 이 시대의 기독교는 요시야 왕 같이 사명 약자이다, 그럼에도 불구하고 이 시대의 느고 왕 같이 사명 강자인 새 시대 사명자(정명석-필자 주)에게 덤비면 요시야 왕과 같은 꼴을 당할 수밖에 없다는 것이다. 정명석은 새 시대의 종교지도자로서 하나님께 명령받고 기독교의 문제점들을 해결하려고 왔으나, 기독교인들이 이단이라고 정죄하여 싸움이 일어났다는 것이다. 정명석은 이러한 점에서 이 시대에서도 느고 왕과 요시야 왕처럼 "무지 속의 상극세계"가 일어났다고 주장한다.

반증

(1) 갈그미스에 대하여.
갈그미스라는 나라는 사실 존재하지 않았다. 갈그미스는 앗수르의 한 지역이었을 뿐, 국가의 기틀을 갖추지는 못했다. 갈그미스는 '그모스의 요새'라는 뜻으로 헷(히타이트) 족속의 고대 성읍이었다. 그러나 B.C. 717년 앗수르의 사르곤 2세가 헷 제국을 멸망시키고 정복하여

---

10) 『초급편』, 240.

앗수르의 영토가 되었다(사10:9).[11] 느고 왕이 출정하던 당시에는 갈그미스라는 나라는 없었고, 다만 앗수르 나라의 한 지역으로 남아 있었을 뿐이다. 그렇다면 존재하지도 않은 나라와 어떻게 싸울 수 있는가? 정명석은 갈그미스를 한 국가로 보고 이론을 전개했으나, 갈그미스라는 나라는 독립 국가로 존재하지 않았다. 그러므로 애굽왕 느고는 갈그미스라는 나라를 향하여 올라간 것이 아니라, 앗수르를 향하여 올라간 것이다.

(2) 애굽왕 느고는 앗수르(갈그미스)를 치기 위해서가 아니라 도와주려고 간 것이다.

정명석은 하나님께서 요시야 왕의 국방 문제를 해결하기 위해 갈그미스를 치려고 애굽 왕 느고를 일으켰다고 했다. 그런데 역대하 35장 21절의 병행 구절인 열왕기하 23장 29을 살펴보면 거기에는 다르게 나와 있다. 앗수르(갈그미스)를 치고자(to fight) 함이 아니라 도우러(to help) 갔다는 것이다. 이는 무엇을 의미하는가? 정명석이 읽었던 개역한글에는 "치고자 하여"라고 되어있으나, 새번역, 공동번역, NIV 등에는 **"도우러"**(to help) 올라갔다고 기록되어 있다.

> 요시야 당시에 애굽의 왕 바로 느고가 앗수르 왕을 치고자 하여 유브라데 강으로 올라가므로(왕하23:29 개역개정).

> 그가 다스리고 있던 때에, 이집트의 바로 느고 왕이 앗시리아 왕을 **도우려고** 유프라테스 강 쪽으로 올라갔다(왕하23:29 새번역).

---

11) 가스펠서브, 『라이프 성경사전』, (서울: 생명의말씀사, 2006)의 「갈그미스Carchemish」 항목을 참조할 것. 이 사전은 인터넷 「네이버 지식백과」에도 수록되어 있다:https://terms.naver.com/entry.nhn?docId=2389966&cid=50762&categoryId=51387

···이집트 왕 파라오 느고가 아시리아 왕을 **도우려고** 유프라테스 강을 향하
여···(왕하23:29 공동번역).

Pharaoh Necho king of Egypt went up to the Euphrates River **to help** the
king of Assyria(애굽 왕 바로 느고가 앗시리아 왕을 도우려고 유프라테스 강으
로 올라갔다)···(2Kings 23:29 NIV).

느고 왕은 앗수르를 치러 올라갔는가? 아니면 돕기 위해 올라갔느
냐? 이것은 매우 중요하다. 왜냐하면 정명석은 치러 올라갔다고 가정
하고 논리를 전개했기 때문이다. 만약 느고 왕이 앗수르를 돕기 위해
올라갔다면 정명석의 주장은 모래성처럼 무너지게 된다.

(3) 지리-역사적 배경[12]

그렇다면 똑같은 역사적 사건을 다룬 성경들의 본문이 왜 서로 다른
가? 그것은 전치사 "알"(עַל)에 대한 해석 때문이다. "알"은 대체로 위
치(on, over, in front of)나 방향(to, toward)을 나타내지만, 적대적인
의미(against)로 사용되기도 한다. 그래서 '**도우려고**'라고 해석될 수도
있지만, '치려고'라고도 해석될 수 있다. 그렇다면, 실제 역사는 무엇
인가? 애굽의 느고 왕은 앗수르(갈그미스)를 치려고 올라갔을까? 아
니면 도우려고 올라갔을까?

주전 630년 경에는 앗수르 제국이 급격하게 쇠퇴하고, 바벨론이 고
대 근동의 새로운 강자로 떠오르고 있었다. 바벨론은 주전 616년에 앗
수르와의 전쟁을 시작하였다. 당시 앗수르에게는 동맹군이 있었는데
그것은 애굽의 제 26왕조의 프삼메티히 1세(주전 664-610년)였다.

---

12) http://blog.daum.net/cesil777/10124

프삼메티히 1세는 바벨론의 공격을 받은 앗수르를 돕고자 군대를 보낸다. 그러나 주전 614년에 앗수르는 메대인의 손에 떨어지고, 이때 동맹을 체결한 메대-바벨론 연합군은 주전 612년에 앗수르의 수도였던 니느웨를 정복한다. 그럼에도 불구하고 앗수르 제국은 아직 명맥을 유지하고 있었다. 그 앗수르의 잔존의 세력이 갈그미스 지역에 모여 있었다.

주전 609년, 애굽 왕 느고(주전 609-594)는 제 2년에 부왕의 정책을 이어받아 친(親)앗수르 정책을 추진하였다. 이때 느고 왕은 앗수르가 무너질 경우, 자신들도 안전하지 못할 것이라는 판단 아래 앗수르를 도와 바벨론과 싸우고자 갈그미스로 올라간다. 따라서 주전 609년 애굽 대군을 파견한 것은 앗수르군과 연합하여 메대-바벨론 연합군에게 대반격을 꾀하려고 하였던 것이다. 그러니까 느고는 앗수르(갈그미스)를 공격하기 위해서가 아니라, 앗수르 제국을 도와 앗수르를 무너트리고 있던 바벨론과 전쟁하고자 진군하였던 것이다. 그렇게 진군 중이던 느고 왕의 군대를 유다의 요시야(주전 622-609년) 왕이 므깃도에서 맞서다가 전사한 것이다. 왜 그랬을까?

느고 왕은 앗수르를 치러 올라갔는가? 도우려고 올라갔는가? 역사적 배경으로 본다면, "애굽 왕 느고가 앗수르 왕을 돕고자 하여 유브라데 강으로 올라가므로"라고 번역하는 것이 옳은 번역이다.[13] 도우려고 갔다고 해석해야, 비로소 유다의 요시야 왕이 느고 왕과 왜 전쟁하였는지를 알 수 있게 된다.

요시야는, 애굽왕 느고가 앗수르를 돕게 되면 통일 왕국을 꿈꾸는 자신의 계획이 위협당할 것이라고 생각했다. 요시야 왕은 그가 적대시하는 앗수르를 돕는 세력 역시 적군이라고 생각했다. 적의 친구는 적

---

13) 월터 카이저 외, 『IVP 성경난제주석』, 박규태 외 옮김, (서울: 한국기도학생회출판부, 2017), 250.

이기 때문이다. 요시야는 애굽 군대가 앗수르 군대와 연합하는 것을 막기 위해 직접 개입한 것이다.[14]

(4) 요시야는 왜 하나님의 입에서 나온 느고의 말을 듣지 않았을까?

> 요시야가 몸을 돌이켜 떠나기를 싫어하고 변장하고 그와 싸우고자 하여 하나님의 입에서 나온 느고의 말을 듣지 아니하고 므깃도 골짜기에 이르러 싸울 때에 활 쏘는 자가 요시야 왕을 쏜지라… 그가 죽으니(대하35:22~24).

요시야 왕은 하나님께서 느고 왕과 같은 인물을 도구로 사용하시리라고는 조금도 상상하지 못했을 것이다. 왜냐하면 그는 애굽의 왕이기 때문이다. 요시야 왕은 느고 왕이 하나님의 이름을 빙자하여 거짓말하고 있다고 생각했을 것이다. 이방 왕들도, 거짓 선지자들도 종종 하나님의 이름을 빙자하기 때문이다.

요시야 왕의 증조부인 히스기야 왕 때 앗수르 왕 산헤립이 쳐들어왔을 때도, 앗수르의 장군 랍사게는 하나님의 이름을 빙자하여 히스기야 왕을 조롱한 바 있다. "내가 어찌 여호와의 뜻이 아니고서야 이제 이곳을 멸하러 올라왔겠느냐 여호와께서 전에 내게 이르시기를 이 땅으로 올라와서 쳐서 멸하라 하셨느니라 하는지라"(왕하18:25).

그런데 히스기야 왕 때는 하나님께서 앗수르 군대를 대적하기 위해 천사를 보내 멸절시키셨다. 그러나 요시야 왕 때는 그렇게 하지 않으셨다. 하나님께서는 주권적으로라도 요시야 왕을 돕지 않으셨고, 요시야도 느고의 입에서 나온 하나님의 말을 듣지 않았다. 왜 그런 일이 발

---

14) 『IVP 성경난제주석』, 250.

생했을까? 왜 하나님께서는 요시야 왕에게는 히스기야 왕 때처럼 돕지 않으셨나?

(5) 조부 므낫세 때문이었다.

정명석은 요시야 왕이 무지해서 사명 강자에게 덤비다가 죽었다고 해석한다. 그러나 성경은 그렇게 자의적으로 해석해선 안 된다. 성경은 성경 자신이 해석자이다. 그러므로 성경은 성경 안에서 해석되어야만 하지, 정명석처럼 하나님께 직통 계시를 받았다고 주장하면서 성경을 왜곡해서는 안 된다. 성경에 해석된 부분이 있다면 그 해석을 중심으로 해야 한다. 다행히 이 사건이 기록된 역대하 35장 20~25에 대해서는 열왕기하 23장 25~27이 병행하는 구절로 주어져 있다. 열왕기하 23장에 이르기를, 하나님께서 요시야 왕을 돕지 않은 것은 요시야 왕의 조부 므낫세 왕이 여호와 하나님을 격노케 한 것 때문이라는 것이다. 열왕기하 23장 25~27에는 요시야를 긍정적으로 평가하면서도, 동시에 조부 므낫세 왕 때문에 요시야 왕이 죽었다고 설명하고 있다.

> 25 요시야와 같이 마음을 다하며 뜻을 다하며 힘을 다하여 모세의 모든 율법을 따라 여호와께로 돌이킨 왕은 요시야 전에도 없었고 후에도 그와 같은 자가 없었더라.
> 26 그러나 여호와께서 유다를 향하여 내리신 그 크게 타오르는 진노를 돌이키지 아니하셨으니 이는 므낫세가 여호와를 격노하게 한 그 모든 격노 때문이라.
> 27 여호와께서 이르시되 내가 이스라엘을 물리친 것 같이 유다도 내 앞에서 물리치며 내가 택한 이 성 예루살렘과 내 이름을 거기에 두리라 한 이 성전을 버리리라 하셨더라(왕하23:25~27).

그렇다면 므낫세의 악행이 어떠했기에 삼대 후손인 요시야까지 악

영향이 미치게 되었는가?(대하33:1~9). 므낫세는 너무 심하게 우상을 숭배했다. 심지어 이스라엘 주변의 이방 나라들보다도 우상숭배가 더 심했다고 하였다. 하나님께서는 하나님을 사랑하고 계명을 지키면 천대까지 은혜를 베풀지만, 하나님을 미워하고 우상 숭배하면 죗값을 자식들 삼사 대까지 치르게 하겠다고 하셨다(신5:9~10). 그 말씀대로 된 것이다.

> 1 므낫세가 위에 나아갈 때에 나이 십이 세라 예루살렘에서 오십오 년을 치리하며
> 2 여호와 보시기에 악을 행하여 여호와께서 이스라엘 자손 앞에서 쫓아내신 이방 사람의 가증한 일을 본받아
> 3 그 부친 히스기야의 헐어 버린 산당을 다시 세우며 바알들을 위하여 단을 쌓으며 아세라 목상을 만들며 하늘의 일월성신을 숭배하여 섬기며
> 4 여호와께서 전에 이르시기를 내가 내 이름을 예루살렘에 영영히 두리라 하신 여호와의 전에 단들을 쌓고
> 5 또 여호와의 전 두 마당에 하늘의 일월성신을 위하여 단들을 쌓고
> 6 또 힌놈의 아들 골짜기에서 그 아들들을 불 가운데로 지나게 하며 또 점치며 사술과 요술을 행하며 신접한 자와 박수를 신임하여 여호와 보시기에 악을 많이 행하여 그 진노를 격발하였으며
> 7 또 자기가 만든 아로새긴 목상을 하나님의 전에 세웠더라 옛적에 하나님이 이 전에 대하여 다윗과 그 아들 솔로몬에게 이르시기를 내가 이스라엘 모든 지파 중에서 택한 이 전과 예루살렘에 내 이름을 영원히 둘지라
> 8 만일 이스라엘 사람이 내가 명한 일 곧 모세로 전한 모든 율법과 율례와 규례를 지켜 행하면 내가 그들의 발로 다시는 그 열조에게 정하여 준 땅에서 옮기지 않게 하리라 하셨으나
> 9 유다와 예루살렘 거민이 므낫세의 꾀임을 받고 악을 행한 것이 여호와께서

이스라엘 자손 앞에서 멸하신 열방보다 더욱 심하였더라(대하33:1~9).

9 그것들에게 절하지 말며 그것들을 섬기지 말라 나 네 하나님 여호와는 질투하는 하나님인즉 나를 미워하는 자의 죄를 갚되 아버지로부터 아들에게로 삼사 대까지 이르게 하거니와
10 나를 사랑하고 내 계명을 지키는 자에게는 천 대까지 은혜를 베푸느니라(신5:9~10).

(6) 요시야 왕의 죽음은 여 선지자 훌다(Huldah)의 예언 성취

요시야 왕의 지혜롭지 못한 행동은 예레미야가 애가를 지을 만큼 큰 충격을 주었다. 그러나 이 가운데서도 하나님의 계획은 역사 속에 계속되고 있었다. 여호와께서는 므낫세의 악행에 대하여 선지자들을 통해 말씀하셨다(왕하21:10~15). 이스라엘 백성이 애굽에서 나온 이후로 줄곧 악을 행하여 하나님의 진노를 격발시켰으므로, 예루살렘을 버릴 것이고, 원수의 손에 넘겨져 노략거리가 되게 할 것이라고 말씀하셨다.

10 여호와께서 그의 종 모든 선지자들을 통하여 말씀하여 이르시되
11 유다왕 므낫세가 이 가증한 일과 악을 행함이 그 전에 있던 아모리 사람들의 행위보다 더욱 심하였고 또 그들의 우상으로 유다를 범죄하게 하였도다.
12 그러므로 이스라엘의 하나님 여호와가 말하노니 내가 이제 예루살렘과 유다에 재앙을 내리리니 듣는 자마다 두 귀가 울리리라
13 내가 사마리아를 잰 줄과 아합의 집을 다림 보던 추를 예루살렘에 베풀고 또 사람이 그릇을 씻어 엎음 같이 예루살렘을 씻어 버릴지라
14 내가 나의 기업에서 남은 자들을 버려 그들의 원수의 손에 넘긴즉 그들이 모

든 원수에게 노략거리와 겁탈거리가 되리니

15 이는 애굽에서 나온 그의 조상 때부터 오늘까지 내가 보기에 악을 행하여 나의 진노를 일으켰음이라 하셨더라(왕하21:10~15).

요시야 왕은 성전을 수리하다가 율법 책을 발견한다. 요시야 왕은 옷을 찢으며 민족의 죄를 회개한다. 그리고 사람들을 여선지자 훌다 (Huldah)에게 보내어 하나님의 말씀을 전해달라고 요청했다. 훌다는 그들에게 다음과 같이 하나님의 말씀을 들려주었다: "하나님께서 유다 나라에 진노를 내리실 것이다. 그러나 요시야 왕이 겸비하여 옷을 찢었으니, 요시야는 조상들의 묘실에 평안히 안치될 것이다. 그리고 장차 하나님께서 유다 나라에 보낼 모든 재앙들을 직접 눈으로 보지 않을 것이다"(왕하22:20). 하나님께서는 재앙 가운데서도 요시야에게 는 은혜를 베푸셨던 것이다. 다음은 훌다가 예언한 내용이다.

16 여호와의 말씀이 내가 이 곳과 그 주민에게 재앙을 내리되 곧 유다 왕이 읽은 책의 모든 말대로 하리니

17 이는 이 백성이 나를 버리고 다른 신에게 분향하며 그들의 손의 모든 행위로 나를 격노하게 하였음이라 그러므로 내가 이곳을 향하여 내린 진노가 꺼지지 아니하리라 하라 하셨느니라

18 너희를 보내 여호와께 묻게 한 유다 왕에게는 너희가 이렇게 말하라 이스라엘의 하나님 여호와가 이같이 말씀하셨느니라 네가 들은 말들에 대하여는

19 내가 이곳과 그 주민에게 대하여 빈 터가 되고 저주가 되리라 한 말을 네가 듣고 마음이 부드러워져서 여호와 앞 곧 내 앞에서 겸비하여 옷을 찢고 통곡하였으므로 나도 네 말을 들었노라 여호와가 말하였느니라

20 그러므로 내가 네게 너희 조상들에게 돌아가서 평안히 묘실로 들어가게 하리니 내가 이 곳과 그 주민에게 내리는 모든 재앙을 네가 눈으로 보지 못하리라

하셨느니라 하니 사자들이 왕에게 보고하니라(왕하22:16~20).

결국 요시야 왕은 여선지 훌다가 예언한 대로 되었다. 요시야는 비록 부친 므낫세의 범죄에 대한 하나님의 분노로 죽었지만, 하나님 앞에 겸손하고 율법을 지키려고 노력하였다. 그로 인해 요시야 왕은 조상들의 묘실에 평안히 안치되었고, 잠시 후 유다에 임할 모든 재앙을 보지는 않았다.

사실상 요시야가 죽은 지 3년이 지난 BC606년에 바벨론은 처음으로 유다 백성을 포로로 잡아갔다. 이때 포로들 가운데 다니엘과 세 친구들도 있었다. 그 후 BC597년에 에스겔이 포로로 잡혀갔다. 마침내 BC586년에는 예루살렘 성과 예루살렘 성전이 불에 타 버렸다. 그러나 은혜롭게도 성경 기자는 요시야의 죄를 강조하지 않는다. 오히려 이 일의 가장 큰 원인을 조부인 므낫세 왕의 잘못이라고 지적한다. 더욱이 요시야 왕의 삶의 이야기는 왕의 약함이나 불순종을 강조하는 것이 아니라, 그의 "선한 일" 곧 "헌신의 행동들"을 기억하는 것으로 끝난다(대하35:26). 하나님은 분노 중에도 요시야 왕에게는 "잘하였도다. 착하고 충성된 종아"라고 칭찬하신다. 이같이 하나님은 비극적인 사건 가운데서도 계획하신 목적을 계속 이루어 가신다. 하나님께 충실한 종이었던 요시야 왕의 끔찍한 종말로 보였던 죽음은, 사실은 진노 가운데도 역사하는 하나님의 배려와 상급이었다.[15] 요시야는 백성들의 거국적인 애도 속에 조상들의 묘실에 평안히 안치되었고, 유다가 비참하게 붕괴되는 꼴을 보지 않을 수 있었다.

(7) 하나님은 의인들을 빨리 불러 가시기도 한다.

---

15) 『IVP 성경난제주석』, 251.

요시야 왕은 분명 올바른 사람이었다. 그리고 그는 올곧게 산 사람이었다. 그러나 그는 죽고 말았다. 그렇다고 해서 그가 개죽음을 당했다고 단정 지을 수 없다. 하나님의 역사하심을 우리가 다 알 수 없기 때문이다. 이 문제에 대하여 이사야 선지자는 다음과 같이 말하였다: 의인이 사라지는 것은 재앙을 피하여 평화를 누리고 잠자리에 편히 쉬게 하기 위함이라는 것이다(사57:1~2). 요시야 왕의 죽음도 여기에 해당되는 경우라고 할 수 있겠다.

1 의인이 망해도 그것을 마음에 두는 자가 없고, 경건한 사람이 이 세상을 떠나도 그 뜻을 깨닫는 자가 없다. 의인이 세상을 떠나는 것은, 실상은 재앙을 피하여 가는 것이다.
2 그는 평화로운 곳으로 들어가는 것이다. 바른 길을 걷는 사람은 자기 침상 위에 편히 누울 것이다(사57:1~2 표준새번역).

1 올바른 사람이 망해도 아랑곳하지 않고, 경건한 사람이 사라져도 눈 하나 깜빡이지 않는다마는, 올바른 사람이 사라지는 것은 실상은 재앙을 벗어나
2 평화를 누리러 가는 것이다. 올곧게 사는 사람은 모두 자기 잠자리에 누워 편히 쉬리라(사57:1~2 공동번역).

사람이 단명(短命)하였다고 다 저주받았다고 할 수 없다. 솔로몬은 이에 대하여 의인이 단명하기도 하고, 악인이 장수(長壽)하기도 한다고 말하였다.

내 허무한 날을 사는 동안 내가 그 모든 일을 살펴보았더니 자기의 의로운 중에서 멸망하는 의인이 있고 자기의 악행 중에서 장수하는 악인이 있으니(전7:15).

역사는 하나님이 주권적으로 주관하시는 영역이다. 역사 가운데는 우리가 잘 이해되지 않는 부분도 있다. 악인이 장수하기도 하고, 의인이 단명하기도 한다. 그러므로 요시야가 빨리 죽었다고 해서 허무한 죽음이라고 단정 지을 수 없다. 빨리 죽는 것이 잘못된 것이라면, 예수님의 죽으심도 잘못되었다고 말해야 한다. 그러나 그것은 하나님의 사랑을 왜곡하는 것이다. 하나님께서는 주권적으로 어떤 뜻을 두고 역사를 이끌고 가신다. 무엇이든지 하나님의 뜻대로 된 것이라면, 잘못된 것처럼 보여도, 실상은 잘 된 것이다.

(8) 모세의 선(先) 광야 생활은 하나님의 때에 맞춘 것이다.

정명석은 모세가 40세에 처음 나왔을 때, 바로 이스라엘 민족을 끌고 나갔어야 했다고 주장했다. 그러나 결과적으로 볼 때, 그때는 '때'가 아니었던 것이다. 출애굽은 아무 때나 되는 것이 아니다. 하나님의 정한 시기와 때에 맞게 이루어지는 것이다. 출애굽의 영도자는 젊다고 되는 것이 아니고, 하고 싶다고 되는 것도 아니다. 하나님께서 정하신 '때'가 되어야 한다. 하나님께서 아브라함에게도 젊었을 때는 자식을 주지 않으시다가 다 늙어서 100세나 되었을 때에 비로소 주셨다. 모세도 마찬가지였다. 그리고 우리가 아는 대로 모세 같은 온유한 영도자가 되려면,[16] 연단이 필요했으리라. 이 점에 대해서는 욥도 "그가 나를 단련하신 후에는 내가 순금같이 나오리라"(출23:10)고 하였다. 모세도 연단이 필요했던 바, 광야에서 양을 치면서, 외로움도 느껴보고, 인생무상도 느껴 보면서, 조약돌이 시냇물에 닳듯이 돌 같은 마음이 부드러워지고 온유해지는 시간이 필요했다. 그래서 40년의 연단 기간이

16) 이 사람 모세는 온유함이 지면의 모든 사람보다 더하더라(민12:3).

필요했던 것이다. 그때가 바로 아브라함에게 약속하셨던 때이기도 하다. 그래서 40년이 찼을 때 하나님께서 모세를 부르셨다. 처음에 왕자 신분으로 궁중에서 나왔을 때는 아직 때가 아니었던 것이다. 그러므로 모세가 미디안 광야로 도망간 것은, 무지 속의 상극세계가 아니라, 무지 속에 하나님의 뜻이 성취되는 과정이었다, 즉 "무지 속의 조화"(調和)였던 것이다.

> 사십 년이 차매 천사가 시내 산 광야 가시나무 떨기 불꽃 가운데서 그에게 보이거늘(행7:30)

> 내 백성이 애굽에서 괴로움 받음을 내가 확실히 보고 그 탄식하는 소리를 듣고 그들을 구원하려고 내려왔노니 이제 내가 너를 애굽으로 보내리라 하시니라(행7:34)

(9) 예수님은 죽으러 오셨고, 죽어서 그 뜻을 완성하셨다.

정명석은 유대 종교인들이 예수님을 알아보지 못해 십자가에 못 박아 죽였고(무지 속의 상극), 그래서 2차 섭리인 바울을 세워서 유대 종교인들에 복음을 전하며 기독교로 개종시켰다고 설명한다. 예수님의 십자가 사건을 요시야 왕과 느고 왕의 무지 속의 상극세계로 대입하여 보면, 유대 종교인은 요시야 왕이고, 예수님은 느고 왕이다. 그리고 로마 나라는 갈그미스이고, 바울은 바벨론이 된다.

정명석은 예수님이 유대 나라를 당시 갈그미스와 같은 로마로부터 해방시켜주려고 오셨는데, 유대 종교인들이 믿지 못하고 항거했다고 설명한다. 그래서 유대 종교인들은 요시야 왕처럼 멸망하게 되었고, 예수님도 십자가를 질 수밖에 없었다는 것이다. 또한 이것이 하나님께서 바울을 바벨론과 같이 2차 섭리로 들어 쓰신 이유라고 설명한다.

그러나 예수님께서 십자가에서 죽으신 사건이 과연 "무지 속의 상극세계"일 수 있는가? 예수님은 유대를 로마로부터 해방시키러 오셨는데, 유대 종교인들의 무지 때문에 해방시키지 못하신 것인가? 그래서 예수님의 십자가는 실패한 것인가? 통일교는 예수님의 십자가는 실패한 것이라고 하고,[17] JMS는 절반의 성공이라고 한다. 절반의 성공은 절반의 실패를 말하는 것으로, 그것도 온전한 승리가 아니므로 실상은 실패라고 말하는 것과 같다. 그러나 예수님은 로마를 멸망시키심으로써 이스라엘을 해방하러 오신 것이 아니다. 부활·승천하시기 전 제자들이 "이스라엘 나라를 회복하심이 이때입니까?"(행1:6)라고 여쭈었을 때, 예수님께서 뭐라고 말씀하셨는가? "때와 시기는 아버지께서 자기의 권한에 두셨으니 너희가 알 바 아니요 오직 성령이 너희에게 임하시면 너희가 권능을 받고 예루살렘과 온 유대와 사마리아와 땅끝까지 이르러 내 증인이 되리라"(행1:7~8)고 하셨다.

그러므로 유대인들은 예수님이 로마로부터 이스라엘을 독립시킬 것을 기대했지만, 예수님은 더 근본된 사망과 죄의 권세로부터 영적 해방을 시키러 오셨던 것이다. "이는 그리스도 예수 안에 있는 생명의 성령의 법이 죄와 사망의 법에서 너를 해방하였음이라"(롬8:2). 그러므로 예수님의 죽으심은 실패한 것도 아니고, 절반의 성공도 아니다. 예수님은 택한 백성들의 죗값을 치르기 위해 죽으러 오셨고, 실제로 죽으셨고, 그래서 100% 이루시고 성공하셨던 것이다. 죽으심은 하나님의 뜻이었다. 예수님께서는 죽으심으로써 하나님의 뜻을 이루셨고, 피 흘리심으로 죗값을 다 치르셨고, 그로 인해 택한 백성들을 구원하

---

17) 세계기독교통일신령협회, 『원리강론』(서울: 성화사, 2006), 161-162. 통일교는 예수님의 육신이 죽었기 때문에 육적 구원은 이루지 못했고, 다만 영적으로만 구원시켰다고 주장한다. 그래서 예수님을 믿어도 혈통적인 원죄가 해결되지 않았다는 것이다. JMS의 주장도 마찬가지이다.

셨다. 그런데 2차 섭리가 왜 필요한가?

예수님께서 십자가에서 죽으신 사건은 실패한 것처럼 보이나 실상은 승리였다. 십자가로 인해 사탄이 죽고 죄가 소멸되었기 때문이다. 십자가는 유대교인들이 무지해서 발생한 것처럼 보이지만, 실상은 사탄을 멸망시키고, 택한 백성들의 죗값을 대신 치르고 구원하시려는 하나님의 능력이요, 지혜였다(고전1:24). 한 마디로 승리였다. 바울은 이에 대하여 "십자가로 그들을 이기셨느니라"(골2:15)고 선포하였다. 사도 바울은 예수님 사역의 2차 섭리가 아니라, 이방인들에게 십자가의 복음을 전하기 위한 예수님의 그릇이요, 제자 중의 한 사람일 뿐이다. 예수님께서는 바울에 대하여 "이 사람은 내 이름을 이방인과 임금들과 이스라엘 자손들에게 전하기 위하여 택한 나의 그릇이라"(행9:15)고 직접 말씀하셨다. 예수님의 십자가는 "무지 속의 상극"이 아니라, 무지 속에 하나님의 뜻이 실현된 것이다. 따라서 "무지 속의 조화"(調和)라고 표현하는 것이 더 올바른 표현이다.

> 인자가 온 것은 섬김을 받으려 함이 아니라 도리어 섬기려 하고 자기 목숨을 많은 사람의 대속물로 주려 함이니라(마20:28).

> 나는 선한 목자라 선한 목자는 양들을 위하여 목숨을 버리거니와(요10:11).

> 다 이루었다(요19:30).

> 3 성경대로 그리스도께서 우리 죄를 위하여 죽으시고,
> 4 장사 지낸 바 되셨다가 성경대로 사흘 만에 다시 살아나사(고전15:3~4).

> 통치자들과 권세들을 무력화하여 드러내어 구경거리로 삼으시고 십자가로 그

들을 이기셨느니라(골2:15).

(10) 가톨릭과 종교개혁

정명석의 방식으로 "무지 속의 상극세계"를 가톨릭과 종교개혁자들에게 대입하면, 가톨릭은 요시야 왕이요, 루터는 느고 왕이다. 하나님은 루터를 통하여 가톨릭의 부패와 타락을 제거하려 하셨지만. 가톨릭은 느고와 같은 루터를 적으로 생각하고 파문한다. 그것이 바로 "무지 속의 상극"이다. 따라서 제2차 섭리로 바벨론 같은 칼빈을 통해 가톨릭의 부패와 타락을 비판하면서 가톨릭 사람들을 개신교로 개종하도록 이끄신다는 것이다.

그러나 이 적용도 딱 들어맞지는 않는다. 가톨릭이 요시야 왕처럼 우상숭배를 물리치고 종교개혁을 수행했는가? 가톨릭은 오히려 우상숭배를 하였고, 종교개혁의 대상이었다. 그러므로 가톨릭과 요시야 왕을 같은 틀로 보는 것은 옳지 않다. 그리고 요시야는 느고 왕과 싸우다가 죽었지만, 가톨릭은 루터와 싸우다가 죽지 않았다. 그리고 제2차 섭리로 칼빈을 통해서 종교개혁을 수행하였다고 하는데, 종교개혁자가 루터, 칼빈만 있는 것이 아니다. 루터 이전부터 발도, 위클리프, 후쓰, 사보나롤라 등 많은 종교개혁자들이 있었다. 그리고 개혁교회는 항상 개혁되어야 한다는 표어 아래 종교개혁은 앞으로도 계속해서 일어나야 한다.[18] 그러므로 루터는 느고 왕, 칼빈은 바벨론이라고 도식화하여 일반화하는 것은 맞지 않는다.

(11) 정명석을 믿고 따라야 하는가?

정명석은 자기를 믿어야 한다고 한다. 왜냐하면 자기는 이 시대 하

---

18) https://www.newsnjoy.or.kr/news/articleView.html?idxno=12690

나님의 명령을 받고 기독교의 문제를 해결하려고 느고 왕처럼 나타났기 때문이라고 한다. 그래서 자기를 핍박하는 것은 옛날 모세나 예수님을 몰라보고 반대하고 핍박한 것과 똑같다는 것이다.

정명석이 "무지 속의 상극세계"를 통해서 주장하고자 하는 것이 있다. 그것은 현재 기독교는 요시야 왕과 같이 사명 약자이고, 자기는 느고 왕, 또는 제2차 섭리인 바벨론과 같은 사명 강자라고 하는 것이다. 정명석에 따르면, 자기는 기독교와 싸우려고 하는 것이 아니라 기독교의 문제인 사탄과 비진리를 해결하려고 나타났는데, 자기를 이단이라고 하는 것은, 하나님께서 자기에게 하라고 시킨 일을 못 하게 막는 행위이다. 이러한 점에서 정명석은 자신의 앞을 막는 자들이 요시야 왕처럼 개죽음을 당하게 될 것이고, 예수님 앞의 서기관과 바리새인들처럼 저주를 받게 될 것이라고 주장한다.

그러나 그것은 잘못된 적용이다. 그것은 자기를 이 시대의 느고, 모세, 루터, 예수님과 같은 사명자라고 주장하는 것이다. 이런 도식은 자기를 예수님과 동일시하거나, 심지어 자기를 더 큰 사명자로 주장하는 것이다. 그러나 예수님은 사람이면서도 동시에 하나님이다. 그런 분은 예수 그리스도 외에는 결코 있을 수 없다. 그러므로 자기를 이 시대의 그리스도라고 하는 자들은 다 적그리스도들이다. 정명석이 자기를 그리스도라고 주장하는 것은 영적으로 반역죄를 저지르는 것과 같다. 정명석이 아무런 죄가 없는데 감옥에 갔다 왔겠는가? 그는 명백히 성범죄로 갔다 왔다. 그리고 사람들이 멀쩡한 사람을 이단이라고 하겠는가? 그는 성경을 자기 맘대로 해석하여 자기를 그리스도라고 주장하기 때문이다. 정명석은 그리스도라고 하면서 수많은 성범죄를 저지르다가 결국 꼬리가 잡혀 10년 형(刑)을 살게 되었고, 전자발찌를 부착한 채로 출옥하였다. 정명석은 자기가 세상 죄를 대신하여 십자가를 졌다고 변명하는데, 그것은 궤변이고 신성모독이다.

정명석은 새 시대의 사명자가 아니라, 오히려 적그리스도요 미혹자일 뿐이다. 그런데 왜 우리가 정명석을 믿고 따라야 하는가? 오히려 불신하고 경계해야 한다. 정명석의 성경해석은 성경의 원래의 뜻과는 상관이 없고, 오직 정명석의 이익을 위한 거짓말일 뿐이다. 그런 교리들은 마땅히 배척되어야 한다. 적그리스도를 믿어줘야 하는가? 얼토당토않다. 오히려 그의 거짓 교리와 성범죄를 폭로하고 알려야 한다. 알고도 침묵하는 것은 방조하는 것이고, 공범이나 마찬가지이다. 그러므로 드러내고 알려서 더 이상의 피해가 발생하지 않게 해야 한다. 예수님은 분명 적그리스도의 미혹을 주의하라고 말씀하셨다. 그러므로 적그리스도에게 대적하는 것은 성도의 마땅한 일이고 의무이다.

> 4 너희가 사람의 미혹을 받지 않도록 주의하라
> 5 많은 사람이 내 이름으로 와서 이르되 나는 그리스도라 하여 많은 사람을 미혹하리라(마24:4~5).

> 보라 그리스도가 여기 있다 혹은 저기 있다고 하여도 믿지 말라(마24:23).

02. 휴거론

02
휴거론

공중휴거는 부활과 더불어 기독교인들의 최대 소망이다. 휴거(携去, rapture)의 휴(携)는 끌 휴이고, 거(去)는 갈 거이다. 공중 휴거란 예수님께서 공중 재림하실 때 구원받은 성도들이 공중으로 끌려 올라가는 것을 말한다. 그러나 정명석은 정통교인들의 이러한 신앙을 꿈같이 허망한 신앙이라고 비난한다. 정명석은 두 가지 종류의 휴거를 주장한다. 육적 휴거와 영적 휴거이다. 이 장에서는 정명석의 휴거에 대한 주장을 살펴본 후 반증할 것이다.

16 주께서 호령과 천사장의 소리와 하나님의 나팔 소리로 친히 하늘로부터 강림하시리니 그리스도 안에서 죽은 자들이 먼저 일어나고

17 그 후에 우리 살아남은 자들도 그들과 함께 구름 속으로 끌어 올려 공중에서 주를 영접하게 하시리니 그리하여 우리가 항상 주와 함께 있으리라(살전 4:16~17).

40 그때에 두 사람이 밭에 있으매 한 사람은 데려가고 한 사람은 버려둠을 당할 것이요

41 두 여자가 맷돌질을 하고 있으매 한 사람은 데려가고 한 사람은 버려둠을 당할 것이니라(마24:40~41).

정명석의 주장[19]

정명석의 휴거는 구시대 사람이 신시대 사람으로 변화하는 것이다. 휴거는 다른 말로 하면 변화이다.[20] 변화는 하나님이 시키는 것이 아니라, 자기가 행동하여 자기 영을 천국급의 영으로 만드는 것이다.

(1) 예수님이 육으로 재림하시고, 우리의 육이 휴거되는가?

다미선교회는 1992년 10월 28일 공중 휴거한다고 주장했지만 불발되었다. 그와 마찬가지로 기성교회도 결국 허무하게 끝나고 말 것이다.

(2) 육신은 천국에 못 간다.

육신은 육의 세상에서 못 떠난다. 과일나무에 열매가 열리면 주인이 열매만 따가듯이, 주님은 육신의 열매인 영혼만 취하여 가는 것이다.

1) 주님께서 사도 바울을 통해 썩을 육신은 썩지 않을 영의 나라 천국을 유업으로 받지 못한다고 말씀하셨다. "혈과 육은 하나님 나라를 유업으로 받을 수 없고 또한 썩는 것은 썩지 아니하는 것을 유업으로 받지 못하느니라"(고전15:50). 그런데도 기독교인들은 육신이 죽었어도 예수님이 재림하시면 썩은 육신이 살아나 천국 사람으로 변화되어 천국에 간다고 가르친다.

2) 히브리서 9장 27을 보면 "사람이 한번 죽는 것은 사람에게 정하신

---

19) 기독교복음선교회, 『실제 보는 강의안』, (충남: 도서출판 명, 2012), 110~126.
20) 정명석, "휴거는 변화다", 2020년 6월 8일 주일설교.

것"이라고 했다. 완전히 죽어 버린 나무가 다시 사는 것을 봤는가? 사람이 아예 죽었는데 다시 살아난다는 말은 구제역으로 죽은 돼지들이 다시 살아난다는 이론과 똑같은 이론이다.[21]

3) 천국은 영의 세계이다. 육은 단지 의를 행하여 영이 휴거될 수 있도록 영을 위해 살아주는 것이 중요하며, 이것이 바로 육의 휴거이다. 육신이 휴거 됐다는 말은 사망권과 구시대에서 나와 성약 주관권의 새 시대로 넘어오는 것을 말한다. 그러므로 육신이 공중으로 휴거 되는 일은 지구상에서 한 명도 일어나지 않는다. 고로 천사장이 나팔 불고 성자 주님[22]이 재림하실 때 일어나는 휴거는 바로 '영의 휴거'이다.

살리는 것은 영이니 육은 무익하니라(요6:63).

흙은 여전히 땅으로 돌아가고 영은 그것을 주신 하나님께로 돌아가기 전에 기억하라(전12:7)

(3) 영의 휴거는 어떻게 이루어지는가?

인간은 영과 육으로 존재한다. 고로 영과 육을 구분해서 봐야 한다. 육신을 만든 목적은 육신을 통해 영을 구원하기 위해서이다. 재림도 휴거도 한 번 만에 '뿅'하고 이루어지는 것이 아니다. 먼저는 육적으로 1차 휴거, 그 다음에 영적으로 2차 휴거, 이렇게 두 번에 걸쳐서 이루어진다. 1차 휴거란 육신이 살았을 때 정명석을 믿고 따르는 것이고, 2

---

21) 『실제 보는 강의안』, 112.
22) 정명석은 성자와 예수님이 다르다고 주장한다. 성자는 육신을 가져본 적이 없는 하늘나라의 영으로서 이를 성자본체라 하고, 예수님은 그 성자가 들어 쓴 육신에 불과하다. 그래서 예수님을 성자분체라고 하고, 이어서 정명석 자신을 이 시대의 성자분체라고 한다. 성자론에 대해서는 『거짓을 이기는 믿음 II』에서 다루었다.

차 휴거는 1차 휴거 받은 사람들이 그 육신의 조건과 공적에 따라 자기들의 영혼을 천국급의 영으로 변화시켜서, 즉 신부로 변화된 영이 천국으로 들어가는 것이다.

사람의 마음에 주님의 말씀이 떨어짐 → 정신, 생각의 변화 → 행동의 변화 → 육신의 공적과 마음, 생각, 정신이 혼을 통해 영으로 흡수 → 영의 변화 → 천사장의 나팔과 함께 주님이 재림 → 변화된 영이 하늘로 올라가 주님을 맞음[23]

먼저는 육신이 세상에서 주님(정명석-필자 주)의 재림 말씀을 듣고 성자 주님을 신랑으로 맞고 사랑하면서 신부로서 신앙생활을 해야 한다. 이에 따라 영도 주님의 신부로 변화된다. 천사장이 나팔 불고 신랑되신 성자 주님이 재림하시면 신부로 변화된 영이 주님을 맞아 휴거되어 천국에 간다.

예)
도자기: 1차 초벌구이 → 2차 재벌구이
과일나무: 먼저 꽃이 피고 → 다음에 열매가 연다.
열매: 먼저 껍질이 만들어지고 → 껍질의 영양분을 빨아들여 알맹이가 만들어진다.
하나님의 역사: 먼저는 육적인 역사를 하시고 → 다음에 영적인 역사를 하신다.[24]
주님의 재림역사는 신랑과 신부가 만나는 혼인 잔치의 역사이다. 이 혼인 잔치의 역사에는 신부 집 잔치(땅에서 육적 1차 휴거)와 신랑 집

---

23) 『실제 보는 강의안』, 114.
24) 『실제 보는 강의안』, 114.

잔치(천국에서 영적 2차 휴거)가 있다.[25] 신부집 혼인 잔치를 이룬 자만이 신랑 집 혼인 잔치에 참석하게 된다.[26]

(4) 이 시대의 육적 휴거와 영적 휴거

지금은 휴거 중이다. 먼저는 성자 주님의 육신된 시대 보낸 자(정명석-필자 주)를 맞아야 주님을 맞을 수 있다.

1) 성자 주님은 시대 사명자의 육신(정명석-필자 주)을 쓰고 이미 재림 역사를 해 왔다.

천사장의 나팔 소리와 함께 성자 주님이 재림하시기 전에, 먼저 주님이 시대 사명자의 육신을 쓰고 지금까지 이 땅에서 재림의 역사를 해 왔다. 바로 섭리 역사(JMS단체-필자 주)를 통하여 지난 재림의 역사가 33년 동안 이어진 것이다.[27]

하나님이 보낸 자(정명석-필자 주)는 시대의 문, 구원의 문이다.[28] 예수님 때 예수님을 땅의 구원자로 믿지 않아 구원받지 못했듯이 이 시대도 그와 같다. 먼저 보낸 자(정명석-필자 주)를 믿고 그를 통해 성자를 믿고 일체 되어야 그 다음에 사랑으로 변화가 일어난다. 성자 본체(창조주로서의 영-필자 주), 성자분체(정명석-필자 주)의 말씀을

---

25) 남녀가 결혼하면 먼저 신부 집에서 잔치를 한 다음에, 신랑 집으로 옮겨가서 잔치를 벌이듯이, 땅에서 먼저 정명석을 재림주로 맞이해서 혼인잔치를 벌이고(1차 휴거), 재림을 맞이한 사람들의 영이 천국급으로 점차 변화되고, 그 변화된 영이 천사장의 나팔 소리와 함께 성자 주님이 재림할 때 주님을 맞이하여 천국으로 들어가서 잔치를 하는 것이다(2차 휴거).

26) 『실제 보는 강의안』, 114.

27) 『실제 보는 강의안』, 116을 참조할 것. JMS에서는 JMS의 단체를 섭리 역사(섭리사)라고 한다. JMS의 역사는 1978년부터 시작하였다. 『실제 보는 강의안』 책이 2012년도에 나왔으므로, 재림역사를 지난 33년 동안 해 왔다고 말하는 것이다.

28) 『실제 보는 강의안』, 116.

절대 믿어야 한다. 믿지 않으면 휴거가 일어나지 않는다.

2) 천사장의 나팔 소리는 영이 듣는다.

천사장의 나팔 소리를 알아들을 수 있는 자는 보낸 자(정명석-필자 주)를 통해서 시대 말씀을 듣고 육적인 휴거를 이룬 자들이다.

① 시대 사명자(정명석-필자 주)의 육을 쓰고 '육적 휴거 역사'를 해 왔다.

말씀에서 먼저는 육의 사람이요, 그 다음은 신령한 사람이라고 기록된 대로(고전15:46), 성자 주님은 먼저 땅에서 사명자의 육(정명석-필자 주)을 쓰고 우리의 육과 영을 신부로 변화시키는 '육적 휴거 역사'를 해 왔다. 이때는 성자 주님이 사명자(정명석-필자 주)를 통해 시대 말씀의 나팔을 분다(고전15:51~52).[29] 그러므로 우리의 육이 그 말씀 나팔 소리를 듣고 행함으로 육적 휴거를 이룬다. 육적 휴거의 역사는 벌써 34년이 되었다.(2012년 현재)[30]

② 영적 휴거 역사를 해야 한다.

땅에서 성자 주님이 사명자(정명석-필자 주)의 육을 쓰고 육의 사람들을 휴거시키는 '육적 휴거 역사'를 하고, 그 다음에는 성자 본체가 신부로 준비된 영들을 휴거시켜 천국으로 데려가서 '영적 휴거 역사'를 해야 한다. 이때는 하늘의 천사장이 나팔을 분다(살전4:16~17).

우리의 육과 영이 성자 주님이 보낸 자(정명석-필자 주)를 맞아 그와 일체 되고, 그를 통해 신령한 성자 주님과 일체 되는 것이 우리가 이 땅에서 먼저 이룰 '육 있는 자의 육적 휴거'이다. 그동안 신부로서 성자 주님을 신랑으로 모시고 땅에서 '신부 집 혼인 잔치'를 한 것이

---

29) 『실제 보는 강의안』, 118. 여기서 시대의 나팔이란 정명석이 가르치는 (30개론)교리를 말한다.
30) 『실제 보는 강의안』, 118.

다. 그 다음에는 신령한 영이 하늘나라로 가서 사는 '영적 휴거'가 있다. 이는 곧 '신랑 집 혼인 잔치'이다. 우리는 지금 이 영적 휴거의 때를 기다리고 있다.[31]

(5) 휴거도 때를 타고나야 한다.

만사에 때가 있다. 영적 휴거 역사는 시대 보낸 자(정명석−필자 주)가 살아 있을 때 일어난다. 그러므로 사람들은 지금 당세에 시대 보낸 자를 통해 성약의 말씀을 듣고 행하여 신부급 부활을 이루고, 자신의 영을 100% 신부로 변화시켜야 한다. 이러한 사람은 시대 보낸 자의 육(정명석−필자 주)을 직접 보고, 그 말씀을 직접 들으며, 그를 통해 성자 본체와 일체 되어 육적 휴거도 이루고, 성자 본체의 영 재림의 날에 영으로 성자 본체를 직접 맞고, 성약권 천국으로 가서 1000년 동안 혼인 잔치를 하는 대상이 된다.

시대 사명자(정명석−필자 주)의 육이 죽고, 당세의 사람들이 죽은 후에 섭리 역사로 오는 사람들은 시대 사명자의 영이 성자와 함께 역사하는 때를 맞게 된다. 사명자의 육신(정명석−필자 주)은 없지만, 그 영으로 하는 역사를 체험하며, 그가 세상에 있을 때 남긴 성약의 말씀을 듣고 행하여 시대 보낸 자(정명석−필자 주)를 받아들일 수 있다. 죽은 후에 섭리 역사로 오는 사람들은 그로 인하여 성자와 일체되어 신부의 삶을 살면서, 자기 영을 신부로 변화시키며 육적 휴거 역사를 펴나간다.[32]

(6) 육신이 살아 있는 자의 휴거와 죽은 자의 휴거
1) 육신이 살아 있는 자의 휴거

31) 『실제 보는 강의안』, 118.
32) 『실제 보는 강의안』, 118~120.

육신이 살아 있는 자가 휴거될 경우, 육은 휴거의 몸으로 땅에서 살고, 휴거된 영은 하늘에서 혼인 잔치를 하며 천국에서 살아간다. 이들은 시집간 여자가 결혼 후 친정집을 오가듯이 하늘과 땅을 오가며 자기 육신을 돕는다. 그러다 육신이 죽으면 그동안 육신이 행한 모든 공적을 영이 덧입고 완전히 하늘나라로 간다.

2) 육신이 죽은 자의 휴거

이들은 살았을 때 신앙을 지킨 자들과 순교한 자들로서, 죽어서도 영으로 준비한 영들이 휴거를 맞는다. 주님의 재림을 기다리다가 이미 육이 죽은 영들은 2000년 동안 영계에서 주님을 믿으며 주님의 재림을 기다린다. 그러다가 이 땅에 재림역사가 시작되어 땅의 사명자(정명석-필자 주)를 통해서 성약 말씀, 곧 재림의 말씀을 선포되었을 때, 그들도 영계에서 영으로 그 말씀을 듣게 된다. 이 말씀을 받아들이면 주님을 신랑으로 모시고 주님의 신부가 되어 사랑하게 된다. 이들이 자기 영을 준비하면 천사장이 나팔 부는 주님 재림의 때에 그 영이 휴거 된다.[33]

(7) 재림과 휴거를 맞으려면 어떻게 해야 하는가?

1) 보낸 자(정명석-필자 주)를 중심해야 한다.

보낸 자를 통해 주시는 그 말씀을 듣고 순종하여 영혼을 정화시켜 주님께 나아가야 한다. 보낸 자와 일체 되어야 한다. 항상 보낸 자를 통해서 하나님도 성자 주님도 맞아야 한다.

보낸 자는 시대 구원의 문이다. 중심이다. 시대의 기준이다. 하나님도 성자 주님도 그를 통해 말씀하시고 나타나신다. 그 역사 기간 안에

33) 『실제 보는 강의안』, 120.

는 보낸 자를 절대적인 기준으로 삼아 역사를 펴나가신다. 보낸 자를 통해 주님과 연결되어야 구원의 역사가 일어난다.[34)]

이같이 정명석은 자기를 사명자(재림주)로 맞이하는 것이 휴거 되기 위해 가장 먼저 해야 할 일이라고 한다. "휴거 되기 위해 가장 먼저 해야 할 것은 하나님이 그 시대에 보낸 사명자(정명석—필자 주)를 100% 믿고 맞이하는 일이다."[35)]

2) 회개해야 한다.

보낸 자(정명석—필자 주)가 전하는 말씀을 듣고 회개하여 자기 죄를 깨끗하게 씻어야 한다. 왜냐하면 휴거의 시작인 마음과 행실의 변화를 이루려면 가장 근본이 되는 것이 바로 회개이기 때문이다. 죄 없는 사람이 없지만, 작은 죄라도 있으면 사망의 주관권에서 나올 수 없고, 절대 천국에 갈 수 없다. 우리는 아주 작은 죄라 할지라도 회개하지 않으면 지옥에 갈 수밖에 없다. 천국과 지옥은 지상에서 육신을 가지고 회개할 때 결정된다.[36)]

3) 사랑 일체를 이뤄야 한다.

예수님의 열 처녀 비유(마22:37~40)에서 "기름을 준비한다는 것은 신랑 앞에 사랑을 준비하는 것이다. 휴거 준비는 오직 사랑준비이다."[37)] 각자의 사랑급에 따라 종급, 자녀급, 신부급으로 다르게 휴거되기에, 사랑을 휴거의 비밀이라고 말한 것이다. 종같이 사랑하면 주님은 주인 입장에서 대해 주시고, 자녀같이 사랑하면 부모의 입장에서

---

34) 『실제 보는 강의안』, 122.
35) 정명석, "휴거는 변화다", 2014년 6월 8일 주일설교.
36) 『실제 보는 강의안』, 122.
37) 『실제 보는 강의안』, 124.

대해 주시고, 애인같이 사랑하고 신랑으로 대하면 신랑의 입장에서 신부를 사랑하듯 대해 주신다.

하나님은 6000년 동안 단계적으로 회개와 사랑의 역사를 이루어 오셨다. 지금은 재림 때이기 때문에 더 완전히 회개하고 더 순전한 신부의 사랑으로 준비해야 한다. 사랑에 완전한 자가 최고의 구원을 받는다.[38] 그러나 육신의 사랑이 깨지면 영의 사랑도 깨진다. 사랑에 완전한 자가 최고의 구원을 받는다. 사랑에 완전한 자가 되기 위해서는 "말씀을 행하면서 성자와 분체(정명석–필자 주) 사랑하기"를 실천해야 한다.[39]

4) 물과 성령으로 거듭나야 한다.

주님을 '실체 신랑'으로 여기며 '주님을 최우선으로 두는 신부로서 사랑'해야 한다. 사랑 고백만으로는 사랑이 이루어지지 않는다. 신부로서 행하는 사랑이 최고의 휴거를 이룬다. 100% 사랑해야 영이 100% 변화된다. 물과 성령을 받아야 회개와 사랑의 역사가 일어난다. 말씀과 성령만이 영의 변화를 가져온다.

하나님과 성령님과 성자 주님을 사랑했어도 지옥에 가는 자들이 있다. 이는 하나님과 성령님과 성자 주님을 사랑하면서 세상도, 이성도 그같이 사랑하며 자기중심적으로 살았기 때문이다.[40]

결론

(1) 땅에서 신부집 혼인 잔치를 할 때, 곧 육적 휴거를 이루는 이때, 우리의 영을 하늘나라에 속한 온전한 형체로 100% 갖춰야 한다. 그러

---

38) 『실제 보는 강의안』, 122~123.
39) 정명석, 「휴거는 변화다」, 2014년 6월 8일 주일설교.
40) 『실제 보는 강의안』, 124~125.

기 위해서는 주님이 보낸 사명자(정명석-필자 주)를 통해 주님의 말
씀을 듣고 순종하여 오직 성자 주님만 100% 믿고 따라야 한다.

(2) 성자 주님이 시대 육으로 쓰는 자(정명석-필자 주)와 일체 되어
야 한다.

그 근본 성자 본체와 일체되어 그 영이 천국 형체로 변하여 휴거되
고 천국에 간다. 지금 주님은 그런 자들을 찾고 있다. 마치 과수원 지
기가 과일나무에서 썩지 않고 잘 익은 과일만 따서 과수원 한곳에 모
으듯이, 온전히 만들어진 영혼을 한곳에 모으고 있다. 과수원 한쪽에
잘 익은 과일만 모았다가 차가 와서 주인이 싣고 가듯, 천사장이 나팔
불고 성자 주님이 재림하시면 이미 준비되어 따로 모은 영들만 휴거
시켜 천국으로 데리고 간다.[41]

반증

(1) 예수님은 육이 재림하는가? 영이 재림하는가?

정명석은 "기성교회[42]에서는 예수님의 육이 재림할 것을 믿는다"고
하면서 일반교회들을 비난한다. 정명석은 일반교회에 대해 잘못된 상
식을 가지고 있거나, 혹은 의도적으로 일반교회에 대해 깎아내리려는
경향을 보인다. 그렇다면 기성교회(일반 정통교회-필자 주)는 과연
예수님이 어떻게 재림하실 것이라고 믿는가?

1) 예수님의 몸은 어떤 몸인가?

---

41) 『실제 보는 강의안』, 126.
42) 정명석은 일반교회를 가리켜 기성교회라고 한다. 그리고 JMS단체를 섭리사 혹은 섭리교
회라고 부른다.

예수님의 재림이 육체적인 것이라는 사실은 행1:11, 3:20~21, 히 9:28, 계1:7 등에 근거하고 있다.[43] 정명석은 예수님이 부활하셨을 때 제자들이 몰라보았던 것은 예수님이 육신이 아니라 영이었기 때문이라고 주장한다. 그러나 그것은 예수님의 영이 나타나셔서가 아니라, 다른 모양(a different form)으로 나타나셨기 때문이다(막16:12). 부활하신 몸은 다른 모양으로도 나타나실 수도 있고, 대화하시다가 갑자기 사라지기도 하시고(눅24:13~35), 문을 잠갔어도 그냥 쑥 들어오실 수 있는 몸이다.

부활하신 예수님은, 제자들이 유대인들이 두려워 문들을 닫고 있었음에도, 아무런 제재 없이 쑥 들어오셨다. 그리고 의심 많던 도마에게 "네 손을 내밀어 내 옆구리에 넣어 보라"고 말씀하기도 하셨다(요20:27). 도마는 부활하신 예수님을 보고 바로 그 자리에서 "나의 주님이시요 나의 하나님이시니다(My Lord and my God. 요20:28)고 고백하였다." 예수님은 도마의 이 고백에 대하여 아무런 제재를 하지 않으셨다. 그 고백이 옳은 고백이었기 때문이었다. 부활하신 예수님의 몸은 이제 시공을 초월하는 몸으로 바뀌신 것이다.

예수님의 재림하실 몸은 마태복음 17장의 변화산 위에서 "그들 앞에서 변형되사 그 얼굴이 해 같이 빛나며 옷이 빛과 같이 희어졌더라"고 하였듯이 변화된(transfigured) 몸이다. 그때에 제자들이 본 것은 제자들의 영안이 밝아져서 예수님의 영을 본 것이 아니라, 얼굴이 해 같이 빛나는 예수님의 변화된 몸을 본 것이다.

사도 요한이 밧모섬에서 성령에 감동되어 예수님의 모습을 보고 다음과 같이 묘사하였다.

---

43) Louis Berkhof, 『조직신학 (하)』, 권수경/이상원 역, (서울: 크리스챤다이제스트, 2002), 978.

13 촛대 사이에 인자 같은 이가 발에 끌리는 옷을 입고 가슴에 금띠를 띠고

14 그의 머리와 털의 희기가 흰 양털 같고 눈 같으며 그의 눈은 불꽃 같고

15 그의 발은 풀무 불에 단련한 빛난 주석 같고 그의 음성은 많은 물 소리와 같으며

16 그의 오른손에 일곱별이 있고 그의 입에서 좌우에 날선 검이 나오고 그 얼굴은 해가 힘 있게 비치는 것 같더라(계1:13~16).

사도 요한이 본 예수님의 모습은 마치 다니엘이 본 하나님의 모습과 유사하다.[44] 재림하실 때도 이러한 예수님이 다시 오시는 것이다. 예수님의 영(靈)이 다른 사람의 몸을 입고 재림하는 것이 아니다. 예수님의 육신(인격)이 승천하셨고, 예수님의 육신(인격)이 다시 오시는 것이다. 그렇지만 그 육신은, 정명석이 말하는 보통의 육신이 아니라, 변형되고 변화된 신령한 육신이다. 이에 대해서는 다음의 말씀 구절들을 참조하라: 행1:11, 3:20~21, 마24:44, 고전15:22, 빌3:20, 골3:4, 살전2:19, 3:13, 4:15~17.

2) 휴거는 육이 하는가? 영이 하는가?

정명석은 기독교인들의 육신이 휴거 된다고 믿는 것은 잘못된 믿음이라고 주장한다. 육신은 육의 세상에서 떠날 수 없고, 천국에 올라갈 수 없기 때문이라는 것이다.

그러나 이것은 정명석이 기독교인들의 믿음을 오해한 것이다. 기독교인들이 휴거 된다고 했을 때, 이는 현재의 육이 그냥 휴거 된다고 믿는 것이 아니다. 육신은 당연히 공중에 올라갈 수도 없고, 천국에 들어갈 수도 없다. 그렇다면 육신이 어떻게 공중으로 휴거 되는가? 성경은

---

44) 단7:9b 그의 옷은 희기가 눈 같고 그의 머리털은 깨끗한 양의 털 같고 그의 보좌는 불꽃이요

우리의 육신이 변화될 것이라고 말씀하고 있다(고전15:51~52). 그 변화된 몸은, 공중에 올라갈 수도 있고 천국에 들어갈 수도 있고 죽지도 않는다. 즉 신령한 몸이다. 그 신령한 몸은, 영을 말하는 것이 아니다. 현재의 육신(몸)이 신령한 육신(몸)으로 변화하는 것이다. 휴거는 그 변화된 몸(육)이 공중으로 올라가는 것이다.

> 50 형제들아 내가 이것을 말하노니 혈과 육은 하나님 나라를 이어받을 수 없고 또한 썩는 것은 썩지 아니하는 것을 유업으로 받지 못하느니라
> 51 보라 내가 너희에게 비밀을 말하노니 우리가 다 잠잘 것이 아니요 마지막 나팔에 순식간에 다 변화되리니
> 52 나팔 소리가 나매 죽은 자들이 썩지 아니할 것으로 다시 살아나고 우리도 변화되리라
> 53 이 썩을 것이 반드시 썩지 아니할 것을 입겠고 이 죽을 것이 죽지 아니함을 입으리로다(고전15:50~53).

3) 어떻게 육신이 변화(transformation)될 수 있는가?

하나님의 창조의 능력으로 가능하다. 하나님께서는 능치 못함이 없기 때문이다(창18:14). 무(無)에서 유(有)를 창조하신 하나님이시기 때문에, 그 반대로 유에서 무로 변화시키는 것도 가능하다. 하나님께서는 육체의 몸을 영광의 몸으로 변하게 하신다.

> 그는 만물을 자기에게 복종하게 하실 수 있는 자의 역사로 우리의 낮은 몸을 자기 영광의 몸의 형체와 같이 변하게 하시리라(빌3:21).
> 나팔 소리가 나매 죽은 자들이 썩지 아니할 것으로 다시 살아나고 우리도 변화하리라(고전15:52).

(2) 정명석을 따라가는 것이 휴거인가?

1) 사망권에서 생명권으로 넘어오는 것이 휴거인가?

정명석의 육적 휴거는 사망권의 구(舊)시대 사람이 생명권의 신(新)시대로 넘어오는 것을 의미한다. 신약시대(이방, 사탄 주관권)에서 성약 주관권으로 오는 것이다. 그러므로 육신이 공중으로 휴거 되는 일은 이 세상에서 그 누구에게도 일어나지 않는다고 하였다.

그러나 예수님께서 재림하실 때, 성도들에게 일어날 휴거는 구시대에서 신시대로 넘어오는 것을 두고 한 말이 아니다. 예수 믿는 사람들이 정명석 주관권으로 넘어가는 것은, 정명석의 주장처럼 휴거가 아니라, 그것은 이단의 수렁에 빠지는 것이다. 이단에 빠지는 것을 휴거되었다고 말하는 것은 새빨간 거짓말이다. 그것은 휴거가 아니라 수렁 속으로 떨어지는 낙하(落下)이다.

예수 믿는 신약시대를 사망권이나 구시대라고 표현하고, 정명석 믿는 JMS교를 생명권이나 새 시대라고 운운하는 것도 옳지 않다. 예수 믿는 것이야말로 생명권이고, 새 시대를 살아가는 것이기 때문이다. 예수 믿는 것을 사망권과 구시대라고 말하는 것은 스스로를 적그리스도라고 시인하는 것과 같다. 그러므로 예수 주관권을 떠나서 정명석을 따르는 것은, 휴거가 아니고 오히려 사망과 흑암으로 낙하하는 것이다.

2) 육신은 휴거할 수 없다는 말에 대하여.

정명석은 "아주 죽어 버린 나무가 다시 사는 것을 봤는가?" 하고 반문하고, 그와 같이 사람은 부활할 수도 없고 휴거할 수도 없다고 말한다. 그러나 다시 살아난 나무가 있다면 어떨까? 정명석은 성경을 2000번이나 읽었다고 하면서 성경에 대해 이렇게 무지한가? 성경에는 완전히 죽은 나무가 다시 살아난 이야기가 나온다. 바로 아론의 지팡이다. 이스라엘 12지파의 두령들이 각자 지팡이 하나씩 제출하였을 때, 그중 아론의 지팡이에서 하룻밤에 싹이 나고 꽃이 피고 살구(아몬드)가 열리는 기적이 발생하였다. "이튿날 모세가 증거의 장막에 들어가 본즉 레위 지파를 대표하여 낸 아론의 지팡이에 움이 돋고 순이 나고 꽃이 피어서 살구 열매가 열렸더라"(민17:8). 이는 하나님께서 아론과 함께 하신다는 징표였다. 완전히 죽어 메마른 지팡이에서 어떻게 하루아침에 꽃이 피고 열매가 열릴 수 있었다는 말인가? 정명석의 말대로 하면 불가능하다. 그러나 하나님은 죽은 나무에서 잎을 피우시고, 꽃과 열매까지 열리게 하셨다. 하나님은 필요하시면 자연법칙을 초월하셔서 역사하실 수 있다. 정명석은 '하나님이 법칙의 하나님이라 법칙을 벗어나서 행하지 않는다'고 말하지만, 그것은 자기 생각일 뿐 성경의 하나님과는 다르다. 하나님은 초월적이시다. 그러므로 초월성이 하나님의 법칙이다. 하나님은 전지전능하신 분임을 잊지 말아야 한다.

육신은 천국에 못 가는가? 물론 현재의 육신으로는 천국에 갈 수 없다. 그러나 육신이 변화되면 갈 수 있다. 구약성경에 죽지 않고 승천한 사람들이 나온다. 에녹과 엘리야이다.

에녹은 하나님이 데려가시므로 세상에 있지 아니하였다고 하였다(창5:24). 이 말씀은 육신이 죽어서 영(靈)이 하늘나라에 갔다는 말이 아니라, 육신이 죽지 않은 상태에서 바로 데려가셨다는 의미이다. 신약성경의 히브리서에서도 그 사실에 대하여 에녹이 죽음을 보지 않고 옮겨졌다고 분명히 언급하였다.

> 에녹이 하나님과 동행하더니 하나님이 그를 데려가시므로 세상에 있지 아니하니라(창5:24).

> 믿음으로 에녹은 죽음을 보지 않고 옮겨졌으니 하나님이 그를 옮기심으로 다시

보이지 아니하였느니라 그는 옮겨지기 전에 하나님을 기쁘시게 하는 자라 하는 증거를 받았느니라(히11:5)

엘리야가 죽었다는 기록도 없다. 왜냐하면 하나님께서 회오리바람으로 엘리야를 하늘로 올려서 데려가셨다고 기록되었기 때문이다(왕하2:11). 그러나 이것이 어떻게 가능한가? 상식적으로 육신은 하늘에 올라갈 수 없다. 그래서 이 사건을 엘리야 당세에도 의심했던 사람들이 있었다. 이들은 하나님의 성령이 엘리야를 끌어올리다가 산이나 골짜기 어딘가에 떨어트렸을 것이라고 생각하였다. 그래서 의심 많은 50명의 사람들이 엘리야의 육체를 찾기 위해 주변을 사흘 동안 헤매었으나 못 찾고 돌아왔다. 엘리사는 그들이 돌아왔을 때 "내가 가지 말라고 너희에게 이르지 아니하였느냐?"고 말함으로써 못 찾고 허탕 칠 것을 미리 알고 있었다는 듯이 말하였다(왕하2:18). 이 말은 엘리야의 육신이 하늘에 올라갔기 때문에 찾지 못할 것이라고 말한 것이었다.

그러므로 휴거 되는 일은 지구 세상에서 단 한 명도 일어나지 않는다고 정명석처럼 단언해서 말하면 안 된다. 왜냐하면 에녹과 엘리야가 올라갔기 때문이다. 성경을 자기 맘대로 더하고 빼면서 해석하면 결국 거짓말을 하게 된다. 하나님은 전능하시다. 육신은 천국에 갈 수 없지만, 그러나 하나님께서 변화시키면 가능하다. 애벌레는 날 수 없으나 나방으로 부화(孵化)하면 날아다닐 수 있듯이, 사람의 육신도 변화되거나 부활하면 천국에 갈 수 있고, 죽지 않을 수 있다. 전혀 새로운 몸으로 변하기 때문이다.

에녹과 엘리야는 살아서 하늘에 올라갔다. 에녹과 엘리야에게 일어난 일이라면 우리에게도 일어날 수 있다. 예수님은 부활하셔서 죽은 자들 가운데 첫 열매가 되셨다(고전15:20). 첫 열매가 열렸으면 곧이

어 많은 열매가 열리게 된다. 예수님이 죽은 자들 가운데서 첫 열매로
서 부활하셨으니, 구원받은 성도들도 뒤이어 부활하여 영생에 동참하
게 될 것이다. 육신은 천국에 갈 수 없지만, 변화되고 부활하면 가능하
다. 휴거는 육신이 그냥 올라가는 것이 아니라, 변화되어 올라가는 것
이다.

그러므로 육신의 휴거를 부인하는 것은 결국 성경을 불신하는 것이
다. 하나님께는 모든 것을 다 하실 수 있다. 다만 약속하신 것이냐 아
니냐가 중요하다. 약속하신 것이라면 그 약속을 믿는 자들에게 그 약
속은 반드시 성취된다(막9:23, 눅1:37). 하나님은 약속을 반드시 지키
시는 신실한 분이기 때문이다.

(3) 휴거는 어떻게 이루어지는가?

1) 휴거는 정말로 두 번에 걸쳐 일어나는가?

정명석의 휴거 교리는 전반기와 후반기가 다르다. 전반기에는 휴거
가 한 번만 일어난다고 가르쳤다. '공중 휴거'의 '공중'은 실제 공중이
아니라 지구 땅이고, '휴거'는 구시대(신약) 사람들이 새 시대(성약)로
넘어간다는 것이었다.[45] 그러다가 후반기에 이르러서는 휴거가 두 번
일어나는 것으로 수정하였다.

정명석의 수정된 휴거론에 의하면, 휴거에는 육적 휴거와 영적 휴
거가 있다. 육적 휴거는 1차 휴거이고, 영적 휴거는 2차 휴거이다. 육
적(1차) 휴거란 신약시대의 사람들이나 이방 사람들이 정명석을 믿고
정명석의 주관권으로 들어오는 것이라고 말한다. 그리고 영적(2차) 휴
거란 정명석을 믿고 따른 사람들 가운데, 정명석의 말을 듣고 실천하
면 그 영들이 신부급으로 준비되는 것을 말한다. 영적으로 휴거된 사

---

45) 『초급편』, 205~218.

람들은 천사장이 나팔 불며 성자의 영이 재림할 때 성자의 영을 따라서 천국으로 들어갈 수 있게 된다.

그러나 이것은 성경에 없는 말이다. 성경의 휴거는 예수께서 재림하실 때 한 번에 일어나는 것으로 기록되었을 뿐, 육적 휴거와 영적 휴거로 나뉘지 않는다. 예수께서 공중으로 재림하실 때, 살아 있는 사람들은 변화되어 올라가고, 죽어 있던 사람들은 부활하여 신령한 몸으로 예수님을 맞는다. 그리고 영원히 주 예수와 함께 거한다. 그러므로 휴거는 단일하며 일회적인 사건이다. 따라서 정명석의 휴거론은 성경에 나오지 않는 말들을 자기 맘대로 보태어 만든 거짓 이론이라 할 수 있다.

> 16 주께서 호령과 천사장의 소리와 하나님의 나팔 소리로 친히 하늘로부터 강림하시리니 그리스도 안에서 죽은 자들이 먼저 일어나고
> 17 그 후에 우리 살아남은 자들도 그들과 함께 구름 속으로 끌어 올려 공중에서 주를 영접하게 하시리니 그리하여 우리가 항상 주와 함께 있으리라(살전 4:16~17).

재림 예수라면 어찌 교리가 수정될 수 있는가? 재림 예수가 전반기에는 몰랐던 사실을, 후반기에 새롭게 알게 될 수 있는가? 예수님의 말씀이라면 절대로 수정되지 않는다. "천지는 없어질지언정 내 말은 없어지지 아니하리라"(마24:35).

2) 성자와 예수님은 정말로 다른 분인가?

정명석은 예수님이 재림하시는 것이 아니라, 성자의 영이 재림하는 것이라고 주장한다. 그러나 그것은 성경을 불신하는 말이다. 성자와 예수님은 다른 분이 아니다. 재림은 부활하여 승천하셨던 바로 그 예수님

께서 재림하시는 것이다. 그러므로 성자와 예수님은 같은 분이시다.

(4) 이 시대에 육적 휴거와 영적 휴거가 일어나는가?

정명석은 자기를 재림주로 맞이하는 것이 휴거이고, 그것이 육적 휴거(1차 휴거)라고 주장한다.

1) 시대 사명자(정명석-필자 주)의 육신을 쓰고 이미 재림 역사를 해 왔는가?

정명석은 예수님의 영이 자신의 육신을 통해 그동안 재림 역사를 펼쳐왔다고 주장하고 있다. 그러나 그것은 타 이단 교주들도 다 똑같이 주장하고 있다. 예수님은 과연 어떻게 오시는가? 예수님은 타인의 몸을 빙의(憑依)해서 오시지 않고 바로 그 자신이 강림하시는 것이다. 그런데 예수님이 재림하지도 않으셨는데, 어떻게 재림 역사가 진행되었다고 말하는가? 정명석은 1978년 6월 1일부터 재림의 역사가 시작되었다고 주장하지만, 그것은 JMS라는 이단 단체가 시작된 해일 뿐, 재림의 역사와는 아무런 상관이 없다. 예수님이 실제로 재림하셨다면 천사장의 나팔 소리와 큰 영광 중에 구름 타고 오셨어야 하고(마 24:30~31), 불심판도 일어났어야 하고(벧후3:8~13), 잠자던 성도들도 부활했어야 하고(고전15), 실제로 공중 휴거도 일어났어야 하고(살전4:16~17), 가짜 예수들도 다 죽었어야 한다(살후2:8). 그러나 그런 일들은 전혀 일어나지 않았다.

JMS 측에서는 이에 대해, 영적으로 봐야 한다거나 비유로 풀어야 한다고 하겠지만, 그런 말은 거짓말이다. 예언은 영적이거나 비유로가 아니고, 실제적으로 혹은 문자적으로 성취되는 경우가 대부분이기 때문이다. 예언을 영적이거나 비유로 하면 기다리던 자들이 혼동하여 제대로 맞이할 수 없다. 초림 때의 경우를 보자면, 처녀에게서 나신다고 하시고(사7:14), 실제로 처녀에게서 나셨다. 베들레헴에서 나신다(미5:2)고 하시고, 문자 그대로 베들레헴에서 나셨다. 예루살렘에 이스라엘의 왕(王)이 어린 나귀 새끼 타고 오신다(슥9:9)고 하셨는데, 예수님께서는 문자 그대로 어린 나귀 새끼 타고 예루살렘 성에 들어가셨다. 뼈가 꺾이지 아니하리라(시34:20)고 예언된 대로, 예수님은 십자가에서 뼈가 하나도 꺾이지 않으셨다. 은 30냥에 팔리신다(슥11:12)고 예언된 대로, 예수님은 가룟 유다에 의해 실제 은 30냥에 팔리셨다. 이 예언들 중 무엇이 비유인가?

재림 때도 마찬가지이다. 불로 심판하신다고 하셨으니, 실제로 불 심판을 시행하실 것이다. 구름 타고 오신다고 하셨으니, 실제로 공중에서 하늘의 구름 타고 오실 것이다. "볼지어다 그가 구름을 타고 오시리라 각 사람의 눈이 그를 보겠고 그를 찌른 자들도 볼 것이요 땅에 있는 모든 족속이 그로 말미암아 애곡하리니 그러하리라 아멘"(계1:7). 여기서 마지막 부분의 "그러하리라 아멘."은 영어로 "So shall it be! Amen"(NIV)이다. 이것은 "꼭 그렇게 될 것입니다"(공동번역)라는 뜻이고 "아멘"으로 확인을 하고 있다. 그러므로 예수님은 반드시 구름 타고 오신다. 누구라도 구름 타고 오지 않은 사람은 절대 그리스도가 될 수 없다. 그러므로 이미 재림 역사가 진행 중이라는 정명석의 말은 새빨간 거짓말이다. 주님은 아직 재림하지 않으셨고, 당연히 공중 휴거도 일어나지 않았다.

2) 영적 휴거 역사를 해야 한다?

정명석은 영적 휴거 역사를 해야 한다고 주장한다. 영적 휴거란, 정명석을 믿고 따르는 사람들의 영들이 신부급으로 준비되어 있다가 성자의 영이 재림하시면 그 성자의 영을 따라 천국에 들어가는 것이라고 한다.

그러나 이것은 성경적으로 맞지 않는다. 영적 휴거란 정명석이 자기의 상황에 맞춰 휴거 교리를 짜깁기한 것이다. 성경에서 말하는 휴거는, 일회적(一回的)이다. 그래서 육적 휴거와 영적 휴거로 나누지 않는다. 예수님께서 천사장의 나팔소리와 함께 구름 타고 영광 중에 재림하실 때, 그리스도 안에서 죽었던 자들이 먼저 일어나서 맞이하고, 산 사람들은 변화 받아 구름 속으로 끌어 올려갈 것이다. 그것이 휴거다. 육적 휴거와 영적 휴거가 따로 있는 것이 아니다.

> 51 보라 내가 너희에게 비밀을 말하노니 우리가 다 잠잘 것이 아니요 마지막 나팔에 순식간에 다 **변화되리니**
> 52 나팔 소리가 나매 죽은 자들이 썩지 아니할 것으로 다시 살아나고 우리도 **변화되리라**(고전15:51~52).

> 우리가 예수께서 죽으셨다가 다시 살아나심을 믿을진대 이와 같이 예수 안에서 자는 자들도 하나님이 그와 함께 데리고 오시리라(살전4:14).

(5) 정명석이 살아 있을 때 휴거가 일어나는가?

1) 정명석이 살아 있을 때 성자의 영이 재림하는가?

정명석은 자기가 살아 있을 때 성자의 영이 재림하실 것이라고 예언하였다. 그러나 정명석은 자기가 재림 예수라고 주장하면서, 성자의 영이 또다시 재림한다고 주장하는 모순을 보여준다. 이와 같은 '2번 재림'과 '2번 휴거'는 정명석이 나중에 새로 만들어낸 교리로, 비성경적이다.

재림이란 성자의 영이 재림하는 것이 아니다. 예수님의 영이 다른 사람 속에 들어가 그 사람의 육신을 쓰고 나타나는 것도 아니다. 재림이란 예수님이 친히 재림하시는 것이고, 성자가 바로 예수 그리스도이다. 그러므로 예수님은 아직 재림하지 않으셨다. 게다가 예수님이 언제 재림하실지는 아무도 모른다. 천사도 모르고 심지어 예수님도 모르고 오직 하나님만 아신다고 하셨다(마24:36). 그러므로 정명석처럼 자신이 살아 있을 때 재림하실 것이라고 단정적으로 말할 수 없다. 교회사에서 자기 생전에 예수님이 재림하실 것이라고 예언했던 사람들은 다 거짓말쟁이가 되었고, 다 큰 낭패를 보았다.

2) 누가 신부인가?

정명석은 자기를 믿고 따르는 사람들을 하늘 신부라고 부른다. 정명석은 자신이 살아 있을 때 자기를 재림 예수라고 믿고, 자기가 전하는 성약 말씀을 듣고 행하면 신부급 부활을 이루게 된다고 주장한다. 이들은 성자 본체가 영으로 재림하는 날에 영으로 성자 본체를 직접 맞이하며, 성약권 천국으로 가서 1000년 동안 혼인 잔치를 벌일 대상이 된다고 한다.

정명석이 죽는다면, 그 후에 정명석을 재림예수로 믿고 따르는 사람들은 어떻게 되는가? 정명석은 자신의 육신이 없더라도, 이들이 정명석의 영으로 하는 역사를 체험하며 그가 세상에 있을 때 남긴 성약 말씀을 듣고 행하여 정명석을 재림예수로 받아들인다면, 성자와 일체 되어 신부의 삶을 살 수 있다고 주장한다. 그리고 이를 통해 자기 영을 신부로 변화시키며 육적 휴거 역사를 펴나간다고 한다.

이는 거짓말이다. 정명석을 믿는 사람들이 신부가 아니라, 예수님을 믿는 사람들이 신부들이다. 그리스도인들은 열 처녀의 비유에서처럼 신부로서 신랑 되신 예수님을 기다리는 것이다. 바울도 예수 믿는 사람들을 처녀(신부)라고 하였다. 그러나 신부가 신랑이 더디 온다고 다른 남자를 따라가는 것은 부정한 일이다. 그래서 바울은 주님 오실 때까지 정결한 신부가 되기를 바라나, 하와가 뱀에게 미혹당한 것 같이

인간 교주에게 미혹당하여 인간 교주를 주님(신랑)으로 따르게 될까
봐 걱정하였던 것이다. 바울은 인간 교주를 '다른 예수', 그를 지배하
는 영을 '다른 영', 그가 전하는 가르침을 '다른 복음'이라 칭하고, 그
런 인간 교주들에게 미혹당하지 말라고 경계하였다.

> 2 내가 하나님의 열심으로 너희를 위하여 열심을 내노니 내가 너희를 정결한
> 처녀로 한 남편인 그리스도께 드리려고 중매함이로다 그러나 나는
> 3 뱀이 그 간계로 하와를 미혹한 것 같이 너희 마음이 그리스도를 향하는 진실
> 함과 깨끗함에서 떠나 부패할까 두려워하노라
> 4 만일 누가 가서 우리가 전파하지 아니한 다른 예수를 전파하거나 혹은 너희
> 가 받지 아니한 다른 영을 받게 하거나 혹은 너희가 받지 아니한 다른 복음을 받
> 게 할 때에는 너희가 잘 용납하는구나(고후11:2~4).

그러므로 예수 믿는 사람들이 바로 신부들이다. 신부들이 신랑되신
예수님이 오시기 전에 인간 교주를 따르는 것이 바로 영적인 음행이
고 타락이다. 그러므로 성도들은 예수님 오실 때까지 신앙의 정조를
단단하게 지켜야 하는 것이다. 바울은 교회를 예수 그리스도의 아내
라고도 하였다(엡5:31~32). 예수님과 교회의 영적 관계는 마치 남편
과 아내처럼 친밀한 관계라는 것이다. 그러므로 성도들은 다른 인간
교주가 아닌 오직 예수님과 친밀한 관계를 맺을 수 있도록 노력해야
만 한다.

(6) 육신이 살아 있는 자의 휴거와 이미 죽은 자의 휴거
1) 육신이 살아 있는 자의 휴거는?
정명석은 육적 휴거란, 육신이 살아 있을 때 사망권에서 생명권으로
오는 것이고, 그 휴거된 사람들의 영은 하늘에서 혼인 잔치를 하며 천

국과 지구를 오가며 자기 육신을 돕는다고 하였다.

그러나 성경은 휴거에 대하여 그렇게 말하지 않는다.

① 휴거는 순식간에 일어난다.

정명석의 주장처럼, 휴거는 지구 땅에서 오랫동안 살면서 천천히 일어나는 것이 아니다. 즉 땅에서 한평생 살면서 신약 사람이 성약 사람으로 바뀌면서 사는 것이 아니다. 휴거는 순식간에 일어난다. 고린도전서 15장 52절의 "홀연(忽然)히"는 "순식간에"(in a flash), "눈 깜빡할 사이에"(in the twinkling of an eye)라는 뜻이다. 그러므로 휴거는 오랫동안 살면서 이루어지는 것이 아니다. 예수님 오실 때 순식간에 이루어진다. 그러므로 그 사람들의 영혼은 천국과 지구를 오가면서 살지 않는다. 그러나 정명석은 "홀연(忽然)히"를 서서히, 천천히, 조금씩이라는 뜻으로 이해하였다.[46] 국문 해득(解得)을 잘못한 것이다. 휴거는 순식간에 일어난다. 성경을 해석할 때 가장 먼저 필요한 것은 국문 해득을 정확하게 해야 한다.

보라 내가 너희에게 비밀을 말하노니 우리가 다 잠 잘 것이 아니요 마지막 나팔에 순식간에 홀연히 다 변화하리니(고전15:52).

in a flash, in the twinkling of an eye, at the last trumpet will sound, the dead will be raised imperishable, and we will be changed(고전 15:52).

② 예수님과 항상 함께 한다.

휴거 되면 예수님과 영원토록 같이 살게 된다. 성도들이 공중에서 예수님을 영접한 후에는 예수님과 항상 함께 거하게 된다. 정명석이 재림 예수라면, 어떻게 땅에서 섭리의 역사를 펴다가 성범죄로 감옥

---

46) 『초급편』, 212~215.

에 갈 수 있는가? 천부당만부당한 말이다. 정명석은 성범죄로 10년 동안 수감되어 있다가 전자발찌를 차고 출옥하였다. 전자발찌가 십자가인가? 성범죄자들이 차는 전자발찌가 이 시대의 십자가라는 정명석의 말은 일고의 가치도 없는 궤변이다. 영광 가운데 재림하는 예수님께서 또다시 십자가를 지실 리 없다. 초림 때는 죗값을 치르기 위해 죽으셔야 했지만, 재림 때는 죄와 상관없이 영광중에 심판하러 오시기 때문에 다시 십자가를 질 필요가 없기 때문이다.

> 이와 같이 그리스도도 많은 사람의 죄를 담당하시려고 단번에 드리신 바 되셨고 구원에 이르게 하기 위하여 죄와 상관없이 자기를 바라는 자들에게 두 번째 나타나시리라(히9:28).

전자발찌는 십자가가 아니라, 추가범죄를 막기 위한 경고성 족쇄일 뿐이다. 또한, 구원받은 성도들은 휴거 되어 공중에서 주를 만난 후에는 항상 주와 함께 있게 된다. 여기서 주(主)는 누구인가? 명백하게 예수 그리스도이지, 정명석이 아니다.

> 그 후에 우리 살아남은 자들도 그들과 함께 구름 속으로 끌어올려 공중에서 주를 영접하게 하시리니 그리하여 우리가 항상 주와 함께 있으리라(살전4:17).

2) 육신이 죽은 자의 휴거는?

주 안에서 죽은 성도들의 영혼은 어디로 가고, 또 어떻게 휴거 되는가? 정통교회의 일반적인 주장에 따르면, 성도들의 영혼은 죽은 직후 하늘나라로 들어간다. 웨스트민스터 신앙 고백서도, 죽을 때 "거룩함으로 완전해진 의인의 영혼은 가장 높은 하늘로 받아들여져 거기서 빛과 영광 중에 하나님의 얼굴을 뵈오며, 그들 육신의 완전한 구속을

기다린다"고 말하고 있다. 제2스위스 신앙 고백서도 비슷하게 "우리
는 신실한 자가 육신의 죽음 이후 곧 바로 그리스도께 간다고 믿는다"
고 말하고 있다. 이러한 견해는 성경적으로 타당하다. 성경은 성도의
영혼은 몸과 분리되면 그리스도 앞으로 간다고 가르치고 있다. 바울도
"몸을 떠나 주와 함께 거하기를 원한다"(고후5:8)고 말했고, 빌립보
교인들을 향해서는 "차라리 세상을 떠나서 그리스도와 함께 있는 것
이 훨씬 더 좋은 일이라"(빌1:23)고 말하고 있다.

또한 예수님께서도 회개한 강도에게 "오늘 네가 나와 함께 낙원에
있으리라"(눅23:43)고 하셨다. 그리스도와 함께 있는 곳이 천국이다.
고린도후서 12장 3절~4절에 비추어 볼 때, 낙원은 천국의 다른 표현
이다.[47] 예수님께서 공중 재림하시면 죽은 자들이 먼저 일어나고, 우
리 살아남은 자도 죽었다가 살아난 자들과 함께 구름 속으로 들어 올
릴 것이다. 성경의 예언은 반드시 다 이루어진다. 초림 때도 구약성경
의 예언대로 다 이루어졌다. 재림 때도 마찬가지다.

성경이 의미하는 부활은 무엇인가? 성도가 죽으면 영혼과 분리된
후에 육신은 썩지만, 그 영혼은 천국에서 계속 의식적으로 안식과 평
강을 누리며 무한히 복된 상태에서 존재한다. 그러나 이 영들에게는
아직 뼈와 살이 없다. 그러다가 그 영혼들이 그리스도의 재림 시에 그
리스도와 함께 내려와 새 몸을 입고 부활한다. 예수 그리스도의 부활
은 성도들의 부활에 대한 확실한 보증이다. 그리스도는 부활의 첫 열
매이기 때문이다. 그 부활하여 신령하게 된 몸이 공중으로 올라가서
주를 영접하는 것이다.

결론적으로, 죽은 사람들은 그 영혼들이 천국에서 안식을 누리다가,
예수님께서 강림하실 때 하나님께서 그와 함께 데리고 오실 것이다

---

47) Louis Berkhof, 『조직신학 (하)』, 948-949.

(살전4:14). 그 영혼들은 다시는 죽거나 썩지 않을 새 몸을 입을 것이다(고전15:53). 그리고 예수님 강림하실 때까지 살아 있던 사람들은 나팔 소리에 순식간에 변화되어, 죽었다가 일어난 사람들과 함께 구름 속으로 끌어올려 주를 영접하게 된다. 그리고 영원히 예수님과 함께 거하게 된다.

예수님께서 부활하셔서 승천하셨듯이, 성도들도 신령한 몸으로 부활하여 승천할 것이다. 우리는 성경에서 밝힌 만큼만 믿으면 된다. 자의적으로 성경을 해석하면 결국 거짓말쟁이가 되기 마련이다.

(7) 재림과 휴거를 맞이하려면?
1) 정말로 보낸 자를 중심해야 하는가?

정명석은 '보낸 자'(정명석–필자 주)를 통해 주시는 그 말씀을 듣고 순종하고, 그와 일체되어야 한다고 주장한다. 왜냐하면 보낸 자를 통해 주님과 연결돼야 구원의 역사가 일어난다는 것이다. 그렇다면 여기에서 "보낸 자를 중심하라"는 정명석의 말은 무슨 뜻인가?

정명석이 말하는 "보낸 자"는 정명석 자신을 일컫는 말로서, 하나님의 보냄을 받은 자라는 뜻이다. 정명석이 '보낸 자를 중심해야 한다'고 말하는 것은, 결국 자기를 중심해야 한다고 말하는 것이다. 이는 재림주인 자신을 따르는 자만이 휴거 받을 수 있다고 주장하는 것이다.

그러나 자기를 '보낸 자'라고 말하는 것은 도둑이나 강도임을 자인하는 것이다. 예수님의 제자들이 "우리가 어떻게 하여야 하나님의 일을 하오리까?"(요6:28)라고 질문하자, 예수님께서는 "하나님께서 보내신 이를 믿는 것이 하나님의 일이라"(요6:29)고 대답하셨다. 그러므로 하나님께서 보낸 이를 믿으라는 말은 예수님을 믿으라는 의미이다. 정명석처럼 그 말씀을 왜곡하여 자기를 믿으라는 말이 아니다. 휴거는 예수님을 믿고 구원받은 사람들에게 일어나는 일이다. 정명석을 믿는 것과는 아무런 상관이 없다. 예수님 믿는 것 위에 정명석을, 마치 원 플러스 원(1+1) 상품처럼, 더 얹어서 믿어야 휴거 되는 것이 아니다.

2) 회개해야 휴거 되는가?

정명석은 자기 말을 듣고 회개해야 휴거될 수 있다고 하였다. 정명 석은 작은 죄가 하나라도 있으면 사망 주관권에서 나올 수 없고, 절대 천국을 갈 수 없다고 하였다.

참으로 엉터리 주장이다. 왜냐하면 이 세상에서 작은 죄가 하나도 없는 사람이 어디 있는가? 그렇다면 누가 구원받을 수 있는가? 우편 강도는 낱낱이 다 회개하여 구원받았는가? 정명석이 날마다 회개를 강조하는 이유는 단지 성도들로 하여금 '우리 선생님이 저렇게 죄를 미워하는 것을 보니까 틀림없이 하나님의 사람이다'라고 착각하게 만 들려는 것 뿐이다. 그러나 이는 십자가의 보혈의 공로를 못 보게 하는 것이며, 결국 예수님과 이간질하는 것이다. 회개를 강조하는 말 같지 만, 실상은 예수님의 피 흘리심을 헛것으로 만든다. 예수님의 피로 속 죄받는 것을 전혀 모르고 하는 무지한 교리이다.

인간은 고난이나 어떤 조건을 세워도 자기 죄를 해결할 수가 없다. 그래서 예수님께서 사람으로 오셔서 죄인들을 대신하여 피를 흘려 죽 으심으로 죗값을 치르셨다. 그러므로 예수님께서 흘린 피가 내 죄 때 문에 흘린 피라고 믿을 때 내 죄가 해결되는 것이다. 이것이 기독교의 핵심인 이신칭의(以信稱義) 교리이다. 그 외에 어떤 방법으로라도 정결 케 될 수 없고, 회개 기도를 아무리 많이 한다 해도 결코 해결할 수 없 다. 그런데도 그 잘못된 방법론을 계속 강요하는 것은 결코 옳은 회개 방법도 아니며, 이신칭의 교리를 심각하게 위반하게 된다. 오히려 죽 도록 고생만 하다가 지옥으로 끌려가게 된다. 천국과 지옥은 지상에 서 육신 쓰고 하는 회개에 의해 결정되는 것이 아니라, 육신 쓰고 있는 동안에 예수를 믿었느냐 안 믿었느냐로 결정되는 것이다. 즉 예수 믿어서 원죄를 해결했느냐 아니면 믿지 않고 원죄 가운데 남아 있느냐로 갈리는 것이다. 선한 일이 무엇인가? 예수 믿는 것이 선한 일이다. 회개란 무엇인가? 예수 믿는 것이 회개다. 예수를 믿는다는 것은 예수 피로 속죄되었음을 믿는 것을 말한다. 믿는 자들에게는, 예수 피로 이미 속죄되었으므로 정죄할 수가 없다. 성도들은 예수 피로 죄에서 해방을 받은 사람들이다. "우리를 사랑하사 그의 피로 우리 죄에서 우리를 해방하시고"(계1:5b).

물론 구원받았다고 해서 맘대로 죄를 지어도 좋다는 뜻은 아니다. 그렇다면 구원받은 성도가 죄를 지으면 어떻게 되는가? 그것은 자범죄(自犯罪)를 범한 것으로서, 죄를 지을 때마다 회개하는 삶을 살아야 한다. 사람이 구원받고 나면 죄와 싸우려 하고, 과거처럼 죄에게 쉽게 무너지지도 않는다. 그럴지라도 사람은 육신이 약하여 죄를 지을 수밖에 없다. 그렇다면 어떻게 해야 하는가?

두 종류의 죄가 있다.[48] 원죄와 자범죄이다. 사람이 죄가 하나라도 있다면 천국에 가지 못한다는[49] 정명석의 주장은 두 가지 죄를 구분하지 못해서 나온 주장이다. 원죄는 구원에 관한 문제이고, 자범죄는 성화와 상급에 관한 문제이다. 우리는 예수 그리스도를 믿음으로써 의롭다 칭함을 받는다. 이는 우리가 예수를 믿기만 하면 주님께서 우리의 원죄를 더 이상 문제 삼지 않으시겠다는 뜻이지, 자범죄를 전혀 짓지 않는 완전한 사람이 된다는 것을 의미하지는 않는다. 오히려 믿음으로 의롭다 칭함을 받은 성도들은 여전히 자범죄를 지음에도 불구하고, 구원받은 사람의 참된 모습을 가지고서 점차 더 자범죄를 짓지 않으려고 노력하는 삶을 살기 위해 노력하게 된다. 이것이 바로 성화의 과정

48) JMS에서는 죄가 4가지 종류가 있다고 한다. 원죄, 연대죄, 유전죄, 자범죄이다. 그러나 연대죄, 유전죄는 원죄에 포함된다.
49) 『실제 보는 강의안』, 122.

이다. 그러므로 죄가 하나라도 있으면 구원받지 못한다거나 휴거 되지 못한다고 말하는 것은 원죄와 자범죄를 구분하지 못한 것이라 할 수 있다. 정명석은 이 세상에서 죄가 하나라도 있으면 구원받지 못하고, 구원받기 위해서는 작은 죄라도 다 회개해야 한다고 말한다.[50] 이 말은 죄인을 구원하는 방법처럼 들리지만, 실상은 자신을 추종하는 이들이 정명석으로부터 벗어나지 못하게 옭아매는 미혹에 불과하다. 낱낱이 회개해야 구원받을 수 있다는 정명석의 회개론은 원죄와 자범죄를 구분하지 않으며, 그 원죄가 어떻게 해결되는지 모르고 하는 소리이다. 원죄는 첫 사람 아담 한 사람으로 말미암았음으로, 원죄 해결 또한 마지막 아담이신 예수님을 믿음으로 해결되는 것이다(롬5:18~19). 이것을 대표원리라고 한다.

그러므로 원죄는 예수를 믿어서 해결하는 것이다. 예수를 믿는다는 것은 예수 피로 내 죄가 속죄되었음을 믿는 것을 말한다. 그러므로 정명석의 주장은 예수님의 십자가를 무시하는 심각한 결과를 초래한다. 이 세상에서 지우개로 글자를 하나하나 지우듯이 죄를 낱낱이 회개할 수 있는 사람은 하나도 없다. 우편 강도가 어떻게 구원받았는가? 예수님께 낱낱이 다 회개하여 구원받았는가? 아니다. 성도들도 우편 강도나 마찬가지다. 죄인이 구원받는 것은 은혜로, 믿음으로 구원받는 것이다. 그러므로 우리가 구원받는 것은 우리 의로 구원받는 것이 아니고, 예수님의 의로 구원받는 것이다. 그러므로 우리가 자랑할 것은, 자기의 행위나 노력이 아니라, 오직 예수 그리스도밖에 없다(롬3:27, 롬4:2, 고전1:29, 갈6:14, 엡2:9).

3) 사랑 일체를 이루어야 하는가?

---

50) 『실제 보는 강의안』, 122.

정명석은 열 처녀의 비유에서 기름을 준비한다는 것은 신랑 앞에 사랑을 준비하는 것이라고 했다. 정명석은 "휴거 준비는 오직 사랑준비이다, 사랑은 휴거의 비밀이다, 혼인 잔치는 사랑에 완전한 자가 최고의 구원을 받는다, 나를 애인같이 대해 주고 사랑하면 나도 애인같이 대해 주고 사랑해 주겠다. 나를 신랑같이 대해 주면 나 신부로서 대해 주겠다."고 하였다.[51] 이게 무슨 해괴한 논리인가? 정명석은 천국에서 벌어지는 "어린 양의 혼인 잔치"를 실제로 결혼하는 것으로 왜곡하고 있다. 성경을 이렇게까지 호도할 수 있는가? 어린 양의 혼인 잔치는 마지막 날 구원이 다 성취되었을 때에 하나님과 새 인류가 가장 친숙한 연합을 하게 되는 것을 혼인 잔치라는 비유로 말한 것이다.[52] 이 혼인 잔치를 육적인 혼인 잔치로 해석하면 음란과 성 문란의 사이비 종교가 되는 것이다. 이러한 잘못된 해석은 필시 비도덕적, 비윤리적 사이비 단체로 귀결되기 마련이다. 이단들은 영적인 것은 육적으로 풀고, 육적인 것은 영적으로 풀어서 성경을 자기의 사리사욕을 위한 수단으로 삼는다.

사랑이 무엇인가? 하나님께서는 세상을 너무 사랑하셔서 독생자 예수 그리스도를 보내어 죽게 하셨다. 이게 작은 사랑인가? 예수님은 제자들을 친구라고 하시면서, 친구를 위해서 대신 죽는 것보다 더 큰 사랑이 없다 하셨다. 그러므로 우리가 예수님을 친구 삼으면 우리가 우리 죄 때문에 또 죽을 필요가 없다. 예수님의 죽으심이 나의 죽음이기 때문이다. 그래서 예수 믿으면 영생을 얻는 것이다.

사랑하면 그의 계명을 지키게 된다. 그의 계명이 무엇인가? 사도 요한은 "곧 그 아들 예수 그리스도의 이름을 믿고 그가 우리에게 주신 계명대로 서로 사랑할 것이니라"(요일3:23)고 하였다. 예수님을 믿고,

51) 『실제 보는 강의안』, 124.
52) 서철원, 『서철원 박사 교의신학 Ⅶ - 종말론』, 쿰란출판사, 2018, 255.

형제들 간에 예수님께서 우리를 위해 희생하셨듯이 서로 사랑하라는 것이다. 여기서 서로 사랑하라는 말의 의미는 서로 간음을 행하라는 말이 아니다. 형제간의 사랑은 거룩한 사랑이어야 하지, 결단코 성적인 에로스 사랑이 아니기 때문이다. 아가페적인 사랑이 있어야 할 곳에, 에로스적 사랑을 실천해야 구원을 받는다고 왜곡한다면 성적 타락으로 이어질 것은 불을 보듯 뻔하다.

예수님을 믿는 것이 하나님을 사랑하는 것이고, 하나님의 사랑을 받아들이는 것이다. 그러나 정명석의 사랑론은 이런 아가페적 사랑과는 거리가 멀다. 정명석은 '지금은 실체 시대이다', '100% 사랑해라', '사랑 일체를 이루라', '애인같이 사랑하고 신랑으로 사랑하라'[53]고 주장하는데, 도대체 무엇을 목적으로 그렇게 주장하는가? 사실 이는 자신의 성범죄를 미화하고 합리화하려는 말장난에 지나지 않는다. 정명석은 사랑이라는 단어 뒤에 숨어서 성경적인 용어를 사용하고 있지만, 실상은 자신의 성욕을 채우기 위해 궤변을 펼치고 있는 것이다.

4) 물과 성령으로 거듭나라는 것의 의미는?

물과 성령으로 거듭나야 한다는 말씀은 예수님께서 하신 말씀이다. 그렇다면 물은 무엇이고, 성령은 무엇인가? 정명석의 말은 일반교회들과 용어는 비슷한 것 같은데 의미가 많이 다르다.

일반교회에서 물은 복음을 의미한다. 그러나 정명석에게 복음은 주님을 '실체 신랑'으로 여기며 '주님을 최우선으로 두는 신부로서의 사랑'을 하는 것이다. 당연히 여기서 주님은 정명석이다. 그렇다면 정명석을 '실체 신랑'으로 여기는 실체 사랑은 무엇인가? 정명석을 실체 신랑으로 여기며 '최우선으로 두는 신부로서의 사랑'을 하라는 것

---

53) 『실제 보는 강의안』, 124~125.

은 무엇을 의미하는가? 정명석은 계속해서 "사랑의 고백만으로는 사랑이 이루어지지 않는다. 100% 사랑해야 영이 100% 변화된다."[54]고까지 주장한다. 이러한 정명석의 주장은 여신도들에게 성 상납을 요구하는 것이나 마찬가지이다. 그러므로 이런 강의를 듣게 되면 교주와의 성교가 휴거의 최고의 비밀이라고 받아들여지게 되고, 성도덕관념은 무장 해제되기 마련이다. JMS단체는 왜 저렇게 성 추문이 많이 발생하는가? 알고 보니 교리가 문제였던 것이다.

물과 성령에서, 물은 사도들이 전했던 예수님의 십자가와 부활에 관한 복음이고, 성령은 그 복음이 전파될 때 성령께서 역사하셔서 예수님을 믿게 하여 하나님의 자녀로 인치는 역사를 말한다(엡1:13). 복음을 듣더라도 다 예수 믿는 것이 아니다. 성령께서 역사하셔야 한다. 성령이 아니고서는 예수를 주라고 시인할 수 없다(고전12:3)고 하셨다. 그러므로 복음 들을 때 성령께서 역사하셔서 예수님을 주(主)라고 영접하게 되는 것, 그것이 바로 물과 성령으로 거듭나는 것이다. 휴거되기 위하여서 자기를 신랑처럼 사랑해야 한다는 정명석의 주장은 이러한 성령의 역사하심을 의도적으로 배제한다. 물은 십자가의 복음이다. 물은 결코 정명석이 주장하는 사랑일 수 없다. 휴거는 정명석을 사랑하는 것과는 아무런 상관이 없다. 사랑하려면, 정명석을 사랑할 것이 아니라, 오직 마음과 뜻과 목숨을 다해 하나님을 사랑하고 이웃을 내 몸 같이 사랑해야 한다(마 22:37~39).

(8) 휴거는 언제 어떻게 일어나는가?

재림의 날은 우리가 알 수 없다. 다만 오늘 밤에 오시더라도 "아멘! 할렐루야!" 하며 반갑게 맞이할 수 있게 준비된 삶을 살아야 한다.

---

54) 『실제 보는 강의안』, 124.

1) 나팔은 나팔이다.

예수님이 강림하실 때 "큰 나팔 소리와 함께 천사들을 보내 택하신 백성들을 모으리라"고 하셨다.

> 그가 큰 나팔 소리와 함께 천사들을 보내리니 그들이 그 택하신 자들을 하늘 이 끝에서 저 끝까지 사방에서 모으리라 (마24:31)

큰 나팔 소리는 무엇인가? 정명석은 자기가 외치는 말씀이 나팔 소리라고 하였다. 그래서 자신의 말씀을 듣고 구시대(신약시대) 사람이 신시대(성약시대) 사람이 되면 휴거된 것이라고 하였다.

이후에는 정명석이 외치는 시대의 말씀이 나팔 소리도 되고(육적 휴거), 성자 본체의 영이 강림할 때 부는 천사장의 나팔 소리도 된다(영적 휴거)고 수정하였다.[55]

물론 말씀 외치는 것을 나팔 부는 것으로 비유할 수도 있다. 그러나 구약성경에서 하나님께서 시내산에 강림하실 때 큰 나팔 소리가 났고, 백성들이 그 소리를 듣고 떨었다고 하였다. 단순히 모세가 말씀 전하는 것을 나팔 소리라고 하지 않았다.

> 제삼 일 아침에 우뢰와 번개와 빽빽한 구름이 산 위에 있고 나팔 소리가 심히 크니 진중 모든 백성이 다 떨더라(출19:16).

> 나팔 소리가 점점 커질 때에 모세가 말한즉 하나님이 음성으로 대답하시더라 (출19:19).

> 뭇 백성이 우뢰와 번개와 나팔 소리와 산의 연기를 본지라 그들이 볼 때에 떨

---

55) 『실제 보는 강의안』, 119.

며 멀리 서서(출20:18).

그리고 나팔 소리는 시대의 나팔 소리, 천사장의 나팔 소리로 나누어지지 않는다. 천사장의 나팔 소리는 천사장의 나팔 소리이지, 어느 교주가 외치는 말씀이 아니다. 그리고 그 나팔 소리는 정명석을 따르는 사람들의 영들만 들을 수 있다고 하였으나, 그 말도 거짓말이다.[56] 왜냐하면 모든 지구인들이 다 들을 수 있는 큰 나팔 소리이기 때문이다. 모든 족속들이 통곡하며 예수께서 구름 타시고 능력과 큰 영광으로 오는 것을 보려면(마24:30~31, 계1:7), 천사장의 나팔 소리는 실제 천사가 부는 큰 나팔 소리여야 한다.

2) 구름은 구름이다.

정명석은 '구름은 사람'이라고 가르친다. 그 강의를 계속 듣다 보면, 구름이라는 단어만 보면 '구름은 사람'이라고 자동으로 번역되어 읽힌다. 그러나 예수님께서 구름 타고 오신다고 했을 때의 구름은 과연 사람일까? 구름 타고 오신다는 것은 예언이다. 예언은 대개가 문자적으로 실현된다. 초림 때에도 문자 그대로 실현되었다. 처녀에게서 태어나신다(사7:14)고 하고 처녀에게서 태어나시고, 베들레헴에 태어나신다(미5:2)고 하고 베들레헴에 태어나시고, 이새의 줄기에서 나신다고 하셨는데(사11:1), 실제 이새의 줄기에서 나셨다. 나귀 타고 오신다(슥9:9)고 하고 나귀 타고 오시고, 은 30냥에 팔리신다(슥11:12)고 하고 은 30냥에 팔리셨다. 뼈가 하나도 꺾이지 아니한다(시34:20)고 하시고 뼈가 하나도 꺾이지 아니하셨다. 옷을 가지고 제비 뽑는다(시22:18)고 하시고 예수님이 돌아가실 때 예수님의 옷을 로마 병정들이

---

56) 『실제 보는 강의안』, 116.

제비 뽑아 가져갔다. 육신이 썩지 않는다고 하시고(시16:10), 육신이 썩지 않고 부활하셨다. 이 얼마나 신기하고 놀라운가?

그렇다면 재림 때는 어떤가? 예수님은 구름 타고 오신다고 하셨는데, 구름이 사람이라면 사람을 타고 오신다는 것인가? 아니면 실제 그대로 구름 타고 오신다는 것인가? 정명석은 인(人) 구름 타고 오신다고 했으나, 그것은 하나님을 거짓말쟁이로 만드는 것이다. 구름 타고 오신다고 하고, 사람타고 오셨으니 말이다. 그러나 하나님은 거짓말을 하실 리가 없다. 하나님은 이단들의 주장처럼 비유로 말하여 성도들에게 못 알아듣게 한 다음 '왜 못 알아들었냐?'고 심판하실 분도 아니다. 신실하신 하나님께서 그러실 리 없다. 성경은 많은 사람들이 읽고 구원받으라는 책이지(요20:31), 난수표같이 비유로 덮어놓아 독자들이 못 깨닫게 하려고 쓴 책이 아니다.

초림 때는 땅에서 출생하신다고 하셨기 때문에 땅에서 출생하셨지만, 재림 때는 하늘로부터 강림하신다고 하셨으니 하늘로부터 강림하실 것이다. 초림 때와 재림 때는 출현 양식이 다르다. 그러나 이단들은, 구름 타고 오신다는 것은 비유로서 구름은 육신(청중)이라고 하거나(JMS, 통일교, 안상홍 하나님의 교회), 영이라고 해서(신천지, 전능신교) 자기네 교주를 재림 예수로 인식하게 만들고, 그렇게 인식하고 깨달은 사람들만 재림을 맞는다고 주장한다. 그러나 재림과 휴거는, 이단들의 주장처럼 은밀하게 이루어지는 것이 아니다. 하나님은 신실하시기에 하나님의 약속은 반드시 이루어진다. 재림은 성경에 기록된 대로 "인자가 구름을 타고 능력과 큰 영광으로 오는 것을 보리라"(마24:30)고 하신 것처럼, 세상 사람들이 다 볼 수 있게 예수님께서 구름 타고 오심으로써 이루어질 것이다. 실제로 구름 타고 오실 것이기 때문에, 휴거도 실제로 공중으로 올라가게 될 것이다. 구약성경에 구름은 실제 구름인 경우가 대부분이었다.

여호와께서 모세에게 이르시되 내가 빽빽한 구름 가운데서 네게 임함은 내가 너와 말하는 것을 백성으로 듣게 하며 또한 너를 영영히 믿게 하려 함이니라 모세가 백성의 말로 여호와께 고하였으므로(출19:9).

15 모세가 산에 오르매 구름이 산을 가리며
16 여호와의 영광이 시내 산 위에 머무르고 구름이 육 일 동안 산을 가리더니 제 칠 일에 여호와께서 구름 가운데서 모세를 부르시니라
18 모세는 구름 속으로 들어가서 산 위에 올랐으며 사십 일 사십 야를 산에 있으니라(출24:15-16, 18).

34 그 후에 구름이 회막에 덮이고 여호와의 영광이 성막에 충만하매
35 모세가 회막에 들어갈 수 없었으니 이는 구름이 회막 위에 덮이고 여호와의 영광이 성막에 충만함이었으며
36 구름이 성막 위에서 떠오를 때에는 이스라엘 자손이 그 모든 행하는 길에 앞으로 발행하였고
37 구름이 떠오르지 않을 때에는 떠오르는 날까지 발행하지 아니하였으며
38 낮에는 여호와의 구름이 성막 위에 있고 밤에는 불이 그 구름 가운데 있음을 이스라엘의 온 족속이 그 모든 행하는 길에서 친히 보았더라(출40:34-38).
하나님은 구름을 수레 삼고 바람을 날개 삼아 다니시는 분이다.

…구름으로 자기 수레를 삼으시고 바람 날개로 다니시며(시104:3).
He makes the clouds his chariot and rides on the wings of the wind(시 104:3).

구약의 구름이 실제 구름이었다면 신약의 구름도 실제 구름일 것이다.

예수께서 가라사대 네가 말하였느니라 그러나 내가 너희에게 이르노니 이 후에 인자가 권능의 우편에 앉은 것과 하늘 구름을 타고 오는 것을 너희가 보리라 하시니(마26:64).

마침 구름이 와서 저희를 덮으며 구름 속에서 소리가 나되 이는 내 사랑하는 아들이니 너희는 저의 말을 들으라 하는지라(막9:7).

그 때에 인자가 구름을 타고 큰 권능과 영광으로 오는 것을 사람들이 보리라(막34:26).

구름 속에서 소리가 나서 이르되 이는 나의 아들 곧 택함을 받은 자니 너희는 그의 말을 들으라 하고(눅9:34-35).

이 말씀을 마치시고 그들이 보는데 올려져 가시니 구름이 그를 가리어 보이지 않게 하더라.
이르되 갈릴리 사람들아 어찌하여 서서 하늘을 쳐다보느냐 너희 가운데서 하늘로 올려지신 이 예수는 하늘로 가심을 본 그대로 오시리라 하였느니라(행1:9, 11).

볼지어다 구름을 타고 오시리라 각인의 눈이 그를 보겠고 그를 찌른 자들도 볼 터이요 땅에 있는 모든 족속이 그를 인하여 애곡하리니 그러하리라 아멘(계1:7).

이 밖에 실제 구름에 대한 성구들은 다음을 참조하라: 레16:2, 출33:9-10, 출34:5, 막13:26, 막 14:62

3) 공중(空中)은 공중(空中)이다.
데살로니가전서 4장 17절의 "구름 속으로 끌어 올려 공중에서 주를 영접하게 하리라"는 무엇인가? 사람이 공중으로 어떻게 올라가는가? 이게 가능한가? 불신자들이 의심하는 것은 어쩌면 당연할 수도 있다.

정명석은 하나님도 법칙을 벗어나면 하실 수 없다고 주장한다. 정명석은 공중을 지구라고 말한다.[57] 지구 자체가 우주 상공에 떠 있는 공중이라고 주장한다. 그러므로 공중 휴거란 공중으로 올라가는 것이 아니고, 지구에서 구시대 사람이 신시대 사람 되는 것이고, 육적인 사람이 영적인 사람 되는 것이고, 사망권의 사람이 생명권의 사람으로 바뀌는 것이 휴거(육적 휴거)라고 주장한다.

정명석은 자신 개인 경험을 바탕으로 성경을 해석하는 경우가 많다. 자기가 서울에 처음 올라와 촌뜨기였을 때, 큰 형이 사무실 근처의 공중전화에서 만나자고 했다고 한다. 자기는 공중전화(公衆電話)를, 공중이라는 말을 이해하지 못하여 전화가 공중(空中)에 매달려 있는 전화라고 생각하였다는 것이다. 그렇게 인식관이 잘못되다 보니 길거리의 공중전화를 옆에다 두고도, 그것이 공중전화인 줄 모르고, 어느 전봇대 위나 공중에 전화기가 매달려 있지 않나 하고 열심히 찾았다고 한다. 자기가 공중(公衆)을 공중(空中)으로 이해해서 공중전화를 못 찾았듯이, 기성 교인들도 지구 땅에서 일어나는 공중휴거를 공중(空中)으로 생각해서 맞지 못할 것이라고 하였다.

그리고 정명석은 자기 큰 형이 성결교단 본부 사무실에서 근무한다고 해서 군대의 사단본부나 연대본부와 같이 엄청난 규모의 건물일 것이다고 생각했다고 한다. 그러나 교단본부라고 해서 가보니 조그마한 사무실에 책상 몇 개만 있어서 크게 실망했다고 한다. 정명석이 파월장병으로 월남에 갔을 때 전우들에게 자기가 제대하고 한국 돌아가면 큰 형이 교단본부에 근무하고 있으니 형을 찾아가면 형이 자기를

---

57) 『초급편』, 210~212.

돌봐 줄 것이라고 자랑하곤 했다는 것이다. 자기가 교단본부가 너무 작아서 실망했듯이, 공중 휴거 역시 기독교인들은 엄청나게 큰 역사가 일어날 것이라고 믿고 있지만, 너무 작게 일어나는 일이라서 크게 실망할 것이라고 하였다. 그러나 정명석의 이와 같은 성경해석은 얼마나 잘못되고 위험한 해석방법인가!

공중전화를 공중(空中)으로 알아들은 것은 자기가 무식해서 말귀를 못 알아들은 것이다. 그리고 교단본부를 사단본부와 같이 큰 장소일 것이라고 생각한 것도 인식관의 잘못이었다. 성경해석은, 칼빈이 말한 대로, 성경 저자가 말하고자 한 의도대로 성경을 해석해야지, 해석자가 자기의 생각을 관철하기 위해 성경 구절을 갖다 붙여서는 안 된다. 그리고 성경해석은 어떤 것보다도 우선 문법적으로 국문 해득을 바르게 해야 한다. 그렇지 않으면 전혀 엉뚱한 방향으로 흘러가기 때문이다.

공중 휴거의 장소가 땅인가? 아니다. 공중은 헬라어로 아에르($\alpha\eta\rho$)로서 '공기', '공중'을 가리키는 단어이다. 절대로 지구나 땅을 가리키는 단어가 아니다. 문자 그대로 공중(空中)이다. 그러므로 공중 휴거는 공중의 구름 속으로 끌어 올려지는 것이다.

> After that, we who are still alive and are left will be caught up together with them in the clouds to meet the Lord in the air. And so we will be with the Lord forever(살전4:17).
>
> (그 후에, 그때까지 살아남은 우리들도 공중에서 주를 맞이하기 위해 그들과 함께 구름 가운데로 끌어 올려질 것입니다. 그리고 우리는 주와 함께 영원히 함께 있을 것입니다).

4) 휴거는 단번(單番)에 순간적으로 일어난다.

정명석은 휴거를 오랫동안, 천천히 일어난다고 가르친다. 그것은 "홀연히"를 "천천히", "서서히"라고 국문 해득을 잘못한 것이다. 그러나 "홀연히"는 "갑자기"라는 뜻으로서 휴거는 "순식간에" 일어나는 것이다. 영어 성경에는 "눈 깜짝할 사이에"(in the twinkling of an eye)라고 되어있다.

> 51 보라 내가 너희에게 비밀을 말하노니 우리가 다 잠잘 것이 아니요 마지막 나팔에 순식간에 홀연히 다 변화하리니
> 52 나팔 소리가 나매 죽은 자들이 썩지 아니할 것으로 다시 살고 우리도 변화하리라(고전15:51~52).

> 51 Listen, I tell you a mystery: We will not all sleep, but we will all be changed--
> 52 in a flash, in the twinkling of an eye, at the last trumpet. For the trumpet will sound, the dead will be raised imperishable, and we will be changed.(고전15:51~52 NIV.)

5) 사람은 자기를 100% 만들 수 있는가?

정명석은 사람들에게 휴거 될 수 있도록 100% 자기를 만들라고 한다. 완벽하게 행하라는 것이다. 그러나 100% 자기를 만들 수 있는 사람은 하나도 없다. 성경 역시도 "율법의 행위로 하나님 앞에 온전하게 행할 사람은 하나도 없다"(롬3:20)고 말씀하고 있다. 그러나 JMS 회원들은 정명석이 완벽하게 실천하라고 하니까, 너무 좋은 말씀이라고 감상적으로 받아들일 수밖에 없다. 만약 정명석이 설교에서 너희들은 '악하게 살아라, 예수를 믿지 말아라'고 한다면 금방 적그리스도라

고 분별할 수 있겠지만, '흠도 없고 점도 없이 살아라', '완벽하게 살아라', '날마다 회개하며 살아라',고 하니까 저렇게 좋은 말씀하시는 분이 어떻게 적그리스도겠는가 하고 감히 의심하지 않는다. 그러나 적그리스도란, 대개 인간 교주들이 윤리적으로도 문제가 많지만, 그에 앞서 자기를 그리스도라고 하기 때문에 적그리스도인 것이다. 자기의 말씀을 들어야 구원받는다고 하니 적그리스도다. 자기를 믿고 자기를 사랑해야 구원받고 휴거 될 수 있다고 하니 적그리스도인 것이다. 십자가의 도(道) 외에 잘못된 구원방법을 가르치니 적그리스도라고 하는 것이다. 적그리스도를 믿고 따르면 결과는 처참할 수밖에 없다.

사람이 100% 완벽해질 수 있는가? 성경은 사람이 절대로 완벽해질 수 없다고 말씀하고 있다. 사람이 완벽해질 수 있다면 예수 그리스도가 왜 필요한가? 사람은 완벽할 수 없고, 스스로 구원할 수 없으므로 구세주가 필요한 것이다. 그러나 정명석은 100% 완벽한 사람이 되라고 하고, 정명석 자기를 완벽하게 사랑해야 구원받을 수 있다고 가르치니까 적그리스도인 것이다. 구원은 오직 예수 그리스도를 믿음으로만 받을 수 있다. 그런데 왜 정명석을 믿어야 구원받는다고 하는가? 왜 그를 신랑으로 사랑해야 구원받는다고 말하는가? 이런 주장은 예수님을 떠나 정명석을 추종하게 하고, 그의 성적 타락을 무마하기 위한 거짓말에 불과하다. 과연 그곳이 정명석의 말처럼 깨끗하고 완벽한 곳인가? 어림없는 소리이다. 단호히 배격해야 할 이단 사설일 뿐이다.

> 선을 행하고 죄를 범치 아니하는 의인은 세상에 아주 없느니라(전7:20).
> 기록한 바 의인은 없나니 하나도 없으며(롬3:10).

> 내가 하나님의 은혜를 폐하지 아니하노니 만일 의롭게 되는 것이 율법으로 말미암으면 그리스도께서 헛되이 죽으셨느니라(갈2:21).

또 하나님 앞에서 아무나 율법으로 말미암아 의롭게 되지 못할 것이 분명하니 이는 의인이 믿음으로 살리라 하였음이니라(갈3:11).

율법 안에서 의롭다 함을 얻으려 하는 너희는 그리스도에게서 끊어지고 은혜에서 떨어진 자로다(갈5:4).

5 허물로 죽은 우리를 그리스도와 함께 살리셨고 (너희가 은혜로 구원을 얻은 것이라)
7 너희가 그 은혜를 인하여 믿음으로 말미암아 구원을 얻었나니 이것이 너희에게서 난 것이 아니요 하나님의 선물이라.
8 행위에서 난 것이 아니니 이는 누구든지 자랑치 못하게 함이니라(엡2:5, 7-8).

휴거는 내가 내 영을 스스로 만드는 것이 아니라, 하나님께서 만드시는 것이다. "우리는 그가 만드신 바라"(엡2:10). 하나님께서 우리의 육신만 만드셨겠는가? 우리의 영도 만드셨다. 하나님께서 우리의 영을 친히 거룩하게 만들어 주실 것인데(살전5:23), 우리가 스스로 만들어야 한다고 하니 거짓말인 것이다.

우리는 그가 만드신 바라 그리스도 예수 안에서 선한 일을 위하여 지으심을 받은 자니 이 일은 하나님이 전에 예비하사 우리로 그 가운데서 행하게 하려 하심이니라(엡2:10).

23 평강의 하나님이 친히 너희를 온전히 거룩하게 하시고 또 너희의 온 영과 혼과 몸이 우리 주 예수 그리스도께서 강림하실 때에 흠없게 보전되기를 원하노라.
24 너희를 부르시는 이는 미쁘시니 그가 또한 이루시리라(살전5:23~24).

6) 거룩은 하나님이 이루는 것이다.

우리는 어떻게 거룩한 신부로 만들어지는가? 정명석은 자기를 절대 믿고, 절대 사랑하라고 주장하지만, 그렇게 해서 거룩해지고, 신부가 되는 것이 아니다. 거룩은 '구별된다'는 뜻으로 예수님을 믿고 구원받는 것을 말한다. 그래서 구원받은 신도를 성도(聖徒)라 부른다. 예수 믿고 구원받은 사람들은 이미 거룩해진 사람들이다. 성도는 신분적으로, 예수 피로 죄 용서받았고, 그래서 거룩해진 것이다. 자기 수고로 거룩해지는 것은 불가능하다. 그런데 JMS는 자기 수고로 자기가 조건 세워서 거룩해지려고 하니 이단인 것이다.

> 고린도에 있는 하나님의 교회 곧 그리스도 예수 안에서 거룩하여지고 성도라 부르심을 입은 자들과……. (고전1:2)

> 거룩하게 하시는 자와 거룩하게 함을 입은 자들이 다 하나에서 난지라 그러므로 형제라 부르시기를 부끄러워 아니하시고(히2:11).

> 저가 한 제물로 거룩하게 된 자들을 영원히 온전케 하셨느니라(히10:14).

정명석의 주장과는 달리, 지상에 육신을 입고 사는 동안에는 누구라도 100% 거룩한 삶을 살 수 없다. 그 완전한 거룩, 즉 완전한 성화는 천국에 가서야 가능하다.

설령 우리가 예수 믿어서 신분적으로 의롭다 함을 받고, 거룩한 성도라고 칭함을 받았다 하더라도, 우리 몸이 땅에서 거하는 한 현실적으로 100% 거룩해질 수는 없다. 그것은 우리가 이 썩을 육신이, 주님 재림하실 때 변화 받든지, 죽은 성도들이 부활하든지 하여 천국에 들어가서야 비로소 완전히 거룩하게 될 수 있다. 그 거룩은 하나님께서 친히 이루어주실 것이다.

> 23 평강의 하나님이 친히 너희로 온전히 거룩하게 하시고 또 너희 온 영과 혼과 몸이 우리 주 예수 그리스도 강림하실 때에 흠없게 보전되기를 원하노라
> 24 너희를 부르시는 이는 미쁘시니 그가 또한 이루시리라(살전5:23~24).

7) 육신이 어떻게 올라갈 수 있는가?

정명석은 기성교인들이 육신 그대로 공중으로 올라갈 것을 믿는다고 하면서 비웃는다. 그러나 기성교인들은 정명석의 말처럼 현재 상태의 육신이 그대로 올라간다고 믿지 않는다. 예수님께서 공중 재림하실 때, 천사장의 나팔 소리에 죽은 자들은 더 이상 썩지 않는 몸으로 부활하고, 산 사람들은 변화하여 올라간다. 그 몸은 현재의 육신과는 완전히 다른 몸이다. 사람이 부활하거나 변화 받으면 완전히 다른 몸이 되는 것이다. 애벌레가 부화하면 나방이 되듯이, 사람이 변화하면 공중 휴거 할 수도 있고, 천국에도 들어갈 수 있는 신령한 몸이 된다. 공중 휴거는 영광스럽게 변화된 그 몸이 올라가는 것이다.

육신은 어떻게 신령한 몸으로 변화되는가? 하나님은 무에서 유를 만드시고, 흙으로 사람을 만드신 분이다. 우리는 하나님께서 창조주시라는 것을 잊으면 안 된다. 하나님께는 모든 것이 가능하다.

> 51 보라 내가 너희에게 비밀을 말하노니 우리가 다 잠잘 것이 아니요 마지막 나팔에 순식간에 홀연히 다 변화하리니
> 52 나팔 소리가 나매 죽은 자들이 썩지 아니할 것으로 다시 살고 우리도 변화하리라.
> 53 이 썩을 것이 불가불 썩지 아니할 것을 입겠고 이 죽을 것이 죽지 아니함을 입으리로다(고전15:51~53).

> 20 그러나 우리의 시민권은 하늘에 있는지라 거기로부터 구원하는 자 곧 주 예
> 수 그리스도를 기다리노니
> 21 …그는 우리의 낮은 몸을 자기의 영광의 몸의 형체와 같이 변하게 하시리
> 라(빌3:20,21).

8) 시대마다 구원의 급이 다른가?

정명석은 시대마다 구원의 급이 다르다고 한다. 구약은 선영계, 신약은 낙원, 성약은 천국으로 나누어진다고 한다. 그러나 그렇지 않다. 구약도 예수님을 믿어 구원받고, 신약도 예수님 믿어 구원받는다. 성약 시대란 없다. 구약은 오실 예수님 믿어 구원받고, 신약은 오신 예수님 믿어 구원받는 것이다. 구약은 동물의 피 제사를 통해, 예수님의 피를 통한 속죄를 내다보면서 미리 구원받았다. 구약시대의 사람들이 동물의 피로 속죄받았듯이, 신약은 예수님의 피를 통해 근본적으로 속죄받는다. 구약시대의 사람들을 위해서는 속죄를 위해 동물의 피로 어음을 발행한 것이라면, 드디어 신약시대 예수님께서 피를 흘리심으로 그 어음은 결제되었다.

그러므로 구약시대의 성도나 신약시대의 성도나 다 예수님의 피로 속죄받고 구원받는 것이다. 예수님께서 구약의 아브라함도 이삭도 야곱도 모든 선지자들도 천국에 있다고 말씀하셨다. 구약의 천국 다르고, 신약의 천국 다르고, 이 시대의 천국이 다르지 않다. 다 같은 천국이다.

> 너희가 아브라함과 이삭과 야곱과 모든 선지자는 하나님 나라에 있고 오직 너
> 희는 밖에 쫓겨난 것을 볼 때에 거기서 슬피 울며 이를 갈이 있으리라(눅13:28).

9) 휴거된 후의 삶은 어떤가?

휴거된 후에는 어떤 삶을 살게 되는가? JMS 사람들은 현재 자기들이 휴거 받았다고 믿는다. 그렇다면 이들의 삶이 성경의 휴거 개념과 얼마나 일치하는지 살펴보자. 만약 성경과 다르다면, 아무리 스스로 행복하다고 느껴도 그것은 환각(幻覺)에 불과한 것이다. 사람이란 마약에 의한 환각 상태에서 행복하다고 얼마든지 말할 수 있다.

성경에서는 예수님이 공중 재림하시면 성도들은 구름 속으로 끌어올려 항상 예수님과 함께 있을 것이라고 하였다(살전4:17). 그러나 JMS 회원들이 과연 예수님과 항상 함께 거하고 있는가? 정명석이 그리스도라면, JMS 회원들은 과연 정명석과 항상 함께 거하는 삶을 살고 있는가? 그러나 사람은 항상 함께 거할 수 없다. 이러한 JMS 회원들의 삶이 어찌 휴거 된 삶이라 할 수 있는가?

정명석씨가 "너는 휴거되었다"고 선언한 여자 청년이 JMS교를 이탈한 일이 있었다. 그렇다면 이 사람은 정말로 휴거된 사람이라고 할 수 있는가? JMS에서는 JMS교를 탈퇴할 경우 지옥에 간다고 주장하는데, 휴거 된 사람도 타락하여 지옥에 갈 수 있는가? JMS 회원들은 스스로 공중 휴거 되었다고 주장하나, 여전히 죄짓고 아프고 슬퍼하고 고통을 받으며 살다가 죽는다. 휴거되어도 아프고 슬프고 죽기도 하는가? 그리고 예수님이 재림하시면 우리는 더 이상 사탄의 미혹도 받지 않고, 왕 노릇하는 삶을 살게 된다. 그러나 JMS 회원들이 정말로 사탄의 미혹도 받지 않고 아프거나 슬프거나 죽지도 않는가? 명백하게 아니다. 안타깝지만 이들은 왕보다는 오히려 종노릇하고 있지 않은가?

성경은 성도들이 휴거 된 후에 병들고 핍박받고 죽는다고 기록하고 있지 않다. 오히려 새로운 육신으로 인해 영원히 산다고 기록하고 있다. 만약 정명석의 주장이 참이라면, 성경의 기록을 틀렸다고 해야 할 것이다. 정명석이 성경의 주인공이라면 성경에 기록된 대로, 예언된 대로 성취되어야 한다. 그러나 그렇지 않다. 왜 그럴까? 정명석은 재림 예수가 아니기 때문이다. 그러므로 JMS 단체는 휴거 된 사람들이 모여든 곳이 아니다. 사람들을 미혹하여 지옥으로 끌고 가는 이단 단체일 뿐이다. 예수님께서는 "너희가 사람의 미혹을 받지 않도록 주의하라. 많은 사람이 내 이름으로 와서 이르되 나는 그리스도라 하여 많은 사람을 미혹하리라"(마24:4~5)고 경고하셨다. 과연 그 경고하심대로 정명석과 많은 교주들이 나타나 자기를 그리스도라 하며 많은 사람들을 미혹하고 있지 않은가?

휴거된 후의 사람들은 예수님과 떨어지지 않고 항상 함께 거하게 된다. 그리고 휴거 된 후에는 다시 죄를 짓거나 사망하거나 병들거나 눈물을 흘리거나 고통을 겪지 않는다. 이것이 성경에 기록된 대로 바르게 믿는 믿음이다.

> 그 후에 우리 살아남은 자들도 그들과 함께 구름 속으로 끌어올려 공중에서 주를 영접하게 하시리니 그리하여 항상 주와 함께 있으리라(살전 4:17).

> 모든 눈물을 그 눈에서 닦아 주시니 다시는 사망이 없고 애통하는 것이나 곡하는 것이나 아픈 것이 다시 있지 아니하리니 처음 것들이 다 지나갔음이러라(계 21:4).

실제로 휴거가 일어났었다면 온 지구상의 사람들이 다 알았어야 한다. 그때에 인자의 징조가 영광 중에 하늘에서 보이겠겠다고(마 24:30) 기록되었기 때문이다. 그러나 과연 모든 족속들이 정명석이 구름 타고 오는 것을 보고 통곡하였는가? 정명석이 구름을 타고 능력과 큰 영광으로 왔는가? 전혀 그렇지 않다. 오히려 전자발찌를 차고 추하게 나타났다. 정명석은 재림 예수와는 전혀 일치점을 찾을 수 없다. 정명석은 성경을 비유로 풀어서 자기 상황에 갖다 맞추었을 뿐이다.

10) 재림 때는 어떤 현상들이 있는가?
① 모든 사람들이 다 볼 수 있게 오신다.
정명석은 재림 예수가 은밀하게 오신다고 했는데 과연 그러한가? 성경은 모든 족속들이 통곡하며, 예수님께서 구름 타고 오시는 것을 보리라고 말하고 있다. 심지어 예수님을 십자가에서 찌른 사람도 볼 것이라고 말한다. 이러한 점에서 성경은 정명석의 주장과는 정반대다.

> 27 번개가 동편에서 나서 서편까지 번쩍임 같이 인자의 임함도 그러하리라.
> 30 그 때에 땅의 모든 족속들이 통곡하며 그들이 인자가 구름을 타고 능력과 큰 영광으로 오는 것을 보리라
> 31 큰 나팔소리와 함께 천사들이 하늘 이 끝에서 저 끝까지 사방에서 모으리라 (마24:27,30-31).

> 예수께서 이르시되 네가 말하였느니라 그러나 내가 너희에게 이르노니 이 후에 인자가 권능의 우편에 앉은 것과 하늘 구름을 타고 오는 것을 너희가 보리라 하시니(마26:64).

> 볼지어다 그가 구름을 타고 오시리라 각 사람의 눈이 그를 보겠고 그를 찌른 자들도 볼 것이요 땅에 있는 모든 족속이 그로 말미암아 애곡하리니 그러하리라 아멘(계1:7).

성경은 번개가 번쩍일 때 사람들이 다 보듯이, 예수님도 다 볼 수 있게 오신다고 분명하게 말하고 있다. 따라서 예수님께서는 절대로 아무

도 모르게 오시지 않을 것이다.

> 번개가 동편에서 나서 서편까지 번쩍임같이 인자의 임함도 그러하리라(마 24:27).

② 양과 염소를 가른다.

마태복음 25장 31절~46절에 의하면, 예수님께서 모든 천사와 함께 오셔서 자기 영광의 보좌에 앉으시고 모든 민족을 그 앞에 모으고 양과 염소를 구분하듯, 영생에 들어갈 의인과 영벌에 들어갈 악인들을 심판하신다고 쓰여 있다. 과연 정명석의 현 상황은 이 본문과 일치하는가? 정명석은 모든 천사와 함께 왔는가? 아마 정명석은 천사들은 영이기 때문에 이미 왔지만 보이지 않게 왔다고 둘러댈 것이다. 그래도 여전히 문제는 남아 있다. 과연 정명석은 영광의 보좌에 앉았는가? 성범죄자로 10년형을 복역하고, 전자발찌를 찬 모습이 영광의 보좌에 앉은 모습이라고 할 수 있는가? 재림 예수가 그런 추악한 성범죄나 짓는 사람이란 말인가? 재림 예수니까 그런 것은 죄가 되지 않는다고 억지 부릴 것인가? 그러나 어떠한 억지와 변명도 재림 예수라면 그럴 수 없다. 영광의 보좌는커녕 치욕과 멸망의 자리가 분명하다.

또한, 성경에 기록된 대로 모든 민족들이 정명석 앞에 다 모이지 않았다. 정명석을 추종하는 사람들은 많게 잡아서 2~3만 명에 불과하다. 이들이 과연 성경에서 말하는 모든 민족이라 할 수 있는가? 영생과 영벌은 정명석을 믿고 안 믿고에 따라서 좌우되지 않는다. 영생과 영벌은 오직 예수를 믿느냐 믿지 않았느냐로 갈리는 것이다. 이러한 정명석의 모습은 성경의 재림 예수의 모습과는 전혀 맞지 않는다. 왜 그런가? 그는 재림 예수가 아니기 때문이다.

31 인자가 자기 영광으로 모든 천사와 함께 올 때에 자기 영광의 보좌에 앉으리니

32 모든 민족을 그 앞에 모으고 각각 분별하기를 목자가 양과 염소를 분별하는 것 같이 하여

33 양은 그 오른편에, 염소는 왼편에 두리라

46 그들은 영벌에, 의인들은 영생에 들어가리라 하시니라(마25:31-33, 46).

7 환난 받는 너희에게는 우리와 함께 안식으로 갚으시는 것이 하나님의 공의시니 주 예수께서 저의 능력의 천사들과 함께 하늘로부터 불꽃 중에 나타나실 때에

8 하나님을 모르는 자들과 우리 주 예수의 복음을 복종치 않는 자들에게 형벌을 주시리니

9 이런 자들이 주의 얼굴과 그의 힘의 영광을 떠나 영원한 멸망의 형벌을 받으리로다

10 그 날에 강림하사 그의 성도들에게서 영광을 얻으시고 모든 믿는 자에게서 기이히 여김을 얻으시리라(살후1:7-10).

③ 재림은 지구상의 모든 사람에게 하루 만에 이루어진다.

재림은 온 지구상에 거하는 모든 사람에게 임하는 것이다. 지역적으로 순차적으로 조금씩 임하는 것이 아니다. 재림은 지구상에 사는 모든 사람들에게 하루 만에, 덫과 같이, 순식간에 일어나는 것이다. 예수님께서 "이날은 온 지구상에 거하는 모든 사람에게 임하리라"(눅21:35)고 명백하게 말씀하셨다.

34 너희는 스스로 조심하라 그렇지 않으면 방탕함과 술취함과 생활의 염려로 마음이 둔하여지고 뜻밖에 그 날이 덫과 같이 너희에게 임하리라

35 이 날은 온 지구상에 거하는 모든 사람에게 임하리라

36 이러므로 너희는 장차 올 이 모든 일을 능히 피하고 인자 앞에 서도록 항상 기도하며 깨어 있으라 하시니라(눅21:34~36).

④ 죽은 자들이 살아난다.

예수님이 재림하실 때는 죽은 자들이 먼저 일어나야 한다(살전 4:16). 이단들은 영적인 부활이라고 주장하겠지만, 성경은 분명하게 부활을 영적인 부활이라고 말하지 않는다. 예수님께서는 육신이 부활하셨고, 예수님의 부활은 성도들의 부활에 대한 보증으로 제시된다(고전15:14). 예수님의 부활은 잠자는 자들 중의 첫 열매라고 하심으로써 이후에 많은 사람의 부활로 이어질 것을 말하고 있는 것이다(고전15:20). 그러므로 성경은 영적인 부활을 말하지 않는다.

만일 죽은 자의 부활이 없으면 그리스도도 다시 살아나지 못하셨으리라(고전 15:14).

그러나 이제 그리스도께서 죽은 자 가운데서 다시 살아나사 잠자는 자들의 첫 열매가 되셨도다(고전15:20).

⑤ 불 심판이 일어나야 한다.

불 심판은 실제로 불을 사용하여 행해지는 심판이다. 정명석은 베드로후서 3장 7절의 "동일한 말씀으로 불사르기 위하여"를 오해하여 불 심판은 말씀 심판이라고 주장하였다. 그러나 그것은 국문 해득을 잘못한 것이다. 이 말씀은 실제로 불로 심판하시겠다고 말씀하신 그대로 불 심판하실 것이다.

사실 하늘과 땅은 지금도 하느님의 같은 말씀에 의해서 그대로 남아있습니다. 그러나 하늘과 땅은 하느님을 배반하는 자들이 멸망당할 심판의 날까지만 보존되었다가 불에 타버리고 말 것입니다.(공동번역, 벧후3:7)

결론

휴거는 과연 정말로 일어날 것인가? 당연히 일어날 것이다. 하나님의 약속은 반드시 이루어지기 때문이다. 정명석은 불 심판이 말씀 심판이고, 공중은 지구이기 때문에 하늘로 올라갈 필요가 없다고 하였다. 그러나 불 심판이 실제 불 심판이고, 공중(空中)은 하늘의 공중(空中)이기 때문에 공중 휴거도 실제로 일어나는 것이다. 하나님께서는 홍수로 심판하실 때에도 노아와 가족들을 위해 방주를 만들어 대피하게 하셨고, 소돔과 고모라를 멸망하실 때에도 롯의 가족들을 소알 성으로 대피하게 하셨다. 이제 인류에게는 마지막 불 심판이 남아 있다. 불 심판이 하늘과 땅을 불사르는 대 심판이기 때문에 실제로 공중으로 대피하여 공중에서 주를 영접하는 것이다. 그것이 휴거다.

공중 휴거는 자기 행실을 깨끗하게 한다거나, 정명석을 실제 신랑처럼 사랑한다고 되는 것이 아니다. 그런 것과는 아무런 상관이 없다. 하나님은 휴거 될 사람들을 이미 정해 놓으셨다. 오직 예수님 믿고 구원받은 사람들이 바로 그들이다. 예수님은 재림하시면서 천사들을 보내 그 택하여 구원받은 사람들을 하늘 이 끝에서 저 끝까지 사방에서 모으실 것이다(마24:31). 출애굽 때 이스라엘 백성들을 데리고 가듯이, 구원받은 백성들만 데리고 가실 것이다. 그러므로 미리 복음 듣고 예수 믿어 구원받는 것이 중요하다. 그것이 참된 휴거 준비이다.

03. 영계론

03
영계론

정통 개혁교회는 몸과 분리된 영혼들을 위해 크게 두 장소만을 인정한다. 천국과 지옥이다. 그러나 정명석은 여섯 개의 장소(영계)를 주장하고 있다.

정명석의 주장

JMS가 주장하는 영계는 선인들을 위해 천국, 낙원, 선영계가 있고, 악인들을 위해 음부, 무저갱, 지옥이 있다고 한다.[58]

(1) 음부에 대하여[59]
음부는 예수님을 믿지 않고, 선하게 살지도 못한 영혼들이 가는 지상 영계이다. 지상 영계라는 이름이 붙은 이유는 이 장소가 지상(地上)에 있다고 설명하기 때문이다. 이곳은 한 맺힌 영들, 불순종한 영들, 해야 할 일을 하지 못하고 죽은 영들, 수한(壽限) 전에 죽은 영들이 모여 있는 곳이다. 이곳은 천국 복음이 전해지기도 힘들고 전해져도 믿

---

58) 『실제 보는 강의안』, 128-155을 참조하라. 그림은 원본과 약간 다를 수 있습니다.
59) 『실제 보는 강의안』, 130.

지 않는다.

23 그가 음부에서 고통 중에 눈을 들어 멀리 아브라함과 그의 품에 있는 나사
로를 보고

24 불러 이르되 아버지 아브라함이여 나를 긍휼히 여기사(눅16:23-24).

그의 집은 스올(음부)의 길이라 사망의 방으로 내려가나이다(잠7:27).

(2) 무저갱에 대하여[60]

무저갱은 예수님을 믿다가 도중에 배신한 자들이 가는 지옥이다.

1 …그가 무저갱의 열쇠를 받았더라.

2 그가 무저갱을 여니 그 구멍에서 큰 화덕의 연기 같은 연기가 올라오매(계9:1-2).

그들이 증언을 마칠 때에 무저갱으로부터 올라오는 짐승이 그들로 더불어 전쟁
을 일으켜 그들을 이기고 그들을 죽일 터인즉(계11:7).

(3) 지옥에 대하여[61]

1) 세상에서 살 때 전능자 하나님과 성자 주님을 믿지 않고, 또 하늘
이 보낸 자(정명석-필자 주)도 믿지 않는, 자기 생각대로 살던 자들의
영이 지옥에 간다.

저주를 받은 자들아 나를 떠나 마귀와 그 사자들을 위하여 예비된 영원한 불에
들어가라(마25:41).

---

60) 『실제 보는 강의안』, 130.
61) 『실제 보는 강의안』, 132. 여기서 "하늘이 보낸 자"란 정명석을 가리킨다.

거기에는 구더기도 죽지 않고 불도 꺼지지 아니하느니라(막9:47-49).

2) 지옥은 형제를 참소하고 악평하고, 사랑하지 않는 자들이 가는 곳이다.

우리 형제들을 참소하던 자 곧 우리 하나님 앞에서 밤낮 참소하던 자가 쫓겨났고(계12:10).

3) 지옥은 음란의 범죄를 지은 자들이 가는 곳이다.

소돔과 고모라와 그 이웃 도시들도 그들과 같은 행동으로 음란하며 다른 육체를 따라가다가 영원한 불의 형벌을 받음으로 거울이 되었느니라(유1:7).

4) 지옥은 우상숭배를 하는 자들이 가는 곳이다.

그 고난의 연기가 세세토록 올라가리로다 짐승과 그 우상에게 경배하고 그의 이름표를 받는 자는 누구든지 밤낮 쉼을 얻지 못하리라(계14:11).

(4) 선영계에 대하여[62]

하나님을 믿지는 않았으나, 선(善)하게 산 자들이 가는 영계이다. 선영계는 음부와 마찬가지로 지상에 있어서 지상 영계라고도 한다. 그리고 예수님을 믿었지만 아직 다 변화되지 못한 영혼들이 가게 된다. 지상에서 선한 사람들과 악한 사람들이 섞여 살듯이, 선한 영과 악한 영들도 함께 섞여 살고 있다. 그러다가 때가 되면 선의 세계, 혹은 악의

---

62) 『실제 보는 강의안』, 138.

세계로 한 단계씩 갈라져 간다. 선영계는 이방인들 중에서 양심적으로 살았던 영들이 가게 되며, 예수 믿더라도 보통으로 믿은 사람들이 가는 곳이다.[63] 이곳에서 예수님을 잘 믿으면 천사가 와서 낙원으로 데리고 간다.[64]

> 육체로는 죽임을 당하시고 영으로는 살리심을 받으셨으니 그가 또한 영으로 옥에 있는 영들에게 선포하시니라(벧전3:18).

선영계에 있는 영혼들은 계속 선영계에 살지 못한다. 이 영혼들은 예수님의 말씀을 듣고 받아들이고 행하여 구원받지 못하면 하늘나라의 영이 되지 못하기 때문이다. 이 영혼들은 결국 때가 되면 지옥으로 가게 된다.

(5) 낙원에 대하여[65]

낙원은 예수님을 믿고 구원받아 살다가 죽은 자들의 영이 가는 곳이다. 즉, 땅에서 예수 그리스도를 믿은 자들이 가게 되는 영계이다.[66] 낙원은 우주 안에 있는 영의 세계다.[67] 낙원은 예수님의 십자가로 생긴 구원급으로서 천상천국으로 가기 위한 준비를 하는 곳이다. 구약 4000년 동안 아담 안에서 죽은 자들이 지상의 영옥(선영계와 음부)에서 메시아를 기다렸듯이, 낙원에서 신약 2000년 동안 재림주를 기다리다가 죽은 영들이 살아생전의 사고를 그대로 가지고 다시금 재림주

---

63) 『실제 보는 강의안』, 138.
64) 『중급편』, 400.
65) 『실제 보는 강의안』, 138.
66) 『중급편』, 402.
67) 『실제 보는 강의안』, 139.

의 새 역사를 기다리고 있다.[68] 그중에서 재림주를 맞이한 영들만 휴거되어 천상천국으로 간다. 고로 낙원에 간 영들은 미결수의 영들로서 천국급으로 오르기 위해 의를 쌓으려고 수고하며. 애를 써서 희생, 봉사, 전도, 관리 등을 수행한다.[69]

> 예수께서 이르시되 내가 진실로 네게 이르노니 오늘 네가 나와 함께 낙원에 있으리라(눅23:43).

> 그가 낙원으로 이끌려 가서 말로 표현할 수 없는 말을 들었으니 사람이 가히 이르지 못할 말이로다(고후12:4).

(6) 천국에 대하여[70]

인생의 최종 목적지이며 성삼위가 존재하는 곳이다. 재림 때 성약의 말씀을 통해서 완성급의 신부 영이 되어야만 가는 곳이다. 성자 주님은 온전히 신부로 만들어진 영을 휴거시켜 천국으로 데려간다. 천국은 우주를 벗어난 완전한 영 주관권 세계에 있다.[71]

(7) 영계는 종적인 차원과 횡적인 차원으로 되어 있다.[72]

영계는 종적으로 선영계, 낙원, 천국으로 되어있고, 횡적으로 최고 중심권, 중간권, 최하위 바깥권으로 구분되어 있다. 시대의 말씀과 행

---

68) 『중급편』, 402.
69) 『실제 보는 강의안』, 138.
70) 『실제 보는 강의안』, 140.
71) 『실제 보는 강의안』, 142. 이와 관련된 성경 구절은 다음을 참조하라: 마18:3, 마25:34, 고후12:2
72) 『실제 보는 강의안』, 146.

위의 차원에 따라 그에 해당되는 곳에 존재한다.[73]

1) '사랑'의 수준이 가장 높은 자가 가장 높은 천국에 오르게 된다.

천국이라고 다 하나님과 주님과 함께 사는 것이 아니다. 사랑의 수
준이 높은 자가, 즉 세상에서 주님과 같이 산 자들의 영이 주님과 가까
이 살고, 가장 높은 천국에 오르게 된다. 천국 가는 제1의 조건은 '오
직 사랑'이다.

2) 육계는 같은 위치에 살면서 각각 차원의 세계가 구분되어 있다.

육계는 가난한 자도 부자도 같은 위치의 땅을 사고 집을 짓고 살면
같은 지역에서 살게 된다. 같은 곳에서 살아도 가난한 자와 부자는 차
원이 다르게 산다. 하지만 영계는 각자 차원에 따라 사는 주관권이 정
해져 있다. 하나님께서는 시대 말씀의 차원과 행위의 차원에 따라 각
각에 해당하는 주관권에 살도록 질서를 정해 놓으셨다.

3) 영계는 종적인 차원과 횡적인 차원으로 되어있다.

영계는 종적인 차원과 횡적인 차원으로 되어있어 시대 말씀과 행
위의 차원에 따라 그에 해당되는 곳에 존재한다. 종적 차원으로는 선
영계 – 낙원 – 천국으로 되어 있다. 선영계, 낙원, 천국은 다시 횡적
으로 구분되어 최고 중심권 – 중간권 – 최하 바깥 주관권으로 구분
되어 있다.

---

73) 『실제 보는 강의안』, 147.

(8) 같은 천국도 말씀 차원과 자기 행위에 따라 위치가 달라진다.[74]

같은 주관권 천국에 가더라도 거기서도 자기 행위에 따라 또 위치가 달라진다. 자기 영이 어느 급의 천국에 거할지는 자기 육신이 살아 있을 때 행한 대로 결정된다.

1) 성약권 천국에 거할 자

자기 육신이 살아 있을 때, 성자가 보낸 사명자(정명석─필자주)가 전하는 성약 말씀을 듣고 행하여 신부급 부활을 이루고 그 영을 100% 신부로 변화시킨 자는 그 영이 성약권 천국에 거하게 된다.

2) 신약권 천국에 거할 자

육신이 살아 있을 때 신약 말씀을 듣고 행하여 자녀급 부활을 이루고 그 영을 100% 자녀로 변화시킨 자는 그 영이 신약 주관권에 해당되는 낙원을 거쳐서 신약권 천국으로 가서 살게 된다. 낙원을 거쳐서 무조건 신약권 천국에 가는 것이 아니라, 낙원에서 성자가 주시는 이 시대 성약 말씀(정명석의 교리─필자 주)을 듣고 행해야 된다.

나사렛 예수님의 영은 이 시대에 선포되는 성약 말씀을 듣고, 그 말씀을 낙원에 있는 영들에게 전한다.[75] 그 말씀을 듣고 배우고 행한 영들은 성자의 재림을 맞고 휴거되어 100% 자녀로 변화되어 천국의 신약권 지역에서 살게 된다.[76]

태 안에서 한 번 남자로 결정되면, 세상 밖으로 나와서도 남자이듯이, 지구에서 한번 자녀로 결정되면, 그 영도 자녀로 결정된다. 세상에

74) 『실제 보는 강의안』, 148.
75) 『실제 보는 강의안』, 148.
76) 『실제 보는 강의안』, 148.

서 자녀급 구원을 받은 자가 영계에서 신부의 말씀을 듣고 행하며 의
를 쌓는다고 해서 그 영이 신부로 변화되는 것이 아니다. 신약권 천국
에서 살면서 차원만 높여 더 좋은 위치에 거하게 된다.[77]

3) 구약권 천국에 거할 자

구약인들 중에서도 천국에 간 영들이 있다. 구약권에서 하나님을 사
랑하며 충성으로 산 중심자들이 그들에게 해당되는 주관권 천국에서
산다. 노아, 아브라함, 이삭, 야곱, 요셉, 기드온, 다윗, 선지자들같이 세
상에서 육신을 가지고 살 때 하나님 마음에 맞게 합당하게 산 자들의
영이 그에 해당되는 천국에 가 있다. 이곳이 바로 구약권 천국이다.[78]

(9) 천국에서 통솔은 성삼위가 하신다.

성삼위 하나님께서 천국을 통솔하시고 다스리시듯, 삼위일체 안에
서 각 시대 사명자가 구원자가 되어 산다. 천국의 같은 세계, 같은 지
역, 같은 위치에 가려면 같은 시대에서 같은 말씀을 듣고 같이 행하며
그 시대에 보낸 자를 믿고 모시고 살아야 된다.[79]

(10) 천국에서도 최고 이상세계는 신부급 주관권 세계이다.

천국에서 신부급 주관권 세계는 천국에서도 최고 이상세계이며, 신
부급 천국으로 온 자들의 권한은 천국에서도 최고이다. 성자 주님께서
애인으로서 수시로 왕래하고 데리고 다니시니, 이들은 성자 주님이 가
는 곳마다 따라다니며 늘 희망에 차서 산다.

이들은 세상에 육신이 살아 있을 때 신부 주관권인 성약역사로 와서

77) 『실제 보는 강의안』, 148.
78) 『실제 보는 강의안』, 150.
79) 『실제 보는 강의안』, 150.

시대 보낸 자(정명석–필자 주)를 통해서 신부의 말씀을 듣고 행한 자들이다. 이들은 자기 영을 100% 온전히 신부로 만들어 성자 주님의 영 재림을 맞이하여 신부급 천국에 가게 된다.[80]

(11) 인생은 두 길밖에 없다. 천국 길과 지옥 길이다.

1) 사람들 앞에는 영원한 생명의 길이 있고, 영원한 사망의 길이 있다.

세상에서 보면 인생길이 수천 가지 같지만, 영계에서 보면 인생 길은 사망 길과 생명 길이라는 두 길밖에 없다.[81]

2) 영생의 좁은 길과 사망의 넓은 길

영생의 길은 좁아서 좌우에 벽이 있고, 그 사이로 사람 몸 하나 겨우 들어갈 수 있는 길이라서 죄짐을 지고는 갈 수 없다. 오직 영체 하나만 갈 수 있다. 넓은 길은 결국 지옥으로 연결되어 있다. 인생은 자신의 영을 천국에 갈 수 있도록 만드는 과정이다. 나머지는 주님이 천국에 다 준비해 두셨다.[82]

3) 오직 주님만이 길이요, 진리요, 생명의 문이다.

오직 주님을 통한 길만 생명의 길이다. 세상에서 성공하는 길은 주님께서 인정하는 길이 아니다. 오직 주님으로 말미암은 길만 성공 길이요, 영생의 길이다. 고로 길을 가기 전에 먼저 주님께 기도하고 물어야 한다.[83]

---

80) 『실제 보는 강의안』, 150.
81) 『실제 보는 강의안』, 153.
82) 『실제 보는 강의안』, 152.
83) 『실제 보는 강의안』, 154.

결론

천국과 지옥은 이 세상에서의 육신의 삶으로 결정이 나며, 자신의 사랑의 수준에 의해 어느 영계로 가게 될 지가 결정된다.

반증

(1) 선영계와 음부가 존재한다는 주장에 대하여

1) 선영계는 과연 존재하는가?

정명석이 주장하는 선영계는 구약시대에 하나님을 믿고 산 사람들과, 이방 사람들 가운데서도 양심적으로 착하게 산 사람들이 가는 영계이다. 이와 같은 주장은 심정적으로 맞는 것 같지만, 성경적으로는 근거가 없다.

정명석의 영계론은 차라리 스베덴보리의 영계론과 유사하다. 스베덴보리도 천국과 지옥을 각각 3단계로 구분하여 놓았다.[84]

스베덴보리는 사람이 죽으면 천국과 지옥이 아닌 중간 영계(사후 최초로 가는 곳)로 가고, 거기서 제1천국과 제1지옥으로 나뉘게 된다고 주장한다. 제1천국은 정명석의 선영계와 닮았고, 제1지옥은 정명석의 음부와 닮았다. 스베덴보리의 제1천국은 "자연적 왕국"이라고도 하는데, 그것은 지상 세계와 가장 비슷한 세계이기 때문이다. 이곳은 비록 지상에서는 하나님과 예수님도 모르고 살았지만, 양심을 지키고 도덕적인 삶을 살아온 사람들이 와 있는 곳이다. 그래서 이 자연적 왕국을 '도덕의 왕국'이라고도 한다.[85] 그러나 성경은 이 도덕의 왕국과 같은

---

84) 스베덴보리, 『스베덴보리의 위대한 선물』, 스베덴보리 연구회 엮음, (서울: 다산초당, 2009), 111.
85) 『스베덴보리의 위대한 선물』, 112.

개념을 말하지 않는다. 정명석은 구약시대에 선하게 산 사람들은 천국에 곧바로 가지 못하고, 선영계에서 대기하고 있다가 예수님의 영이 와서 복음을 전하시면, 그때 거기에서 예수님을 믿어서 낙원에 올라가고, 낙원에 있다가 재림주인 정명석을 믿어야 비로소 천국에 가는 것이라고 주장한다.

그렇다면, 구약시대의 대표적 인물들인 아브라함과 이삭과 야곱은 죽어서 어디로 갔을까? 선영계밖에 가지 못했는가? 아니다. 그들이 천국에 못 갔을 리가 없다. 예수님은 앞으로 동서양의 세계로부터 많은 사람이 와서 아브라함과 이삭과 야곱과 함께 천국에 살게 될 것이라고 말씀하셨다.

> 11 또 너희에게 이르노니 동서로부터 많은 사람이 이르러 아브라함과 이삭과 야곱과 함께 천국에 앉으려니와
> 12 그 나라의 본 자손들은 바깥 어두운데 쫓겨나 거기서 울며 이를 갈게 되리라(마8:11~12)

그들은 어떻게 천국에 갔을까? 정명석의 주장처럼 선영계에 갔다가 거기서 예수님 믿어 낙원에 올라갔고, 낙원에 있다가 정명석을 믿고서 천국에 갔다는 말인가?

상식적으로 생각해 보아도 정명석의 이런 말들은 엉터리다. 아브라함이 천국에 못 갔을 리도 없고, 구약 천국과 신약 천국, 이 시대의 천국이 각각 다를 리도 없다. 심지어 예수님께서도 천국에 못 가고 낙원에서 정명석의 교리를 배워서 기독교인들에게 가르치고 있다는 주장은 일고의 가치도 없는 망언이자 신성모독이다. 예수님은 근본 하나님 본체라 하였거늘(빌2:6), 천국도 못 가고 낙원에 머무르면서, 정명석의 교리를 배워서 전하고 있다고 하니, 이런 주장을 펴는데 적그리스

3. 영계론 | 105

도가 아니라면 누가 적그리스도이겠는가?

　그렇다면, 구약시대의 사람들은 어떻게 구원받았을까? 예를 들면, 예수님께서 오시기 전의 아브라함이나 선지자들이나 다윗과 같은 사람들은 어떻게 구원받았을지에 관한 문제이다. 피 흘리심이 없다면 사하심이 없다(히9:22)고 했는데, 구약시대 사람들은 예수님께서 피 흘리시기 전에 살았던 사람들이기 때문에 문제가 된다. 물론 동물의 피로 제사를 드렸지만, 동물의 피는 우리를 양심까지 온전하게 할 수는 없었다. "예물과 제사는 섬기는 자를 그 양심상 온전하게 할 수 없나니"(히9:9). 동물의 피 제사는 예수 그리스도의 보혈 제사에 대한 모형과 그림자이다. "이를 위하여 그는 새 언약의 중보니 이는 첫 언약 때에 범한 죄를 속하려고 죽으사"(히9:15). 첫 언약(구약) 때에 사람들이 죄를 많이 지었지만, 그 죄를 다 속(贖)하시려고 예수님께서 죽으셨다는 것이다. 그때 사람들은 짐승의 피로 임시로 죄 사함을 받았기 때문에, 예수 그리스도가 피 흘리심으로 마침내 근본적인 죄 사함을 받은 것이다. 구약의 동물의 피는 일종의 어음과 같았다. 어음은 현금은 아니나 나중에 현금으로 지급할 것을 약속하는 결제수단이다. 예수 그리스도 이전의 사람들은 동물의 피(어음)로 죄 사함을 받았다가, 예수님이 십자가에서 피 흘리시자 마침내 그들에게 현금으로 결제한 것과 같다.[86] 그러므로 옛 언약을 통해 어음으로 죄 사함을 받던 사람들도 천국에 들어갈 수 있었다. 예수님 오시기 이전에 믿은 사람이나 예수님이 오신 후에 믿은 사람이나, 예수님 당대의 사람들 외에는, 예수님을 실체로 보지 못하고 믿기는 마찬가지다. 믿음은 결국 성령의 역사이기 때문에 예수님의 피는 신약시대 사람들뿐만 아니라 구약 사람들의 죄까지도 해결하는 것이다. 그리스도의 피가 구약 백성들에게도

---

86) 피영민, 『완전한 믿음의 정상에서』 (서울: 검과흙손, 2009), 220.

86) 피영민, 『완전한 믿음의 정상에서』 (서울: 검과흙손, 2009), 220.

적용되므로 그들도 구원받을 수 있었고, 천국에 갈 수 있었다. 그러므로 선영계는 없다.

2) 음부(陰府)는 무엇인가?

음부는 한 지역을 의미할 때는 지옥을 의미하는 것이고, 다른 의미로는 무덤이나 죽음을 의미하기도 한다.[87] 음부는 지옥을 가기 위한 낮은 단계의 지옥이 아니다.

① 음부는 지옥을 의미한다.

악인들은 죽어서 어떻게 어디로 가는가? 정명석은 복음이 들어오기 전의 사람들의 영혼들이나, 신약시대에 살더라도 복음을 한 번도 들어보지 못한 사람들을 위해, 사후(死後)에라도 복음을 전파하여 구원받을 기회를 주기 위해 음부와 선영계가 있다고 주장한다. 그러나 그 말은 거짓말이다. 왜냐하면, 예수님께서 이 문제에 대해 명확하게 대답하셨기 때문이다. 다음은 누가복음 16장 19절~31절에 있는 예수님의 "부자와 거지 나사로"에 관한 예화이다.

> 19 한 부자가 있어 자색 옷과 고운 베옷을 입고 날마다 호화롭게 즐기더라
> 20 그런데 나사로라 이름하는 한 거지가 헌데 투성이로 그의 대문 앞에 버려진 채
> 21 그 부자의 상에서 떨어지는 것으로 배 불리려 하매 심지어 개들이 와서 그 헌데를 핥더라
> 22 이에 그 거지가 죽어 천사들에게 받들려 아브라함의 품에 들어가고 부자도 죽어 장사되매
> 23 그가 음부에서 고통 중에 눈을 들어 멀리 아브라함과 그의 품에 있는 나사로를 보고

---

87) 음부를 구약에서는 스올이라 하였고, 신약에서는 하데스라 하였다.

24 불러 이르되 아버지 아브라함이여 나를 긍휼이 여기사 나사로를 보내어 그 손가락 끝에 물을 찍어 내 혀를 서늘하게 하소서 내가 이 불꽃 가운데서 괴로워 하나이다

25 아브라함이 이르되 얘 너는 살았을 때에 좋은 것을 받았고 나사로는 고난을 받았으니 이것을 기억하라 이제 그는 여기서 위로를 받고 너는 괴로움을 받느니라

26 그뿐 아니라 너희와 우리 사이에 큰 구렁텅이가 놓여 있어 여기서 너희에게 건너가고자 하되 갈 수 없고 거기서 우리에게 건너올 수도 없게 하였느니라

27 이르되 그러면 아버지여 구하노니 나사로를 내 아버지의 집에 보내소서

28 내 형제 다섯이 있으니 그들에게 증언하게 하여 그들로 이 고통 받은 곳에 오지 않게 하소서

29 아브라함이 이르되 그들에게 모세와 선지자들이 있으니 그들에게 들을지니라

30 이르되 그렇지 아니하니이다 아버지 아브라함이여 만일 죽은 자에게서 그들에게 가는 자가 있으면 회개하리이다

31 이르되 모세와 선지자들에게 듣지 아니하면 비록 죽은 자 가운데서 살아나는 자가 있을 지라도 권함을 받지 아니하리라 하였다 하시니라(눅16:19~31).

위 본문에서 부자는 음부에 갔고, 거지 나사로는 '아브라함의 품'에 안기게 된다. 여기서 '아브라함의 품'은 구약시대에 천국을 의미하는 단어이다. 부자가 죽어서 간 음부는 어디인가? 중간 영계인 음부인가? 아니면 지옥인가? 여기서의 음부(희랍어로는 하데스)는 정명석의 주장과는 달리 영원한 고통의 장소인 지옥을 의미한다. 왜냐하면 이 부자는 뜨거운 불 가운데 혀를 서늘하게 하기 위한 물 한 방울도 얻을 수 없는 이 장소에서 영원히 고통받고 있기 때문이다. 성경은 이러한 처절한 고통의 장소를 지옥이라고 묘사한다. 그러므로 음부는 지옥일 수밖에 없다.

② 음부는 무덤을 의미하기도 한다.

음부(히. 스올)는 성경에서 항상 특정한 지역을 말하는 것은 아니며, 종종 죽음의 상태나 몸과 영혼의 분리 상태를 지칭하는 추상적인 의미로 쓰이기도 한다.

> 여호와는 죽이기도 하시고 살리기도 하시며 음부에 내리게도 하시고 올리기도 하시는도다(삼상2:6).

③ 음부는 다양한 의미로 쓰였다.

신약에서 음부(하데스)라는 단어는 지리적 의미가 아닌 죽음의 상태를 나타내기도 한다(행2:27,31; 계6:8; 20:28). 음부는 죽음, 죽음의 권세, 죽음의 위험 등과 같은 추상적인 의미로 쓰이기도 하였다.

(2) 무저갱은 마귀와 귀신들의 일시적 감금처이다.

정명석에 의하면, 무저갱은 예수님을 믿다가 불신한 자들이 가는 영계(靈界)이다. 그러나 무저갱이란 일반적으로 마귀와 귀신들의 일시적 감금처를 말하는 듯하다.[88] 예수님께서 거라사 지방의 귀신들린 자와 대화하실 때, 귀신들이 예수님께 무저갱으로 들어가라고 말하지 않기를 구하는 장면이 나온다. 귀신은 무저갱으로 들어가는 것을 두려워하였다.

> 30 예수께서 네 이름이 무엇이냐 물으신즉 이르되 군대라 하니 이는 많은 귀신이 들렸음이라.
> 31 무저갱으로 들어가라 하지 마시기를 간구하더니(눅8:30~31).

---

88) 박해경, 『챠트로 본 조직신학』, (서울: 아가페문화사, 1998), 188.

2 용을 잡으니 곧 옛 뱀이요 마귀요 사탄이라 잡아서 천 년 동안 결박하여

3 무저갱에 던져 넣어 잠그고 그 위에 인봉하여 천 년이 차도록 다시는 만국을 미혹하지 못하게 하였는데 그 후에는 반드시 잠깐 놓이리라(계20:2~3).

그가 무저갱을 여니 그 구멍에서 큰 화덕의 연기 같은 연기가 올라오매 해와 공기와 그 구멍의 연기로 말미암아 어두워지며(계9:2).

그들에게 왕이 있으니 무저갱의 사자라 히브리어로는 그 이름이 아바돈이요 헬라어로는 그 이름이 아볼루온이더라(계9:11).

(3) 지옥은 정명석을 믿지 않아서 가는 것이 아니라, 예수님을 믿지 않아서 가는 것이다.

정명석은 자기를 믿지 않으면 지옥에 간다고 말하지만, 이는 한마디로 어불성설이다. 지옥은 예수님을 믿지 않아서 가는 곳이다. 초림주도 예수 그리스도이고, 재림주도 바로 예수 그리스도이다. 정명석이 재림주라는 주장은 성경적 근거가 하나도 없다. 정명석의 교리는 성경을 자의적으로 풀어서 정명석을 재림주라고 주장하는 것이다. 예를 들면, 정명석은 이사야 46장 11절의 동방의 독수리(개혁한글, 사46:11)를, 동방은 한국이고 독수리는 정명석이라고 해석한다. 그러나 이는 틀린 해석이다. 여기서 동방의 독수리는 페르시아의 고레스 왕이다(사44:28~45:2). 정명석은 자기를 요한계시록의 '책 받아먹은 자'(계10:8~11), '감람나무'(계11:1~13), '백마 탄 자'(계19:11~16), '그리스도'(계20:4)라고 여러 가지로 주장하여 자기를 요한계시록에 예언된 주인공이라고 주장하지만, 이런 것들은 타 이단의 교주들도 동일하게 주장하는 오류이다. 그래서 정명석은 적그리스도이다. 지옥은 정명석을 안 믿어서 가는 것이 아니라, 예수님을 안 믿어서 가는 것이다.

예수님을 믿는다는 것은 예수님만을 믿는다는 것이지, JMS처럼 예수님은 초림주로 믿고 정명석은 재림주로 믿는 것은 예수 믿는 것이 아니다. 그것은 우상숭배하는 것이다. 구약시대에 이스라엘 백성들이 종종 하나님도 믿고 바알도 믿었는데, 이는 종교 혼합주의이다. 하나님께서는 그것을 음행이라 하고 우상숭배라고 하셨다. 음행하는 자들과 우상 숭배자들은 지옥에 간다(계21:8).

(4) 낙원이 천국이다.

정명석은 살았을 때 예수 믿고 죽은 사람들이 가는 곳이 낙원이라 하였다. 낙원은 천국이 아니라 천국 가기 위한 중간 단계의 영계라는 것이다. 예수님께서 십자가상에서 "오늘 네가 나와 함께 낙원에 있으리라"(눅23:43)고 하셨기 때문에 낙원이 중간 영계일 것이라고 믿어 왔다. 그러나 그리스도가 이 구절에서 낙원을 말씀하실 때는 십자가에 달려서 신앙고백을 한 강도에게 하신 말씀이다. 후기 유대교 사상에 의하면 낙원은 메시아가 계신 곳으로 믿어졌다. 그러므로 모든 백성들과 유대 지도자들을 향해 예수께서 이 말씀을 하시므로 당신이 그리스도이심을 선언하신 것이다.[89]

그리고 예수님께서는 승천하여 하나님 우편에 앉으셨다고 하였다. 그러므로 낙원이나 하나님 우편이나 다 천국을 말하는 것이다. 예수님께서 천국도 못 가시고 한 등급 낮은 낙원에 가셨다는 것은 말이 되지 않는다. 찬송가에도 있듯이 "내 주 예수 모신 곳이 그 어디나 하늘나라"(438장)이다. 예수님께서 가신 곳이 낙원이고, 하나님 우편이고, 그곳이 천국이다.

---

89) 『서철원박사 교의신학 Ⅶ 종말론』, 106.

예수께서 이르시되 내가 진실로 네게 이르노니 오늘 네가 나와 함께 낙원에 있으리라 하시니라(눅23:43).
주 예수께서 말씀을 마치신 후에 하늘로 올리우사 하나님 우편에 앉으시니라 (막16:19).

바울은 신비체험 가운데 셋째 하늘에 이끌려 갔었다고 하였는데(고후12:2), 그곳을 낙원이라 하였고, 사람의 말로는 표현할 수 없는 곳이라 하였다.

그가 낙원으로 이끌려 가서 말로 표현할 수 없는 말을 들었으니 사람이 가히 이르지 못할 말이로다(고후12:4).
was caught up to paradise and heard inexpressible things, things that no one is permitted to tell. (NIV. 고후12:4).

정명석의 주장에 의하면, 바울도 신약시대 사람이기 때문에 천국에 가지 못하고 재림 예수가 올 때까지 천국 밑의 단계, 즉 낙원에서 기다려야만 한다. 그 낙원은 예수 믿고 구원받은 사람들이 가는 영계로서 천국이 아니라고 하였다.

그러나 바울이 천국을 못 갔을 것이란 것은 말이 되지 않는다. 정명석은 예수님도 천국에 못 갔다고 하는 판에 당연히 바울도 천국 못 갔다고 한 것이다. 그러나 예수님은 삼위일체의 하나님이시고, 바울은 사도 중의 사도이다. 예수님과 바울이 천국 못 갔다면 누가 천국에 간단 말인가? 망언이다. 바울이 신비체험으로 갔다 온 낙원, 사람의 혀로는 도저히 형용할 수 없었던 낙원, 그곳이 바로 천국이다. 또한 바울은 예수 그리스도를 믿는 믿음으로 인해 구원받아 천국에 갔을 것이다.

사도 요한은 요한계시록 2장 7절에서 예수님은 이기는 자에게는 낙원의 생명나무의 과일을 먹게 하겠다고 말씀하였다. 그리고 요한계시록 22장 1절~2절에서 하나님과 어린양의 보좌로부터 시작되는 생명수 강에는 강 좌우에 생명나무가 심겨져 있다고 하였다. 하나님과 어린 양의 보좌가 있는 곳은 어디인가? 천국이 틀림없다. 낙원에도 생명나무가 있고, 하나님과 어린 양의 보좌가 있는 천국의 생명수 강가에도 생명나무가 있다. 그러므로 낙원과 천국은 같은 곳이다.

귀 있는 자는 성령이 교회들에게 하시는 말씀을 들을지어다 이기는 그에게는 내가 하나님의 낙원에 있는 생명나무의 과실을 주어 먹게 하리라(계 2:7).

그 두루마기를 빠는 자들은 복이 있으니 이는 저희가 생명나무에 나아가며 문들을 통하여 성에 들어갈 권세를 얻으려 함이로다(계22:14).

만일 누구든지 이 책의 예언의 말씀에서 제하여 버리면 하나님이 이 책에 기록된 생명나무와 및 거룩한 성에 참예함을 제하여 버리시리라(계22:19).

(5) 기독교의 구원은?
1) 로마서 7장의 24절의 "곤고한 몸"의 뜻은 무엇인가?

롬7장 24절에 보면, "오호라 나는 곤고한 사람이로다 이 사망의 몸에서 누가 나를 건져내랴?"라는 성경 구절이 있다. 정명석은 이 구절을 통해 사도 바울이 "이 사망의 몸에서 누가 나를 건져내랴"고 하면서 탄식하고 있지 않느냐고 반문한다. 그것은 예수님의 육신이 죽지 않았어야 했는데, 죽으심으로 말미암아 사도 바울도 영적 문제는 해결받았지만 몸은 구원받지 못했기 때문에 몸이 구원받기를 원한 것이라

3. 영계론 | 113

고 하였다.[90] 사도 바울도 육신이 구원받지 못했다면, 어떻게 기독교인들의 육신이 구원받을 수 있었겠는가? 그래서 정명석은, 현재 기독교인들의 구원의 상태는 영만 구원받은 것이지, 육신까지 구원받은 것이 아니다. 그래서 기독교인들은 미완성의 구원이고 그래서 미완성의 천국인 낙원에 가는 것이라고 하였다.[91]

그러나 그것은 잘못된 해석이다. 왜냐하면, "오호라 나는 곤고한 사람이라 이 사망의 몸에서 누가 나를 건져 내랴"는 구절에서 "나"가 누구인가를 아는 것이 중요하다. 여기서 "나"는 율법을 지켜서 구원받으려고 했던 유대교인으로서 바울인가? 아니면 예수님을 믿어서 구원받은 그리스도인으로서 바울인가? 정명석은 구원받고 난 그리스도인으로서의 바울이라고 단정하였다. 그러나 여기에서 "나"는 누구인가? 이 사람은 율법이 선하다는 것도 알고(롬7:14), 하나님의 율법을 즐거워하기도 하고(롬7:22), 율법을 지키기 위해 노력도 하고(롬7:15~22), 나아가 마음으로 하나님의 법을 섬기는 사람이다(롬7:25). 이는 "나"가 하나님을 모르는 사람이 아님을 보여 준다. 이러한 특징 때문에 쉽게 그리스도인이라고 착각하게 한다.

그러나 바울은 이미 6장에서 그리스도인은 죄에서 해방되었고(롬6:18, 22), 죄의 종이 아니며(롬6:17, 20), 이제는 하나님과 의의 종이 되었다고 선포했다(롬6:18, 22). 다음 장인 8장에서도 그리스도인에게 더 이상 정죄함이 없으며(롬8:1), 죄와 사망의 법에서 해방되었고(롬8:2), 결정적으로 성령을 따라 이제 율법의 요구를 성취할 수 있게 되었다(롬8:4)고 말한다. 그러므로 바울이 다른 곳에서 묘사하는 그리스도인과, 로마서 7장 14절부터 시작하여 25절에 나오는 "나"에 대한 설명은 정면으로 배치됨을 알 수 있다. "나"는 하나님을 모르는 사람

---

90) 『고급편』, 223
91) 『고급편』, 204~207.

은 아니지만, 그리스도인은 더욱 아니다. 그렇다면 여기에서의 "나"는 율법을 지켜 구원받으려고 했던 유대교인으로 보는 것이 가장 무난하다고 할 수 있다.[92] "나"는 율법이 선하다는 것을 잘 알고 있는 사람이다(롬7:7~16).

그러므로 여기서 바울이 말한 "곤고한 몸"이란, 그가 예수님을 만나기 전에 율법을 잘 지켜 구원받으려 했으나, 몸이 마음대로 움직여주지 않아 곤고함을 느꼈던 과거의 이야기다. 마음으로는 율법을 다 지켜 죄짓지 않고 살고 싶었지만, 마음과는 달리 육신이 자꾸 죄를 짓게 됨으로 곤고하였다는 것이다. 곤고한 몸이라는 표현은 그러나 이러한 과거의 모습에도 불구하고 예수님 믿고 드디어 그 문제가 해결되었다는 것을 강조하기 위하여 도입한 말이다. 그래서 바울은 이어지는 로마서 7장 25절-8장 2절에서 "우리 주 예수 그리스도로 말미암아 하나님께 감사하리로다 …그러므로 이제 그리스도 예수 안에 있는 자에게는 결코 정죄함이 없나니 이는 그리스도 예수 안에 있는 생명의 성령의 법이 죄와 사망의 법에서 너를 해방하였음이라"고 선언하고 있는 것이다. 성경은 편협하게 한 구절만 봐서는 안 되고, 이 구절이 지닌 문맥을 살펴봐야 한다. 왜냐하면 뒷말을 하기 위해 앞말을 한 것인데, 앞말만 인용하는 것은 성경 기록자의 의도를 무시하는 것이기 때문이다. 바울은 분명 과거 율법 아래에서 곤고한 몸이었지만, 자신이 곤고한 몸이었다는 말을 하는 이유는 자신이 예수님을 믿고 죄와 사망의 법에서 해방되었음을 말하기 위해서였다. 예수 믿어도 죄가 해결되지 않고 구원받지 못하여 한탄한 말이 결코 아니었다.

바울은 율법을 통해서 구원받지 못했으나, 예수님 믿고 구원 받았다고 증거하기 위하여 율법 아래 있을 때의 곤고했던 자신의 상황을 말

---

92) 한국성서유니온선교회, 『묵상과 설교 2018. 9~10』 (서울: 성서유니온, 2018), 76.

한 것이었다. 그래서 로마서 8장 1절~2절에서 예수님의 은혜로 구원받았음을 감사하였던 것이다.

그리고, 예수님 믿고 구원받았으면 영육이 다 구원받는 것이지, 영은 구원받지만 육신은 구원받지 못하거나 하지 않는다. 이러한 점에서 정명석의 주장은 성경의 구원관과 이신칭의를 심각하게 왜곡한다. 반대로, 사람이 죄를 지었으면 영육이 다 진 것이지, 육신만 죄를 짓고, 영은 죄를 짓지 않았다고 할 수 없다. 인간은 영육이 분리할 수 없게 연합되어 있는 영육의 유기적 통일체라고 할 수 있다.[93] 그러므로 사람이 구원받았다면 일단은 영육이 다 구원받은 것이기 때문에, 육신은 구원받지 못했다고 말할 수 없다. 그러나 여기서 유념해야 할 점은, 예수 믿고 구원받았다고 해도 몸(육신)은 여전히 죽어 썩어질 몸이고, 아직 부활하여 신령한 몸을 받지는 않았기 때문에, 그런 의미에서 우리의 몸(육신)이 아직 구원받지 못했다고 말할 수는 있다. 그러나 이것은 우리 몸이 아직 천국에서 영화(榮化, glorification)의 몸으로 변화되지 않았다는 것이지, 육이 구원받지 못했다는 말은 아니다. 정명석의 주장처럼 자기 말을 듣고 실천해야 신약의 그리스도인들이 천국급으로 구원받을 수 있다는 말은 거짓말이다.

> 1 그러므로 이제 그리스도 예수 안에 있는 자에게는 결코 정죄함이 없나니
> 2 이는 그리스도 예수 안에 있는 생명의 성령의 법이 죄와 사망의 법에서 너를 해방하였음이라
> 3 율법이 육신으로 말미암아 연약하여할 수 없는 그것을 하나님은 하시나니 곧 죄를 인하여 자기 아들을 죄 있는 육신의 모양으로 보내어 육신에 죄를 정하사
> 4 육신을 좇지 않고 그 영을 좇아 행하는 우리에게 율법의 요구를 이루어지게

---

93) 최홍석, 『인간론』, (서울: 개혁주의신행협회, 2012), 239.

하려 하심이니라(롬8:1~4).

2) 로마서 8장 23절의 몸의 구속(속량)을 기다린다는 것은?

이뿐 아니라 또한 우리 곧 성령의 처음 익은 열매를 받은 우리까지도 속으로 탄
식하여 양자 될 것 우리 몸의 구속을 기다리느니라(롬8:23. 개역한글).

여기서 몸의 구속(救贖)을 기다린다고 한 것은 무엇인가? 정명석은
바울이 예수를 믿었어도 몸(육신)은 구원받지 못하였기 때문에, 재림
주가 와서 우리 몸(육신)을 구원해주실 것을 의미한 것이라고 하였
다.[94] 그러나 로마서 7장 25절의 몸과 8장 23절의 몸은 서로 다르다.
이단들은 성경 구절을 각각의 구절들이 가진 맥락들을 무시한 채 갖
다 붙이는 경향이 있다. 이는 심각한 오류이다. 로마서 7장 25절은 유
대교인의 상태에서 탄식한 것이고, 8장 23절은 그리스도인으로서, 예
수님 재림하실 때, 이 썩을 몸이 썩지 않을 영광스러운 부활의 몸으로
바뀔 것을 기다리며 탄식하는 것을 말하고 있다.[95] 그리스도인의 몸은
예수를 믿어 구원받았어도 여전히 죽을 몸이고, 아직 천국에서 사는
영화로운(glorious) 몸은 아니다. 그래서 바울은 썩을 육신의 몸이 영
원히 썩지 않을 몸으로 변화 받을 것을 기다리며 속으로 탄식하고 있
다는 말이었다. 그 영화로운 몸은 지상에서 사는 몸이 아니라, 예수님
과 천국에서 영원히 살 몸이다. 그래서 바울은 구원받은 우리가 보이
지 않는 그런 몸을 갖기 원한다면 참고 기다려야 하리라(롬8:25)고 한
것이다.

---

94) 『고급편』, 224~225.
95) 『묵상과 설교 2018. 9~10』, 84.

3) 천국에 넉넉히 간다

정명석은 예수 믿으면 천국에 가는 것이 아니라 그 밑의 단계인 낙원에 간다고 말하였다. 과연 그러한가? 심지어 예수님도 천국에 못 가시고, 천국과 천지 차이가 난다는 낙원 밖에 못 가셨는가? 정명석은 "예수님도 낙원 밖에 못 가고, 따르는 자들도 낙원밖에 못 갔다"고 말한다.[96] 이 말은 참으로 어처구니없는 말이다. 예수님이 누구신가? 예수님은 창조주 하나님이시고, 구원주이시다(요1:3). 천국의 주인이시다. 그러므로 예수 믿으면 천국에 넉넉히 들어갈 수 있다. 예수 믿으면 낙원에 가고, 자신을 믿으면 천국에 간다는 정명석의 말은 하와를 미혹했던 뱀(사탄)의 소리와 같다. 정명석은 영계론을 통하여 자기가 마치 영계의 거장처럼 행세하여 사람들을 미혹하고 있으나, 실상은 잘못된 영계론을 전파하여 영혼들을 미혹하는 적그리스도이다. 예수님 한 분만으로 영원한 나라인 천국에 넉넉히 들어갈 수 있다.

> 이같이 하면 우리 주 곧 구주 예수 그리스도의 영원한 나라에 들어감을 넉넉히 너희에게 주시리라(벧후1:11).

4) 온전히 구원받는다

예수 믿는 것만으로 온전히 구원받을 수 있는가? 아니면 정명석의 말처럼, 예수님 믿는 것은 기본이고, 거기다가 정명석을 (1+1 상품처럼) 추가로 믿어야 온전히 천국에 들어가는가? 정명석은 예수 믿는 것은 1차 구원(낙원)이고, 자기를 믿는 것은 2차 구원(천국)이라고 한다.[97] 이런 구원론은 새빨간 거짓말이다. 왜냐하면 예수님은 자기를 믿고 따르는 자들을 천국으로 온전히(completely) 구원하실 수 있는 분이

---

96) 『고급편』, 204-208.
97) 『고급편』, 212.

시기 때문이다.

> 그러므로 자기를 힘입어 하나님께 나아가는 자들을 온전히 구원하실 수 있으니
> 이는 그가 항상 살아계셔서 그들을 위하여 간구하심이라(히7:25).

예수님이 재림하시는 것은 심판하시기 위함이지, 초림 때 구원하지 못한 것을 보충하기 위해서 오시는 것이 아니다. 예수님은 십자가상에서 "다 이루었다"(요19:30)고 선포하셨다. 그런데 이단 교주들은 그 말씀을 폄훼하여 예수님께서 원래 뜻을 다 이룬 것이 아니라 축소 변형된 뜻을 이룬 것이라고 말하면서, 자기가 원래의 본뜻을 이루려고 왔다고 주장한다. 그래야 자기를 이 시대의 그리스도라고 주장할 수 있기 때문이다. 그러나 그렇게 주장하는 사람들이 바로 적그리스도다. 구원은 예수님 한 분만으로 충분하다. 온전히 다 이루었기 때문이다.

> 그가 거룩하게 된 자들을 한 번의 제사로 영원히 온전하게 하셨느니라(히
> 10:14).

(6) 천국에서 흰옷 입은 사람들은 누구인가(계7:9,13~14).

요한계시록 7장의 천국에는 흰옷 입은 큰 무리가 나온다. 천국의 24 장로 중 하나가 "이 흰옷 입은 자들이 누구며 어디서 왔느냐?"고 묻는다(계7:13), 이들은 과연 누구인가? 이들은 'JMS 사람들로서 금산군의 월명동에서 온 사람들'인가? 아니면 '신천지교인들로서 과천에서 온 사람들'인가? 장로는 "이는 큰 환난에서 나오는 자들인데 어린 양의 피에 그 옷을 씻어 희게 하였느니라"고 대답하였다(계7:14). 여기서 어린 양은 명백하게 예수 그리스도이다. 피로 옷을 씻었다면 붉어야 하는데 왜 흰옷인가? 그것은 검은 죄가 예수 피로 하얗게 속죄함

받았음을 의미한다. 그러므로 천국의 흰옷 입은 자들은 예수 그리스도의 피로 죄 용서받고 구원받은 사람들이다. 그들은 금산이나 과천이나 그 어느 특정 단체에서 온 사람들이 결코 아니다. 다시 말해 인간 교주를 재림주로 믿고 따르는 이단 단체의 회원들이 결코 아니다. 오직 예수 피로 죄 사함을 받은 사람들이다. 세상에 사는 동안 예수 믿고 구원받은 사람들이 바로 흰 옷 입은 사람들이다.

> 내가 가로되 내 주여 당신이 알리이다 하니 그가 나더러 이르되 이는 큰 환난에서 나오는 자들인데 어린 양의 피에 그 옷을 씻어 희게 하였느니라(계7:14).

사도 바울은 예수 믿고 구원받은 사람들은 이미 하늘에 앉아 있다고까지 말하였다(엡2:6). 천국은 그야말로 예수 믿는 사람들만이 가는 곳이다.

> 허물로 죽은 우리를 그리스도와 함께 살리셨고(너희가 은혜로 구원을 얻은 것이라)
> 또 함께 일으키사 그리스도 예수 안에서 함께 하늘에 앉히시니(엡2:5~6).

(7) 이단은 어떻게 되는가?
1) 멸망을 자취(自取)한다.

교회사에서 거짓 선지자들과 거짓 선생들은 항상 있었다. 혹자는 '그들의 말을 듣고서라도 하나님 잘 믿고 열심히 잘살면 되는 것 아닌가?'고 반문할 사람도 있을 것이다. 그러나 그들의 말을 듣고 신앙생활하면 하나님을 잘 믿는 것이 아니라 우상숭배하는 것이요, 불순종하는 것이요, 음행하는 것이다. 왜냐하면 예수님만이 우리를 구원하실 수 있는 그리스도시요, 우리의 주님이시요, 우리의 신랑 되시기 때문이다. 그러므로 예수님 외에 다른 사람을 주님이라고 믿고 따르는 것이야말로 바로 우상숭배요 불순종이요, 영적인 음행인 것이다. 그러므로 이단에 빠지면 멸망을 스스로 자취하게 된다.

> 그러나 백성 가운데 또한 거짓 선지자들이 일어났었나니 이와 같이 너희 중에도 거짓 선생들이 있으리라 그들은 멸망하게 할 이단을 가만히 끌어들여 자기들을 사신 주를 부인하고 임박한 멸망을 스스로 취하는 자들이라(벧후2:1).

2) 하나님 나라를 유업으로 받지 못한다

이단에 가면 결국 하나님 나라를 유업으로 받지 못하게 된다. 이단에 간 사람들은 자기들이 열심히 신앙생활 해서 천국 갈 것으로 생각하겠지만, 결국 쫓겨나고 만다. 잘못된 열심은 죄와 형벌만 더해진다. 이 얼마나 불쌍한 노릇인가?

> 20 우상숭배와 술수와 원수를 맺는 것과 분쟁과 시기와 분냄과 당짓는 것과 분리함과 이단과
> 21 투기와 술 취함과 방탕함과 또 그와 같은 것들이라 전에 너희에게 경계한 것같이 경계 하노니 이런 일을 하는 자들은 하나님의 나라를 유업으로 받지 못할 것이요(갈5:20-21).

3) 유황불에 던져진다.

이단자들은 지옥 불에 던져지게 된다. 요한계시록 21장 8절에는 지옥 가는 사람들의 명단이 열거되고 있는데, 그 중에서도 특히 거짓말하는 자들이 포함되어 있다. 거짓말하는 자들은 이단 교리를 설파하는 자들을 의미한다. 이단 교리들은 전부 잘못된 성경해석이므로, 이단 교리를 말할 때마다 거짓말을 하는 것이다. 정명석은 선악과를

여자 성기라고 강의를 하는데, 그러나 선악과는 여자 성기가 아니고 그냥 선악과이므로, 그 강의를 하는 순간 바로 거짓말을 하게 되는 것이다.

그러나 두려워하는 자들과 믿지 아니하는 자들과 흉악한 자들과 살인자들과 행음자들과 술객들과 우상 숭배자들과 모든 거짓말하는 자들은 불과 유황으로 타는 못에 참예하리니 이것이 둘째 사망이라(계21:8).

자기의 수치의 거품을 뿜는 바다의 거친 물결이요 영원히 예비된 캄캄한 흑암에 돌아갈 유리하는 별들이라(유1:13).

이단을 멀리하라. 부패하여져서 스스로 정죄한 자로서 죄를 짓느니라(딛 3:10~11).

(8) 정명석이 말하는 주님은 누구인가?

정명석이 말하는 주님은 도대체 누구인가? 정명석이 새롭게 개발한 성자 본체인가? 정명석 자신인가? 그러나 성경에 그런 주님은 없다. 성경은 오직 한 하나님과, 오직 한 주 예수 그리스도만 증거하고 있다.

5 비록 하늘에나 땅에나 신이라고 불리는 자가 있어 많은 신과 많은 주가 있으나

6 그러나 우리에게는 한 하나님 곧 아버지가 계시니 만물이 그에게서 났고 우리도 그를 위하여 있고 또한 한 주 예수 그리스도께서 계시니 만물이 그로 말미암고 우리도 그로 말미암아 있느니라(고전8:5~6).

결론

초대교회 때부터 예수님 외에 다른 예수, 다른 복음, 다른 영을 추가로 믿어야 구원받을 수 있다고 주장하는 이단들이 있었다. 사도 바울은 다른 예수, 다른 복음, 다른 영을 받아들이지 말라고 경계하였다.

> 만일 누가 가서 우리가 전파하지 아니한 다른 예수를 전파하거나 혹은 너희가
> 받지 아니한 다른 영을 받게 하거나 혹은 너희가 받지 아니한 다른 복음을 받게
> 할 때에는 너희가 잘 용납하는구나(고후11:4).

우리는 천국과 영계에 대하여 다른 사람 말을 신뢰해서는 안 된다. 왜냐하면 예수님께서 "하늘에서 내려온 자 곧 인자 외에는 하늘에 올라간 자가 없느니라"(요3:13)고 말씀하셨기 때문이다. 구약성경에 에녹도 올라가고, 엘리야도 올라갔지만, 그들은 사람들에게 하늘의 것을 가르치기 위해 다시 내려오지는 않았다. 그러므로 우리는 누가 하늘의 것, 소위 영의 세계에 대하여 가르쳐 준다고 해도 그런 말들에 미혹당하지 않도록 주의해야 한다. 혹자는 '서울 남대문의 문턱은 대추나무로 되어 있다'고 막 우기는 사람들이 있다.[98] '남대문도 문인데 문턱이 없겠느냐? 그리고 그 문턱은 대추나무로 되어 있다'고 말하는 것이다. 그러나 남대문은 문턱이 없다. 그와 같이 거짓 선지자들이나 적그리스도들은 성경에도 없거나, 있더라도 그 뜻을 왜곡하여 사람들을 미혹한다. 하늘에 관한 것은 하늘에서 내려온 예수님 한분의 말씀으로 족하다. "위로부터 오시는 이는 만물 위에 계시고 땅에서 난 이는 땅에 속하여 땅에 속한 일을 말하느니라 하늘로서 오시는 이는 만물 위에 계시느니라 그가 친히 보고 들은 것을 증언하되 그의 증언을 받는 자가

---

98) 이 예화는 다음 문서를 참조하여 인용했다:https://goodlucks6200.tistory.com/173

없도다"(요3:31~32).

　'낙원은 우주 안에 있고, 천국은 우주 밖에 있다'라는 정명석의 영계론은 우리가 구원받는 데 아무런 도움이 되지 않는다. 성경에도 없는 그런 말에 휘둘리지 말아야 한다. 계시받았다고 하면서 성경을 가감해서 말하는 자가 있다면, 그는 결코 영계의 거장이나 메시아일 수 없다. 오히려 그는 거짓말쟁이일 뿐이다(잠30:6). 사람들은 누군가로부터 생소한 말을 듣게 되면 그렇게 말하는 사람을 특별한 존재로 생각하는 경향이 있다. 사람들이 이단에 빠지는 것은 평소 듣지 못했던 생소한 교리 때문이다. 그러나 그 '생소함'은 우리의 믿음의 근거가 될 수 없다. 오직 기록된 성경만을 믿음의 근거로 삼아야 한다. 오직 예수 그리스도만이 하나님께로 가는 길이요, 진리요, 생명이다(요14:6).

04. 죽은 뒤에도 구원받을 수 있는가?

04
죽은 뒤에도 구원받을 수 있는가?

기독교(개신교)는 사람이 살아서 구원받지 못하면 죽어서도 구원받을 수 없다고 한다. 그러므로 살아 있을 때 구원받아야 한다. 그러나 정명석은 살아서 복음을 듣지 못한 사람들은 죽어서 영계에서라도 믿으면 구원받을 수 있다고 주장한다. 그럴싸하게 들리기는 하지만 과연 그러한가? 이 장에서는 구원론에 대한 정명석의 주장을 살핀 후 반증할 것이다.

정명석의 주장

(1) 예수님의 부활은 영(靈) 부활이다.

정명석에 따르면, 기독교인들은 예수님의 육신이 부활했다고 주장하지만, 사실은 영이 부활하신 것이다(벧전3:18). 그리고 그 부활하신 영이 영계에 가셔서 복음을 전하셨다. 그 영계는 천국이나 지옥이 아니라 땅 위에 있는 지상(地上) 영계이다. 그 지상 영계는 선영계와 음부로 나뉜다. 선영계는 구약시대에 율법적으로나 양심적으로 살던 선인(善人)들이 가는 곳이고, 음부는 율법적으로나 양심적으로 살지 못한 악인(惡人)들이 가는 곳이다. 예수님께서 그 지상 영계(선영계와 음부)에 가셔서 복음을 전하셨고, 그곳에서 복음을 듣고 믿으면 구원받을 수 있다. 하지만 음부는 육계에서도 양심적으로 살지 않은 사람들이 가는 곳이라, 그곳에서도 안 믿는 경우가 많아서, 실제적으로 구원받기는 쉽지 않다. 육계에서 기회가 없던 사람은 죽어서 영계(선영계와 음부)에서라도 믿으면 구원받을 수 있다.[99] 예수 그리스도께서 영적으로 부활하셔서, 그 영이 지상 영계(선영계와 음부)에 가셔서 친히 복음을 전하였다는 것이다.

(2) 예수님의 영이 영옥(靈獄)에 가셔서 복음을 전하셨다.

예수님은, 기독교인들의 믿음과는 달리, 육신이 부활하신 것이 아니라 영이 부활하셨다. 부활하신 예수님의 영은 천국과 지옥의 중간 영계에 가서 복음을 전하셨다. 그곳은 영들이 갇혀 있는 옥(獄. 선영계와 음부)이다. 그래서 영옥(靈獄)이다. 그것들은 지상에 있어서 지상 영계라고도 한다.

> 18 그리스도께서도 단번에 죄를 위하여 죽으사 의인으로서 불의한 자를 대신하셨으니 이는 우리를 하나님 앞으로 인도하려 하심이라 육체로는 죽임을 당하시고 영으로는 살리심을 받으셨으니
>
> 19 그가 또한 영으로 가서 옥에 있는 영들에게 선포하시니라
>
> 20 그들은 전에 노아의 날 방주를 준비할 동안 하나님이 오래 참고 기다리실 때에 복종하지 아니하던 자들이라 방주에서 물로 말미암아 구원을 얻은 자가 몇 명뿐이니 겨우 여덟 명이라(벧전3:18~20).

(3) 죽은 자들에게도 복음이 전파된다.

---

99) 『중급편』, 400~401.

정명석에 따르면, 기독교인들은 사람이 한번 죽으면 더 이상 구원은 없다고 하지만, 그렇지 않다. 성경에 보면 죽은 자들에게도 복음이 전파된다고 하였다.

이를 위하여 죽은 자들에게도 복음이 전파되었으니 이는 육체로는 사람으로 심판을 받으나 영으로는 하나님을 따라 살게 하려 함이라(벧전4:6).

그러므로 죽은 사람들에게도 복음이 전파된다는 것은 죽어서도 구원을 받을 수 있다는 말이다.

(4) 육신은 죽었어도 영은 구원받을 수 있다.

고린도전서 5장 5절에 의하면, 사람의 육신이 죄 가운데 죽더라도 그의 영은 구원받을 수 있다고 하였다.

이런 자를 사탄에게 내어주었으니 이는 육신은 멸하고 영은 주 예수의 날에 구원을 받게 하려 함이라(고전5:5).

(5) 정명석의 주장을 요약하면 다음과 같다.

① 예수님의 부활은 육신 부활이 아니라 영의 부활이다.

② 부활하신 예수님의 영이 영옥(선영계와 음부)에 가서서 복음을 전파하셨다. 그 영옥은 지상(地上)에 있어서 지상 영계라고 한다.

③ 노아같이 선한 영들은 선영계에 갔고, 불순종하고 악한 영들은 음부에 갔다.

④ 부활하신 예수님의 영이 영옥(선영계와 음부)에 가서서 3일 동안 복음을 전하셨다.

⑤ 살아서 구원받지 못한 사람들이 죽어서라도 믿으면 구원받는다.

반증

(1) 예수님의 부활은 육(肉)의 부활이다.

정명석은 베드로전서 3장 18절의 "육체로는 죽임을 당하시고 영으로는 살리심을 받으셨으니"(벧전3:18)라는 성경 구절을 예수님께서 영으로 부활하셨다는 근거로 내세웠다. 그러나 이 구절은 영의 부활을 말하는 것이 아니라, 오히려 육의 부활을 증거하고 있는 구절이다.

개역한글 성경이나 개역개정 성경에는 영이 부활하신 것으로 오해되게끔 번역되었다. 그러나 NIV 영어 성경을 보면, 영으로 부활하셨다는 말이 아니라, 육이 부활하셨다는 것을 확실히 알 수 있다.

> He was put to death in the body but made alive by the Spirit(그는 육신이 죽임을 당하셨지만, 성령에 의해 살리심을 받으셨다). (NIV 1Pet.3:18)

그러므로 베드로전서 3장 18절은 절대로 예수님의 영이 부활하셨다는 말이 아니다. KJV 영어 성경을 봐도 마찬가지이다.

> ······being put to death in the flesh, but quickened by the Spirit(그가 육으로 죽임을 당하셨지만, 성령에 의해 살리심을 받으셨다). (KJV 1Pet.3:18).

여기서 영(靈, the Spirit)이 소문자(the spirit)가 아니라 대문자(the Spirit)로 쓰여 있다. 소문자(the spirit)는 사람의 영을 말하지만, 대문자(the Spirit)는 성령을 말한다. 그러므로 위 본문은 '예수님의 육신이 죽으셨지만 성령께서 살리셨다'는 뜻이다. 베드로는 평소 증거하던 대로, 예수님의 육신 부활을 증거한 것이다. 베드로는 예수님의 빈 무덤을 직접 보았고(요20:6~7), 부활하신 예수님과 대화도 나

넜고(요21:5~23), 설교 때마다 예수님의 부활을 증거한 사람인데(행 2:23~24, 3:15; 4:10; 5:30; 10:39~40), 갑자기 말을 바꿔서 영이 부활했다고 주장했을 리가 없다. 그러므로 정명석의 말은 거짓말이다.

(2) 옥(獄)은 어디인가?

벧후3:18의 옥은 사후(死後)에 영들이 가는 곳이 아니다. 지상에 살아 있는 사람들이 가는 지상의 감옥이다. 여기서 옥은 휠라케(φυλακη)라는 단어로서, 이는 (어두운 지역을 포함하여) 감옥, 감금 등에 쓰이는 단어이다. 성경에서 이 휠라케는 죽은 영혼들이 가는 지옥의 의미로 쓰이지 않았다. 희랍어는 단어마다 쓰이는 용도가 분명하게 다르다. 예를 들어 "사랑"이라는 단어를 생각해 보자. 우리나라 말로는 대상이 다르더라도 전부 사랑이라고 쓴다. 영어로도 love라고 쓴다. 그러나 희랍어는 대상마다 사랑이라는 단어가 다르게 쓰인다. 그러므로 혼동하여 쓰지 않는다. 예를 들면, 사랑'을 뜻하는 헬라어에는, 여러 개의 단어가 있다.

아가페 – 하나님의 거룩한 사랑(롬 5:5)을 나타낸다.

에로스 – 남녀 간의 육정적이고 성적인 사랑이다.

필리아 – 친구간의 사랑. 우정이나 우애(약 4:4)를 나타낸다.

스트로게 – 가족 간의 사랑, 부모와 자식 간의 사랑. 특히 자식을 향한 부모의 다함 없는 사랑 등이 있다.

성경에서 정확한 해석이 왜 필요한가? 예를 들어보자. 한 죄지은 여자가 향유 옥합을 깨어 예수님의 발에 부었다. 이를 보고 못마땅하게 생각하는 바리새인에게 예수님은 그녀가 사랑함이 많아서 그렇게 했다고 칭찬했다. "이는 그의 사랑함이 많음이라 사함을 받은 일이 적은 자는 적게 사랑하느니라"(눅7:47). 그렇다면 여기서 사랑은 어떤 단어로 쓰여 있을까? 아가페라는 단어로 쓰였다. 그러나 이 사랑을 에로스로 이해하면 어떻게 될까? 에로스로 풀면 예수님과 막달라 마리아 사이에 이성적인 사랑 문제로 인식될 위험이 있다. 그러나 이는 오류이다. 이렇게 억지로 해석하는 것이 이단들의 성경해석방법이다. 그러나 희랍어는 단어마다 쓰이는 곳이 달라서 혼동되지 않는다.

휠라케는 죽은 사람들이 가는 옥을 말하는 것이 아니라, 산 사람들이 가는 옥이다. 죽은 사람들이 가는 옥은 게헨나(γέεννα)와 하데스(ᾅδης) 라는 단어가 따로 있다. 다음에서 게헨나와 휠라케, 하데스가 쓰인 용례들을 보자.

★ 게헨나(지옥, 죽은 사람들이 가는 영계의 감옥)
게헨나는 지옥으로 번역되며, 죽은 사람들이 가는 영계의 감옥이다.

> 라가라 하는 자는 공회에 잡혀가게 되고 미련한 놈이라 하는 자는 지옥 불에
> 들어가게 되리라(마5:22).

그 밖에도 마5:29, 30; 마10:28; 마18:9, 마23:15, 33; 막9:47 등에 나와 있다.

★ 하데스
하데스는 무덤, 음부 등으로 번역되며, 죽은 사람들이 가는 곳을 말한다.

> 그가 음부에서 고통 중에 눈을 들어 멀리 아브라함과 그의 품에 있는 나사로를
> 보고(눅16:23).

그 밖에 계20:13, 14에도 나와 있다.

신약의 하데스를 구약에서는 스올(שְׁאוֹל) 이라고 하였다.

> 그의 모든 자녀가 위로하되 그가 그 위로를 받지 아니하여 이르되 내가 슬퍼하며 스올로 내려가 아들에게로 가리라 하고 그의 아버지가 그를 위하여 울었더라 (창37:35).

이 밖에 스올은 창44:29, 창44:31, 시16:10 등에도 나와 있다.

★ 휠라케
휠라케는 살아 있는 사람들이 가는 육계(肉界)의 감옥이다.

> 너를 고발하는 자와 함께 길에 있을 때에 급히 사화하라 그 고발하는 자가 너를 재판관에게 내어주고 재판관이 옥리에게 내어주어 옥에 가둘까 염려하라(마 5:25).

그 밖에도 휠라케는 마14:3, 14:10, 18:30, 25:36, 눅2:8(경계를, 지역을), 행5:19, 행12:4, 행16:23, 24 등에 나와 있다. 이곳은 전부 살아 있는 사람들이 갇힌 곳이다.

베드로전서 3장 19절에서 그리스도가 가신 곳은 어디인가? 게엔나, 하데스(스올) 등이 아니라, 휠라케이다. 그러므로 예수 그리스도의 영이 죽은 사람의 영들이 갇혀 있는 영옥(靈獄)에 가신 것이 아니다. 바로 노아 시대의 사람들에게 가셨다. 노아 시대의 사람들이 살고 있던 시공간적 배경을 감옥이라 한 것이다. 노아 시대는 하나님께서 한탄하실 정도로 온통 악이 지배하고 있던 시대 상황이었다. 그 시대가 바로 감옥 휠라케요, 그 시대가 바로 죄인들이 살고 있던 창살 없는 감옥이었다.

(3) 영들에게 복음을 전하였다는 것은?

영들은 죽은 사람들을 위해서만 쓰는 것이 아니라, 산사람들에게도 쓸 수 있다. 영혼 구령! 영혼을 사랑하라! 영혼을 구원하러 가자!라는 말이 이에 해당한다. 흔히 교회에서 쓰이는 "영혼 전도한다"라는 말은 죽은 영혼들에게 전도한다는 말이 아니다. 오히려 살아 있는 사람들에게 사용하는 말이다. 바울도 빌립보 교인들에게 작별 인사하면서 "영혼들에게"라고 표현하였다(빌4:23).

> 주 예수 그리스도의 은혜가 너희 심령(your spirit)에 있을지어다. (빌4:23.)
> The grace of the Lord Jesus Christ be with your spirit. Amen. (Phil.4:23.)

이때 쓰인 "심령"이 바로 프뉴마($\pi\nu\varepsilon\upsilon\mu\alpha$)로서 영혼을 의미하는 단어이다. 바울은 죽은 사람들의 영혼에게 작별 인사한 것이 아니라, 살아 있는 빌립보 교인들에게 작별 인사한 것이다. 노아 시대에도 마찬가지다. 노아 시대는 영적으로 어두운 시대로서 감옥과 같았고, 그 시대 사람들은 진리의 빛을 보지 못한 영혼들이었다. 그러므로 노아 속에 있던 그리스도의 영이 성령으로 가서서 그 시대 사람들에게 복음을 전파하셨다는 뜻이다.

(4) "그가 또한 영으로 옥에 있는 영혼들에게 가셨다" (벧전3:19)라는 말은 무엇인가?

정명석은 예수님이 부활하실 때 영이 부활하셨고, 그 영이 노아 때 죽은 영들이 갇혀 있는 옥에 가서 복음을 전파하셨다고 주장한다. 그래서 그 옥에서 믿으면 구원받는다고 한다. 그러나 이 말씀은 그렇게 해석해서는 안 된다. 다음의 영어 성경을 참조해 보자.

He was put to death in the body but made alive by the Spirit, through whom also he went and preached to the spirits in prison(NIV. 1Pet3:18).

직역하면, "그가 육신이 죽임을 당했지만, 성령께서 살리셨습니다. 또한 그가 성령을 통해서 감옥에 갇혀 있는 영혼들에게 가셔서 복음을 전파하셨습니다"는 뜻이다.

1) 이때 누가 감옥에 가셨는가?
부활한 영인가? 아니다. 예수님은 육이 부활하셨기에 부활한 영이 가셨다고 할 수 없다. 부활한 육인가? 아니다. 부활한 육신은 노아 시대에 가실 수가 없으셨다. 그렇다면 누가 갔는가? 그리스도의 영이 가셨다. 이 영은 부활한 영이 아니고, 예수님이 성육신하시기 전에도 존재하고 계셨던 영이다. 선재(先在)하고 계셨던 그리스도의 영이 노아 시대의 사람들에게 가셔서 복음을 전파하셨다는 의미이다.

2) 영으로 가셨다는 말은 무엇인가?
성령을 통하여 가셨다는 말이다. 성령은 예수님 가신 후 2000년이 지난 지금도 역사하시듯이, 예수님의 2000년 전의 노아시대 때도 역사하셨던 것이다.

3) 옥은 무엇인가?
선영계나 음부를 말한 것이 아니라, 노아 시대의 세상, 그 시대적 공간을 의미한다. 노아 시대 자체가 커다란 감옥이었다.

4) 영혼들은 무엇인가?

죽은 사람들의 비물질의 영혼을 말한 것이 아니라, 살아 있는 사람들을 영혼이라 하였다. 그러므로, 그리스도의 영이 감옥살이하는 것과 같은 노아 시대의 사람들에게 성령으로 가셔서 복음을 전파하셨다는 의미이다. 정명석의 주장처럼, 예수님의 육신이 죽었을 때 영이 부활해서 간 것이 아니다. 성육신하기 전부터 선재하고 계셨던 그리스도의 영이 성령을 통하셔서 가신 것이다.

5) 노아 시대의 사람들은 어떻게 그리스도의 복음을 들었을까?

노아 속에 있던 그리스도의 영이 성령을 통하여 그 시대의 사람들에게 복음을 전파하셨다는 뜻이다. 그렇다면 노아 시대 외에 그 나머지 구약의 사람들은 어떻게 복음을 듣고 구원받았을까? 구약시대에는 예수 그리스도의 영이 시대마다 구약의 선지자들을 통하여 말씀하셨다. 그러므로 선지자의 말을 들은 것은 그리스도의 말을 들은 것과 같았다. 선지자들은 어떻게 예수 그리스도에 대해서 그렇게 잘 알고 예언할 수 있었을까? 그들 안에서 그리스도의 영이 역사했기 때문이다. 여러 번역본을 통해 비교하며 살펴보자.

> 10 이 구원에 대하여는 너희에게 임할 은혜를 예언하던 선지자들이 연구하고 부지런히 살펴서
> 11 자기 속에 계신 그리스도의 영이 그 받으실 고난과 후에 받으실 영광을 미리 증언하여 누구를 또는 어떠한 때를 지시하시는지 상고하니라(개역개정 벧전 1:10~11).

> 10 예언자들이 이 구원을 추구하고 연구하였으며, 그들은 여러분이 받을 은혜를 예언하였습니다.

11 그들은 누구에게, 그리고 어느 때에 이런 일이 일어날 것인지를 연구하였습니다. 그들 속에 계신 그리스도의 영이 그들에게 그리스도의 고난과 그 뒤에 올 영광을 미리 알려 주었습니다(표준 새번역 벧전1:10~11).

10 이 구원에 관해서는, 너희에게 임할 은혜에 관하여 예언한 선지자들이 열심히 조사하고 살펴보던 것이며,
11 그들 안에 계셨던 그리스도의 영이 그리스도의 고난과 다가올 영광을 미리 증거하실 때, 그 영이 어느 때, 어떤 시기를 지시하시는지 탐구하던 것이니라(한글 KJV, 벧전1:10~11).

그리스도는 몸을 갖기 전에도 영으로 존재하고 계셨기 때문에, 구약시대에는 그리스도의 영이 성령으로 선지자들을 통해 말씀하셨다. 그러므로 노아 시대의 사람들에게는 그리스도의 영이 성령으로 가서서 노아를 통해 복음을 전파하셨던 것이다. 그래서 구약의 선지자들에게는 그리스도의 영이 성령과 더불어 역사하셨기 때문에 그리스도에 대해서 정확하게 예언할 수 있었던 것이다. 구약시대 사람들은 그리스도의 영이 그들 속에서 역사하던 선지자들의 말을 통해 장차 오실 그리스도를 믿고 구원받았다. 신약시대 사람들은 선지자들의 증언대로 오신 그리스도를 믿고 구원받는다.

(5) 죽어서 오는 기회는 없다.

예수님께서 '부자와 거지 나사로'에 대해 말씀하시면서 죽은 사람의 구원 문제를 다루신다. 예수님은 사람이 죽어서 음부에 가면, 결코 거기서 나오지 못한다고 말씀하셨다. "여기서 갈 수 없고, 거기서 올 수도 없다"(눅16:29). 그 말은 영계에서는 다른 영계로의 이동이 불가능하다는 뜻이다. 죽어보니까 거기가 음부이고, 불 가운데 고통을 받게

된다면, 그리고 거기서 예수 믿고 벗어날 수 있다면 안 믿을 사람이 있겠는가? 여기서 갈 수 없고, 거기서 올 수도 없다는 말은 영계에서는 예수를 믿어도 구원이 없다는 뜻이다. 그러므로 구원은 살아서 받는 것이지 죽어서 받는 것이 아니다.

1) 영계에서 구원받을 수 있는가?

예수님께서는 죽어서 고통 가운데 있는 사람을 빼낼 수 없다고 친히 말씀하셨다. "그뿐 아니라 너희와 우리 사이에 큰 구렁텅이가 놓여 있어 여기서 너희에게 건너가고자 하되 갈 수 없고 거기서 우리에게 건너올 수도 없게 하였느니라"(눅16:29).

지옥에서 복음을 듣고 구원받을 수 있다면 그곳이 어찌 지옥이랴? 지옥에서는 구원받을 수 없다. 그리고 천국과 지옥의 중간에 있다는 중간 영계도 아니다. 만약에 그런 중간 영계에서 구원받을 수 있다면 거기서 안 믿을 사람이 있겠는가?

지옥에서 구원받을 수 있다면 영벌(永罰)이라고 할 수 없다. "그들은 영벌에, 의인들은 영생에 들어가리라"(마25:46). 성경은 지옥에서 구원에 대한 언급이 없다. 음부나 사후의 세계에서 구원받을 수도 없다. 예수님은 음부에 간 부자에게 "여기서 거기로 갈 수도 없고 거기서 여기로 올 수도 없다"고 하였다. 예수님께서 직접 언급하신 것에 대해 토를 달거나, 다른 설명을 한다면 더 높은 진리를 말한 것이 아니라, 그냥 엉터리로 말한 것이다. 한번 죽어서 지옥(음부)에 들어가면 영원히 나올 수 없는 것이다.

2) 베드로전서 4장 6절의 "죽은 사람들에게 복음이 전파되었다"는 말은 무엇인가?

이 말은 죽은 사람들에게 복음이 전파된다는 말이 아니라, 지금은 죽고 없어진 사람들에게도 그들이 살아 있을 때 복음이 전해졌다는 의미이다. 지금은 죽어 사라진 사람들에게조차도 그들이 살아 있을 때 복음 전함을 받았다는 의미이다. 하나님은 산 자와 죽은 자를 다 심판하시는 분이시다.

> 이를 위하여 죽은 자들에게도 복음이 전파되었으니 이는 육체로는 사람으로 심판을 받으나 영으로는 하나님을 따라 살게 하려 함이라(벧전4:6).
> For this is the reason the gospel was preached even to those who are now dead, so that they might be judged according to men in regard to the body, but live according to God in regard to the spirit(이것이 심지어 지금은 죽고 없어진 사람들에게조차도 그들이 살아있을 때 복음이 전파된 이유입니다. 육체에 관해서는 사람들처럼 심판을 받으나, 영에 관해서는 하나님처럼 살아야 하기 때문입니다). (1Pet.4:6).

3) 고린도전서 5장 5절의 "그런 자를 사탄에게 내주었으니 육신을 멸하고 영은 구원받게 한다"는 말은 무엇인가?

정명석은 육신이 예수 안 믿고 죽었어도 영은 영계에 가서 예수 믿으면 구원받는다고 하였다. "그런 자를 사탄에게 내 주었으니 육신을 멸하고 영은 주 예수의 날에 구원을 얻게 함이라"(고전5:5). 여기서 육신을 멸하는 것은 올레트로쓰(ὄλεθρος)라는 단어로서, 이는 사람을 '죽인다는 것' 외에 '징계하다', '벌하다'는 뜻도 있다. 그런데 여기서는 문맥상 '징계하다', '벌하다'는 뜻으로 번역되어야 옳다. '그런 자'는 누구인가? 계모와 성교까지 한 사람이다. 바울은, 고린도 교회에 어떤 사람이 계모와 성교까지 하고도 아무런 일 없는 것처럼 뻔뻔하게 얼굴 쳐들고 교회 다니고 있다는 것을 알고, 화가 나서 한 말이었다. "그리하고도 너희가 오히려 교만하여져서 어찌하여 통한히 여기지 아니하고 그 일 행한 자를 너희 중에서 쫓아내지 아니하였느냐?"(고전5:2)고 말했던 것이다.

이 구절에서 바울은 '그런 사람을 출교라도 시켜야 할 것 아니냐? 세상에 어찌 그런 일이 있느냐? 그런 일은 이방 사람들에게도 없는 일 아니냐? 당장 출교시켜서 교회 못 다니게 해야 할 것 아니냐? 막상 출교당하면 아무리 뻔뻔한 사람이라도 집에 있으면서 양심에 가책을 느껴 회개할 것이고, 그래서 영만이라도 구원받게 해야 하지 않겠는가?'고 말한 것이다. 정명석의 주장처럼 죽은 사람들에게 복음 전해서 구원시켜야 한다는 말이 아니다. 이 구절에서 바울이 의도한 바는 이 사람의 육신을 징계해서 회개하게 하고, 영만이라도 구원시키는 것이 좋겠다는 것이지 죽은 사람의 영을 구원하라는 말이 아니었다.

(6) 소돔과 고모라의 멸망

구약시대에 심판받고 멸망한 또 다른 케이스가 있다. 그것은 소돔과 고모라 성의 사람들이다. 소돔과 고모라 성의 사람들은 어떻게 되었는가? 이들의 육신은 심판받고 죽었는데 영은 영계에서 구원받았는가? 성경은 그렇게 말씀하지 않고 있다. 그들이 영원한 불의 형벌을 받음으로 거울이 되었다고 말하고 있다.

> 소돔과 고모라와 그 이웃 도시들도 그들과 같은 행동으로 음란하며 다른 육체를 따라가다가 영원한 불의 형벌을 받음으로 거울이 되었느니라(유1:7).

소돔과 고모라 성의 사람들이 영원한 형벌을 받았기 때문에, 노아 때 물로 심판받고 죽은 사람들도 영원한 형벌을 받은 것이다. 소돔과 고모라 성 사람들이 죽어서 구원받지 못하고 영원한 형벌에 처해졌듯이, 노아 때 불순종한 사람들도 구원받지 못하고 영벌에 처해진 것이다. 그러므로 죽어서 구원은 없다.

(7) 구약시대 사람들은 죽어서 어디로 갔는가?

예수님께서는 아브라함과 이삭과 야곱과 모든 선지자들이 하나님 나라에 있다고 하였다. 그로 보건대 구약시대 사람들도 구원받아 천국에 갔다고 알 수 있다.

> 너희가 아브라함과 이삭과 야곱과 모든 선지자는 하나님 나라에 있고 오직 너희는 밖에 쫓겨난 것을 볼 때에 거기서 슬피 울며 이를 갊이 있으리라(눅13:28).

믿음의 조상들은 그들이 떠나온 육신의 고향을 고향이라 생각지 않고 천국을 고향이라 생각하며 살았다. 그래서 하나님께서는 그들을 위하여 하늘에 한 성(城), 즉 천국을 예비하셨고, 그들은 죽어서 그곳에 갔다.

> 15 그들이 나온 바 본향을 생각하였더라면 돌아갈 기회가 있었으려니와
> 16 그들이 이제는 더 나은 본향을 사모하니 곧 하늘에 있는 것이라 이러므로 하나님이 그들의 하나님이라 일컬음 받으심을 부끄러워하지 아니하시고 그들을 위하여 한 성을 예비하셨느니라(히11:15~16).

그리고 정명석은 구약 사람들이 가는 천국, 신약 사람들이 가는 천국, 이 시대 사람들이 가는 천국이 다 따로따로 있다고 주장하지만, 성경에서는 그런 천국을 말하고 있지 않다. 다만, 천국에는 '144,000명'(계7:4)과 '아무도 셀 수 없는 흰옷을 입은 큰 무리'(계7:9)가 있다고 나와 있는바, 이들은 내내 같은 사람들이고, 구약과 신약을 망라하여 구원받은 모든 성도들을 가리킨 것이다.

(8) 옛날 사람들이라고 다 지옥에 갔다고 할 수 있는가?

1) 중국의 경교 – 예수의 12제자 중 도마와 바돌로매가 인도와 중국에서 선교했다는 설이 있으며, 보다 실증적인 복음의 동방 전래는 네스토리우스파의 역사 속에서 찾을 수 있다. 네스토리우스파 기독교는 7세기에 이미 당나라에 크게 전파되었다. 그것이 바로 중국의 경교(景教)이다.[100]

2) 도마상 – 최근에는 경상북도 영풍군 평은면 왕유동에서 1987년 8월 발견된 도마의 분처석상(分處石像)이 발견되었다. 석상의 좌측 앞면에는 '도마'라고 읽을 수 있는 히브리어가 새겨져 있어 '성 도마상'이라고 추론할 수 있다. 또 상면 하단에는 '야소화왕인도자'(耶蘇花王引導者)라고 쓰여 있다. '야소화왕'은 예수 그리스도를, '인도자'는 전도자를 칭하는 것으로 풀이된다. 중국어는 음역이기 때문에 예수를 야소(耶蘇)라고 쓰고, 예수라고 읽는다. 그래서 지금도 한국의 노인들 가운데는 예수교를 "야소교"라고 부르기도 한다. 만약에 도마나 도마의 문하생들이 우리나라에 다녀갔다면, 신라 시대에도 택한 백성은 구원받았다고 할 수 있다.[101]

3) 신라 경교의 전래 – 8세기경, 우리나라의 신라 시대에도 경교가 전래되었다고 짐작할 수 있다. 왜냐하면 신라는 그 당시에 이미 당(唐)과 인적 물적 교류가 활발하게 일어났었기 때문이다. 당과의 교류에서 전래된 경교를 통해 예수님을 믿은 신라인들이 있었을 것이다. 그 증거로 신라 불국사 터에서 돌 십자가가 나왔다. 그 돌 십자가가 숭실대 기독교 역사관에도 전시되어 있다. 해남 대흥사에도 구리 십자가가 있

---

100) 이에 대해서는 다음의 자료를 참조하였다:https://m.blog.naver.com/panem/70053698742.

101) https://www.mk.co.kr/news/economy/view/2019/06/433185/ 2020년 6월 1일 접속.

으며, 불국사, 석굴암 등에 있는 여러 돌 조각품에서도 경교의 흔적이 여실히 나타나고 있다.[102] 십자가 문양이 기독교의 전유물은 아니라고 하더라도, 신라 시대에 이미 기독교가 전래 되었을 개연성만큼은 부인할 수 없다.

4) 몽고를 통해 접촉했을 수도 있다.

5) 임진왜란 때도 일본에 끌려가서 거기서 구원받은 사람들도 있었을 것이다.

6) 지금 시대 사람들은 다 구원받는가?

우리는 흔히 '예수 천국 불신 지옥'을 말할 때마다, 그렇다면 우리 나라에 기독교가 들어오기 전의 사람들은 어떻게 되는가 하는 질문에 다다르곤 한다. '그들은 예수 믿어보라는 소리 한번 들어본 적이 없는 데도 어떻게 지옥에 보낼 수 있는가'라는 형평성 문제 때문이다. 그렇 다면 역으로 "지금 사람들은 다 구원받는가"라고 반문할 수 있다. 지금은 교회가 마을마다 있고, 한 건물에 여러 개의 교회가 있지만, 모든 사람들이 다 예수를 믿지는 않는다. 구원은 교회 가까이 산다고 받는 것도 아니고, 멀리 산다고 못 받는 것도 아니다. 아버지가 목사라고 해서 자식이 구원받는 것도 아니고, 남편이 믿는다고 아내가 구원받는 것도 아니다. 오직 하나님께로부터 난 자들만 구원받는다. "이는 혈통 으로나 육정으로나 사람의 뜻으로 나지 아니하고 오직 하나님께로부터 난 자들이니라"(요1:13). 그로 보건대, 과거나 현재나 택한 백성은 구원받는다. 그러므로 하나님께서 택한 백성은 어느 시대를 막론하고 다 구원하시는 것이다. 구원은 전적으로 하나님의 주권의 영역이다.

102) blog.daum.net/kinhj4801/2716395

결론

정명석은 사람이 죽은 뒤 영계에 가서라도 믿으면 구원받는다고 하였으나 그것은 거짓말이다. 죽어서도 구원받을 수 있다면 누가 믿지 않겠는가? 그러므로 죽은 뒤에 구원은 없다. 구원은 살아 있을 때 받아야 한다.

죽어서도 구원받을 수 있다는 말은 한 번뿐인 삶을 의미 있게 살지 못하게 하고, 예수님의 보혈의 공로를 무효화시킨다. 그리고 십자가 외에 다른 구원 방법을 받아들이게 한다. 결국 "다른 예수, 다른 영, 다른 복음"을 추종하게 만든다. 거짓말로 신앙의 궤도를 이탈하게 하는 것이 이단이다.

05. 천사 · 사탄론

05

천사·사탄론

교회사에서 천사숭배 사상이 초대교회 때부터 끊임없이 있었다. 정명석도 일반교회와는 달리 천사에 대해서 관심이 많다. 게다가 천사는 물론이려니와 심지어 죽은 영과도 대화하는 등 영적 존재들과 직접적 소통을 하여, 자기의 영적인 능력과 영적인 지식이 많음을 자랑한다. 이는 정명석이 그러한 영적인 지식을 자랑함으로써 추종자들로부터 메시아로 인정받고 싶기 때문이다.

정명석의 주장

사탄은 훼방자, 방해자라는 뜻이다. 사탄은 인간들에게 엄청난 손해를 끼친다. 그래서 사탄에 대해서 알아야 당하지 않는다.

(1) 천사는 어떤 존재인가?[103]
정명석에 따르면, 사람과 똑같은 모양과 형상이지만 영체로 존재하며 키는 2m 정도이다. 천사도 남자와 여자가 있고 아름답고 생머리

---

103) 『실제 보는 강의안』, 158.

혹은 굽실한 머리이다. 날개는 의상의 일부분으로, 사명에 따라 의상이 다양하며 날개가 클수록 높은 계급이다. 날개 없는 의상도 있다. 천사들의 옷은 흰 세마포가 기본이며 밝고 찬란하다(히1:14, 눅24:4, 마28:2-3, 막16:5, 계4:8).

(2) 천사의 임무[104]

1) 천사라도 함부로 이 세계로 올 수 없고 사명이 있어야 올 수 있다. 하나님이 사명을 주었을 경우, 하나님과 인간을 연결하며 인간에게 하나님의 소식을 전한다(마18:10, 눅2:8~15).

2) 천사는 각 사람의 행위와 마음을 다 기록해서 하나님께 보고한다.

3) 천사는 사탄과 귀신들과 대신 싸워주며, 사람들의 생명을 보호하며 경호한다.

천사는 사탄과 귀신에게는 사자같이 강하다. 그러나 사람이 사탄이 들어올 수 있는 조건을 내주면 천사는 피투성이가 되는 싸움을 해야 하니 절대 사탄, 마귀가 들어오지 않도록 조건을 내주지 말아야 한다(시91:11).

4) 계시도 전달해 준다(눅1:30-31).[105]

(3) 천사의 직위[106]

천사도 사명, 진리, 개성의 급에 따라 직위가 다르다.

1) 천사장: 가브리엘(눅1:19, 단8:16, 단9:21).

2) 천군장: 미가엘(단12:1, 단10:13, 계12:7~11).

3) 천군: 천국 군대로서 사탄을 상대로 싸운다. 이들은 영적 무기를

---

104) 『실제 보는 강의안』, 159~160.
105) 『실제 보는 강의안』, 160.
106) 『실제 보는 강의안』, 160.

가지고 다닌다(시103:21, 왕하6:17).

4) 경호 천사장: 루시엘(하나님의 창조목적을 반대하여 사탄 루시퍼로 변질됨).

(4) 천사를 대하는 방법[107]

천사는 하늘나라에 살기에 매우 인격적이고 세련되고 아름답다. 고로 귀히 여기고 관심을 두고 정성으로 대해야 한다. 눈에 보이지 않아도 기도해 주고 대화도 해 주고 잘한다고 칭찬도 해줘야 한다. 천사가 하는 말을 못 알아들어도 천사는 내 말을 알아듣고 도우니 꼭 말을 해야 한다.

하나님은 믿지 않은 자들도 그 행하는 행위에 따라 천사들을 보내어 선악 간의 사역을 하게 하신다. 그 수를 셀 수 없는 천사들이 존재하고, 또 항상 자기를 따라다니는 천사들도 있지만, 어떤 특별한 때에만 보이고 거의 보여 주지 않는다. 사람이 천사를 마음대로 본다면 그들이 각종 비밀의 사명을 제대로 할 수 없기 때문이다. 고로 자기 수호천사가 안 보일지라도 항상 옆에 있음을 믿고 행하는 자가 복 있는 자다.

(5) 사탄의 기원[108]

본래는 천사였으나 범죄를 해서 사탄으로 변질된 것이다. 삼위 하나님이 지상 세계를 창조하여 자녀 같은 천사 위치보다 하나님을 더 가까이하는 사랑의 대상체인 인간을 창조하는 것을 싫어하고 반대했다. 지상 세계 창조를 반대한 것이다. 이로 인하여 하나님은 천사장 루시엘을 쫓아내셨다. 고로 루시퍼가 되었다(벧후2:4, 계12:7-9, 사14:12).

---

107) 『실제 보는 강의안』, 160.
108) 『실제 보는 강의안』, 162.

(6) 사탄의 특성과 주관세계[109]

사탄은 하나님과 성자 주님이 행하시는 창조목적을 막는다. 인간들이 하나님을 사랑하고 그 말씀에 순종하여 신부가 되어 사는 것을 최고로 막고 반대하고, 못하게 유혹한다.

우리의 신앙은 사탄과 귀신을 소홀히 하면서 엄청난 충격과 말할 수 없는 어려움을 받게 되는데, 사탄과 마귀와 귀신들이 우리에게 주는 고통은 말로 다 할 수 없는 엄청난 고통이다. 그래서 자체 주관에 빠지면 사탄의 주관을 쉽게 받게 되어 사탄의 간접 주관이 시작되다가, 결국 사탄이 그 사람에게 들어가 직접 주관하게 되고 실컷 이용하고 가치가 없으면 쓰레기처럼 버린다.

고로 우리가 완벽한 진리의 말씀을 받았으면 다른 사람의 주관을 받아서는 안 된다. 다른 사람의 주관을 받으면 내 자신의 주관을 빼앗긴다.

1) 자체주관

사탄이 안 들어왔을지라도 스스로 실의에 빠지고 자포자기에 빠지는 일이 있다. 이는 스스로의 육성(肉性) 때문인데, 이로 인하여 사탄이 들어올 조건이 된다. 자기 주관이 강하지 않으면 흔들리고, 또 주관이 강해도 모르면 실의에 빠지게 된다(잠4:23).

2) 간접주관

사탄이 직접 들어온 것이 아니라, 간접적으로 주관하여 넘어지게 하는 것을 말한다. 사탄은 간접적으로 사람을 통해서 일한다(대하 18:19-34).

---

109) 『실제 보는 강의안』, 162.

3) 직접주관

사탄이 사람의 영인체에게 가서 직접 마음을 사로잡는 것을 말한다. 이렇게 되면 자기 안에서 사탄이 주인 노릇을 한다. 눈에 보이지 않는 바람이 보이는 갈대를 꺾어 놓듯이 사탄은 엄청난 세력을 발한다. 사탄에게 안 당해 본 사람은 없다. "조각을 받은 후 곧 사탄이 그 속에 들어간지라"(요13:27).

(7) 사탄의 속성과 궤계[110]

사탄은 거짓말하고 꼬이며, 천사로 가장하여 거짓 계시도 주며, 기도를 못하게 하고 온갖 발악을 하며 방해를 한다. 말씀을 듣기 싫어하게 하고 졸게 만들며, 죄로 인해 자포자기하게 하고 회개를 못 하게 만들기도 한다. 미워하게 만들며, 형제를 지적하고, 약점을 말하며 분쟁하게 한다. 사명자가 길을 못 가도록 누명을 씌워 죄인처럼 만들기도 한다. 성적으로 타락하게 한다. 친한 사람을 통해 들어오고, 자기가 좋아하는 것으로 들어온다. 무지를 통해 들어오고, 이성을 통해 들어온다(자위행위, 음욕, 음란물, TV, 컴퓨터 게임 등), 가인 성격을 타고 들어오고, 은혜 받았을 때도 들어온다(보물이 있으면 도둑이 드는 법이다. 빼앗기지 않게 긴장해야 한다). 사탄은 하나님과 성자와의 사랑을 가장 격렬하게 반대한다. 또한 사명자를 사랑하고 따르는 것을 반대하고 막고 불신케 한다. 사람을 쓰고 방해한다.[111]

(8) 사탄을 이기는 방법[112]

1) 사탄은 성자 주님과 일체 되어야 이길 수 있다. 절대 시대 보낸 자

110) 『실제 보는 강의안』, 162.
111) 『실제 보는 강의안』, 164.
112) 『실제 보는 강의안』, 164~166.

(정명석—필자 주)를 믿고 성자 주님을 사랑해야 이긴다.

2) 회개해야 이긴다. 더러우면 벌레가 붙게 된다. 죄가 있으면 절대 사탄을 다스릴 수가 없다.

3) 말씀, 기도, 성령의 불, 자신의 육성과 싸워 이겨야 한다. 찬양과 감사로 이긴다.

4) 기도를 해야 한다. 기도는 신앙의 무기이다.

5) 자신의 육성과 싸워 이겨야 한다. 육성을 타고 사탄이 들어온다. 자신의 육성을 버리면 사탄을 이기는 것이다.

6) 찬양과 감사, 하나님의 정신과 사상으로 전신갑주를 입어야 한다 (엡6:11).

7) 기도하고, 성령 받고, 말씀을 들을 때 제대로 깨달아야 한다. 기도와 성령, 말씀이 그 자체로 우리의 무기이다. 기도하고 성령 받고 주님의 말씀을 받은 자는 평소에 사탄과 싸울 때마다 말로 선포하면 필요한 대로 자기 말이 곧 무기가 되어 사탄과 인(人)사탄에게 날아가 그 마음과 몸에 꽂힌다.[113]

8) 세상과 싸워 이기고 자기 육성과 싸워 이겨야 한다.

> 이기는 자는 이와 같이 흰 옷을 입을 것이요 내가 그 이름을 생명책에서 결코 지우지 아니하고 그 이름을 내 아버지 앞과 그의 천사들 앞에서 시인하리라(계 3:5).

(9) 귀신[114]

구원받지 못한 자의 영이며, 각종의 병을 주고, 다툼을 일으키고, 사

---

113) 정명석은 사탄을 '영 사탄'과 '인 사탄'으로 나누기도 한다. 영 사탄은 영체 사탄을 말하고, 인 사탄은 사탄과 같은 짓을 하는 사람을 인 사탄이라고 한다.
114) 『실제 보는 강의안』, 166.

탄의 종노릇을 한다(막9:17~18, 눅11:26, 마8:28).

결론[115]

성자 주님이 오시는 이유는 완전한 구원을 이루기 위해서, 즉 곧 사탄 마귀의 일을 멸하기 위해서이다. 사탄과 마귀를 없애지 않고서는 지상천국을 만들 수 없기 때문이다. 이 시대도 신약의 자녀권 세계에서 성약의 신부급 역사를 펴니, 보다 사망권인 구시대 자녀권이 또 반대하고 사탄과 같은 짓을 한다. 항상 하나님이 자기보다 다른 자를 더 낮게 여기면 시기 질투하여 루시퍼 사탄과 같은 짓을 하는 것이다.

고로, 성자 주님과 그 보낸 자(정명석–필자 주)는 대신 조건을 세워주고 구원시키는 일을 하기에 주님과 그 보낸 자를 믿기만 하면 사탄이 접근하지 못한다. 즉 주님과 그 보낸 자를 절대 믿고 따를 때 사탄과 마귀를 결박할 수 있는 것이다. 또한 자기를 연단시켜 하나님과 그리스도와 일체된 영이 되어야 하며, 말씀을 듣기만 하지 말고 자신을 고쳐 나가야 사탄이 틈타지 않는다.

반증

(1) 천사는 어떤 존재인가에 대하여

1) 천사도 성(性)이 있는가?

정명석은 천사도 남자 천사도 있고 여자 천사도 있다고 주장한다. 그러나 예수님은 그렇게 말씀하지 않으셨다.

---

115) 『실제 보는 강의안』, 166~167.

> 부활 때에는 장가도 아니 가고 시집도 아니 가고 하늘에 있는 천사들과 같으니
> 라(마22:30).

위 본문을 보건대, 천사는 남녀의 성이 없다. 이것은 부활이 없다고 주장하는 서기관들에게 예수님이 답변하신 내용이다. 서기관들은 한 여자가 7명의 한 형제들과 차례로 다 결혼하였으나 자녀가 없이 죽었 다면 부활 때에 누구의 아내가 되겠느냐고 질문하였다. 장남이 애기를 못 낳고 죽자 그 밑으로 6형제가 차례로 다 그 여자와 결혼하였으나 아무도 자식을 낳지 못하고 다 죽었다면 부활 때에 누구의 아내가 되 겠느냐는 것이었다. 서기관들은 죽은 사람들의 부활을 반대하는 사람 들이었다. 예수님께서는 부활 때는 하늘의 천사들과 같기 때문에 결혼 하지 않을 것이라고 대답하셨다. 천사들과 같아서 결혼하지 않는다는 것은 성별이 없음을 말씀하신 것이다.

천사에게 성이 있느냐 없느냐 하는 문제는 JMS의 교리에서 아주 중 요하다. 왜냐하면 천사의 성은 정명석의 타락론과 연결되어 있기 때 문이다. 정명석의 타락론에 의하면 천사는 남자 천사도 있고, 여자 천 사도 있다. 정명석은 하와를 미혹한 뱀을 경호 천사라고 하고, 그 경호 천사는 남자 천사라서 여자인 하와에게 접근하여 성적으로 타락시켰 다고 하였다. 그래서 경호 천사장은 저주받고 뱀이라는 호칭을 얻었다 고 하였다. 그러나 천사들의 성이 없다면, 정명석의 타락론은 그야말 로 음란한 3류 소설로 전락하고 만다. 예수님은 부활을 믿지 않는 서 기관들에게 사람이 부활하면 그때는 천사들처럼 결혼하지 않기 때문 에 누구의 아내가 되고, 누구의 남편이 되는 일은 없다고 하셨다. JMS 사람들은, 그 말씀은 천사는 결혼만 하지 않을 뿐, 성별이 없다는 말 은 아니지 않느냐고 항변하고 싶을 것이다. 그러나 부활 때에 천사와 같다는 말은, 천사가 성교는 해도 결혼은 하지 않는다는 말이 아니라,

부활한 사람들도 천사처럼 성별이 없기 때문에 결혼할 필요가 없다는 뜻이다. 그러므로 뱀이 남자 천사라서 여자인 하와에게 갔다는 말은 거짓말이다. 천사들은 성별(性別)이 없다.

2) 천사의 키가 2M인가?

정명석은 천사의 키가 2M라고 주장한다. 그러나 그런 말은 성경 어디에도 기록되어 있지 않다. 천사의 키가 2M라고 하는 것은 토마스 주남의 『천국은 반드시 있습니다』에 나오는 말이다.[116] 누가 표절인가? 아니면 진리는 공통성이라 똑같이 진리를 말한 것인가? 정명석은 남의 것을 마치 자기가 직접 계시 받은 것처럼 말하곤 한다. 통일교의 『원리강론』과 한에녹의 연대풀이를 표절하고도 마치 자기가 직접 깨달은 것인 양 말하였다. 자기가 처음으로 깨달았다고 주장하지만, 그러나 이미 다른 곳에서 주장된 내용들을 끝만 조금만 다르게 하여서 차별화를 시도한다. 그러나 이는 타 이단의 교주들도 마찬가지다. 알고 보면 각종 이단도 나름대로 계보가 있어서, 계보 따라서 교리와 제도가 유사성을 띠기 마련이다.

천사의 키가 2M인지 3M인지를 우리가 알 필요는 없다. 왜냐하면 그것이 우리가 구원받는 것과 아무런 관계가 없기 때문이다. 그렇게 잘 알면 대답해 보시라. "바늘 꼭대기에 몇 명의 천사가 올라갈 수 있는가?"[117] 한 명인가? 두 명인가? 아니면 무한대인가? 설령 이 질문에 대답한다 한들 구원받는 것과 무슨 상관이 있는가? 괜히 교만하여져서 목이 곧은 백성이 될 뿐이다. 그런 영적 지식들은 비(非)복음적인

116) 토마스 주남, 『천국은 확실히 있다』, 조용기 역, (서울: 서울말씀사, 2003), 346를 참조하라. 토마스 주남은 미카엘 천사의 키가 2M가 조금 넘고, 몸무게는 135kg이며, 푸른 눈에 금발이라 하였다. 예수님은 180cm가 조금 넘는다고도 하였다.

117) http://blog.naver.com/PostView.nhn?blogId=kickkick99&logNo=220426520701

것으로 성도들을 미혹할 뿐이다.

이단 교주들은 성경에도 없는 말을 하여, 자기를 특별한 존재라고 내세운다. 그러나 성경에 없는 말을 억지로 만들어서 해 봤자, 거짓말일 가능성이 높다. 거짓말하다 보면 거짓 선지자나 적그리스도가 되어 하나님께 칭찬은커녕 괜히 심판만 받고 끝난다. "너는 그의 말씀에 더하지 말라 그가 너를 책망하시겠고 너는 거짓말하는 자가 될까 두려우니라"(잠30:6).

3) 천사의 날개는 옷의 일부인가?

정명석은 천사들이 날개가 있는 것이 아니고, 다만 옷이 날개처럼 생긴 것이라 하였다. '옷이 날개'란 속담도 있듯이, 천사가 걸어가면 옷이 펴지면서 날개처럼 보일 뿐이지, 실제로 닭의 날개처럼 날개가 있는 것은 아니라 하였다.

그러나 성경에서는 날개가 옷이라는 말이 없다. 이사야가 본 스랍 천사의 경우 여섯 날개가 있는데, 두 날개로 얼굴을 가리고, 두 날개로 몸을 가리고, 나머지 두 개로는 날아다닐 때 쓴다고 하였다. 날개가 아니고 옷이라면, 옷으로 날갯짓할 수 있는가? 여섯 날개가 있다고 했지, 여섯 개의 날개가 달린 옷을 입었다고 하지 않았다.

> 스랍들이 모시고 섰는데 각기 여섯 날개가 있어 그 둘로는 자기의 얼굴을 가리었고 그 둘로는 자기의 얼굴을 가리었고 그 둘로는 날며(사6:2).

그리고 요한계시록의 네 생물도 각각 여섯 날개를 가졌다고 하였을 뿐, 여섯 날개의 옷을 입었다고 되어 있지 않다. "네 생물은 각각 여섯 날개를 가졌고 그 안과 주위에는 눈들이 가득하더라"(계4:8). 그러므로 날개는 옷이 아니라 그냥 날개이다. 굳이 옷이라고 주장할 필요가 없다.

(2) 천사의 임무[118]

정명석이 영계(靈界)나 천사에 대하여 말한 것은 믿을 수 없다. 그러나 우리는 성경이 설명하는 것은 믿을 수 있다. 성경에도 없는 내용을 알려 하기보다는, 성경에 기록된 것을 믿는 것이 중요하다. 성경에는 천사에 대하여 많은 내용이 기록되어 있다.

1) 하나님께 대한 사역

그룹(Cherubim)은 하나님의 거룩을 지킨다. 스랍(Seraphim)도 역시 하나님 보좌에서 거룩을 지킨다. 천사들은 평소에는 하나님을 찬양하는 것으로 봉사한다(욥38:7. 사6장:3, 시103:20, 148:2, 계5:11).

2) 그리스도께 대한 사역

그리스도의 탄생을 예고하고(마1:20), 유년기를 보호하며(마2:13), 시험당하실 때 시종 들고(마4:11), 겟세마네 동산에서 힘을 돕고(눅22:36), 부활을 선포하였다(마28:5~6). 승천에 함께 했고(행1:10~11), 재림과 심판에도 동역하며 섬겼다(마24:31).

3) 성도에 대한 사역

죄가 세상에 들어온 이후로 그들은 구원의 상속자들을 섬기도록 보내졌다(히1:14). 그들은 한 명의 죄인의 회개를 기뻐하며(눅15:10), 소자를 보호하고(마18:10), 교회에 임재하여(고전11:10, 딤전5:21), 하나님의 풍성하신 은혜를 교회에서 배우며(엡3:10, 벧전1:12), 성도

---

118) Louis Berkhof, 『기독교신학개론』, 신복윤 역, (서울: 성광문화사, 1992), 96~97; 『챠트로 본 조직신학』, 161.

들을 아브라함의 품속으로 안내했다(눅16:22). 그들은 또한 하나님의
특별계시를 자주 중계하며(단9:21~23, 슥1:12~14, 행7:38), 하나님
의 백성에게 축복을 전달했다(시91:11~12, 사63:9, 단6:22, 행5:19).

4) 불신(不信) 세계에 대한 사역

천사들은 하나님의 원수들에게 심판을 행사하기도 하며(창19:1,
13, 왕하19:35, 마13:41), 대 환난 때는 진노의 도구로 활약하기도
했다.

(3) 천사의 직위

정명석은 천사의 직위에 대하여 천사장 가브리엘, 천군장 미가엘,
천군, 경호천사장 루시엘을 말하고 있다. 그러나 그룹과 스랍에 대해
서는 전혀 언급하지 않는다. 천사들에 대하여 잘 모르기 때문이리라.
자기를 재림 예수라 하고 천국에서 살다 내려온 사람이라고 주장하려
면, 적어도 천사에 대해서 잘 알고 있어야 할 것이다. 천사에 대하여
잘 알아도 재림 예수가 되는 것은 아니겠지만, 잘 모르고 틀리기까지
한다면 더 말해 무엇하겠는가? 천사의 직위를 성경적으로 보면 다음
과 같다.[119]

1) 그룹(Cherubim)

성경은 그룹들에 관하여 반복적으로 말하고 있는데, 정명석은 이에
대하여 전혀 언급을 하지 않고 있다. 그룹들은 에덴동산의 입구를 지
키며(창3:24), 속죄소를 덮으며(출25:18, 시80:1, 99:1, 사37:16, 히
9:5), 하나님께서 지상에 강림하실 때 그룹을 타고 오신다고 하였다

---

119) Louis Berkhof, 『벌코프 조직신학 (상)』, 권수경/이상원 역, (서울: 크리스챤다이제스트,
    1995), 351~353.

(삼하22:11, 시18:10). 하나님은 성막과 성전에 있는 그룹들 사이에 계신다고 묘사되었다(시80:1, 99:1, 사37:16). 그들은 하나님의 권능과 위엄과 영광을 계시하며, 에덴동산과 성막과 하나님의 지상 강림에서 하나님의 거룩함을 수호한다.

2) 스랍(Seraphim)

천사들과 관련된 또 하나의 직위는 이사야 6:2, 3, 6에서 언급된 스랍들이다. 그들 역시 상징적으로 인간의 형태로 묘사되지만, 여섯 날개가 있어서 둘로는 얼굴을 가리고, 둘로는 발을 가리며, 둘로는 주의 명령을 신속히 수행한다. 그룹들과는 달리 스랍들은 하나님의 보좌를 둘러서 수종을 들고 있으며, 하나님을 찬양하고, 또한 하나님의 명령을 수행하기 위해 준비하고 있다. 그룹들이 강한 자들이라면, 스랍들은 존귀한 자들이라 할 수 있다. 그룹이 하나님의 거룩하심을 지킨다면, 스랍은 화해의 목적을 위해 봉사하며, 사람들로 하여금 하나님께 나아갈 수 있도록 준비시킨다.

3) 가브리엘과 미가엘

다른 모든 천사들과는 달리 이 두 천사는 이름으로 언급된다. 가브리엘은 단8:16, 9:21, 눅1:19, 26에서 나타난다. 그는 하나님의 계시를 전달하고 해석해 주는 것이 그의 특별한 임무였다. 미가엘은 단10:13, 21, 유1:9, 계12:7에서 나타난다. 그는 유다서 1장 9절에서 '천사장'으로 불린다. 또한 요한계시록 12장 7절에 그러한 표현이 사용되고 있다는 사실로부터, 그가 천사들 가운데서 중요한 위치를 차지하고 있다는 것을 알 수 있다. 우리는 그에게서 이스라엘의 적들과 영계의 악령들에 대하여 여호와의 싸움을 싸우는 용감한 전사임을 보게 된다.

4) 정사(Principalities)와 능력(powers)과 보좌(thrones)와 주관자들
(dominations).

이 이름들은 엡 1:21, 3:10, 골 1:16, 2:10, 벧전 3:22 등 여러 구절
에서 발견된다. 이것들 역시 천사들을 부르는데 사용되었다. 이 이름
들은 천사들의 여러 종류를 말하는 것이 아니고, 천사들 중에 여러 서
열과 혹은 위계를 지칭한다.

(4) 천사를 대하는 방법에 대해서

정명석은 천사들을 귀하게 여기고 관심을 가지고 정성으로 대해야
한다고 했다. 기도도 해주고 대화도 해주고, 잘하면 잘한다고 칭찬도
해줘야 한다고 했다. 그러나 성경은 그런 방법을 경계하고 있다. 오히
려 성도들은 천사들과 직접적인 교제를 삼가야 한다. 사탄도 광명한
천사로 가장하여 나타나기 때문이다. 성도들은 하나님께만 기도해야
한다. 그러면 하나님께서는 기도의 응답으로 천사를 보내주신다. 천사
들과 직접 소통하려고 해서는 안 된다. 천사들과 직접적인 교제하려는
자들은 천사숭배에 빠지게 되고, 영적 교만에 빠지게 된다.

남들이 겸손과 천사숭배를 주장하면서 여러분을 정죄하지 못하게 하십시오. 그
런 자는 자기가 본 환상에 도취되어 있고, 육신의 생각으로 까닭 없이 교만을 부
립니다(골2:18~19a, 표준새번역).

(5) 사탄의 기원에 대해서

정명석은 전반기 타락론에서 경호 천사장이 남자라고 하였고, 그 경
호 천사장이 하와가 어느 정도 성장하자, 하와에게 접근하여 성적으로
타락시켰다고 하였다. 그래서 하나님께서는 경호 천사장을 뱀이라 부
르셨고, 그 경호 천사장은 사탄이 되었다고 하였다. 사탄의 기원을 에

덴동산에서 아담과 하와를 타락시켜서 발생했다고 하였다.

그러나 후반기에는 사탄의 기원을 다르게 설명하고 있다. 성삼위 하나님께서 인간을 창조하시려 하자, 천사장 루시엘이 싫어하고 반대하였다는 것이다. 사탄의 기원에 대한 해석이 수정된 것이다. 재림 예수라는 사람이 사탄의 기원에 대해서 이렇게 오락가락해서야 되겠는가? 거짓말의 특성은 일관성이 없다는 것이다. 거짓말은 물어볼 때마다 대답이 달라질 수밖에 없다. 성경해석은 성경으로 해야지, 직통계시 받아서 한다거나 상상력을 발휘해서 하는 것이 아니다.

사탄은 아담과 하와가 타락하기 전부터 사탄의 신분으로 존재하고 있었다. 그리고 성경에는 하나님께서 천지창조를 하시고 인간들을 창조하실 때 루시엘이 반대하거나 싫어하여 추방되었다는 말도 없다. 그냥 이단 교주의 사설(邪說)일 뿐이다.

사탄의 기원은 하나님께서 창조하신 천사들 중 어떤 천사들이 범죄한 것임을 알 수 있다. 그 천사들은 언제, 무슨 죄를 지었는가?

> 하나님이 범죄한 천사들을 용서치 아니하시고 지옥에 던져 어두운 구덩이에 두어 심판 때까지 지키게 하셨으며(벧후2:4).

베드로후서 2장 4절에서 하나님이 범죄한 천사들을 이미 지옥에 던지셨다고 했는데, 과연 이 천사들은 지옥에 이미 들어갔는가? 여기서의 지옥은 영어로는 지옥(hell)이라고 되어 있지만, 희랍어로는 타르타로스(τάρταρός) 라고 하는 독립적인 단어이다. 타르타로스는 지옥에 가는 대기실로서, 어두운 구덩이다. 마귀와 귀신들은 그곳에서 심판 때까지 갇혀 있다. 그곳을 어떤 번역본에서는 gloomy dungeons(글루미 던젼스)이라고 하는데, 이는 '우울한 지하감옥'이라는 뜻이다. 그러므로 타르타로스는 우울하고 침울한 감옥이다. 재림 후 마귀와 귀신들은 우울한 감옥(타르타로스)에서 결국 영원한 불 못(게헨나)에 떨어진다.

1) 사탄의 범죄의 시기는 언제인가?

사탄은 범죄한 천사들의 우두머리이다. 선한 천사들이 언제 범죄하여 악하게 되었는지는 성경이 밝히지 않는다. 영적 세계의 일이기 때문이다. 다만 아담의 타락에 앞선 것으로 인정된다. 왜냐하면 아담이 범죄할 때에 이미 사탄 혹은 뱀(요한계시록에서는 큰 용)이 범죄자로 나타나 아담을 반역하도록 꾀었기 때문이다.[120]

2) 사탄의 범죄는 무엇인가?

사탄이 왜 범죄하였느냐에 대해서는 추정의 단계에 머물러 있다. 왜냐하면 성경이 사탄의 범죄와 그 과정을 밝히지 않기 때문이다. 통상 천사장이 교만하여 하나님의 자리를 탐하여 하나님 되려고 하다가 사탄이 된 것으로 본다.

① 사탄이 하와를 미혹할 때

사탄은 하와에게 "너희가 그것을 먹는 날에는 하나님 같이 되어"(창 3:5)라고 미혹하였다. 사탄이 '너도 하나님과 같이 될 수 있다'고 꾀어 그들로 범죄하게 하였다. 그러므로 사탄도 하늘에서 곧 하나님의 보좌 가까이에서 섬기다가 하나님의 보좌에 앉으려고 반역죄를 범하였다고 판정된다. 그 피조물이 하나님이 되고 싶어서 하나님의 보좌를 공격한 것으로 본다.[121]

이것을 유다서는 "또 자기 지위를 지키지 아니하고 자기의 처소를

---

120) 『서철원 박사 교의신학 Ⅱ - 하나님론』, 319.
121) 『서철원 박사 교의신학 Ⅱ - 하나님론』, 319.

떠난 천사들을 큰 날의 심판까지 영원한 결박으로 흑암에 가두셨으며"(유1:6)라고 하였다. 천사들은 피조물로서 창조주 하나님을 섬길 직임으로 창조되었는데, 그 자리를 가볍게 여기고 하나님의 통치의 자리에 앉으려고 반역했으니 자기의 처소를 떠난 것이다.

② 바벨론 왕과 두로 왕이 멸망 받을 때

일반적으로 학자들은 사탄의 기원을 이사야 14장12절~20절과, 에스겔 28장 12절~15절에서 찾는다. 이사야 14장 12절~14절에서 바벨론의 왕의 교만을 사탄의 타락에 대한 암시로 본다. 바벨론 왕이 하나님과의 동등성을 원하다가 망했듯이, 하나님의 권위에 맞먹으려는 사탄의 욕망은 자신의 몰락을 촉구했다.[122]

> 가장 높은 구름에 올라가 지극히 높은 이와 같아지리라(사14:14).

에스겔 28장 11절~19절에서 두로 왕은 에덴동산 곧 하나님의 동산에 있던 사탄과 비교되었다. 하지만 이 존귀한 존재가 타락하여 하늘에서의 지위를 잃었다. 마찬가지로 두로 왕 역시 동일한 이유로 자신의 지위를 잃은 것이다. 곧 그가 하나님보다 자신을 높였기 때문이다. 그래서 본문의 묘사가 두로 왕과 사탄을 왔다 갔다 하는 것처럼 보인다.[123]

> 네 마음이 교만하여 이르기를 나는 신이라 내가 하나님의 자리 곧 바다 가운데에 앉아 있다 하도다 네 마음이 하나님의 마음 같은체 할지라도 너는 사람이요 신이 아니거늘……. (겔28:2)

---

122) 『IVP 성경난제주석』, 313.
123) 『IVP 성경난제주석』, 326.

③ 사탄이 예수님을 시험할 때

사탄은 예수님을 시험하면서도 자기에게 경배하면 이 모든 것을 다 주겠다고 하였다. "만일 내게 엎드려 경배하면 이 모든 것을 네게 주리라"(마4:9). 사탄은 자기도 하나님처럼 경배받고 싶어하는 존재라는 것을 분명히 드러내었다. 사탄은 하나님처럼 자기도 경배와 찬양을 받고 싶어했다. 인간 교주들은 사탄의 마음을 공유하고 있다. 자기를 주님이라고 고백하면 부귀영화와 영생을 주겠다는 교주들의 말은 실상 사탄의 속내와 같은 것이다.

④ 인간이 자기를 신격화하다가 적그리스도가 된다.

오늘날 대부분의 교주들도 원래는 일반교회에서 집사와 장로 직분으로 신앙생활하던 사람들이었으리라. 그러다가 어떻게 교주들이 되고, 적그리스도가 되는가? 자기도 예수님처럼 되고 싶다고 하다가 적그리스도가 되는 것이다. 우리가 예수님의 거룩성은 닮아야 하지만(마5:48), 자기를 존재론적으로 그리스도가 되려고 하면(창3:5) 적그리스도가 되는 것이다. 그리스도는 예수님뿐이기 때문이다.

> 많은 사람들이 내 이름으로 와서 이르되 나는 그리스도라 하여 많은 사람을 미혹하리라(마24:5).

> 그는 대적하는 자라 신이라고 불리는 모든 것과 숭배함을 받는 것에 대항하여 그 위에 자기를 높이고 하나님의 성전에 앉아 자기를 하나님이라고 내세우니라(살후2:4).

> 이는 그들이 하나님의 진리를 거짓 것으로 바꾸어 피조물을 조물주보다 더 경배하고 섬김이라 주는 곧 영원히 찬송할 이시로다 아멘(롬1:25).

⑤ 택함 받지 못한 천사들이 타락하였다.

천사들도 택함을 받은 천사들이 있고, 택함 받지 못한 천사들이 있다.[124] 택함 받지 못한 천사들이 타락하였다.

> 하나님과 그리스도 예수와 택하심을 받은 천사들 앞에서 내가 엄히 명하노니
> 너는 편견이 없이 이것들을 지켜 아무 일도 불공평하게 하지 말며(딤전5:21).

(6) 사탄의 특성과 주관세계

정명석은 사탄은 인간들이 하나님을 사랑하고 신부가 되어 사는 것을 최고로 막고 반대한다고 주장한다. 그리고 JMS회원들은 완벽한 진리의 말씀을 들었으니 다른 사람의 주관을 받아서는 안 된다고 가르친다.

그러나 사탄은 사람들이 예수님 믿고 구원받는 것을 최고로 반대한다. 예수님 믿고 구원받는 것이 하나님의 사랑을 받는 것이고 하나님을 사랑하는 것이기 때문이다. 그러므로 정명석의 이러한 가르침은 사탄을 이기게 하는 것이 아니라 점점 더 사탄의 수렁에 빠지게 한다. 적그리스도인 교주를 사랑하는 것을 하나님을 사랑하는 것으로 착각하게 하기 때문이다. 비-진리를 최고의 진리인 양 착각하게 만들고, 사탄의 종노릇 하면서도 하늘 신부라고 들뜨게 만든다. 사탄의 말을 하나님의 말인 줄 착각하고 그 다음부터는 누가 무슨 말을 해도 절대로 들으려고 하지 않는다. JMS를 이탈하면 지옥에 간다고 겁을 주지만, 오히려 이탈하는 것이 사는 길이다. "이탈하지 말라"는 소리는 세월호

---

124) 웨스트민스터 신앙고백 제3장 3조. "하나님의 결정(작정)에 따라 하나님은 그의 영광을 나타내시기 위해서 어떤 사람과 천사들은 영원한 생명에 이르도록 예정되고(딤전5:21; 마25:41), 다른 이들은 영원한 사망에 이르도록 예정되어 있다"(롬9:22-23; 엡1:5-6; 잠16:4). 해당 고백서는 다음 자료를 참조하였다: http://www.aahope.net/xe/files/78247.

침몰 때 수백 명의 생명을 죽음으로 몰고 갔던 "배 안에 가만히 있으라"는 안내 방송과 같은 것이다.[125] 오히려 JMS를 이탈해야 산다.

(7) 사탄의 속성과 궤계

정명석에 의하면, "사탄은 사명자(정명석–필자 주)가 길을 못 가도록 누명을 씌워 죄인처럼 만들어 버리기도 하고, 하나님과 성자와의 사랑을 최고 반대하고, 하나님과 성자가 들어 쓰는 지상의 사명자(정명석–필자 주)를 사랑하고 따르는 것을 반대하고, 막고 불신케 한다. 사탄은 사람을 통해 방해한다"고 한다. 이와 같은 정명석의 사탄론은 자신에 반하는 사람을 사탄으로 몰아가면서 스스로를 신격화하는 도구로 이용된다.

정명석의 말도 겉으로는 일반교회의 용어와 같다. 그러나 그 의미는 매우 상이하다. 여기에서 사명자의 길을 막는다고 할 때, 이 사명자는 자기 자신을 의미하기 때문이다. 당연히 사탄은 사명자의 길을 막는다. 그러나 정명석은 자기를 사명자라고 말하면서, 자기를 막는 것이 사탄이라고 말하는 것이다. 그러나 정명석은 하나님의 사명자가 아니라, 예수 그리스도를 빙자하여 영혼을 미혹하는 사탄의 사명자일 뿐이다. 그가 어려움을 당하는 것은, 사탄이 막아서가 아니라, 그가 성범죄를 저질러 죗값을 받은 것이다. 성범죄를 저지르면서 그것을 하나님의 사랑이라고 말하는 것은 가스라이팅이다.[126] 아무런 죄가 없는데 감옥 보냈겠는가? 피해자들이 즐비한데, 피해자들을 영(靈) 들렸다고 하거나 허언(虛言)한다고 물타기 하면 안 된다. 정명석은 피해자에게 "너는

125) news.jtbc.joins.com/html/121/NB10468121.html.
126) 가스라이팅이라는 용어의 정의에 대해서는 다음의 백과를 참조할 것: https://ko.wikipedia.org/wiki/%EA%B0%80%EC%8A%A4%EB%9D%BC%EC%9D%B4%ED%8C%85.

오히려 하나님의 사랑을 받은 것"이라고 말하며 자신의 성범죄를 교묘하게 정당화한다. 그로 인해 피해자는 자신이 피해를 받았다는 괴로움과, 하나님의 사랑 사이에서 이중으로 괴로움을 겪을 수밖에 없다. 성범죄가 성범죄로 보이고, 거짓말이 거짓말로 들려야 비로소 JMS 탈출의 문이 열리기 시작한다.

정명석은 자신의 사탄론을 주장하면서 사탄이 사람들을 통해 죄 없는 자신에게 누명을 씌워 죄인으로 만들었다고 호도하고 있다. 이것은 사탄론을 빙자하여 자신을 변호하기 위한 말장난에 지나지 않는다.

성경에서 말하는 사탄의 정의를 간략하게 살펴보자. 사탄은 성경에서 타락한 천사들의 우두머리로 나타난다. '사탄'이라는 명칭은 그를 우선 인간이 아닌 하나님의 '적대자'라는 의미를 가지고 있다. 그는 하나님의 손으로 만드신 창조의 면류관인 아담을 공격하여 파멸을 초래함으로써 파괴자(아볼루온)라 불리었다(계9:11). 또한 사탄은 예수님이 사역을 시작하실 때 예수님을 공격하였다(마4:1~11). 죄가 세상에 들어온 이후로 그는 하나님의 백성들을 계속적으로 정죄하는 고발자(디아볼로스)가 되었다(계12:10). 그는 성경에서 죄의 창시자로 묘사되며(창3:1, 4, 요8:44, 고후11:3, 요일3:8, 계12:9, 20:2, 10), 타락한 무리의 우두머리로 나타나기도 한다(마25:41, 9:34, 엡2:2). 그는 자기와 함께 타락한 천사들의 지도자로 존재하면서, 그들로 하여금 그리스도와 그의 나라에 대하여 필사적으로 대항하도록 한다. 그는 또한 거듭 '이 세상 임금(요12:31, 14:30, 16:11)'과 '이 세상 신(고후4:4)'으로 불린다. 이것은 그가 세상을 다스린다는 의미가 아니다. 왜냐하면 하나님만이 세상을 다스리시며, 하나님이 그리스도에게 하늘과 땅의 모든 권세를 주셨기 때문이다(마28:18). 그러나 세상이 하나님으로부터 도덕적으로 분리되어 있다는 점에서 사탄이 이 사악한 세상을 지배하고 있다고 말할 수 있다. 에베소서 2장 2절에 그는 "공중의 권세 잡은 자, 곧 지금 불순종의 아들들 가운데 역사하는 영"이라 하였다. 그는 초인적이지만 신적인 존재자는 아니며, 큰 능력을 가지고 있지만 전능하지는 않으며, 큰 영향력을 행사하지만 제한되어 있고(마12:29, 계20:20), 불과 유황 못에 던져질 운명에 놓여있다(계20:10).[127]

(8) 사탄을 이기는 방법

다음으로 정명석이 설명하는 사탄을 이기는 방법을 살펴보자. 이는 상식적으로 보기에도 매우 당혹스럽다.

> 절대 시대 보낸 자를 믿고 사랑해야 이긴다.
> 성자 주님을 사랑해야 이긴다.
> 주님의 이름으로 기도해야 한다.
> 회개해야 한다. 죄가 있으면 절대 사탄을 다스릴 수가 없다.
> 말씀 자체가 무기다.
> 세상과 싸워 이기고 자기 육성과 싸워 이겨야 한다.

절대 시대 보낸 자를 믿고 사랑하라는 말은 결국 정명석을 절대 믿고 사랑하라는 말이다. 마찬가지로 성자 주님을 사랑하라는 말도 결국 정명석을 사랑하라는 말이다. 주님의 이름으로 기도하라는 것은 정명석의 이름으로 기도하라는 말이다. 말씀 자체가 무기라 하였으나, 여기서 말씀은 누구의 말씀을 말하는가? 정명석을 의미하는 것이다. 그러나 어떻게 사람의 말로 사탄을 이길 수 있다는 말인가? 오히려 더욱 사탄의 밥이 될 뿐이다. 자기의 말 자체가 비-진리인데 어떻게 사탄과

---

127) Louis Berkhof, 『조직신학 (상)』, 354~355.

싸우라는 소리인가? 그리고 세상과 어떻게 싸워 이기고, 자기 육성과 어떻게 싸워서 이기라는 말인가? 이 말은 세상이 뭐라 해도 오직 자기만 믿고 따라오라는 소리를 에둘러 말한 것이다. 그러나 요한일서에서 사도 요한은 예수님을 하나님의 아들로 믿는 자만이 세상을 이길 수 있다고 분명하게 말하고 있다(요일 5:4~5).

그러나 정명석은 그리스도가 아니므로 그의 말만 듣고 따라가면 필경은 지옥에 떨어지게 된다. 이단에 빠진 것은 수렁에 빠진 것과 같다. 마치 수렁에서 움직이면 움직일수록 더 깊이 빠져들어 가듯, 이단에서 말씀을 듣고 실천할수록 사탄 속으로 더 깊이 들어가는 것이다.

그렇다면 사탄을 이기는 성경적인 방식은 무엇인가?

1) 사탄을 이기는 길은 예수 그리스도를 믿는 믿음이다.

4 무릇 하나님께로부터 난 자마다 세상을 이기느니라 세상을 이기는 승리는 이것이니 우리의 믿음이니라.
5 예수께서 하나님의 아들이심을 믿는 자가 아니면 세상을 이기는 자가 누구냐(요일 5:4~5).

18 예수께서 이르시되 사탄이 하늘로부터 번개같이 떨어지는 것을 내가 보았노라.
19 내가 너희에게 뱀과 전갈을 밟으며 원수의 모든 능력을 제어할 권능을 주었으니 너희를 해칠 자가 결코 없으리라(눅10:18~19).

2) 예수님은 마귀를 멸하러 오셨다.
예수께서는 마귀를 멸하기 위해 오셨다(요일3:8). 그러므로 예수님의 오심은 마귀에 대한 승리의 보장이다. 그러므로 우리는 승리하신 예수님을 믿음으로써 마귀를 멸할 수 있게 된다. 마귀는 우리들로 하여금 예수 그리스도를 못 믿게 하나, 그럼에도 불구하고 예수 믿는 것이 마귀를 멸하는 것이다. 이단을 떠나 예수 믿는 것이 사탄을 이기는 것이다.

> 죄를 짓는 자는 마귀에게 속하나니 마귀는 처음부터 범죄함이라 하나님의 아
> 들이 나타나신 것은 마귀의 일을 멸하려 하심이라(요일3:8).

3) 예수님을 믿는 자에게는 사탄의 참소가 끝난다.

예수 그리스도를 믿는 사람들에게는 사탄이 참소할 수 없다(계 12:10). 예수님께서 십자가에서 피 흘려 죄 값을 다 치르셨는데, 그 피가 자기 죄를 위해 흘려진 것이라 믿고 그것을 주장하는 사람들에게는 더 이상 참소할 수 없다. 예수님의 피와 그 피를 증거하는 복음은 사탄이 참소하지 못하게 한다. 예수 믿는 자들에게는 사탄이 참소하지 못하니, 이긴 것이다.

> 10 우리 형제들을 참소하던 자 곧 우리 하나님 앞에서 밤낮 참소하던 자가 쫓
> 겨났고
> 11 또 우리 형제들이 어린 양의 피와 자기들이 증언하는 말씀으로써 그를 이겼
> 으니 그들은 죽기까지 자기들의 생명을 아끼지 아니하였도다(계12:10~11).

4) 그리스도의 죽으심은 사탄에 대한 심판이었다.

십자가는 패배가 아니라 승리였다. 십자가로 사탄과 귀신들은 무장 해제당하고 패배하였다.

> 통치자들과 권세들을 무력화하여 드러내어 구경거리로 삼으시고 십자가로 그
> 들을 이기셨느니라(골2:15).

예수님은 십자가로 승리하셨다. 그렇다면 누가 졌는가? 사탄이 졌다. 십자가는 두 가지 사실을 동시에 알려 준다. 예수님이 이기셨다! 사탄은 졌다! 그렇다. 예수님이 이기셨다면 누가 졌는가? 바로 사탄이 진 것이다.

예수님은 사셨다. 그렇다면 누가 죽었는가? 사탄이 죽었다. 십자가에서 예수님은 부활하셨다는 것을, 그리고 사탄은 죽었다는 것을 깨닫고 받아들일 때 비로소 사탄의 세력은 힘을 잃고 물러가는 것이다. 모세 때, 광야에서 뱀에게 물린 자마다 구리 뱀을 보면 살았듯이, 사탄에게 해를 당한 자들마다 예수 그리스도를 보면 살아나는 것이다. 뱀에게 물려 죽어 가고 있는 사람들이 모세의 구리 뱀을 보고 살았다는 사실은, 사탄 때문에 죽어가는 사람들일지라도 십자가에 달리신 예수를 믿으면 구원받는다는 것을 예표적으로 보여준 것이다.

5) 그리스도의 승리가 성도의 승리이다

예수 그리스도가 세상을 이기셨으므로(요16:33) 그리스도와 연합된 성도들도 함께 이기는 것이다(요일4:4).

> 너희가 환난을 당하나 담대하라 내가 세상을 이기었노라(요16:33).

> 자녀들아 너희는 하나님께 속하였고 또 그들을 이기었나니 이는 너희 안에 계
> 신 이가 세상에 있는 자보다 크니라(요일4:4).

6) 하나님의 사랑으로 이기는 것이다.

정명석은 우리가 하나님을 사랑해서 사탄을 이긴다고 하였다. 이는
말은 맞는 말이나 애매한 결론을 도출한다. 왜냐하면 얼마나 사랑해야
사탄을 이긴다는 것인지 알기 어려우며, 무엇보다 하나님을 사랑하는
것이 아가페 사랑이 아닌 에로스 사랑을 암시하기 때문이다. 성경적
인 정답은 하나님께서 우리를 사랑하시기 때문에 이긴다는 것이다(롬
8:37). 어린이가 아버지 손을 잡으면 놓치게 되나, 아버지가 어린이의
손을 잡으면 놓치지 않는 것과 같다(요10:28~29). 하나님께서 독생자
예수님을 십자가에 죽게 하신 것은 우리에 대한 하나님 사랑이다(요
3:16). 그리고 그것은 우리를 사랑하신다는 하나님 사랑의 확증이요
(롬5:8), 물증(物證)이다. 그 한없는 아가페 사랑으로 사탄을 이기는 것
이다.

> 그러나 이 모든 일에 우리를 사랑하시는 이로 말미암아 우리가 넉넉히 이기느
> 니라(롬8:37).

> 28 내가 그들에게 영생을 주노니 영원히 멸망하지 아니할 것이요 또 그들을 내
> 손에서 빼앗을 자가 없느니라.
> 29 그들을 주신 내 아버지는 만물보다 크시매 아무도 아버지 손에서 빼앗을 수
> 없느니라(요10:28~29).

> 우리가 아직 죄인되었을 때에 그리스도께서 우리를 위하여 죽으심으로 하나님
> 께서 우리에 대한 자기의 사랑을 확증하셨느니라(롬5:8).

7) 예수 그리스도는 교회의 승리를 말씀하셨다.
베드로는 예수님을 "주는 그리스도시오 하나님의 아들이라"고 고백
하였다(마16:16). 예수님은 그 고백을 들으시고, 이 반석 위에 내 교회

를 세우리니 음부의 권세가 이기지 못하리라 하셨다. 이 말씀은 비단 베드로만이 아니라, 누구라도 예수를 그리스도라 고백하면, 반석 위에 세운 교회가 되어, 사탄은 그를 이길 수 없다. 예수 믿는 교회는 사탄을 이긴다.

> 또 내가 네게 이르노니 너는 베드로라 내가 이 반석 위에 내 교회를 세우리니 음부의 권세가 이기지 못하리라(마16:18).

이때의 고백은 입술만이 아닌 마음을 담은 전인적인 고백을 의미한다. 귀신도 예수님께서 하나님의 아들이시라는 것도 알고(막5:7), 하나님이 한 분이신 줄도 알고 떤다(약2:19)고 하였다. 그러므로 예수 그리스도에 대해서 이름으로만이 아니라, 구원주로 믿고 받아들이는 것이 아는 것이다.

8) 권세를 위임하여 주셨다.
제자들은 귀신을 쫓아내는 능력을 위임받았다(마10:1, 눅10:1~17, 막16:17). 마찬가지로 오늘날도 예수 믿는 사람들은 예수의 제자들처럼 사탄과 귀신을 추방할 수 있는 권능을 위임받은 것이다.

> 예수께서 그의 열두 제자를 부르사 더러운 귀신을 쫓아내며 모든 병과 모든 약한 것을 고치는 권능을 주시니라(마10:1).

(9) 귀신이란?

정명석은 귀신을 구원받지 못한 자의 영이라고 설명한다. 그러나 이는 잘못이다. 구원받지 못한 영들은 귀신이 되어 돌아다니지 않는다. 오히려 그 영들은 지옥에 떨어져 있다. 성경에서 귀신은 사탄의 졸개들을 말한다. 사탄은 단수로 나타나지만, 귀신은 복수로 나타난다. 귀신은 살아생전 구원받지 못한 영들이 아니라, 사탄의 졸개들로서 범죄한 천사들이다(벧후2:4, 유1:6, 계12:7~10).

결론

예수님이 다시 오시는 것은 심판하시기 위해서이다. 그리고 재림하시는 예수님은 죗값을 치르기 위해 또다시 십자가를 지실 필요가 없다(히9:28). 정명석은 신약의 자녀권 사람들(기독교인들-필자 주)이 성약권의 신부 역사(JMS단체-필자 주)를 시기하고 반대하면서 사탄과 같은 짓을 할 것이라고 하였으나, 그것은 거짓말이다. 재림하실 예수님은 친히 능력과 영광 중에 구름타고 오실 것이기 때문에, 신약권의 자녀들(기독교인들)이 그 예수님을 시기 질투하여 사탄과 같은 짓을 할 리도 없고 할 수도 없다. 예수님이 재림하시면 그때는 사탄도, 적그리스도도 다 끝난다.

06. 예정론

06
예정론

모든 일을 그 마음의 원대로 역사하시는 자의 뜻을 따라 우리가 예정을 입어 그 안에서 기업이 되었으니(엡1:11).

4 곧 창세 전에 그리스도 안에서 우리를 택하사 우리로 사랑 안에서 그 앞에 거룩하고 흠이 없게 하시려고
5 그 기쁘신 뜻대로 우리를 예정하사 예수 그리스도로 말미암아 자기의 아들들이 되게 하셨으니(엡1:4-5).

예정론은 크게 두 가지가 있다. 하나님의 절대주권을 강조하는 칼빈주의의 절대예정론과 인간의 자유의지를 강조하는 알미니안주의의 상대예정론이다. 그러나 예정론이라고 할 때는 통상 칼빈주의의 절대예정론을 일컫는다. 정명석은 일반 기독교(특히 장로교)의 예정론을 절대예정이라 비난하면서, 하나님의 예정은, 인간이 어떻게 하느냐에 따라서 달라진다는 알미니안주의자처럼 상대예정을 주장한다.

예정론은 누가 강의해도 논란의 소지가 있고, 이해하기 어려운 주제이다. 그러나 예정론은 구원받은 사람들에게 가장 감동적인 신앙고백이기도 하다. 이 장에서는 정명석의 예정론을 소개한 후, 정명석의 예정론이 기존의 예정론을 어떻게 왜곡하는지를 반증하며 드러내고자 한다.

정명석의 주장

정명석은 예정에 관한 인봉(印封)을 엄청난 경제적 손실을 당하며 눈물겹게 떼었다고 한다. 정명석은 월남전에 두 번이나 참전하여 수십 번의 죽을 고비가 있었으나 하나님께서 살려주셨다고 간증한다. 정명석은 그 하나님의 은혜가 너무 고마워 금산군 진산면의 고향 땅에 있는 교회를 건축하려고 하다가, 1972년 당시 40만원에 해당되는 돈을 사기당하고 너무 괴로워서 죽고 싶을 정도의 막다른 궁지에까지 도달했을 때가 있었다고 한다.[128] 그때 청주의 한 교회에서 설교를 들었는데 모든 것이 하나님의 절대 예정이라는 설교를 듣고 충격을 받게 되었다고 한다. "그렇다면 내가 사기당한 것도 하나님의 예정인가? 내가 1년에 1만 명씩 전도하는 것이 무슨 소용이 있는가? 내가 전도 안 해도 예정된 자는 다 구원될 것 아닌가? 술 먹는 사람도 예정이니 술 먹지 말라고 할 필요가 없고 타락도 예정이라면 하나님께서 왜 아담과 하와에게 진노하셨는가?"고 의문을 품기 시작하게 되었다고 한다.

정명석은 장로교회에서 예정 설교를 듣고 난 후, 그 설교 때문에 너무 머리가 아프고 반감이 생겨났다고 한다. 그러다가 청주 외곽에 있는 관정리의 한 마을의 빈 초가집에 들어가 땅바닥을 치며 기도했을 때, 새벽 3시에 예수님이 직접 나타나서 가르쳐 주었다고 한다.[129] 이 날 밤 비로소 하나님의 인류에 대한 예정을 깨닫게 되었다고 한다. 그 내용은 다음과 같다.

(1) "책임분담"(責任分擔)에 의한 예정이다.

---

128) 정명석은 강의 때마다 다르게 말하는 경우가 많아서, 그때의 가격이 현재 가격으로 4000만 원 정도는 된다고 하였고, 어떤 때는 쌀 200가마 정도 된다고 하기도 하였다.
129) 『초급편』, 266.

하나님의 예정은 인간의 "책임분담"에 의해 좌우된다. 정명석은 "책임분담"이라는 말을 마치 만병통치약과 같이 자주 남용한다. "선하고 좋은 것은 처음부터 모두 다 하나님의 예정 해 놓으셨지만, 악하고 나쁜 것은 모두 하나님이 정해 놓은 것이 아니다. 악하고 나쁜 것은 사람의 책임분담에 의한 실수와 타락으로 인한 것이다."[130]

정명석의 예정론은, 하나님께서 예정하셨어도 사람이 책임을 못하면 이루어지지 않는다고 한다. 하나님도 인간의 책임분담은 건드리지 않으신다. 결국 인간이 책임을 다해야 예정이 이루어지게 된다. 그것을 책임분담이라고 한다. 결국 예정의 실현은 하나님의 예정과 사람의 책임분담이 더해져야 한다. 사람이 책임을 다 못하면 하나님께서 예정하셨어도 깨지거나 변형된다. 사람의 책임분담은 오로지 스스로의 힘으로 해야 한다. 갓난아이라 할지라도 먹는 것과 숨 쉬는 것은 부모가 못 해주고 제힘으로 해야 한다. 이것이 천법이요, 사람 책임분담이다.[131]

하나님 책임분담은 하나님만이 할 수 있고, 사람의 책임분담은 사람만이 할 수 있다. 항상 사람이 책임분담을 못해서 사고가 생겨나지, 하나님이 책임분담 못해서 사고 나는 법은 없다. 하나님의 책임분담이 90%라고 하면, 사람의 책임분담은 10%이다. 사람만 책임분담을 하면 100%가 돼서 예정이 실현되게 된다.[132]

예정은 자기 하기에 달렸다. 하나님은 절대 주권이 있지만, 사람이 어떻게 하느냐에 따라 뜻을 돌이키신다. 하나님께서 "이렇게 하겠다"

---

130) 『초급편』, 266.
131) 『초급편』, 270.
132) 『강의안』, 167; 이것은 수정된 수치이다. 정명석은 처음에는 하나님의 책임분담 95%, 인간의 책임분담 5%라고 주장하였다. 이것은 원래 통일교의 주장이었다. 정명석도 처음에는 통일교와 똑같이 주장하였으나, 차별화하기 위해 나중에는 인간책임분담을 5%에서 10%라고 수정하였다. 이에 대한 자료는 『초급편』, 271에 나온다.

고 작정한 것도 사람의 잘잘못에 따라서 그 뜻을 돌이키시기도 한다. 천국 가는 것도 자기 하기에 달렸고, 지옥 가는 것도 자기 하기에 달렸다.[133]

> 4 진흙으로 만든 그릇이 토기장이의 손에서 파상하매 그가 그것으로 자기 의견에 선한 대로 다른 그릇을 만들더라.
> 5 그때에 여호와의 말씀이 내게 임하니라 가라사대
> 6 나 여호와가 이르노라 이스라엘 족속아 이 토기장이의 하는 것같이 내가 능히 너희에게 행하지 못하겠느냐 이스라엘 족속아 진흙이 토기장이의 손에 있음같이 너희가 내 손에 있느니라.
> 7 내가 언제든지 어느 민족이나 국가를 뽑거나 파하거나 멸하리라 한다고 하자
> 8 만일 나의 말한 그 민족이 그 악에서 돌이키면 내가 그에게 내리기로 생각하였던 재앙에 대하여 뜻을 돌이키겠고
> 9 내가 언제든지 어느 민족이나 국가를 건설하거나 심으리라 한다고 하자
> 10 만일 그들이 나 보기에 악한 것을 행하여 내 목소리를 청종치 아니하면 내가 그에게 유익케 하리라 한 선에 대하여 뜻을 돌이키리라(렘18:4~10).

하나님은 미리 아신 자들을 중심인물로 예정하시고 하나님의 책임분담으로 부르신다. 그러나 하나님이 부르셔도 사람이 그 책임분담을 다해야 의롭다 함을 입어 영화로운 데까지 이를 수 있는 것이다. 로마서 8장 29~30절의 성구에는 사람의 책임분담이 생략되어 있기 때문에 모든 것은 하나님의 절대적인 예정에 의해서 되는 것으로 보이는 것뿐이다.[134]

---

133) 『초급편』, 273.
134) 『초급편』, 276.

29 하나님이 미리 아신 자들로 또한 그 아들의 형상을 본받게 하기 위하여 미리 정하셨으니 이는 그로 많은 형제 중에서 맏아들이 되게 하려 하심이니라.

30 또 미리 정하신 그들을 또한 부르시고 부르신 그들을 또한 의롭다 하시고 의롭다 하신 그들을 또한 영화롭게 하셨느니라(롬8:29~30).

하나님의 할 일과 사람의 할 일이 각각 따로 있다. 다음 구절은 하나님 책임분담은 사람이 관계할 것이 아니고, 사람은 자신의 책임분담만 완수하면 된다는 사실을 가르쳐 주고 있다.[135]

14 그런즉 우리가 무슨 말 하리요 하나님께 불의가 있느뇨 그럴 수 없느니라.

15 모세에게 이르시되 내가 긍휼히 여길 자를 긍휼히 여기고 불쌍히 여길 자를 불쌍히 여기리라 하셨으니

16 그런즉 원하는 자로 말미암음도 아니요 달음박질하는 자로 말미암음도 아니요 오직 긍휼히 여기시는 하나님으로 말미암음이니라(롬9:14~16).

하나님의 주권을 강조하는 것처럼 보이는 성구들도 사실은 하나님의 책임분담을 강조해서 말한 것뿐이다. 흔히 기성교인들이 토기장이의 비유를 많이 드는데, 토기장이 비유는 심판도 하나님의 책임분담이고, 구원도 하나님의 책임분담권이기에 여기에 조금도 불평할 수 없다는 식으로 하나님의 책임분담만을 강조했을 뿐이다.

토기장이가 진흙 한 덩이로 하나는 귀히 쓸 그릇을, 하나는 천히 쓸 그릇을 만드는 권이 없느냐(롬9:21).[136]

---

135) 『초급편』, 276~277.
136) 『초급편』, 277.

구원을 주시는 것은 하나님의 예정이다. 그러나 아무나 구원하는 것이 아니라, 믿고 행하는 자만 구원하신다. 구원이 하나님의 책임분담이라면, 그 구원하심을 믿고 행하는 것은 인간의 책임분담이다.

(2) 조건적 예정이다.

정명석의 예정은 조건적 예정이다. 이것은 책임분담의 연장 선상에 있다. 우리는 위에서 하나님의 예정이 인간이 책임을 다 했느냐 못했느냐에 따라서 좌우된다는 정명석의 입장을 살펴보았다. 이러한 입장은 다른 말로 "조건적 예정"이라고 할 수 있다. "조건적 예정"이란, 하나님의 예정은 인간이 조건을 세웠는지의 여부에 따라 결정된다는 주장이다. 예정은 인간들이 자기하기에 달렸다. 천국 가는 것도 자기하기에 달렸고, 지옥 가는 것도 자기하기에 달렸다. 그러나 사람은 천국 가기를 원하면서도 실상은 지옥 갈 짓을 잘하고, 또 복 받기를 원하면서도 실상은 화 받을 짓을 잘한다.[137]

하나님께서는 주시기로 예정하셨다. 그러나 구하는 자에게는 주시지만 구하지 않는 자에게는 주시지 않는다.

> 구하라 그리하면 너희에게 주실 것이요 찾으라 그리하면 찾아낼 것이요 문을 두드리라 그리하면 너희에게 열릴 것이니(마7:7).

> 하나님이 세상을 이처럼 사랑하사 독생자를 주셨으니 이는 그를 믿는 자마다 멸망하지 않고 영생을 얻게 하려 하심이라(요3:16).

운명은 하나님이 못 박는 것이 아니라 자기 스스로 못을 박는 것이

---

137) 『초급편』, 273.

다. 인간들은 누구나 잘 되게 예정되어 있으나 열심히 안 하면 못살게 된다. 인생 문제는 얼마나 자기를 깨끗이 만드느냐에 따라 달라진다. 사람이 자기를 귀하게 만들면 귀한 곳에서 쓰임 받고 천한 곳에서도 쓰임 받지만, 자기를 천하게 만들면 천한 곳에서만 쓰임받을 수밖에 없다.[138] 한 마디로 하나님의 예정은 조건대가(條件代價)이다.

> 20 큰 집에는 금과 은의 그릇이 있을 뿐 아니요 나무와 질그릇도 있어 귀히 쓰는 것도 있고 천히 쓰는 것도 있나니
> 21 그러므로 누구든지 이런 것에서 자기를 깨끗하게 하면 귀히 쓰는 그릇이 되어 거룩하고 주인의 쓰심에 합당하며 모든 선한 일에 예비함이 되리라(딤후 2:20~21).

인간이 믿고 행하는 것은 구원받기 위한 조건이다. 이는 갓난아기라도 생존하기 위해서는 두 가지는 스스로 해야 한다. 숨 쉬는 것과 삼키는 것이다. 이처럼 성도들이 구원받기 위해서는 믿고 행해야만 한다. 이것이 성도가 구원받기 위한 조건이다.

(3) 보편적 구원이다.

정명석의 예정은 보편적 구원,[139] 혹은 만민 구원이다. 보편적(혹은 만민) 구원이란 이 지구상의 모든 사람들을 그 하나도 멸망치 않고 다 구원받기로 예정하셨다는 것이다. 정명석은 이와 같은 보편적 구원을 주장하는데, 자신이 환상을 통해 계시를 받았던 사건을 그 근거로 제시하고 있다. 정명석은 성전을 지으려고 하다가 사기를 당하여 극심한 고통을 겪는 중에, 청주의 한 교회에서 예정론에 대한 설교를 듣고, 그

---

138) 『초급편』, 274~275.
139) 『초급편』, 267.

설교내용에 시험 들어 울면서 기도하다가 환상을 보았다고 한다.

1) 여자와 지구의 환상
한 예쁜 여자가 보였는데, 그 여자가 지구로 확대해 보였다.

그때 빈집에서 기도하는 중에 어떤 여자 한 사람이 나타났는데 예쁜 여자였다. 그런데 발가락이 못생겼었다. 그러더니 주님의 음성이 들려왔다.

"네가 저 사람을 애인으로 본다면 저 사람 예쁜 데만 골라 가겠느냐? 발은 끊어 버리고 얼굴과 손가락만 골라 가겠느냐"

"그럴 수는 없지요. 어떻게 그런 멍청한 짓을 내가 할 수 있습니까?"

"그렇겠지, 오리발같이 생긴 것도 몽땅 다 갖고 가겠지. 나 역시 이 지구 덩어리에서 누구만 뽑아갈 수 없고, 지구 덩어리 전체 역시도 한 여자와 같이 사랑하신다. 못생긴 오리발 같은 것도 사랑하시고 잘생긴 팔방미인도 사랑하시고 있다. 그와 같다면 온 지구상도 똑같다. 나는 지구 덩어리 전체를 다 택했다. 지구촌 전체를 신부 취하듯이 다 예정해 놓았다. 이와 같이 나는 온 전체를 다 택했다."

주님께서는 이와 같이 지구 덩어리를 축소시켜 한 여자를 보여주셨다. 못생겨도 택하려면 몽땅 택하고, 안 택하려면 아예 안 택한다는 것이다.

그러니까 주일날 청주 서문교회에서 들었던 예정론의 설교, 즉 "누구는 택하고 누구는 택하지 않았다"고 한 목사의 설교는 완전히 빗나

간 설교였다.[140]

2) 단감나무의 환상
정명석이 두 번째로 본 환상은 다음과 같다.

서울에 사는 어떤 학생이 청주에 사는 친구 집에 놀러 갔다.[141] 청주 친구는 서울 친구에게 단감을 대접하였다. 서울 친구가 단감이 너무 맛있다고 하자, 청주 친구가 단감나무 몇 그루 줄 테니까 갖다가 심고 3년쯤 후에 따 먹으라고 하였다. 서울 친구는 어느 나무 가지에서 열매를 맺느냐고 물었고, 청주 친구는 어느 나무에서 열매를 맺을지 모르니까 무조건 몽땅 가꾸라고 했다. 이렇게 나무는 열매를 맺으나 안 맺으나 가지에서 뿌리까지 몽땅 주인의 사랑을 받는다. 즉 어느 가지에서 좋은 열매가 맺힐지 모르니까 다 사랑해 주어야 하는 법이다. 그러다가 가을이 되어 열매를 맺으면 그 열매만 따 주듯이, 사람도 이런 나무와 같이 하나님의 사랑을 받되, 역시 그 중에서 열매 맺는 백성을 취하리라 하고 주님께서 말씀하셨다. 즉 어느 가지에서 실한 단감이 열릴지 모르기에 나무 전체를 사랑하며 골고루 거름을 주는 입장과 같이, 하나님은 지구촌 어느 누가 잘 되고 하나님께 돌아올지 모르므로 전부 투자하고 있다는 것이다.[142]

하나님은 이 지구상의 사람들을 다 사랑하신다. 그러나 조건적으로 열매 맺는 사람, 그중에서 깨닫고 하나님께 감격하고 고마워하며, 어

---

140) 『초급편』, 291; 『강의안』, 162.
141) 정명석은 간증 중에 어떤 때는 청주 친구라고도 했다가 어떤 때는 부산 친구라고도 했다가 어떤 때는 그냥 친구라고 설명하기도 한다. 이 점에서 정명석의 이 간증이 일관성이 없는 지어낸 이야기라는 점을 짐작할 수 있다.
142) 『초급편』, 291~292.

떤 환난과 어려움이 있을지라도 열매 맺는 사람, 바로 하나님을 믿고 선한 열매를 맺고 의로운 열매를 맺는 사람만 구원을 받는다는 것이다.[143]

하나님께서 창세 이전부터 구원하기로 누구는 택하고 누구는 버리기로 불공평하게 예정치 않았다. 사람은 모두가 다 구원받기로 예정되어 있다. 그렇지만 사람 자신의 책임분담 여하에 따라서 구원이 좌우된다.[144]

> 하나님은 모든 사람이 구원을 받으며 진리를 아는데 이르기를 원하시느니라 (딤전2:4).

> 주의 약속은 어떤 이의 더디다고 생각하는 것같이 더딘 것이 아니라 오직 너희를 대하여 오래 참으사 아무도 멸망치 않고 다 회개하기에 이르기를 원하시느니라(벧후3:9).

(4) 인간은 하나님의 뜻에 저항할 수 있다.

하나님은 모든 사람들이 천국 가기로 예정해 놓았지만, 사람들이 저항하고 거부해서 지옥 가는 것이다. 하나님의 선택도 버리심도 사람이 자기 하기에 달렸다. 사람은 모두가 다 구원받기로 예정되어 있다. 그렇지만 사람 자신의 책임분담 여하에 따라서 구원이 좌우된다. 즉 구원을 받아들이고 그 진리를 믿고 행하는 것은 누구든지 자기 하기 달렸다.[145] 사람은 성령께서 복음으로 부르실 때에 저항할 수 있다는 말이다.

---

143) 『강의안』, 164.
144) 『초급편』, 274.
145) 『초급편』, 274.

그러므로 하나님의 은혜는, 정명석의 주장에 의하면, 불가항력적이 아니다. 그것은 인간에 의해 저항될 수 있는 것이며 방해받을 수 있다. 그리고 하나님의 예정은 때때로 사람에 의해 좌절되고 거부된다.

(5) 구원은 취소될 수 있다.

정명석의 예정론에 의하면, 구원은 취소될 수 있다. 사람을 뜻 가운데 부르시며 영광과 구원을 얻게 하는 것은 하나님이 하실 일이고, 그 진리를 끝까지 믿고 인내하며 따르는 것은 사람이 할 일이다. 하나님이 책임분담 속에 충분히 예정하셨지만 사람에게 해야 할 책임분담이 있다. 그러므로 두렵고 떨림으로 날마다 이상적인 구원을 이루어야 한다.[146] 구원은 도중에 탈락될 수 있고, 취소될 수 있다.

> 그러므로 사랑하는 자들아 너희가 나 있을 때 뿐만 아니라 더욱 지금 나 없을 때에도 항상 복종하여 두렵고 떨림으로 너희 구원을 이루라(빌2:12).

(6) 예수님의 십자가는 하나님의 뜻이 아니었다.

1) 예수님 십자가의 예정 문제

지금까지 기독교 신학은 예수님의 죽음을 필연적인 예정으로 믿고 있다. 그러나 예수님도 살아서 영광 누리며 잘되는 것이 본래 하나님의 원(原) 뜻이요 예정이었다.[147] 십자가가 예정이었다면 다음과 같은 문제들이 있다.

① 예수님은 왜 겟세마네 동산에서 이 잔이 물러가게 해달라고 기도했는가?

---

146) 『초급편』, 275.
147) 『초급편』, 277.

조금 나아가사 얼굴을 땅에 대시고 엎드려 기도하여 가라사대 내 아버지여 만
일 할 만하시거든 이 잔을 내게서 지나가게 하옵소서 그러나 나의 원대로 마옵시
고 아버지의 원대로 하옵소서 하시고(마26:39).

② 십자가에서의 죽음이 예정이라면 왜 가룟 유다를 저주하셨는가?
예수님이 십자가를 지는 것이 예정이라면 예수님을 파는 자에게 저
주할 필요가 없으셨다. 예정이 이루어지게 도와주니 오히려 상을 줄
일이 아니겠는가?

인자는 자기에게 대하여 기록된 대로 가거니와 인자를 파는 그 사람에게는 화
가 있으리로다 그 사람은 차라리 나지 아니하였더면 제게 좋을 뻔하였느니라(마
26:24).

③ 사도 바울은 그 시대의 관원이 하나도 알지 못해서 영광의 주를
십자가에 못 박았다고 한탄하였다. 그들이 몰라서 예수님을 죽였지,
알았다면 죽였겠는가? 역시 예정이 아님을 밝히고 있다.

이 지혜는 이 세대의 관원이 하나도 알지 못하였나니 만일 알았다면 영광의 주
를 십자가에 못 박지 아니하였으리라(고전2:8).

④ 예수님께서는 십자가에 못 박는 사람들을 위해 기도하셨다. 십자
가가 필연이라면 유대인들이 예수님을 십자가에 못 박게 내어준 것은
죄가 될 수 없다.

···아버지여 저희를 사하여 주시옵소서 자기의 하는 것을 알지 못함이니이다
(눅23:34).

⑤ 예수님께서 십자가가 예정되었으면 어찌하여 십자가상에서 고통스럽게 부르짖는가? 구세주가 자기 운명을 몰랐단 말인가? 일반교회는 인간적 고통에서 나오는 절규 혹은 신앙고백이라고 설명하지만, 이 구절에서 예수님은 "이렇게 가는 것이 아닌데?"라는 뜻으로 말씀하신 것이다. 공생애동안 불과 3년 동안 외치고 가려니 너무 원통했고, 역사에 심정 사무치는 한이 많이 남으셨을 것이다.[148]

> 제 구시에 예수께서 크게 소리 지르시되 엘리 엘리 라마 사박다니 하시니 이를 번역하면 나의 하나님, 나의 하나님 어찌하여 나를 버리셨나이까 하는 뜻이라(막 15:34).

2) 양면예정이다.

예수님에 대한 예언과 그 성취된 사실을 통해 알 수 있는 사실이 있다. 구약성경을 보면 예수님에 대한 예언이 두 가지로 되어 있다는 것이다. 이 예언은 "영광 중에 온다는 영광의 주"와 "고난을 받는다는 고난의 주"라는 양면으로 되어 있다.[149]

① 영광의 주 예언 성구

> 내가 또 밤 이상 중에 보았는데 인자 같은 이가 하늘 구름을 타고 와서 옛적부터 항상 계신 자에게 나아와 그 앞에 인도되매(단7:13).

> 5 나 여호와가 말하노라 보라 때가 이르리니 내가 다윗에게 한 의로운 가지를 일으킬 것이라 그가 왕이 되어 지혜롭게 행사하며 세상에서 공평과 정의를 행할

---

148) 『초급편』, 278.
149) 『초급편』, 279.

것이며

6 그의 날에 유다는 구원을 얻겠고 이스라엘은 평안히 거할 것이며 그 이름은 여호와 우리의 의라 일컬음을 받으리라(렘23:5~6).

② 고난의 주 예언 성구

우리는 다 양 같아서 그릇 행하여 각기 제 길로 갔거늘 여호와께서는 우리 무리의 죄악을 그에게 담당시키셨도다(사53:6).

이와 같이 성경에는 양면으로 예언되어 있는데 왜 그럴까? 하나님은 영광의 주로 예정하셨지만, 인간들이 책임분담을 못해 받아들이지 않을 때는 고난의 주로 가셔야만 하기 때문이다. 아무리 좋게 예정해 놓아도 인간의 책임분담이 남아있기 때문에 양면으로 예언해 놓으신 것이다.

고로 어떻게 이루어지느냐는 인간의 책임분담에 의한 것이 더 크다. 인간이 못해서 예수님을 죽인 것이다. 예수님의 십자가 죽음은 예정에 없었던 것이다.

③ 양면예언의 성취

18 저를 믿는 자는 심판을 받지 아니하는 것이요 믿지 아니하는 자는 하나님의 독생자의 이름을 믿지 아니하므로 벌써 심판을 받은 것이니라

19 그 정죄는 이것이니 곧 빛이 세상에 왔으되 사람들이 자기 행위가 악하므로 빛보다 어두움을 더 사랑한 것이니라(요3:18~19).

그렇다면 구약의 그 예언들은 어떻게 이루어졌는가? 과거 유대인

들은 영광의 주만 생각했고 지금 기독교인들은 고난의 주만 이루어진 것으로 생각한다. 그러나 예수님이 오셨을 때 이 예언들은 둘 다 이루어졌다. 즉 유대인같이 예수님을 죽인 자에게는 고난의 주로 이루어졌고, 기독교인같이 예수님을 알고 쫓아다니는 사람에게는 영광의 주로 이루어졌던 것이다. 이와 같이 장차 오실 재림주도 사람의 책임분담 때문에 신약에 예언된 두 가지 예언을 다 이루고 나타나게 된다.

책임분담을 다하며 믿고 따른 자들에게는 영광의 주가 되지만, 그러나 무지 속에 책임분담을 못하며 불신한 자들에게는 고난의 주가 되는 것이다.[150]

결론

1) 오늘날 기성교회는 사람의 불행과 죗값으로 인한 형벌을 하나님의 예정이라고 한다. 그러나 하나님은 창세 이전부터 좋은 것은 처음부터 예정해 놓으셨지만 나쁜 것은 전혀 예정해 놓지 않으셨다. 앞날에 소망적인 것만 예정해 놓고 원망 받을 만한 것은 예정치 않았다. 하나님이 이 세상을 창조하실 때 사람에 대한 프로그램을 가장 이상적(理想的)으로 구상했다. 그러나 사람들의 타락으로 그 이상적인 프로그램이 실현되지 못하고 나쁘게 되었던 것이다.[151]

2) 오늘날 기성교회는 사람은 택함 받은 자, 택함 받지 못한 자로 예정되어 있다고 한다. 그러나 하나님의 큰 소망은 모든 사람이 구원을 받고 천국 가며 복을 받는 것이다. 처음부터 누구든지 택함만 예정되었을 뿐 버리는 것은 예정되어 있지 않다.

하나님 구원 섭리의 근본 뜻은 만민 구원으로 이 지구상의 모든 사

---

150) 『초급편』, 280.
151) 『초급편』, 266~267.

람들을 그 하나도 멸망치 않고 구원하는 것이다. 하나님은 지구 덩어리 전체를 다 택해 놓으셨다. 구원 섭리의 목적이 타락한 인간을 모두 구원하는 것이기에 그때와 시기의 차는 있으나 모든 사람은 누구든지 구원을 받도록 예정되어 있다.[152]

3) 오늘날 기성교회는 죄악의 원인인 사람의 타락도 예정되었다고 한다. 그러나 하나님이 선은 예정하셨지만 악은 예정하지 않으셨다. 만일 인간사 악한 일이 모두 하나님의 예정이라면, 아무리 하나님이지만 어떻게 선의 하나님이라 부를 수 있겠는가? 하나님은 오히려 사람에게 악과 재앙과 화를 안겨주는 불행의 근본자가 아닌가? 그러므로 이 문제를 해결하기 위해서는 하나님이 절대적이고 영원하신 것 같이 자녀를 위해서도 선은 절대적으로 예정하셨지만, 악은 예정하지 않으셨다고 이해해야 한다.[153]

4) 오늘날 기성교회는 성경에 나온 결과만 보고 하나님의 원 뜻이라고 생각한다. 그러나 하나님은 항상 좋은 결과만을 예정하셨을 뿐, 나쁜 결과는 전혀 예정하시지 않았다. 성경을 보면 원래 하나님의 뜻대로 되지 못한 것이 너무너무 많다.

구약에서 하나님이 사울을 왕으로 세우신 것을 후회하셨고(삼상 15:11), 다윗 때 예루살렘에 재앙 내리심을 후회하셨고(삼하24:16), 또한 섭리가 깨질 때마다 한탄하셨다(렘14:17). 그것이 예정이라면 어찌하여 하나님은 자신이 행하신 섭리 결과를 보고 기뻐하기보다는 한탄하시며 후회하시는가? 그것이 아니기 때문이다.[154]

152) 『초급편』, 267.
153) 『초급편』, 268.
154) 『초급편』, 268.

5) 예정은 사람이 하나님께서 뜻을 따라 주신 책임분담을 하고 못함에 따라 좌우된다. 곧 사람이 자기가 어떻게 하느냐에 달렸다는 것이다.

하나님의 예정 속에는 사람의 책임분담이 있다. 아무리 하나님이 기가 막히게 좋은 것을 예정했어도, 사람이 자기 책임분담을 다할 때 비로소 예정이 완성된다. 니느웨성도 하나님이 멸망시키기로 예정했지만, 왕부터 굵은 베옷을 입고 잘못을 회개하니 다시 운명을 돌이키셨다. 어느 시대 누구든지 책임분담을 못해서 천법을 범하면 개인, 가정, 민족, 세계형으로 잘 짜놓은 하늘의 역사 프로그램이 바뀐다.

하나님은 처음부터 지구 덩어리 전체를 몽땅 다 택하기로 정해 놓으셨다. 하나님은 지구상에 있는 자들을 1차적으로 전부 다 택했지만, 진리를 믿고 실천하는 백성, 하나님을 믿고 따르는 열매 맺는 백성을 2차적으로 또 택하신다는 것이다.[155]

6) 기독교인들은 절대예정이라는 자기주관에 빠져 있다. 지금까지 대부분의 기독교 신자들이 믿어 왔듯이 구원과 심판, 선과 악, 길흉화복 등은 하나님의 예정이 아니다. 예정은 절대예정이 아니라 상대예정으로서 사람 자신이 어떻게 하느냐에 따라 달라진다.

7) 나사렛 예수님이 죽는 것이 예정이 아니라 그 시대 사람들이 메시아를 몰라서 무지해서 죽인 것이다. 나사렛 예수님을 제대로 알고 깨달은 자들은 주님을 따라가 사도가 되고 제자가 되어 그 시대 구원을 얻었다. 모르는 자들에게는 고난의 주님이 되고, 아는 자들에게는 영광의 주님이 된다는 구약의 양면성 예언을 풀지 못하여 몰랐던 것

---

155) 『초급편』, 269.

이다. 인간의 책임분담이 크다. 예수님의 재림은 절대예정이지만, 맞
고 못 맞고 하는 것은 인간들의 책임분담으로서 상대예정으로 이루어
진다.

반증[156)]

(1) 정명석의 예정론은 교회사적으로 이미 오래전부터 이단으로 정죄된 교리이다.

정명석의 예정론은 알미니안주의의 "5대 강령"의 재탕이다. 알미니
안주의의 5대 강령이란 a. 자유의지(Free will of Man), b. 조건적 선
택(conditinal Election), c. 보편적인 구속 또는 일반적인 속죄(General
Redemption), d. 인간은 성령의 역사에 저항할 수 있다(Resistible
Grace), e. 은혜로부터의 타락이다(Backsliding from the Grace).

정명석의 예정론은 한마디로 예정은 하나님이 어떤 것을 예정했어
도 '인간이 어떻게 하느냐'에 달렸다는 것으로, 즉 인간이 책임을 하느
냐 못 하느냐에 따라 결정된다는 상대예정이라고 말할 수 있다. 정명
석의 이러한 상대예정론은 특별한 것이 아니다. 이미 교회사에서 하나
님의 은혜와 절대주권을 강조하는 절대예정론과 그에 반하여 인간의
자유의지를 강조하는 상대예정론이 있어왔는데, 정명석은 그 상대예
정론주의자들의 내용을 다시 반복하는 것에 불과하다. 예를 들면, 하
나님의 주권을 강조하는 어거스틴과 인간의 자유의지를 강조하는 펠
라기우스와의 논쟁, 그리고 루터와 에라스무스의 논쟁, 그리고 칼빈파

---

156) 이 반증은 D. N. Steele, C. C. Thomas, The Five Points of Calvinism, P & R
Publishing, 1978; 데이비드 스틸리, 커티스 토마스, 『칼빈주의의 5대 강령』, (서울: 생
명의 말씀사, 1994)을 주로 참고하여 작성하였다.

와 알미니우스파의 논쟁이 그것들이다.

오늘날, 정명석의 예정론에 대한 필자의 반증은, 하나님의 주권을 강조하였던 바울, 어거스틴, 칼빈, 루터의 라인에 서서, 인간의 책임과 자유의지를 강조하는 펠라기우스, 에라스무스, 알미니우스 라인에 서 있는 정명석의 예정론을 다시 한 번 비판적으로 반증하는 것이다.

인간의 책임분담(자유의지)을 강조하는 정명석의 상대예정론에 대해서는 바울, 어거스틴, 루터, 칼빈이 주장했던 절대예정론을 통해 똑같이 반증할 수 있다. 특히 칼빈주의의 "5대 강령"은 그 대답이 될 것이다. 칼빈주의의 5대 강령은 a. 전적 타락(Total Depravity), b. 무조건적 선택(Unconditional Election), c. 제한속죄(Limited Atonement), d. 불가항력적 은혜(Irresistible Grace), e.성도의 견인(Perseverance of the Saints, 堅靭)이다. 이 다섯 강령은 앞의 첫 글자만 따와 "튤립 (TULIP) 교리"라고 부르기도 한다. 알미니안주의나 정명석의 상대예 정론은 감성적으로는 맞는 것 같으나, 성경은 분명하게 그 반대를 말하고 있다.

(2) 책임분담에 의해 결정되는가?

1) 책임분담이란?

정명석은 인간의 "책임분담"을 강조한다.[157] 이것은 알미니안주의의 "자유의지"(인간의 능력)라는 용어와 같은 개념이다. 알미니안주의에 의하면, 인간의 본성이 타락에 의하여 심각하게 오염되기는 하였지만 인간은 전적인 영적 무력함의 상태에 내 버려지지 않았다. 하나님께서는 모든 신자가 각각 회개하고 믿을 수 있게 하셨다. 그러나 그분은 인간의 자유를 간섭하지 않는 방식으로 그 일을 하셨다. 각 죄

---

157) 위에서도 잠시 밝혔지만, 사실 "책임분담"이라는 용어는 통일교의 용어이다. 이는 정명석의 교리가 통일교의 영향을 받았다는 점을 암시한다.

인은 자유의지를 소유하며 그의 영원한 운명은 그가 그것을 사용하는
방법에 달려있다. 인간의 자유에는 선함을 선택할 수 있는 그의 능력
이 있다. 그의 의지는 그의 죄 많은 본성에 사로잡혀 있지 않다. 죄인
은 하나님의 성령에 협력하여 거듭나게 되거나 또는 하나님의 은혜에
저항하여 멸망하게 될 수 있는 능력을 가지고 있다. 죄인은 성령의 도
우심을 필요로 한다. 그러나 그가 믿기 전에는 성령에 의해서 마땅히
거듭나지는 않는다. 왜냐하면 믿음은 인간의 행위이며 거듭남에 선행
하기 때문이다. 믿음은 하나님께서 죄인에게 주신 선물이다. 그것은
구원에의 인간의 공헌이다.[158] 알미니안주의에 의하면, 인간의 구원은
'인간이 믿느냐 안 믿느냐?'는 인간의 자유의지에 달려 있다. 이 주장
은, '인간이 책임을 다하느냐 못하느냐에 달려 있다'는 정명석의 주장
과 일치하는 개념이다. 그러나 인간에게 그런 능력이 존재하는가?

2) 전적(全的) 부패(Total Depravity) 또는 전적인 무능

이단 종교(또는 인본주의자)일수록 인간의 능력을 긍정적으로 평가
한다. 이에 대하여 칼빈주의는 인간의 전적인 무능과 전적 부패를 주
장한다. 인간은 타락 때문에 스스로의 힘으로는 복음을 믿을 수 없다.
죄 가운데 인간은 하나님의 일에 관해서는 죽었고, 눈이 멀었으며, 귀
가 닫혔다. 그의 마음은 기만적인 것이며 절망적으로 부패했다. 그의
의지는 자유롭지 않고 그의 악한 본성에 억눌려 있다. 그러므로 그는
영적인 영역에서 악을 넘어 선을 선택하지 않을 것이다. 참으로 그는
그렇게 할 수 없다. 결과적으로 죄인을 그리스도께로 데려오는 데는
성령의 도우심이 필요하다. 믿음은 인간이 구원에 공헌하는 어떤 것이
아니라, 그것 자체가 구원에 대한 하나님의 선물의 한 부분이다. 그것

---

158) 『칼빈주의의 5대 강령』, 20~21.

은 죄인이 하나님께 드리는 선물이 아니라 죄인에게 주시는 하나님의 선물이다.

① 인간은 아담의 범죄의 결과로서 죄 속에서 태어나고 영적으로 죽어 있다. 그러므로 그들이 만약 하나님의 자녀가 되고 그분의 왕국에 들어가게 되려면, 성령으로 다시 한번 태어나야 한다.

a. 아담은 하나님으로부터 선악과를 먹지 말라고 경고 받았다. 그러나 아담은 불순종하여 그 금지된 실과를 먹었다.(창3:1~7). 결과적으로 그는 자신과 그의 후손에게 사망을 가져왔다.

> 이러므로 한 사람으로 말미암아 죄가 세상에 들어오고 죄로 말미암아 사망이 왔나니 이와 같이 모든 사람이 죄를 지었으므로 사망이 모든 사람에게 이르렀느니라(롬5:12).

> 1 너희의 허물과 죄로 죽었던 너희를 살리셨도다
> 2 그 때에 너희가 그 가운데서 행하여 이 세상 풍속을 좇고 공중의 권세 잡은 자를 따랐으니 곧 지금 불순종의 아들들 가운데서 역사하는 영이라
> 3 전에는 우리도 다 그 가운데서 우리 육체의 욕심을 따라 지내며 육체와 마음의 원하는 것을 하여 다른 이들과 같이 본질상 진노의 자녀이었더니(엡2:1~3).

> 또 너희의 범죄와 육체의 무할례로 죽었던 너희를 하나님이 그와 함께 살리시고 우리에게 모든 죄를 사하시고(골2:13).

b. 다윗은 다른 모든 사람은 물론 자신도 죄 안에서 태어났다고 고백하였다.

> 내가 죄악 중에 출생하였음이여 모친이 죄 중에 나를 잉태하였나이다(시51:5).

악인은 모태에서부터 멀어졌음이여 나면서부터 곁길로 나아가 거짓을 말하는
도다(시58:3).

c. 예수님께서는, 인간들이 죄 가운데 있고 영적으로 죽어 있기 때문
에 하늘나라에 들어가려면 거듭나야 한다고 말씀하셨다.

예수께서 대답하여 가라사대 진실로 진실로 네게 이르노니 사람이 거듭나지
아니하면 하나님 나라를 볼 수 없느니라(요3:3).

② 인간은 타락의 결과로서 영적인 진리에 눈이 멀었고 귀가 먹었
다. 그들의 정신은 죄에 의하여 어두워졌고 그들의 마음은 부패하고
악하다.

여호와께서 사람의 죄악이 세상에 관영함과 그 마음의 생각의 모든 계획이 항
상 악할 뿐임을 보시고(창6:5).

또 이를 지지하는 다른 성경 구절은 다음을 참조하라: 창8:21, 전
9:3, 렘17:9, 막7:21~23. 요3:19, 고전2:14, 엡4:17~19, 엡5:8, 딛
1:15.

③ 죄인들은 성령의 능력에 의한 중생을 통해 하나님의 왕국으로 태
어나야 한다. 다시 태어나기 전의 그들은 악마의 자녀들이며 그의 통
제 아래 있고 죄의 노예이다.

너희는 너희 아비 마귀에게서 났으니 너희 아비의 욕심을 너희도 행하고자 하
느니라 저는 처음부터 살인한 자요 진리가 그 속에 없으므로 진리에 서지 못하고

거짓을 말할 때마다 제 것으로 말하나니 이는 저가 거짓말쟁이요 거짓의 아비가 되었음이니라(요8:44).

또 이를 지지하는 다른 성경 구절은 다음을 참조하라: 요8:34, 롬 6:20, 엡2:1~2, 딤후2:25~26, 요일3:10, 요일5:19, 딛3:3.

④ 모든 사람은 죄의 권세 아래 있다. 결과적으로 의로운 자는 아무도 없다. 한 사람도 없다!

범죄치 아니하는 사람이 없사오니(대하6:36).

9 그러면 어떠하뇨 우리는 나으뇨 결코 아니라 유대인이나 헬라인이나 다 죄 아래 있다고 우리가 이미 선언하였느니라.
10 기록한 바 의인은 없나니 하나도 없으며
11 깨닫는 자도 없고 하나님을 찾는 자도 없고
12 다 치우쳐 한가지로 무익하게 되고 선을 행하는 자는 없나니 하나도 없도다 (롬3:9~12).

또 이를 지지하는 다른 성경 구절은 다음을 참조하라: 시130:3, 시 143:2, 잠20:9 전7:20, 사53:6, 사64:6, 약3:2, 8, 요일1:8, 10.

⑤ 죽음의 상태에 내던져진 인간들은 그들 스스로 회개하거나 복음을 믿거나 또는 그리스도께 나아오는 일이 불가능하다. 그들은 그 자신들 속에 그들의 성품을 변화시키거나 구원을 위해 그들 자신을 준비시킬 수 있는 권세를 가지고 있지 않다.

구스인이 그 피부를, 표범이 그 반점을 변할 수 있느뇨 할 수 있을진대 악에 익숙한 너희도 선을 행할 수 있으리라(렘13:23).

나를 보내신 아버지께서 이끌지 아니하면 아무라도 내게 올 수 없으니 오는 그를 내가 마지막 날에 다시 살리리라(요6:44).

또 이를 지지하는 다른 성경 구절은 다음을 참조하라: 욥14:4, 마7:16~18, 요 6:65, 롬11:35~36, 고전2:14, 고후3:5.

이상에서 살펴본 바와 같이 인간은 스스로의 책임분담(자유의지)으로 인간 스스로를 구원할 수 없다.

(2) 조건적 예정인가?

1) 정명석의 예정은 조건적 선택이다.

정명석의 주장은 하나님이 예정하셨어도 사람이 믿지 않으면 소용 없다고 한다. 사람이 믿음이라는 조건을 선(先) 제출해야 구원이라는 결과를 얻을 수 있다는 것이다. 이러한 주장은 알미니안주의의 조건적 선택과 같은 개념이다.

알미니안주의에 의하면, 세상이 생기기 이전에 어떤 개인들을 구원하시려는 하나님의 선택은 그들이 그분의 부르심에 응답할 것을 예견하신 그분의 예지에 그 기초를 두고 있다. 그분은 자신들 스스로가 자유롭게 복음을 믿을, 그분께서 아셨던 사람들만을 선택하신다. 그러므로 하나님의 선택은 인간의 행위에 의해 결정되며, 또 인간의 행위에 의존되어 있다. 사람이 믿는 것과, 또 그 믿음으로 인해서 구원을 얻도록 선택될 것인지에 대한 문제는 결국 전적으로 인간에게 달려 있다. 하나님께서는 그들 자신의 자유의지를 따라 그리스도를 선택할 것으로 그분께서 예지하신 사람들을 선택하셨다. 그래서 죄인에 대한 하나님의 선택이 아니라 하나님에 대한 죄인의 선택이 구원의 궁극적인 원인이다.[159] 이에 대하여 칼빈은 무조건적 선택을 주장한다.

2) 무조건적 선택 (Unconditional Election)

이 무조건적 선택은 칼빈의 주장이다. 세상이 생기기 이전에 어떤 개인들을 구원하시려는 하나님의 선택은 온전히 그분 자신의 주권적인 의지에 달려있다. 죄인들에 대한 특별한 그분의 선택은 예를 들면 믿음, 회개 등의 인간들 편에서의 응답이나 복종을 미리 보신 것에 그 기초를 두지 않았다. 그 반면에 하나님께서는 그가 택하신 각 개인에게 믿음과 회개를 주신다. 이러한 행위들은 결과요, 하나님의 선택의 원인이 아니다. 그러므로 선택은 사람 가운데서 미리 보신 행위나 어떠한 도덕적인 특성에 달려있거나 그것에 의하여 결정되는 것이 아니다. 하나님께서는 그가 성령의 능력을 통해서 그리스도를 기꺼이 받아들이게 하신 사람들을 주권적으로 선택하셨다. 그러므로 죄인이 그리스도를 의지적으로 선택한 것이 아니라, 하나님께서 죄인을 선택하시는 것이 구원의 궁극적인 원인이다.

① 하나님은 택한 백성을 가지고 계시며 그분은 그들을 구원하시고 그로 인해 영원한 생명에 이르도록 예정하셨다.

> 하늘과 모든 하늘의 하늘과 땅과 그 위의 만물은 본래 네 하나님 여호와께 속한 것이로되 여호와께서 오직 네 열조를 기뻐하시고 그들을 사랑하사 그 후손 너희를 만민 중에서 택하셨음이 오늘날과 같으니라(신10:14~15).

---

159) 『칼빈주의의 5대 강령』, 21~22.

여호와로 자기 하나님을 삼은 나라 곧 하나님의 기업으로 빼신 바 된 백성은 복이 있도다(시33:12).

청함을 받은 자는 많되 택함을 입은 자는 적으니라(마22:14).

또 이를 지지하는 다른 성경 구절은 다음을 참조하라: 시65:4, 시106:5, 학2:23, 마11:27, 마24:22, 24, 31, 눅18:7, 롬8:28~30. 롬8:33, 롬11:28, 골3:12, 골3:12, 살전5:9, 딛1:1, 벧전1:1~2, 벧전2:8~9, 계17:14.

② 세계가 생기기 전에 하나님께서는 특별한 개인들을 구원하시고자 선택하셨다. 그분의 선택은 선택받은 자들이 행한 반응이나 행위를 미리 보시고 결정한 것이 아니었다. 믿음과 선한 행위는 결과이지 하나님의 선택의 원인이 아니다.

a. 하나님께서는 선택하셨다.

만일 주께서 그 날들을 감하지 아니하셨더면 모든 육체가 구원을 얻지 못할 것이어늘 자기의 택하신 백성을 위하여 그 날들을 감하셨느니라(막13:20).

b. 하나님의 선택은 창세 전에 이루어졌다.

곧 창세 전에 그리스도 안에서 우리를 택하사 우리로 사랑 안에서 그 앞에 거룩하고 흠이 없게 하시려고(엡1:4).

또 이를 지지하는 다른 성경 구절은 다음을 참조하라: 살후2:13, 딤후1:9.

c. 하나님께서는 특별한 개인들을 구원하시려고 선택하셨는데 그들의 이름은 세계가 생기기 이전에 생명책에 기록되었다.

> 죽임을 당한 어린 양의 생명책에 창세 이후로 녹명되지 못하고 이 땅에 사는 자들은 다 짐승에게 경배하리라(계13:8).

또 이를 지지하는 다른 성경 구절은 다음을 참조하라: 계17:8.

d. 하나님의 선택은 그분께서 선택하신 사람들에게 있는 어떠한 공적을 미리 보셔서 결정하신 것이 아니며, 그들에 의하여 실행된 선한 일들을 미리 보시고 결정하시지도 않았다.

> 11 그 자식들이 아직 나지도 아니하고 무슨 선이나 악을 행하지 아니한 때에 택하심을 따라 되는 하나님의 뜻이 행위로 말미암지 않고 오직 부르시는 이에게로 말미암아 서게 하려 하사
> 12 리브가에게 이르시되 큰 자가 어린 자를 섬기리라 하셨나니
> 13 기록된 바 내가 야곱은 사랑하고 에서는 미워하였다 하심과 같으니라(롬 9:11~13).

> 그런즉 원하는 자로 말미암음도 아니요 달음박질하는 자로 말미암음도 아니요 오직 긍휼히 여기시는 하나님으로 말미암음이니라(롬9:16).

> 하나님이 우리를 구원하사 거룩하신 부르심으로 부르심은 우리의 행위대로 하심이 아니요 오직 자기 뜻과 영원한 때 전부터 그리스도 예수 안에서 우리에게 주

신 은혜대로 하심이라(딤후1:9).

또 이를 지지하는 다른 성경 구절은 다음을 참조하라: 롬10:20, 고전1:27~29.

e. 선한 행위는 예정의 조건이 아니라 그 결과이다.

너희가 나를 택한 것이 아니요 내가 너희를 택하여 세웠나니 이는 너희로 가서 과실을 맺게 하고 또 너희 과실이 항상 있게 하여 내 이름으로 아버지께 무엇을 구하든지 다 받게 하려 함이니라(요15:16).

또 이를 지지하는 다른 성경 구절은 다음을 참조하라: 엡1:12, 엡2:10.

f. 하나님의 선택은 인간의 믿음을 미리 보시고 결정하신 것이 아니다. 믿음은 그 결과이며 하나님의 선택의 증거이지, 그분의 선택의 원인이나 그 조건이 아니다.

이방인들이 듣고 기뻐하여 하나님의 말씀을 찬송하며 영생을 주시기로 작정된 자는 다 믿더라(행13:48).

13 주의 사랑하시는 형제들아 우리가 항상 너희를 위하여 마땅히 하나님께 감사할 것은 하나님이 처음부터 너희를 택하사 성령의 거룩하게 하심과 진리를 믿음으로 구원을 얻게 하심이니
14 이를 위하여 우리 복음으로 너희를 부르사 우리 주 예수 그리스도의 영광을 얻게 하려 하심이니라(살후2:13~14).

또 이를 지지하는 다른 성경 구절은 다음을 참조하라: 행18:27, 빌 1:29, 빌2:12~13, 살전1:4~5, 약2:5.

g. 사람이 그의 부르심과 선택됨을 확신하는 것은 믿음과 선한 일들에 의한 것이다.

> 그의 신기한 능력으로 생명과 경건에 속한 모든 것을 우리에게 주셨으니 이는 자기의 영광과 덕으로써 우리를 부르신 자를 앎으로 말미암음이라(벧후1:3).

> 그러므로 형제들아 더욱 힘써 너희 부르심과 택하심을 굳게 하라 너희가 이것을 행한즉 언제든지 실족지 아니하리라(벧후1:10).

③ 선택은 구원이 아니라 구원되게 되는 것이다. 대통령에 선출된 사람이 취임식을 하기 전까지는 대통령이 되지 않은 것처럼 구원을 얻도록 선택된 사람들은 그들이 성령에 의하여 거듭나게 되고 그리스도를 믿은 믿음에 의하여 칭의 되기 전까지는 구원되지 않은 것이다.

> 그러므로 내가 택하신 자를 위하여 모든 것을 참음은 저희로도 그리스도 예수 안에 있는 구원을 영원한 영광과 함께 얻게 하려 함이로라(딤후2:10).

또 이를 지지하는 다른 성경 구절은 다음을 참조하라: 롬11:7. 행13:48, 살전1:4.

④ 선택은 전능하신 하나님의 주권과 특별하신 자비하심에 근거를 두고 있다. 어떤 죄인들이 구원을 얻을 것인지를 결정하는 것은 사람의 의지가 아니라 하나님의 의지이다.

여호와께서 가라사대 내가 나의 모든 선한 형상을 네 앞으로 지나게 하고 여호와의 이름을 네 앞에 반포하리라 나는 은혜 줄 자에게 은혜를 주고 긍휼히 여길 자에게 긍휼을 베푸느니라(출33:19).

내 것을 가지고 내 뜻대로 할 것이 아니냐 내가 선하므로 네가 악하게 보느냐(마20:15).

또 이를 지지하는 다른 성경 구절은 다음을 참조하라: 신7:6~7, 롬9:10~24, 롬11:4~6, 롬11:33~36.

⑤ 선택의 교리는 하나님의 절대주권에 대해 성경에 매우 광범위하게 퍼져있다. 성경은 하나님께서 어떤 개인들을 영원한 생명을 얻게 하기로 예정하셨다는 것을 가르쳐주고 있을 뿐만 아니라 크고 작은 모든 사건이 하나님의 영원한 섭리의 결과로써 생겨난다는 것을 가르쳐 준다.

10 다윗이 온 회중 앞에서 여호와를 송축하여 가로되 우리 조상 이스라엘의 하나님 여호와여 주는 영원히 송축을 받으시옵소서.
11 여호와여 광대하심과 권능과 영광과 이김과 위엄이 다 주께 속하였사오니 천지에 있는 것이 다 주의 것이로소이다 여호와여 주권도 주께 속하였사오니 주는 높으사 만유의 머리심이니이다.
12 부와 귀가 주께로 말미암고 또 주는 만유의 주재가 되사 손에 권세와 능력이 있사오니 모든 자를 크게 하심과 강하게 하심이 주의 손에 있나이다(대상29:10~12).

예수께서 저희를 보시며 가라사대 사람으로는 할 수 없으되 하나님으로서는

다 할 수 있느니라(마19:26).

또 이를 지지하는 다른 성경 구절은 다음을 참조하라: 욥42:1~2, 시115:3, 시135:6, 사14:24, 27, 사46:9~11, 사55:11, 렘32:17, 단 4:35,

(3) 보편적인 구원 또는 일반적인 속죄인가?

1) 정명석의 보편적인 구원에 대하여

정명석은 보편적인 구원을 주장한다. 이러한 주장은 정명석의 "지구와 여자"와 "단감나무"라는 환상 속에도 잘 나타나 있다. 위에서 살펴본 정명석의 간증처럼, 정명석은 한 여자를 아내로 맞이할 때 여자의 부분이 아닌 전체를 다 데려가듯, 또한 나무의 어느 가지에서 열매를 맺을지 모르니 나무 전체를 다 가져가 심고 가꾸듯, 그렇게 하나님께서는 지구 전체를 다 구원하시기로 예정하셨다고 주장한다. 이것이 바로 알미니안주의의 보편구원론이다. 알미니안주의에 의하면, 그리스도의 구속 사역은 모든 사람이 구원을 얻을 수 있도록 만들었으나 어떤 사람의 구원을 참으로 보장하지는 않았다. 비록 그리스도께서 모든 사람을 위하여 그리고 모든 각 사람을 위해서 죽으셨지만, 오직 그분을 믿는 사람들만이 구원을 얻는다. 그분의 죽음은 그들이 믿는다는 조건 위에서 하나님께서 죄인들을 용서하실 수 있게 하였다. 그러나 그것이 실제로 어떤 사람의 죄를 없애버리지는 않았다. 그리스도의 구속은 오직 사람이 그것을 받아들이기를 선택한 경우에만 효력이 있다.[160] 하나님은 모든 사람이 구원받도록 예정하셨지만, 인간 스스로 믿은 사람만 구원받는다는 것이다. 이것을 보편적인 구원이라 한다.

---

160) 『칼빈주의의 5대 강령』, 20~21.

2) 제한 속죄 (Limited Atonement) 또는 특별한 구원

이와는 달리 칼빈주의는 제한 속죄 또는 특별한 구원을 주장한다. 만일 그리스도께서 실제적으로 모든 사람들의 죄를 제거하기 위해 죽으셨다면 모든 사람들이 다 구원을 받을 것이다. 그러나 이것은 분명히 사실이 아니다. 그리스도께서는 모든 사람을 대신해서 죽은 것이 아니다. 성경은 그리스도가 "자기 백성"(마1:21), "자기 양"(요10:15, cf. 10:26), "자기 친구"(요15:13), "교회"(행20:28), "신부"(엡5:25)를 위해 죽으셨다고 말하고 있다.[161] 그리스도의 구속 사역은 오직 선택받은 자들만을 구하려고 의도되었으며, 실제적으로 그들을 위한 구원을 보장하셨다. 그리스도의 구속은 그분의 백성의 죄를 없애버리실 뿐만 아니라, 그분에게 그들을 연합시키는 믿음을 포함해서 그들의 구원을 위해 필요한 모든 것을 보장했다. 믿음의 선물은 성령에 의하여 그리스도께서 죽으심으로 구원을 얻게 된 모든 사람에게 틀림없이 적용된다.

정명석이 자신의 간증에서 "어느 가지에서 열매를 맺을지 모르니까 다 가꾸어야 한다"는 비유도 사실은 틀린 말이다. 왜냐하면 모든 열매들은 어느 가지에서 열리는지를 미리 알 수 있기 때문이다. 1년생 가지에서 열리는 것들은 감, 포도, 무화과, 비파, 귤, 밤, 호두 등이 있고, 2년생 가지에서는 살구, 매실, 천도, 체리, 복숭아, 자두 등이 열리며, 3년생 가지에서는 사과나 배가 열린다.[162] 이렇게 미리 알 수 있는데 왜 어느 가지에서 열매가 맺을지 모르니까 다 가꾸어야 한다고 말하는가? 감이라면 1년생 가지에서 열리니까 사실 별 상관없이 가지치기

---

161) Edwin Palmer, The Five Points of Calvinism 3rd Edition, Baker Books, 2010; 에드윈 필마, 『칼빈주의 5대교리』, 박일민 역, (서울: 성광문화사, 1994), 69.

162) 과일에 대한 해당 정보는 다음 자료를 참조했다: https://new-book.tistory.com/232.

해도 되는 것이다. 그러므로 유능한 과수원 주인들은 당해 연도에 열매 맺힐 가지를 알고, 그에 맞추어서 가지치기를 하는 것이다.

① 성경은 그리스도의 백성의 완전한 구원을 위해서 그리스도께서 오신 목적을 서술한다.

a. 성경은 그리스도께서 인간이 스스로 자신들을 구원하는 것을 돕기 위해 오신 것이 아니라 죄인들을 구하기 위해 오셨다고 진술한다.

> 아들을 낳으리니 이름을 예수라 하라 이는 그가 자기 백성을 저희 죄에서 구원할 자이심이라 하니라(마1:21).

또 이를 지지하는 다른 성경 구절은 다음을 참조하라: 눅19:10, 고후5:21, 갈1:3~4, 딤전1:15, 딛2:14, 벧전3:18

b. 성경은 그리스도께서 하신 것과 고난당하심의 결과로서 그분의 백성들이 하나님과 화해하게 되었고, 칭의 되었으며, 그들을 거듭나게 하시고 거룩하게 하시는 성령님께 주어졌다는 것을 선포한다. 이모든 축복이 그리스도 자신에 의해서 그분의 백성들을 위하여 보장되었다. 그리스도는 그분의 사역에 의하여 그분의 백성들에 대한 화해(reconciliation)를 보장하셨다.

> 곧 우리가 원수 되었을 때에 그 아들의 죽으심으로 말미암아 하나님으로 더불어 화목되었은즉 화목된 자로서는 더욱 그의 살으심을 인하여 구원을 얻을 것이니라(롬5:10).

또 이를 지지하는 다른 성경 구절은 다음을 참조하라: 고후5:18, 엡

2:15~16, 골1:21~22.

c. 그리스도께서는 그의 백성들의 칭의(justification)를 위하여 그들에게 요구되는 의로움과 용서를 보장하셨다.

그리스도 예수 안에 있는 구속으로 말미암아 하나님의 은혜로 값없이 의롭다 하심을 얻은 자 되었느니라.
이 예수를 하나님이 그의 피로 인하여 믿음으로 말미암는 화목제물로 세우셨으니 이는 하나님께서 길이 참으시는 중에 전에 지은 죄를 간과하심으로 자기의 의로우심을 나타내려 하심이니(롬3:24~25).

또 이를 지지하는 다른 성경 구절은 다음을 참조하라: 롬5:8~9, 고전1:30, 갈3:13, 골1:13, 히9:12, 벧전2:24.

d. 그리스도께서는 중생과 성화 그리고 그것들에 동반하는 모든 것을 포함시키는 성령의 은사를 보장하셨다.

우리를 구원하시되 우리의 행한 바 의로운 행위로 말미암지 아니하고 오직 그의 긍휼하심을 좇아 중생의 씻음과 성령의 새롭게 하심으로 하셨나니
성령을 우리 구주 예수 그리스도로 말미암아 우리에게 풍성히 부어 주사
우리로 저의 은혜를 힘입어 의롭다 하심을 얻어 영생의 소망을 따라 후사가 되게 하려 하심이라(딛3:5~7).

또 이를 지지하는 다른 성경 구절은 다음을 참조하라: 엡1:3~4, 빌1:29, 행5:31, 딛2:14, 엡5:25~26, 고전1:30, 히9:14, 히13:12, 요일1:7.

② 성경은 주 예수께서 그가 세계가 생기기 전에 그의 아버지와 맺으신 은혜로운 계약 또는 협의의 조건들을 성취하신 것으로서 그의 백성들을 위해 그가 하셨던 모든 것과 겪으셨던 모든 고초를 나타내 보여주고 있다.

a. 예수님은 성부께서 그분에게 주셨던 백성들을 구하시기 위해 성부에 의해 보냄을 받으셨다. 성부에 의해 그분께 주어진 사람들은 그분께 오며 그리고 그들 중에 어느 누구도 잃어버리지 않을 것이다.

> 37 아버지께서 내게 주시는 자는 다 내게로 올 것이요 내게 오는 자는 내가 결코 내어쫓지 아니하리라.
> 38 내가 하늘로서 내려온 것은 내 뜻을 행하려 함이 아니요 나를 보내신 이의 뜻을 행하려 함이니라.
> 39 나를 보내신 이의 뜻은 내게 주신 자 중에 내가 하나도 잃어버리지 아니하고 마지막 날에 다시 살리는 이것이니라.
> 40 내 아버지의 뜻은 아들을 보고 믿는 자마다 영생을 얻는 이것이니 마지막 날에 이를 다시 살리리라 하시니라(요6:37~40).

b. 선한 목자이신 예수님께서는 그의 양들을 위해 그의 목숨을 버리셨다. "그분의 양들"은 양의 우리에 들어왔으며 그분의 음성을 듣게 되었고 그분을 따르게 되었다. 하나님께서 양을 그리스도께 주셨다.

> 14 나는 선한 목자라 내가 내 양을 알고 양도 나를 아는 것이
> 15 아버지께서 나를 아시고 내가 아버지를 아는 것 같으니 나는 양을 위하여 목숨을 버리노라(요10:14~15).

26 너희가 내 양이 아니므로 믿지 아니하는도다.

27 내 양은 내 음성을 들으며 나는 저희를 알며 저희는 나를 따르느니라.

28 내가 저희에게 영생을 주노니 영원히 멸망치 아니할 터이요 또 저희를 내 손에서 빼앗을 자가 없느니라.

29 저희를 주신 내 아버지는 만유보다 크시매 아무도 아버지 손에서 빼앗을 수 없느니라(요10:26~29).

　c. 예수님께서 대제사장으로서 기도하실 때, 세계를 위하여 기도하시기보다는 성부에 의해서 그분께 주어진 사람들을 위해서 기도하셨다. 그것은 그의 백성들에게 하나님을 알게 하고 그들에게 영생을 주는 것이었다.

2 아버지께서 아들에게 주신 모든 자에게 영생을 주게 하시려고 만민을 다스리는 권세를 아들에게 주셨음이로소이다.

3 영생은 곧 유일하신 참 하나님과 그의 보내신 자 예수 그리스도를 아는 것이니이다.

4 아버지께서 내게 하라고 주신 일을 내가 이루어⋯

5 창세 전에 내가 아버지와 함께 가졌던 영화로써 지금도 아버지와 함께 나를 영화롭게 하소서.

6 세상 중에서 내게 주신 사람들에게 내가 아버지의 이름을 나타내었나이다⋯

9 내가 비옵는 것은 세상을 위함이 아니요 내게 주신 자들을 위함이니이다. 저희는 아버지의 것이로소이다.

11 ⋯내게 주신 아버지의 이름으로 저희를 보전하사⋯

20 내가 비옵는 것은 이 사람들만 위함이 아니요 또 저희 말을 인하여 나를 믿는 사람들도 위함이니(요17:2-4, 5-6, 9, 11, 20).

d. 바울은 양자권, 구속, 속죄 등과 같은, 성도들이 상속받는 모든 "영적인 축복"이 "그리스도 안에" 있는 그들의 존재에서 기인하는 것이라고 선포한다. 그 축복은 하나님의 영원하신 계획에 근거하고 있는데, 이 계획은 세상이 생기기 전에 그리스도 안에서 선택되고 그분을 통하여 하나님의 아들들이 되기로 예정되었다.

> 3 …하늘에 속한 모든 신령한 복으로 우리에게 복 주시되
> 4 곧 창세 전에 그리스도 안에서 우리를 택하사…
> 5 그 기쁘신 뜻대로 우리를 예정하사 예수 그리스도로 말미암아 자기의 아들들이 되게 하셨으니
> 11 모든 일을 그 마음의 원대로 역사하시는 자의 뜻을 따라 우리가 예정을 입어…(엡1:3-4, 5, 11).

e. 아담이 아담 아래에 있는 자들의 머리로서 서 있었고, 그리스도께서도 마지막 아담으로서 선택된 자들의 연합인 머리로 서 계셨다. 아담이 불순종하여 그의 백성들을 사망 가운데 거하게 한 것 같이, 그리스도께서도 그의 백성들에게 그의 의로움을 통하여 칭의(稱義)와 생명을 가져오셨다.

> 18 그런즉 한 범죄로 많은 사람이 정죄에 이른 것 같이 의의 한 행동으로 말미암아 많은 사람이 의롭다 하심을 받아 생명에 이르렀느니라
> 19 한 사람의 순종치 아니함으로 많은 사람이 죄인된 것 같이 한 사람의 순종하심으로 많은 사람이 의인이 되리라(롬5:18~19).

3) 몇 개의 성구들은 그리스도의 죽으심은 "모든" 사람을 위한 것이었고, 그분의 죽음이 "세상"을 구원하는 것으로 말하기도 한다. 그럼

에도 불구하고 전체적인 성경의 메시지는 그분의 죽으심은 특별한 백성들을 위한 것이었고 그들의 구원을 확보하는 것임을 말하고 있다.

① 그리스도의 구원하시는 일을 일반적인 용어로 "세계"와 "모두"라는 두 가지 용어들이 있다.

a. "세계"라는 단어를 가지고 있는 본문들: 요1:9, 29; 3:16~17; 4:42; 고후5:19; 요일2:1~2; 4:14.

b. "모두"라는 단어를 가지고 있는 본문들: 롬5:18; 고후5:14~15; 딤전2:4~6; 히2:9; 벧후3:9.

이러한 표현들은 구원이 오직 유대인들만을 위한 것이라는 잘못된 생각을 바로잡기 위한 것이었다. 그리스도께서 구별 없이 유대인이나 이방인이나 똑같이 모든 사람을 위해 죽으셨다는 것을 보여주려는 것이었지, 그리스도께서 예외 없이 모든 사람을 위해서 죽으셨다는 것을 가리키기 위한 것은 아니었다.

② 그분의 구원하시는 사역이 한정된 조건 안에서의 것이었다고 말하고, 이 사역이 성부에 의하여 그분께 주어진 사람들인 특별한 사람들을 틀림없이 구하시기 위한 것이었다는 것을 보여주는 다른 성구들이 있다.

…이는 그가 자기 백성을 저희 죄에서 구원할 자이심이라 하니라(마1:21).

인자가 온 것은 섬김을 받으려 함이 아니라 도리어 섬기려 하고 자기 목숨을 많은 사람의 대속물로 주려 함이라(마20:28).

이것은 죄 사람을 얻게 하려고 많은 사람을 위하여 흘리는 바 나의 피 곧 언약
의 피니라(마26:28).

또 이를 지지하는 다른 성경 구절은 다음을 참조하라: 요10:11; 요
11:50~53; 행20:28; 엡5:25~27; 롬8:32~34; 히2:17; 3:1; 히9:15;
히9:28; 계5:9.

(4) 사람이 성령의 역사에 저항할 수 있는가?

1) 하나님의 은혜에 저항할 수 있는가?

정명석의 예정론은 하나님께서 어떤 것을 예정하셨어도 인간이 어
떻게 하느냐에 따라 결과가 달라진다고 주장한다. 이 말은 인간이 성
령의 역사에 저항할 수 있다는 말이다. 왜냐하면 정명석은 하나님께서
역사하시더라도 인간의 책임분담은 건드릴 수 없기 때문이라고 주장
하기 때문이다. 이 주장은 알미니안주의의 '인간은 성령의 역사에 저
항할 수 있다'는 주장을 반복하고 있다.

알미니안주의에 의하면, 성령께서는 복음의 초청에 의해서 외적으
로 부르심을 받은 모든 사람을 내적으로 부르신다. 그분은 모든 죄인
을 구원으로 인도하시기 위해 그가 하실 수 있는 모든 것을 하신다. 그
러나 인간은 자신의 자유의지에 따라 성령의 부르심에 성공적으로 저
항할 수 있다. 성령은 죄인이 믿기까지는 그를 거듭나게 하실 수 없다.

인간의 공로인 믿음은 새로운 탄생에 앞서는 것이며 그것을 가능케
하는 것이다. 그러므로 인간의 자유로운 의지는 그리스도의 구원하시
는 사역을 적용하는 곳에서 성령을 제한할 것이다. 성령은 그들과 함

께 그리스도의 길을 갈 것을 용납하는 사람들만을 이끄실 수 있다. 성령께서는 죄인이 응답할 때까지 생명을 주실 수 없다. 그러므로 하나님의 은혜는 불가항력이 아니다. 그것은 인간에 의해서 저항될 수 있는 것이며 방해를 받으실 수 있는 것이다. 그리고 때때로 사람에 의해 좌절되고 저항된다.[163] 정명석의 주장, 즉 사람이 책임분담(責任分擔)을 못하면 하나님도 어쩔 수 없다는 주장은 이러한 알미니안주의자들의 주장과 일치한다. 과연 그럴까?

2) 저항할 수 없는 은혜 (Irresistible Grace)

이에 반하여 칼빈주의는 인간이 하나님의 은혜에 저항할 수 없다고 설명한다. 성령께서는 복음을 듣는 모든 사람에게 구원으로 부르시는 외적인 일반적 부르심에 더하여서 특별한 내적인 부르심을 택한 자에게 베푸셔서 결국 불가피하게 그들을 구원에 이끄신다. 외적인 부르심(그것은 구별이 없이 모든 사람에게 주어진다)은 저항될 수 있고 때때로 저항을 받는다. 반면에 내적인 부르심(그것은 오직 택한 자에게만 주신다)은 저항될 수 없는 것이며 항상 회심을 결과로 얻는다.

이 특별한 부르심에 의하여 성령께서는 저항할 수 없게 된 죄인들을 그리스도께로 이끄신다. 성령님은 구원을 적용시키는 자신의 사역에서 인간의 의지에 의해서 제한을 받지 않으시며, 성공을 위해 인간의 협력을 필요로 하지 않는다. 성령께서는 택하신 죄인들로 하여금 협력하게 하시고, 믿게 하시며, 회개하게 하시고, 자유롭고도 자발적으로 그리스도께 나오게끔 만드신다. 그러므로 하나님의 은혜는 불가항력적이며 그 은혜는 은혜받은 사람들이 결과적으로 구원을 얻는 데에 결코 실패하지 않는다.

---

163) 『칼빈주의의 5대 강령』, 22~23.

성령께서 택함 받은 자에게 베푸시는 은혜는 방해될 수 없고 거부될 수 없으므로, 성령의 은혜는 그들을 그리스도에 대한 진실한 믿음으로 이끌기에 결코 실패하지 않는다.

① 구원이 성부와 성자의 일임은 물론 성령의 사역임을 보여주는 성구들이 많이 있다.

무릇 하나님의 영으로 인도함을 받는 그들은 곧 하나님의 아들이라(롬8:14).

또 이를 지지하는 다른 성경 구절은 다음을 참조하라: 고전 2:10~14; 고전6:11; 고전12:3; 고후3:6; 고후3:17~18; 벧전1:2.

② 죄인들은 중생 또는 새로운 탄생을 통하여 영적인 생명을 얻고 하나님의 자녀가 되었다. 성령님을 통하여 역사하는 내적인 변화는 하나님의 능력과 은혜에서 기인한다.

a. 죄인들은 중생을 통하여 하나님 나라에 오게 되며 그분의 자녀가 된다. 이 거듭남의 사역은 성령께서 하신다. 그분께서 사용하시는 수단은 하나님의 말씀이다.

5 예수께서 대답하시되 진실로 진실로 네게 이르노니 사람이 물과 성령으로 나지 아니하면 하나님 나라에 들어갈 수 없느니라.
6 육으로 난 것은 육이요 성령으로 난 것은 영이니
7 내가 네게 거듭나야 하겠다 하는 말을 기이히 여기지 말라.
8 바람이 임의로 불매 네가 그 소리를 들어도 어디서 오며 어디로 가는지 알지 못하나니 성령으로 난 사람은 다 이러하니라(요3:5~8).

또 이를 지지하는 다른 성경 구절은 다음을 참조하라: 요1:12~13; 딛3:5; 벧전1:3; 벧전1:23; 요일5:4.

b. 죄인이 성령의 사역을 통하여 새 마음(본성)을 얻고 하나님의 율법 안에서 행하게 되었다. 그는 그리스도 안에서 새로운 피조물이 된 것이다.

> 26 또 새 영을 너희 속에 두고 새 마음을 너희에게 주되 너희 육신에서 굳은 마음을 제하고 부드러운 마음을 줄 것이며
> 27 또 내 신을 너희 속에 두어 너희로 내 율례를 행하게 하리니 너희가 내 규례를 지켜 행할지라(겔36:26~27).

또 이를 지지하는 다른 성경 구절은 다음을 참조하라: 신30:6; 갈6:15; 엡2:10; 고후5:17~18.

c. 성령께서는 죄인을 영적인 죽음의 상태에서 일으켜 살리신다.

> 너희의 허물과 죄로 죽었던 너희를 살리셨도다(엡2:1).

> 허물로 죽은 우리를 그리스도와 함께 살리셨고 (너희가 은혜로 구원을 얻은 것이라)(엡2:5).

③ 하나님께서는 그분의 택한 자들에게 성령에 의해서 주어진 내적인 개인적 계시를 통해서 하나님 나라의 비밀을 알게 하셨다.

> 17 우리 주 예수 그리스도의 하나님, 영광의 아버지께서 지혜와 계시의 정신을

너희에게 주사 하나님을 알게 하시고
 18 너희 마음 눈을 밝히사 그의 부르심의 소망이 무엇이며 성도 안에서 그 기업
의 영광의 풍성이 무엇이며(엡1:17~18)

또 이를 지지하는 다른 성경 구절은 다음을 참조하라: 마11:25~27; 눅10:21; 마13:10~11, 16; 눅8:10; 마16:15~17; 요6:37, 44~45, 64~65; 고전2:14.

④ 믿음과 회개는 거룩한 선물이며 성령님의 거듭나게 하시는 역사를 통해 영혼 속에서 이뤄진다.

두아디라 성의 자주 장사로서 하나님을 공경하는 루디아라 하는 한 여자가 들었는데 주께서 그 마음을 열어 바울의 말을 청종하게 하신지라(행16:14).

8 너희가 그 은혜를 인하여 믿음으로 말미암아 구원을 얻었나니 이것이 너희에게서 난 것이 아니요 하나님의 선물이라
 9 행위에서 난 것이 아니니 이는 누구든지 자랑치 못하게 함이니라(엡2:8~9).

또 이를 지지하는 다른 성경 구절은 다음을 참조하라: 행5:31; 행11:18; 행13:48; 행18:27; 빌1:29; 딤후2:29.

⑤ 복음의 초청은 그 메시지를 듣는 모든 사람에게 보편적이고 외적인 구원의 부르심을 베푸신다. 이런 외적인 부르심에 더하여 성령께서는 오직 택함 받은 자에게만 특별한 내적인 부르심을 베푸신다. 복음의 보편적인 부르심은 거부될 수 있고 때때로 거부되지만, 성령의 특별한 부르심은 거부될 수 없다. 그것이 사람에게 적용될 때 언제나 사

람들을 회심케 한다.

> 6 너희도 그들 중에 있어 예수 그리스도의 것으로 부르심을 입은 자니라
> 7 로마에 있어 하나님의 사랑하심을 입고 성도로 부르심을 입은 모든 자에게
> 하나님 우리 아버지와 주 예수 그리스도로 좇아 은혜와 평강이 있기를 원하노라
> (롬1:6~7).

또 이를 지지하는 다른 성경 구절은 다음을 참조하라: 롬8:30; 롬 9:23~24; 고전1:1~2, 9, 23~31; 갈1:15~16; 엡4:4; 딤후1:9; 히 9:15; 유1:1; 벧전1:15; 벧전2:9; 벧전5:10; 벧후1:3; 계17:14.

⑥ 구원의 적용은 전적으로 은혜이며 오직 하나님의 전능하신 권능으로 성취된다.

> 그런즉 원하는 자로 말미암음도 아니요 달음박질하는 자로 말미암음도 아니요
> 오직 긍휼히 여기시는 하나님으로 말미암음이니라(롬9:16).

또 이를 지지하는 다른 성경 구절은 다음을 참조하라: 사55:11; 요 3:27; 요17:2; 고전3:6~7; 고전4:7; 빌2:12~13; 약1:18; 요일5:20.

(5) 성도의 견인(堅靭) 또는 믿는 자의 안전
1) 구원이 취소될 수 있는가?

정명석은 사람이 하기에 따라서 구원이 취소될 수 있다고 주장한다. 정명석에게 구원은 천국 가는 날까지 결코 보장된 것이 아니므로, 성도들은 계속해서 불안해하며 안심할 수 없다. 이것은 알미니안주의의 '은혜로부터의 타락'이라는 개념과 같다. 정명석은 여기에서 한 발자

국 더 나아가 심지어 재림주를 만나 휴거 된 사람도 타락할 수 있다고 주장하기까지 한다. 그러나 어떤 알미니안주의자도 공중 휴거 된 뒤에 타락할 수 있다고 주장하는 경우는 없다. 이는 정명석이 휴거 개념을 과도하게 해석하는 것에서 나타나는 오류이다. 정명석은 휴거를 땅에서 자기를 믿고 따르는 것으로 해석하기 때문에, 자기를 추종하다가도 이탈하는 사람들을 비판하기 위해 공중 휴거된 사람일지라도 타락할 가능성이 있다고 가르치는 것이다. 그러나 휴거된 사람들은 이미 예수님을 공중에서 만난 사람들인데 어떻게 타락할 수 있는가? 말이 안 되는 소리이다. 이 지점만 제외하면 알미니안주의의 '은혜의 타락'이라는 주장과 똑같다.

알미니안주의에 의하면, 믿는 사람들과 진정으로 구원을 받은 사람들도 그들의 믿음과 그 밖의 것을 지키기에 실패할 수 있고, 이로 인해 그들의 구원을 잃어버릴 수가 있다고 한다. 정명석에게 있어서 구원은 날마다 두렵고 떨림으로 이뤄야 한다. 끝까지 책임분담하지 못하면 구원은 취소된다. 그러나 과연 그러한가?

2) 성도의 견인 (Perseverance of the Saints)

칼빈은 구원받은 성도는 구원이 취소될 수 없다고 주장한다. 하나님에 의해서 선택되고 그리스도에 의해서 구속된, 성령에 의해서 믿음이 주어진 모든 사람은 영원히 구원을 받는다. 그들은 전능하신 하나님의 권능에 의해서 믿음 안에서 지켜지며 그로 인해서 끝까지 견인한다.

다음의 성경 구절들은 하나님의 백성들은 그들이 믿는 순간에 영원한 생명을 얻었다고 하는 사실을 보여주고 있다. 그들은 믿음을 통하여 하나님의 능력에 의하여 붙잡혔고, 어떤 것도 그들을 그분의 사랑에서 떼어놓을 수가 없다. 그들은 그들의 구원의 보증으로서 주어진 성령으로 인(㊞) 쳐졌고 그로 인해 영원한 상속을 확신하게 된다.

> 27 내 양은 내 음성을 들으며 나는 저희를 알며 저희는 나를 따르느니라.
> 28 내가 저희에게 영생을 주노니 영원히 멸망치 아니할 터이요 또 저희를 내 손에서 빼앗을 자가 없느니라.
> 29 저희를 주신 내 아버지는 만유보다 크시매 아무도 아버지 손에서 빼앗을 수 없느니라.
> 30 나와 아버지는 하나이니라 하신대(요10:27~30).

또 이를 지지하는 다른 성경 구절은 다음을 참조하라: 사43:1~3; 사54:10; 렘32:40; 마18:12~14; 요3:16; 요3:36; 요5:24; 요5:8~10; 롬8:1; 롬8:35~39; 고전1:7~9; 고전10:13; 고후4:14; 엡1:5, 13~14; 엡4:30; 골3:3~4; 살전5:23~24; 딤후4:18; 히9:12, 15; 히10:14; 히12:28; 벧전1:3~5; 요일2:19; 요5:4, 11~13, 20; 유1:1; 유1:24~25.

(6) 예수님의 십자가 예정에 대하여

정명석은 예수님의 십자가에 대해서 양면예정을 주장한다. 이는 하나님의 예정이 영광의 주와 고난의 주라는 두 방식으로 나타난다는 것이다. 즉, 믿는 자들에게는 영광의 주로, 믿지 않는 자들에게는 고난의 주로 예정이 성취된다는 주장이다. 양면예정론은 원래는 예수님께서 십자가를 지지 않는 것이 하나님의 참된 뜻이었으나, 인간들의 무지로 십자가를 질 수밖에 없었다는 것이다.

참으로 가당치 않은 해석이다. 이것은 통일교에서 주장하는 것이다.

[164)]이러한 정명석의 주장은 이단들에서나 발견될 뿐, 인간의 자유의지를 강조한 어떤 신학자도[165)] 주장한 적이 없는 내용이다. 그들은 인간의 구원을 말할 때 인간의 역할을 강조하였을 뿐이지, 예수님의 십자가를 부정하는 대참사까지 일으키지는 않았다. 교회사에서 누군가가 "십자가는 하나님의 예정이 아니었다"고 주장한다면, 그는 두말할 것도 없이 이단으로 정죄되었을 것이다. 십자가는 성경의 핵심이기 때문이다.

양면예정은 결국 하나님께서 인간들이 어떻게 할지 몰라 이럴 수도 있고 저럴 수도 있다고 말하는 엉터리 이론이다. 예언과 예정이 마치 '비올 수도 있고 안 올 수도 있다'는 일기 예보와 같은 것인가? 예정과 예언은 그런 것이 아니다. 그러므로 양면예정은 틀린 말이다.

십자가는 하나님의 절대적 예정이었고, 그 예정대로 다 이루어진 사건이었다. 예수님에 관해서는 구약성경에 기록된 대로(예정된 대로) 다 이루어졌다. 예정된 대로, 이새의 줄기에서 나셨고(사11:1), 베들레헴에서 나셨고(미5:2), 처녀에게서 탄생하셨고(사7:14), 갈릴리 해변가의 스불론 땅과 납달리 땅으로 가셨고(사9:1), 나귀 새끼를 타고 입성하셨고(슥9:9), 은30냥에 팔리셨고(슥11:12), 창에 찔리셨고(슥12:10), 뼈가 꺾이지 아니하였고(시34:20), 무덤에서 썩지 아니하시고 부활하셨다(시16:10). 하나도 빠짐없이 예정대로 다 이뤄졌다.

만약에 양면예정이 옳다면, 베들레헴에서 나실 수도 있고 다른 곳에서 나실 수도 있고, 처녀 탄생할 수도 있고 처녀탄생 안 할 수도 있고, 이새의 줄기에서 나실 수도 있고 다른 가문에서 날 수도 있고...나귀 새끼 탈 수도 있고 백마 타고 탈 수도 있고, 십자가 질 수도 있고 안 질

---

164) 『원리강론』, 162~165.
165) 여기에는 펠라기우스, 에라스무스, 알미니아누스 등이 있다. 그러나 이들 중 누구도 정명석과 같이 주장하지는 않는다.

수도 있고….

　이와 같이 사람들의 행위에 따라서 달라진다면 그것은 예언도 예정도 아닐 것이다. 틀릴까 봐 반반(半半)으로 말하는 것이 예정(예언)인가? 그것은 확률이다. 확률은 사람들에게나 어울리는 것이지, 하나님의 예정이라 할 수 없다. 그러므로 양면예정은 틀렸다.

　그리고 예수님께서 원래 십자가에서 돌아가시지 말았어야 한다는 정명석의 주장은 결국 하나님께서 실패했다는 말이며, 인간의 구속을 위하여 예수님께서 피 흘리실 수밖에 없다는 '십자가의 도'를 부정하는 것이다. 이는 신구약 전체를 관통하고 있는 구세주의 희생, 피 흘리심이 없이는 사함이 없다는 대속의 교리, 즉 십자가의 도를 부정하는 것이고, 이는 결국 성경 전체를 부정하는 것이다.

　예정론을 말할 때 성경에는 인간의 자유의지를 강조하거나 보편적 구원을 주장하는 구절들도 있어서, 상대예정을 주장하게 되는 사람들의 마음을 이해 못 하는 바가 아니다. 그러나 역사적으로 어떤 정통 신학자도 예수님의 십자가까지 인간들이 하기에 따라서 죽을 수도 있었고, 안 죽을 수도 있었다고 주장한 적은 없다. 이것은 예수님의 십자가 사건을 무효화 하려는 사탄의 주장일 뿐이다. 그러므로 정명석의 예정론은 예정의 근본 뜻을 파헤친 것이 아니라, 복음을 교란케 하여 하나님의 주권을 부정하고 성경을 부인하는 이단의 교리일 뿐이다.

　인간이 하기에 따라서 십자가가 결정된다는 정명석의 양면예언설은 하나님의 사랑을 보지 못하게 만든다. 우리를 구원하기 위해 독생자 아들을 죽이기까지 하셨던 하나님의 한없는 사랑과 예수님의 죽기까지 하신 순종과 희생을, 무지한 사람들의 실수라고 돌려버림으로써 한없이 초라하게 만든다.

　1) "인자를 파는 자는 차라리 태어나지 않았다면 좋을 뻔하였느니라"(마

26:24)는 예수님의 말씀의 의미는 무엇인가?

이것은 예수님께서 가룟 유다에게 하신 말씀이다. 정명석은 예수님께서 십자가에 죽는 것이 하나님의 뜻이라면, 예수님을 팔아넘긴 가룟 유다야말로 하나님의 뜻을 완성하기 위한 일등공신이며, 오히려 상을 받아 마땅한 사람이라고 주장한다. 그러나 그 말은 예수님의 말씀을 왜곡하는 것이다. 이 말씀을 맥락에 따라 앞부분부터 자세히 읽어보자. 이단들은 전체 문맥을 보지 않고 일부분만 발췌하여 본뜻을 왜곡하는 것이 특징이다.

> 인자는 자기에 대하여 기록된 대로 가거니와 인자를 파는 자는 그 사람에게는 화가 있으리로다 그 사람은 차라리 태어나지 아니하였더라면 제게 좋을 뻔하였느니라(마26:24).

여기에 "인자는 자기에 대하여 기록된 대로 가거니와"라고 기록되어 있다. 인자는 예수 그리스도이고, 기록된 대로 간다는 것은 구약성경에 예언된 대로 죽을 것이라는 말씀이다. 그러므로 예수님께서 죽으시는 것은 이미 예정된 일이었다.

그러므로 악역을 맡은 가룟 유다에게 "차라리 태어나지 않았더라면 좋을 뻔하였다"고 말씀하신 것은 가룟 유다에 대한 안타까움을 말씀하신 것이지, 십자가 자체가 예정 밖의 사건이라고 말씀하신 것은 아니다.

> 인자는 자기를 두고 성경에 기록되어 있는 대로 떠나가지만, 인자를 넘겨주는 그 사람은 화가 있다. 그 사람은 차라리 태어나지 않았더라면, 자기에게 좋았을 것이다(마26:24, 표준새번역).

2) 겟세마네 동산에서의 기도

정명석은 "예수님이 죽는 것이 하나님의 뜻이고 예정이라면 왜 살려달라고 땀이 핏방울 되도록 기도하여 메시아 사명에 걸맞지 않게 그런 나약한 기도를 했겠는가?"라고 반문한다. 그것은 죽는 것이 하나님의 뜻이 아니라서 그렇게 기도했다는 것이다.[166]

그러나 예수님께서 그때 뭐라고 기도하셨는가? "내 아버지여 만일 할 만하시거든 이 잔을 내게서 지나가게 하옵소서"라고만 기도하지 않으시고, 바로 그 뒤에 "그러나 나의 원대로 하지 마시옵고 아버지의 원대로 하옵소서"(마26:39)라고 기도하셨다. 예수님께서도 우리와 똑같이 혈과 육을 가지셨기에 죽음을 옮겨달라고 기도는 하셨지만, 하나님의 뜻은 예수님이 죽는 것이었기에 아버지의 뜻대로 되게 해달라고 기도하셨던 것이다. 그러므로 예수님께서 죽는 것이 하나님의 뜻이었고, 예정이었던 것이다.

십자가형(十字家刑)은 인류 역사상 가장 고통스러운 형벌이었다. 예수님이라고 아프지 않다거나 고통스럽지 않은 것은 아니다. 아무런 죄도 없으셨던 예수님께서 일부러 죽으신 죽음이었기에 더욱 숭고한 죽음이었다.

아담과 하와의 타락 후 하나님께서는 뱀에게 "여자의 후손은 네 후손의 머리를 상하게 할 것이요 너는 그의 발꿈치를 칠 것이리라"(He will crush your head, and you will strike his heel. 창3:15)고 하셨다. 여기서 단수(單數)인 여자의 후손은 누구인가? 예수님이다. 왜 예수님인가? 예수님만 육신의 아버지 없이 동정녀 탄생하셨기 때문이다. 이것은 예수 그리스도께서 십자가로 뱀의 머리를 상하게 할 것을 예언한 것이며, 이는 사탄을 멸하게 하실 것이라는 의미이다. 뱀의 머

---

166) 이것은 통일교의 교리이다. 『원리강론』, 155~160쪽, 그리고 『초급편』, 278쪽을 함께 참조하라.

리를 상하게 한다는 구절은 영어성경에서 그가 네 머리를 짓뭉갤 것이다(He will crush your head)라는 말로 번역되었다. 상하게(crush)라는 단어는 한글 성경의 표현처럼 조금 상(傷)하게 하는 정도가 아니라 아예 짓뭉개는 것을 말한다. 그렇지만 예수님도 발뒤꿈치가 뱀에게 물리는 고통을 받게 될 것이라고 말씀하신 것이다. "너는 그의 발꿈치를 칠 것이다"(you will strike his heel)라는 말씀이 그 사실을 잘 나타낸다.

예수님의 죽으심은 하나님의 예정이었다. 예수님은 하나님의 뜻에 따라 죽으셨고, 그래서 "내가 다 이루었다"(요19:30)고 선언하셨던 것이다.

3) 나의 하나님이여 나의 하나님이여 어찌하여 나를 버리셨나이까?(마 27:46)

정명석은 예수님께서 이렇게 기도하신 이유가 십자가의 죽음이 결단코 예정이 아니었으므로 "이렇게 가는 것이 아닌데" 라는 뜻으로 말씀하신 것이라 주장한다. 그러나 이는 옳지 않다. 예수님의 기도는 하나님을 원망해서 드린 기도가 아니기 때문이다. 이는 예수님께서 다윗의 시편 22편 1절의 첫 문장으로 기도하신 것이다.

> 내 하나님이여 내 하나님이여 어찌 나를 버리셨나이까 어찌 나를 멀리하여 돕지 아니하시오며 내 신음 소리를 듣지 아니하시나이까?(시22:1).

이 시편22편은 하나님을 원망하는 것이 아니라, 하나님을 강력하게 의뢰하는 장(章)이다. 첫 도입 문장은 뒤의 문장을 말하기 위한 것으로 첫 문장을 말씀하심은 뒷 문장을 자연스럽게 떠오르게 하는 것이다. 예를 들어, 시편23편 1절의 "여호와는 나의 목자시니 내게 부족함이 없으리로다"라고 암송하셨다면, 이것은 그 뒷 문장을 포함하여 말한 것과 같다. 그것은 "그가 나를 푸른 초장과 맑은 물가로 인도할 것이며… 내가 평생에 여호와의 집에 거하리로다"라는 고백을 포함하는 것이다.

그러므로 예수님께서 "나의 하나님, 나의 하나님, 어찌 나를 버리셨나이까?"라고 기도하신 것은 뒤에 나오는 문장, 즉 "우리 조상들이 하나님을 의뢰하고 의뢰하여 건지심 받았습니다"(시22:4~5)라는 말씀과 연결하여 기도하신 것이다. 예수님의 이 기도는 결국 "아버지여 내 영혼을 아버지 손에 부탁하나이다"(눅23:46)고 기도하신 것과 같다.

> 4 우리 조상들이 주께 의뢰하고 의뢰하였으므로 그들을 건지셨나이다.
> 5 그들이 주께 부르짖어 구원을 얻고 주께 의뢰하여 수치를 당하지 아니하였나이다(시22:4~5).

> 예수께서 큰 소리로 불러 이르시되 아버지 내 영혼을 아버지 손에 부탁하나이다 하고 이 말씀을 하신 후 숨지시니라(눅23:46).

결국 예수님의 이 기도는 하나님께서 예수님을 십자가에 죽도록 내버리셨다는 것에 대한 원망이 아니라, 하나님을 강력하게 의뢰하는 기도였던 것이다. 결국 하나님께 당신의 영혼을 맡긴다는 의뢰하심이었다. "아버지여 내 영혼을 아버지 손에 부탁하나이다"(눅23:46).

4) "이 지혜는 이 세대의 통치자들이 한 사람도 알지 못하였나니 만일 알았더라면 영광의 주를 십자가에 못 박지 아니하였으리라"(고전 2:8)는 말씀의 의미는 무엇인가?

정명석은 헤롯 왕이나 빌라도 총독과 같은 이 시대의 관원이 예수님을 알았더라면 예수님을 십자가에 못 박지 않았을 것이라고 하였다. 이 말은 예수님의 십자가가 절대적으로 예정된 것이 아니며, 예수님께서는 죽지 않으실 수 있었음에도 불구하고 인간의 실책으로 인해 죽으셨다는 것을 의미한다. 메시아 강림에 대한 하나님의 원래의 뜻은 영광의 주로 오신 예수님이시다. 그러나 사람들은 자신의 책임분담에 따라 예수님을 믿어야만 하는 자신의 책임이 있다. 이 책임분담은 하나님께서도 대신 짊어질 수 없는 책임분담이다. 그러나 사람들은 자신의 책임을 다하지 않았으며, 결국 예수님을 믿지 않으며, 이 때문에 예수님은 고난의 주로 오실 수밖에 없었다. 그러나 사람들의 책임분담에 따라 예수님을 믿거나 안 믿거나 하는 두 종류로 갈라져 예수님을 대할 것이기 때문에 십자가에 대한 예언을 양면으로 하셨다는 것이다. 이것이 정명석이 주장하는 양면예정의 의미이다.[167]

그러나 이 말씀도 가룟 유다에게 하신 말씀과 같은 맥락에서 이해할 수 있다. 가룟 유다에게 "너는 나지 아니함이 좋을 뻔하였느니라"라는 말씀을 하셨다고 해서 안 죽는 것이 하나님의 뜻이라고 해서는 안 된다. 그 앞에 "인자는 기록된 대로 가거니와"라는 말이 있기 때문이다.

역시나 사도 바울의 이 말은, 예수님의 십자가가 실패했다거나 부족했다는 것을 말하는 것이 아니다. 사람들이 예수님을 몰라서 죽였지만, 그로 인해서 결과적으로 하나님의 뜻이 성취되었기 때문에 하나님의 지혜요 능력이라는 것이다. 관원들의 무지를 통해서 예수님이 죽게 되었지만 오히려 하나님의 뜻이 성취되었다는 선언이다.

성경을 해석할 때 불명확한 표현은 다른 구절의 명확한 표현을 통해 해석하는 것이 좋다. 십자가에 대한 인식도 일관성이 있어야 한다. 사

---

167) 『초급편』, 280.

도 바울은 다른 곳에서 십자가에 대해서 분명히 밝히고 있다.

> 십자가의 도가 멸망하는 자들에게는 미련한 것이요 구원을 받은 우리에게는 하나님의 능력이라(고전1:18).

> 22 유대인은 표적을 구하고 헬라인은 지혜를 찾으나
> 23 우리는 십자가에 못 박힌 그리스도를 전하니 유대인에게는 거리끼는 것이요 이방인에게는 미련한 것이로되
> 24 오직 부르심을 받은 자들에게는 유대인이나 헬라인이나 그리스도는 하나님의 능력이요 지혜니라(고전1:22~24).

그렇다. 십자가는 택한 백성들을 죄에서 구원하기 위한 하나님의 지혜이고 능력이다. 사실 죄인 된 우리가 구원받아 천국 가는 것은 불가능하다. 예수님은 부자가 천국 가는 것보다 낙타가 바늘구멍을 통과하는 것이 더 쉬울 것이라고 하셨다. 비단 이 말씀이 부자에게만 해당되는 말씀인가? 부자나 가난한 자나 천국 가기는 다 힘들다. 그렇다면 누가 갈 수 있는가? 예수님께서는 사람은 할 수 없으나 하나님은 하실 수 있다고 하셨다. 그것이 바로 예수님의 십자가인 것이다. 십자가는 하나님의 능력이요 지혜였다. 그러므로 십자가 외에 하나님께 가는 길은 없다.

그러므로 십자가를 부정하는 것은 성경을 부정하는 대(大) 망언이다. 정명석이 십자가가 원뜻대로 되지 않았다고 말하는 것은, 사실은 하나님의 섭리와 예정이 실패했다고 말하는 것으로, 이것 하나만으로도 충분히 이단이다.

(7) 나는 예정되었을까?

시골 담장의 호박잎 사이로 구렁이가 지나가고 있다고 가정해 보자. 지금 구렁이 몸뚱이가 호박잎 사이로 보인다. 몸뚱이가 보인다는 것은 정황상 이미 머리는 지나간 것이고, 계속 보고 있으면 꼬리도 보일 것이다. 이 예화는 예정을 이해하는 데 도움이 된다.

지금 내가 십자가 복음을 듣고 있다면(구렁이 몸통을 보고 있는 것처럼), 지금 하나님께서 부르시고 계신 것이다(소명). 하나님께서 부르신다는 것은 이미 예정하셨기 때문이다(구렁이 머리가 이미 지나간 것처럼). 이제 복음을 듣고 믿으면 의롭게 된다(칭의). 의롭게 된 사람은 천국에 가서 완전 영화롭게 될 것이다(구렁이 꼬리가 후에 나타나듯이).

당신이 복음을 듣고 구원받았다면 당신은 예정된 사람이다. 당신이 지금 복음을 듣고 있다면, 하나님께서 당신을 예정된 사람이라 부르시고 계신 것이다. 당신이 복음을 듣고 예수 그리스도를 믿었다면 의롭다 함을 받은 것이다. 이제 당신은 천국에서 영화롭게 될 것이다.

당신이 십자가의 복음을 들었는데도 아직 구원의 확신이 없다면 아직 때가 되지 않은 것이다. 당신이 아직 복음을 듣지 못했다면, 아직 부르심을 경험하지 못한 것이다.

결론

예정론은 흔히들 칼빈이 주창(主唱)했다고 생각하나 그렇지 않다. 칼빈은 단지 성경을 해석했을 뿐이다.[168] 콜럼버스가 미국을 발견하기 전에도 미국 땅은 있었고, 뉴턴이 중력의 법칙을 발견하기 전에도 중력은 존재하고 있었다. 이처럼 칼빈은 성경에서 말하고 있는 예정론을 발견한 사람일 뿐이지, 예정론을 창조한 사람이 아니다. 또한, 예정

---

168) 『칼빈주의 5대교리』, 8.

론을 주장한 사람은 비단 칼빈 혼자만이 아니다. 바울이 예정론을 주장했고, 어거스틴이 주장했고, 루터와 칼빈도 그러했고, 네덜란드에서 스코틀랜드를 거쳐 프랑스에 이르기까지 많은 사람들이 그러했고, 개개인에서 평신도에 이르기까지 많은 사람들이 예정론을 주장했다.

예정론이란 인간을 어떻게 평가하느냐에 따라 달라진다. 무신론과 이단성이 강할수록 인간의 능력을 크게 평가한다. 정명석이나 알미니안주의와 같은 상대예정론자들은, 사람에게는 스스로 구원할 능력이 약간은 있다고 주장한다. 그에 반하여, 칼빈이나 절대예정론주의자들은 전혀 없다고 주장한다. 예를 들면, 알미니안주의자들은 인간의 타락을 사람이 2~3층에서 떨어져 갈비뼈는 부러졌으나 아직 숨은 쉬고 있으며, 핸드폰으로 구급차를 부를 수도 있다고 믿는다. 그러나 어거스틴과 칼빈과 같은 예정론주의자들은 인간이 타락한 것은 마치 엠파이어스테이트 빌딩에서 떨어져 완전히 죽은 사람처럼 되었다고 믿는 것이다.[169]

그렇다면 성경은 무어라 말씀하시는가?

성경은 2~3층에서 떨어진 사람이라기보다는 엠파이어스테이트 빌딩에서 떨어진 사람이라고 말한다. 또 다른 예를 들어 보자. 사람이 물에 빠졌다고 쳐 보자. 알미니안주의는 사람에게 자신의 구원의 가능성을 어느 정도 인정한다. 사람이 물에 빠졌으나 헤엄칠 능력도 있고, 자기를 구해줄 구명보트를 요청할 수 있다. 그가 구명보트를 요청한다면 구조원이 그를 구해줄 것이다.

그러나 인간에 대한 성경의 묘사는 그 정도가 아니다. 마치 필리핀 해구 맨 밑바닥에 빠져 있는 것과 같다. 한 마디로 인간은 죽어 버렸고 자기를 건져줄 구명보트를 요청할 수도 없다. 만일 그가 건짐을 받으

려면 기적이 일어나야 한다. 이것이 죄인의 모습이다. 인간은 죄와 허물로 죽었다. "그는 허물과 죄로 죽었던 너희를 살리셨도다"(엡2:1). 죽었다는 것은 완전히 죽은 것이지, 반쯤 죽은 것을 죽었다고 하지 않는다. 예수님께서 죽은 나사로를 살리신 것은 나사로가 덜 죽어서 살리신 것이 아니다(요11:1~44). 죽은 나사로가 살려달라고 요청해서 살리신 것도 아니다. 예수님께서 그를 살리시매 나사로가 반응한 것뿐이다. 마찬가지이다. 인간은 영적으로 완전히 죽었다. 그러므로 선을 행할 수가 없다. 하나님이 살려주셔야 선을 행할 수 있다. 인간은 전적으로 타락하였다. 타락한 죄인은 스스로 구(救)할 수 없다.

> 의인은 없나니 하나도 없으며(롬3:10)

> 그러므로 율법의 행위로 그의 앞에 의롭다하심을 얻을 육체가 없나니(롬3:20)

> 모든 사람이 죄를 범하였으매 하나님의 영광에 이르지 못하더니(롬3:23)

예수님은 또 뭐라고 말씀하셨는가? 인간의 전적 무능력에 대해서 말씀하셨다.

> 나를 보내신 아버지께서 이끌지 아니하면 아무라도 내게 올 수 없으니(요6:44).

> 내 아버지께서 오게 하여 주지 아니하시면 누구든지 내게 올 수 없다 하였노라(요6:65).

> 나는 포도나무요 너희는 가지라 그가 내 안에, 내가 그 안에 거하면 사람이 열

매를 많이 맺나니 나를 떠나서는 너희가 아무것도 할 수 없음이라(요15:5).

이것은 인간의 전적인 무능력을 말씀한 구절들이다. 그러므로 인간은 전적으로 타락하였고, 구원하는데 전적으로 무능력하다. 하나님의 특별한 은총이 있어야 한다. 그러므로 우리가 구원받는 것은 하나님의 은혜와 사랑의 풍성함 때문이다. 모두가 죽은 상태에서 누구나 살리는 것은 아니다. 선물을 줄 때 누구나 다 주는 것은 아니다. 구원은 선물이기 때문에 받을 자를 택해야 한다. 택하는 것은 하나님의 주권이다. 선물이기 때문에 제한적일 수밖에 없다. 하나님께서 일단 택한 사람은 그 은혜에 항거할 수 없다. 그 구원하심은 도중에 취소되지 않는다.

이신론(理神論)자들은 창조신은 인정하나 역사의 신은 부정한다. 마치 시계공이 시계를 만들어놓은 후 간섭하지 않는 것과 같다. 그러나 역사의 신을 부정하는 것은, 간섭하지 않으므로, 결국 무신론과 같다고도 볼 수 있다.[170]

그러나 인류의 역사는 운전사도 없고, 브레이크도 파열된 트럭마냥 아무렇게나 굴러가지 않는다. 역사는 운전기사에 의해 통제되는 트럭처럼, 하나님에 의해 통제되어 종말을 향해 나아가고 있다.

예수님께서 아무 때나 태어나신 것이 아니다. 때가 차서 태어나셨다.

때가 차매 하나님이 그 아들을 보내사 여자에게 나게 하시고(갈4:4).

아무 때나 역사(役事)하신 것 아니다. 때에 맞추어 역사하셨다.

내 때가 아직 이르지 아니하였나이다(요2:4).

---

170) John H. Hick, Philosophy of Religion, (New Jersey: Prentice-Hall., Inc. 1973), p 4.

예수님의 십자가도 아무 때나, 어떻게 하다 보니까, 죽으신 것이 아니다. 정확히 하나님께서 예정된 때에 돌아가셨다.

　　예수께서 이르시되 인자가 영광을 얻을 때가 왔도다(요12:23).

　　예수께서 자기가 세상을 떠나 아버지께로 돌아가실 때가 이른 줄 아시고(요 13:1).

사탄과 귀신은 아무 때나 날뛰지 않는다. 허락된 시간 내(內)에서만 활동이 가능하다. 거라사 지방의 귀신들린 자가 예수님을 보고 외쳤다.

　　하나님의 아들 예수여! 때가 이르기 전에 우리를 괴롭게 하려고 오셨나이까(마 8:29)?

　　마귀가 자기의 때가 얼마 남지 않은 줄을 알므로 크게 분내어 너희에게 내려갔음이라(계12:12).

"때"가 있다는 것은 설정된 시간표(time schedule)가 있다는 것이다. 누가 시간표를 짜는가? 역사에 시간표가 있다는 것은, 하나님의 주권이 역사 속에서 전개되며 실현된다는 것을 의미하는 것으로, 예정론을 말하지 않고는 설명할 수 없다. 예정론은 아름다운 구원의 간증이고 뜨거운 신앙고백이다. 예정론은 실패하거나 범죄한 사람들이 변명하기 위한 교리가 아니다.

바울은 예수 믿는 사람들을 핍박하던 사람이었으나, 자기의 노력이나 의지와 상관없이 예수님께서 나타나셔서 만나주셨다. 바울은 "내가 나 된 것은 하나님의 은혜라"(But by the grace of God I am what

I am)고 하였다. 교회를 핍박하던 바울이 어떻게 사도가 되었는가? 책임분담(자유의지)으로 되었는가? 아니다. 하나님의 은혜로 되었다. 그것이 바로 예정론이다.

어거스틴도 마찬가지이다. 오랫동안 방탕하게 살았으나 회심한 후성자 칭호를 받는 사람이 되었다. 어떻게?!! 그는 이 모든 것을 돌이켜볼 때 하나님의 은혜요 예정이었다고 고백하지 않을 수 없었다. 루터와 칼빈도 마찬가지였다. 이단이라면 화형도 마다하지 않았던 중세시대에 어떻게 종교개혁을 성공적으로 이끌 수 있었을까? 그들은 이 모든 것이 하나님의 은혜요, 예정하심이었다고 고백하였다.

필자인 나도 마찬가지이다. 원래 모태 장로교인이었으나, JMS에 빠져 30년이나 예수님의 품을 떠나 있었다. JMS의 초창기 멤버였던 내가 JMS를 이탈하는 것은 불가능한 일이었다. 이탈이라는 것은 감히 생각조차 하지 못했다. 그런데 어떻게 나올 수 있었는가? 지나고 보니, 하나님의 은혜요, 예정이었음을 고백하지 않을 수 없다. 과거에는 예정론이 그렇게 이해되지 않고 의심만 생기더니, 구원받고 나니 비로소 이해가 되고 가슴이 뜨거워진다. 로마서 8장 28절의 "부르심을 입은 자들에게는 모든 것이 합력하여 선을 이루느니라"라는 구절이 딱 맞게 다가온다. 이것은 "잘잘못 모든 것을 합하여 결국에는 선이 되게 하신다"는 말씀이다.

마태복음 24장 24절에 "거짓 그리스도들과 거짓 선지자들이 일어나 큰 표적과 기사를 보여 할 수만 있으면 택하신 자들도 미혹하리라"고 하였다. 나는 과거에 어떻게 택한 백성이 미혹될 수 있는가 하고 궁금하였다. 그러나 내 경우를 볼 때, 택한 백성이라도 미혹될 수 있다. 그러나 택한 백성이었기 때문에 다시 나올 수 있었던 것이다. 이것이야말로 불가항력적인 은혜가 아닌가? 내가 어찌 하나님께 감사와 찬양을 돌리지 않을 수 있다는 말인가?

하나님께 택하심 받은 자들, 즉 예정된 사람들은, 중간에 실패한 것 같고, 중간에 망한 것 같기도 하지만 결과적으로 모든 것을 합하여 선을 이루게 된다. 택함을 받은 백성들은 성령의 역사하심에 항거할 수 없다. 요나가 하나님의 뜻을 벗어나려고 별짓을 다 했지만 하나님의 뜻을 거역할 수 없었다. 결국 요나는 물고기 뱃속에서 "구원은 여호와께 속하였나이다"(요2:9)고 선언하였다. 택함을 받은 자는 결국 구원받는다. 그 구원은 결코 잃지 않는다. 예수님께서 "내가 준 영생은 영원히 멸망하지 않을 것이요 아무도 내 손에서와 하나님의 손에서 빼앗을 수 없다"(요10:28~29)고 직접 말씀하셨다.

> 28 내가 그들에게 영생을 주노니 영원히 멸망하지 아니할 것이요 또 그들을 내 손에서 빼앗을 자가 없느니라
> 29 그들을 주신 내 아버지는 만물보다 크시매 아무도 아버지 손에서 빼앗을 수 없느니라(요19:28~29).

전도자는 사람을 전도할 때, 택함을 받은 사람인지 택함을 받지 않은 사람인지 미리 구별할 필요가 없다. 하나님께서는 모든 사람이 구원받기를 원하시고 계시다는 마음으로 열심히 전도하면 된다. 그리고 전도받은 사람들은 불공평하다느니 억울하다느니 불평할 것이 아니라, 전도를 통해 복음을 들려주는 것은 하나님께서 지금 자기를 부르시고 계심을 믿고, "아멘!"하고 받아들이면 되는 것이다.

예정론은, 실패자들이나 범죄자들이 자기변명과 자기 합리화하기 위한 것이 아니고, 구원받은 사람들이 그 공(功)을 하나님께 돌리는 심오한 찬양이요, 아름다운 신앙고백이다.

07. 중심인물론

07
중심인물(中心人物)론

정명석의 교리에는 중심인물이라는 해괴한 교리가 있다. 중심인물이란 하나님께서 시대마다 중심적으로 쓰시는 사람들인데, 이 시대는 정명석이 그 중심인물이라는 것이다.

정명석의 주장[171]

29 하나님이 미리 아신 자들로 또한 그 아들의 형상을 본받게 하기 위하여 미리 정하셨으니 이는 그로 많은 형제 중에서 맏아들이 되게 하려 하심이니라
30 또 미리 정하신 그들을 또한 부르시고 부르신 그들을 또한 의롭다 하시고 의롭다 하신 그들을 또한 영화롭게 하셨느니라(롬8:29-30)

여호와께서 사무엘에게 이르시되 그의 용모와 키를 보지 말라 내가 이미 그를 버렸노라 내가 보는 것은 사람과 같지 아니하니 사람은 외모를 보거니와 나 여호와는 중심을 보느니라 하시더라(삼상16:7).

---

171) 이 장은 『중급편』, 506~522를 참조하여 요약하였다.

하나님께서 타락한 사람들을 구원하기 위해 섭리 역사를 펼치시는데, 그때 중심인물을 통하여 그 일을 행하신다는 주장이다. 아담 이후 하나님은 각 시대마다 하나님의 일을 할 수 있는 중심자를 세우시고 역사해 오셨는데, 아담 때는 아담을 뽑아 세웠고, 노아 때는 노아를 뽑아 세웠으며, 아브라함 때는 아브라함을 뽑아 세웠다. 야곱, 요셉, 모세, 여호수아, 이사야, 에스겔, 다니엘, 호세아, 아모스 등도 그 시대의 중심인물이었다.

(1) 중심인물의 개념

중심인물이란 하나님께서 자신의 뜻을 위하여 뽑아서 쓰시는 사람이다. 하나님이 보낸 하늘 역사의 그 시대 주권자이자 가장 중심이 되는 중심자요, 핵심인물이다.

1) 하나님께서는 항상 이 지구촌 위에 세운 자를 통해 나타나셨다.

마음 세계는 육을 통해서 나타나고, 보이지 않는 신성의 세계는 보이는 인성을 통해 나타나며, 무형은 유형을 통해서 나타나는 것이 법칙이다. 영인체가 반드시 육인체를 통하여 역사하는 것 같이 하나님은 항상 중심인물을 통해서 나타나셨다. 노아 때는 노아, 아브라함 때는 아브라함, 모세 때는 모세를 통해, 여호수아 때는 여호수아를 통해 나타나셨다. 이처럼 보이는 사람을 통해서 자신을 반영시키고 또 중심자를 보내서 역사를 처리하게 하는 것이 하나님이 근본적으로 섭리하시는 방식이다.

2) 시대마다 하나님은 항상 그 시대 보낸 자를 통해 하늘의 뜻을 선포하셨다.

> 주 여호와께서는 자기의 비밀을 그 종 선지자들에게 보이지 아니하시고는 결코 행하심이 없으시리라(암3:7).

하나님께서 자기의 비밀을 선포하실 때, 반드시 하나님의 사람을 통해서 하나님의 뜻과 비밀을 선포하신다. 그러므로 중심인물을 만나지 않고는 누구든지 하나님의 뜻을 모른다. 중심인물과 일체 될 때만 하나님 역사의 비밀을 알 수 있다.

3) 중심인물은 만민 앞에 하나님을 증거할 자이다.

> 내가 그를 만민에게 증거로 세웠고 만민의 인도자와 명령자를 삼았었나니(사 55:4).

여기서 그는 바로 하나님이 보낸 시대의 중심인물을 말한다. 중심인물을 하나님의 증거자로 삼았다고 말씀하신 것이다. 모세 때는 모세를 증거자로 삼았고, 다윗 때는 다윗을 증거자로 삼았고, 이사야 때는 이사야를 증거자로 삼았으며, 예수님 때는 예수님을 증거자로 삼았다.

4) 중심인물은 표상자이다.
하나님은 표상자를 통해 무엇을 어떻게 할 것인지 오랫동안 가르치시고, 때가 되었을 때 표상자와 함께 행하신다. 하나님이 보내신 표상자를 멀리하고 하나님께만 직접적으로 매달려도 소용없다. 예수님을 불신하고 하나님만 믿고 하나님만 찾아도 소용없다. 이와 같이 어느 시대든지 그러하다. 그를 대하는 것에 따라 운명이 좌우된다. 중심 벗어나면 사망권이다. 중심에서 행하는 것만 영원히 존재한다.

5) 중심인물은 모든 사람이 장래 바라보아야 할 모범자, 견본자, 본보기
   의 사람이다.

구약 때 하나님이 모세 등의 선지자를 통해서 중심 섭리의 뜻과 그
본을 보여주셨다. 신약 때는 하나님이 예수님을 통해 직접 본을 보여
주셨다. 하나님은 시대마다 중심인물을 보내서 그를 통해서 본을 보여
주셨다. 하나님께서 직접 나타나서 가르치시지 못하기 때문에 시범적
으로 중심자를 보내서 보여주시고 그의 삶에 맞춰서 살아나가라고 하
시는 것이다.

6) 중심인물은 하나님과 심정 일체되어 하나님과 사람 사이를 통하게
   만드는 중보자이다.

하나님은 시대마다 중심인물을 통해서 지구촌으로 인한 하늘 심정
의 그 기쁨과 슬픔, 염려와 걱정, 고통과 아픔, 괴로움과 분노 등을 전
했다. 그렇기 때문에 중심인물들은 하나님과 심정 일체가 되어서 천심
을 갖고 하나님의 마음을 나타내며, 하나님과 사람 사이를 서로 화해,
화목케 하는 중보의 일을 했다.

> 하나님은 한 분이시오 또 하나님과 사람 사이에 중보도 한분이시니 곧 사람이
> 신 예수라(딤전2:5).

7) 중심인물은 시대의 길이다.

> 내가 곧 길이요 진리요 생명이니 나로 말미암지 않고는 아버지께로 올 자가 없
> 느니라(요14:6).

사람들은 길을 찾고 있다. 어디가 길인가? 예수님께서는 예수님 자

신이 길이라고 하셨다. 바로 중심인물이 하나님께 가는 길이라는 뜻이다.

(2) 중심인물 선택의 원리와 이치

하나님은 자신의 구원 섭리를 이루기 위하여 그 시대에 필요한 어떤 조건을 갖춘 한 사람을 하늘이 원하는 역사의 때와 장소에 맞춰 중심인물로 제일 먼저 택하신다. 그 시대의 중심인물을 택하기 위해 먼저 지구를 택하시고, 한 민족을 택하시고, 한 가문을 택하시고, 한 가정을 택하신 다음, 그 가정 중에서 마음에 드는 한 사람을 택하여 예정하신 뜻대로 부르시고 기르신다. 이는 하나로부터 시작해서 거꾸로 점차 범위를 확대하며 개인 단위, 가정 단위, 가문 단위, 민족 단위, 세계단위, 천주 단위의 뜻을 펴나가시는 것이다(삼상10:19~24; 사11:1~3).

1) 때와 시기를 보시고 택하신다.

범사에 기한이 있고 천하만사가 다 때가 있나니(전3:1).

하나님은 사람들이 알든지 모르든지 역사의 때가 그날이 되면 그 시대에 해당되는 중심인물을 보내어 역사를 시작하신다. 만사에 때가 있기에, 하나님 목적의 때에 맞는 사람을 선택하신다. 또한 하나님의 때에 그의 나이도 꼭 보시고 선택하신다.

2) 마음과 성품을 보고 선택하신다.
하나님은 사람의 마음, 중심을 먼저 살펴보신다.

여호와께서 사무엘에게 이르시되 그의 용모와 키를 보지 말라 내가 이미 그를 버렸노라 내가 보는 것은 사람과 같지 아니하니 사람은 외모를 보거니와 나 여호와는 중심을 보느니라(삼16:7).

그리고 마음에는 규모가 있어야 한다.

아침 빛같이 뚜렷하고 달 같이 아름답고 해 같이 맑고 깃발을 세운 군대같이 당당한 여자가 누구인가?(아6:10)

하나님은 이와 같이 모든 것을 잘 갖춰 놓고 준비하여 예비하는 자를 귀하고 가치 있게 쓴다.

3) 소질과 재능을 보시고 택하신다.

하나님이 일을 시키면 감당할 수 있는가? 정명석에 따르면, 하나님께서는 그 사람이 얼마나 사명을 위해 뛰고 달릴 능력이 있는지를 보시고서 택하신다고 한다. 사람의 재능은 타고 나기도 하지만 자기의 노력과 수고로 인하여 개발되기도 한다. 아브라함 하면 믿음, 야곱은 매달림, 요셉은 충성, 모세는 영도력, 여호수아는 담대함, 욥은 인내의 사람이라고 불린다. 하나님의 일을 하려면 이러한 소질과 재질이 있어야 한다.

4) 환경과 배경을 보시고 택하신다.

하나님께서는 아브라함에게 "네 친척 본토 집을 떠나라"고 하셨다. 환경과 배경에 의한 영향을 무시할 수 없기 때문이다. 하나님께서는 그 중심인물에게 어떤 여건을 주어서 그 여건대로 하게 한다. 그래서 그가 거기서 해당되는 일을 하면서 서서히 하나님의 뜻에 의해서 크는 것이다. 중심인물을 정하시고 뽑을 때 반드시 환경과 장소, 위치와 지역성을 보시고 기르신다.

(3) 중심인물의 선택과정
1) 미리 정하신다.

곧 창세 전에 그리스도 안에서 우리를 택하사 우리로 사랑 안에서 그 앞에 거
룩하고 흠이 없게 하시려고(엡1:4).

하나님은 중심인물을 그 뛰어난 중에 미리 택하셔서 하나님을 닮고,
성자의 형상을 본받고, 하나님의 인간 구원의 뜻을 이룰 것을, 영화롭
게 잘 될 것으로 미리 정하셨으니 그 정하신 대로 기르신다.

2) 부르시고

13 주의 사랑하시는 형제들아 우리가 항상 너희를 위하여 마땅히 하나님께 감
사할 것은 하나님이 처음부터 너희를 택하사 성령의 거룩하게 하심과 진리를 믿
음으로 구원을 얻게 하심이니
14 이를 위하여 우리 복음으로 너희를 부르사 우리 주 예수 그리스도의 영광을
얻게 하려 하심이니라(살후2:13~14).

성경 속의 중심인물들은 모두 하나님의 뜻을 위하여 부름받은 사명
자들이다. 하나님은 성경의 인물들을 각양각색으로 각자의 삶 가운데,
자기가 처한 곳에서 부르셨다. 하나님이 부를 때는 무조건 100% 감사
로 순종하고 응하며 따라야 한다.

3) 의롭게 하시고

내가 가는 길을 그가 아시나니 그가 나를 단련하신 후에는 내가 순금같이 되어
나오리라(욥23:10).

하나님은 중심인물을 어떻게 의롭게 만드시는가? 하나님은 부르심
받은 중심인물에게 뜻을 가르쳐 주시고, 참된 진리를 믿고 행하도록
하시며 의롭게 만드신다. 의롭게 되려면 먼저는 하나님의 뜻을 그에게
가르쳐 주어야 한다. 하나님께서는 그를 부르신 후, 말씀을 듣고 믿고
순종하게 만드시고 정금 같이 연단하여 의롭게 만드신다.
성경의 많은 중심인물들을 보면 반드시 연단을 받고 나타났다. 그러
나 만일 연단을 받지 않으면 어떤 사명을 맡긴다 해도 감당하지 못하
고 죽어 버린다. 하늘의 중보자가 되기까지, 어떤 목적을 이루기까지
중심인물이 받는 사상의 연단, 행동의 연단, 육체의 연단과 고난과 수
련이 엄청나다.

4) 영화롭게 하신다.

아브라함과 이삭과 야곱의 하나님 곧 우리 조상의 하나님이 그 종 예수를 영화
롭게 하셨느니라(행3:13).

하나님께서는 의롭게 만든 다음 영화롭게 만들어 주신다. 사람이 의
롭지 않고는 영화를 누릴 수 없다. 그렇기 때문에 자신을 얼마나 의롭
게 만드느냐에 따라서 영화롭게 된다. 부르심을 받은 입장에서 하나님
이 의롭게 만드실 때 자기 책임분담을 다할 때 예정을 이루고 영화롭
게 될 수 있다. 모세도 부르시고 의롭게 만들기 위해서 말씀을 주어서
의인이 되게 만들고 영화롭게 많은 백성 앞에 내어놓았다.

결론

첫째, 중심인물은 시대의 구원자이다. 노아 시대는 노아를 통해서, 모세 시대는 모세를 통해서 역사를 펴나갔다. 다윗도 그 시대의 정치적 구원자였다. 구약 때에도 그랬던 것처럼 이 시대도 그러하다.

둘째, 중심인물 한 사람이 시대를 살린다. 중심인물이 와야만 그 시대의 문제가 풀린다. 또한 중심인물 한 사람으로 인하여 하나님의 역사가 좌우되고 전체가 좌우된다.

셋째, 오직 그 시대의 보낸자, 곧 중심인물을 따라가는 자가 의인이다.

넷째, 중심인물을 따르는 자가 자기 분야에서 중심인물이 된다.

반증

(1) 중심인물론은 정명석 자신이 중심인물이라고 주장하는 교리이다.

성경에 중심인물이라는 단어는 없다. 다만 구약시대에는 시대마다 선지자가 있었는데, 그들을 중심인물이라고 한 것은 이해할 수 있다. 그런데 중요한 것은 현재에도 그런 인물이 있느냐는 것이다. 정명석은 "있다!"고 말하고, 자기가 바로 그 사람이라고 주장한다. 중심인물은 메시아의 다른 표현이다. 그러나 신약시대에 정명석이 주장하는 그런 중심인물은 없다. 왜냐하면 예수 그리스도가 구약의 예언대로 그리스도로 오셨고, 더 이상 다른 구원자는 없기 때문이다. 그리고 우리가 구원받는 데 필요한 하나님의 계시는 신구약 성경으로 종결되었기 때문이다.

중심인물론은 정명석을 이 시대의 중심인물이라고 포장하여 결국 예수님과 같은 구세주라고 신격화하는 교리이다.

(2) 예수님만이 중심인물이시다.

이단들의 공통과목으로 시대별 메시아론이 있다. 그것은 시대마다 메시아가 있다는 것이다. 시대별 메시아는 시대별 중심인물이라고 바꾸어 말할 수 있다. 이것은 노아 때는 노아가 중심인물이요, 아브라함 때는 아브라함이 중심인물이요, 모세 때는 모세가 중심인물이며, 예수님 때는 예수님이 중심인물이고, 이 시대는 정명석이 중심인물이라는 논리이다. 이는 예수님의 유일성을 약화시키는 교리로서, 시대마다 구원 방법이 다르고, 시대마다 구원자가 다르다는 주장으로 이어진다. 이는 얼른 듣기에는 맞는 말 같지만 아주 비성경적이고, 비진리이다. 왜냐하면 예수님을 통해서만 구원받을 수 있고, 예수님만이 궁극적인 중심인물이고, 예수님만이 구세주이기 때문이다.

시대별 메시아론이나 시대별 중심인물론은 예수님을 많은 선지자나 많은 신앙의 위인들 가운데 한 사람 정도로 격하시킨다. 그리고 자기는 이 시대의 중심인물이라고 내세운다. 그래서 예수 믿던 사람들이 자기에게로 관심을 돌리게 한다. 정명석의 논리는 다음과 같다: 예수님도 사람이었지만 하나님의 영이 들어가서 하나님이라고 불리지 않았는가? 나도 사람이지만 예수님의 영이 들어왔기 때문에 예수라고 불릴 수 있다. 예수님도 사람이었지만 찬양받지 않았는가? 나도 받을 수 있다. 예수님이 그리스도였지만 사람들이 몰라보고 핍박했듯이, 내가 핍박받는 것도 사람들이 몰라서 그런 것이다. 이처럼 정명석은 항상 예수님과 자기를 같은 위치에 둔다.

시대별 메시아들, 즉 시대별 중심인물들이 과연 구세주(메시아)인가? 아니다. 노아도, 아브라함도, 모세도, 그 어떤 선지자도 구세주가 아니다. 이들도 다 아담의 후손들로서 원죄가 있고, 다 구세주가 필요한 사람들이다. 그들은 예수 그리스도가 오셔서 구원하실 것에 대한 예표와 모형으로서 미리 보여준 사람에 불과하다. 노아도, 아브라함도, 모세도, 다 예수님을 통해 구원받는다. 노아의 경우, 물 심판을 피해 방주 안으로 들어왔던 노아와 가족만 구원받았듯이, 예수님 안으로 들어온 사람들만 구원받는다는 뜻이다. 아브라함도 예수님을 기다렸으며(요8:56), 모세도 예수님께서 오실 것을 기록하였다(요5:46). 심지어 모세가 애굽 왕자로 불리기를 포기하고 광야에서 고난받은 이유는 그리스도가 주실 상급을 바라보았기 때문이었다(히11:24~26). 그 외에 구약의 모든 선지자들도 다 예수 그리스도의 출현을 예언하고 기다렸던 사람들이지, 그들 자신이 구세주가 되지 않았다.

그렇다면 구약의 성도들은 어떻게 구원받았을까? 율법으로 구원받았을까? 아니다. 바울은 율법의 행위로 의롭다 함을 받을 사람이 하나도 없다(롬3:20)고 천명하는데, 구약 사람들이 율법을 온전히 다 지킬수 있었겠는가? 율법을 다 지켜야 구원받는다면 구원받을 사람이 하나도 없다. 그렇다면 구약의 사람들은 그 누구도 구원받지 못했는가? 구약의 유대교인들은 예수 그리스도의 오심을 바라보면서 믿고 구원받았다. 신약의 성도들은 이미 오신 예수 그리스도를 믿고 구원받는다. 신구약 모든 성도의 죄 사함은 예수 십자가의 보혈이다. 죄의 삯은 사망인데(롬6:23), 예수님께서 피 흘려 죽으심으로 성도들의 죗값을 청산하신 것이다. 구약 성도들은 예수님보다 먼저 살다가 죽어야 했기 때문에 어음과 외상으로 구원받았다. 마침내 예수님이 피를 흘리심으로 결제가 이루어졌다. 구약 성도들의 죗값은 후불이고, 신약 성도들을 위해서는 그들이 태어나기도 전에 피를 흘리셨으니 선불인 셈이다. 구원의 방법은 오직 예수 그리스도뿐이다. 그러므로 중심인물은 오직 예수 그리스도밖에 있을 수 없다.

(3) 예수님만이 우리 신앙의 견본자, 모범자, 기준자이다.

1) 누가 우리의 신앙의 대상자인가?

정명석은 자기가 이 시대의 중심인물이기 때문에 자기는 사람들이 본받아야 할 견본자요, 모범자요, 기준자라고 주장하지만, 실로 참람한 말이다. 우리의 견본자, 모범자, 기준자는 오직 예수 그리스도뿐이다. 누가 예수님 외에 자기를 이 시대의 중심인물이라고 주장하는가? 그런 자는 적그리스도임에 틀림없다.

> 하나님이 미리 아신 자들을 또한 그 아들의 형상을 본받게 하기 위하여 미리 정하셨으니 이는 그로 많은 형제 중에서 맏아들이 되게 하려 하심이니라(롬8:29).

> 이제 인내와 위로의 하나님이 너희로 그리스도 예수를 본받아 서로 뜻이 같게 하여 주사(롬15:5).

2) 사도 바울이 나를 본받으라고 한 것은?

> 그러므로 내가 너희에게 권하노니 너희는 나를 본받는 자가 되라(고전4:16).

> 내가 그리스도를 본받는 자가 된 것 같이 너희는 나를 본받는 자가 되라(고전11:1).

혹자는 사도 바울도 자기를 본받으라고 하지 않았느냐고 반문할 수 있다. 인간 교주들은 바울을 빙자하여 자기를 본받으라고 주장을 펴고 싶을 것이다. 그러나 사도 바울이 자기를 본받으라고 한 것은 자기를 신앙의 대상으로 삼으라는 뜻이 아니다. 독자들에게 바울 자신처럼 예수님을 잘 믿으라는 의미였다. 절대로 자기를 중심인물로 생각하여 자기를 그 시대의 기준자로 삼아 본받으라는 의미가 아니다.

사도 바울은 예수님을 열심히 증거하다가 순교까지 한 사람이다. 그러므로 사도 바울이 나를 본받으라고 한 것은 자기를 믿고 따르라는 말이 아니라, 자신처럼 예수님을 잘 믿고 자기처럼 예수님을 증거 하는 삶을 본받으라는 것이다. 절대로 자기를 중심인물로 믿고, 자기를 그리스도로 삼아 신앙생활 하라는 의미가 아니다.

(4) 예수님만이 길이시다.

정명석의 주장은 '노아 시대는 노아가 길이요, 아브라함 시대는 아브라함이 길이요, 모세 때는 모세가 길이요… 이 시대는 정명석이 길이요' 라고 말하고 싶은 것이다. 과연 그럴까? 아니다. 하나님께 가는 길은 예수 그리스도뿐이다. 구약시대 사람들이라고 해서 구약 선지자의 이름으로 하나님께 가는 것이 아니다. 구약과 신약시대 모두 예수 그리스도를 통하는 것 말고는 하나님께 나아갈 수 없다.

성경에는 아브라함 언약, 모세 언약, 다윗 언약 등 많은 언약들이 있는데, 그것은 시대마다 하나님께서 그들과 맺으신 언약들이 각각 다르기 때문이다. 그렇다고 해서 하나님께서는 시대마다 다른 방법으로 구원하시지 않는다. 하나님이 주신 구원의 약속은 오직 하나다. 그것은 죄인이 예수 그리스도로 말미암아 구원을 받게 된다는 것이다. 이 약속이 여러 가지 언약들로 표현되었을 뿐이다. 에베소서 2장 12절에는 "약속의 언약들"(the covenants of the promise)에 대하여 말하고 있는데, 언약들은 복수로 되어 있어도 약속은 단수로 되어 있다.[172] 이것은 여러 가지 언약들은 한 가지 약속을 이루기 위하여 있다는 것을 의

---

172) "그때에 너희는 그리스도 밖에 있었고 이스라엘 나라 밖의 사람이라 약속의 언약들에 대하여는 외인들이요 세상에서 소망이 없고 하나님도 없는 자이더니"(엡2:12).

미한다.[173] 즉 구약의 모든 선지자들의 언약들은 결국 다 예수 그리스도를 믿어야 구원을 받는다는 한 약속으로 통합되는 것이다.

> 예수께서 이르시되 내가 곧 길이요 진리요 생명이니 나로 말미암지 않고는 아버지께로 올 자가 없느니라(요14:6).

이 말씀은 예수님만이 하나님께로 가는 유일한 길이라는 의미이지, 시대마다 길이 새로 난다는 뜻이 아니다. 구약의 선지자도 길이 아니고, 어느 시대의 누구라도 예수님 외에는 길이 될 수 없다. 신구약의 모든 선지자들은 예수라는 고속도로로 들어가기 위한 연결도로일 뿐이다. 혹은 고속도로 진입을 알리는 안내판과 같다.

(5) 예수님만이 중보자이시다.

정명석은 시대마다 선지자들이 중심인물들이고, 하나님께서 그들을 통해 인간들과 소통하니 중보자라 하였다. 그러나 성경은 예수님만 중보자라고 말씀하고 있다.

> 하나님은 한 분이시요 또 하나님과 사람 사이에 중보자도 한 분이시니 곧 사람이신 그리스도 예수라(딤전2:5).

왜 예수님만 중보자이신가? 분명 모세도 중보자였고, 선지자들, 제사장들, 그리고 왕들도 중보자였다. 그럼에도 불구하고 사도 바울이 오직 한 중보자만 있다고 말한 이유는 무엇일까? 그는 신성과 인성을

---

173) 정동섭, 「성도의 행복을 위해 주신 율법…은혜와 관계는?」, 『교회와 신앙』, 2015년 12월 3일 기사. http://www.amennews.com/news/articleView.html?idxno=14037.

함께 지니신 유일한 분에 대해 말한 것이다. 그런 사람은 예수님 한 분 뿐이다. 인간들과 하나님 사이에 중보(중재)하려면 신성과 인성 양쪽을 다 가지고 있어야 한다. 그러나 하나님과 인간 사이에서 신성과 인성을 가지신 분은 예수 그리스도뿐이다. 나머지 중보자들은 중보자이신 예수 그리스도의 모형이다. 그래서 하나님과 인간 사이의 중보자는 한 분 예수 그리스도뿐이라 한 것이다.[174] 그런데 누가 감히 시대가 바뀌었다고 말하며 예수님 밀어내고 자기를 중보자라 할 수 있다는 말인가? 어느 시대를 막론하고 중보자는 오직 예수 그리스도뿐이다.

사도 바울은 자기를 가리켜 "내가 너희를 정결한 처녀로 한 남편인 그리스도께 드리려고 중매함이로다"(고후12:2)고 하였다. 바울은 성도들을 정결한 신부로 예수님께로 이끄는 중매자라고 했지, 자기를 그 시대의 하나님께로 가는 중보자라고는 하지 않았다. 자기를 이 시대의 중보자라고 하는 것은 자기를 이 시대의 신랑이라고 자처하는 것과 같다. 이는 마치 중매쟁이가 신부가 아름답다고 신부를 가로채는 꼴이다. 그러므로 우리는 예수님께로 인도하는 중매자는 될지언정, '내가 이 시대의 새 신랑이고, 이 시대는 내가 하나님께 나아가는 길과 문이다'라고 말해서는 안 된다. 이는 적그리스도들이나 하는 말이다.

(6) 중심인물은 무조건적(無條件的) 선택이다.
1) 조건(條件)인가? 무조건(無條件)인가?
정명석은 하나님께서 중심인물을 뽑으실 때는 "때를 보신다, 마음을 보신다, 소질과 재능을 보신다, 가문과 배경을 보신다" 등등 여러 가지 조건을 내걸었다. 하나님께서는 특정한 조건을 만족시킨 사람만을 중심인물로 세우시는가? 이는 심각한 오류이다. 하나님께서는 오직 무조건적 선택을 통해서만 중심인물을 세우신다.

① 모세

모세는 특출한 조건을 가진 인물이라고 보기 어렵다. 왜냐하면 모세는 특별한 사람이 되기 위해 특별히 어떤 조건을 세우지도 않았다. 모세는 애굽 사람들이 이스라엘의 어린 장자를 죽이려 할 때, 애굽 공주의 눈에 띄어 살아난 사람일 뿐이다. 심지어 모세는 애굽 사람을 죽였다가 발각된 사람이며, 미디안 광야에서 40년 동안 목동 일을 하다가 80세가 되어 부르심을 받은 사람이다. 모세는 결코 말을 잘한 사람도 아니다. 성경에서도 모세를 "나는 입이 뻣뻣하고 혀가 둔한 자니이다"(출2:10)라고 기록하고 있을 정도이다. 결국 모세는 자신이 부르심을 받을 만한 자격이 없는 사람이라고 생각해서 "오 주여 보낼 만한 자를 보내소서"(출4:13)라고 말하며 하나님의 부르심을 거부하지 않았는가?

정명석은 하나님께서 중심인물을 뽑으실 때 때도 보고 나이를 본다고 했는데, 모세는 나이가 80이나 먹은 노인인데 뽑혔다. 80세 먹은 노인네가 영도자로 적절한가? 사람들 생각으로는 절대로 영도자로 뽑힐 나이는 아니었다. 하나님이 미리 주권적으로 출애굽 날자 정해 놓고, 모세를 영도자로 예정해 놓고 기다리시다가, 하나님의 때가 되었을 때 부르신 것이다. 즉 무조건적 선택이었다.

② 예레미야

예레미야 선지자가 부름 받을 때를 생각해 보자. 하나님께서는 예레미야가 모태에 생기기 전에도 예레미야를 알았고, 그가 출생하기 전에 성별(聖別)하였고, 그를 여러 나라의 선지자로 이미 세우셨다고 말씀하셨다. 그런데 예레미야의 무슨 조건을 보고 뽑으셨다는 것일까? 이는 예레미야가 선지자로 부르심을 받을 때 무조건적으로 선택하셨다는 것 외에는 달리 해석할 수 없다. 너무 명확하게 말씀하셨기 때문이다. 예레미야뿐만 아니라 다른 선지자의 경우도 마찬가지다.

> 4 여호와의 말씀이 내게 임하니라 이르시되
>
> 5 내가 너를 모태에 짓기 전에 너를 알았고 네가 배에서 나오기 전에 너를 성별하였고 너를 여러 나라의 선지자로 세웠노라 하시기로
>
> 6 내가 이르되 슬프도소이다 주 여호와여 보소서 나는 아이라 말할 줄을 알지 못하나이다 하니
>
> 7 여호와께서 내게 이르시되 너는 아이라 말하지 말고 내가 네게 무엇을 명령하든지 너는 말할지니라(렘1:4~7).

③ 야곱과 에서

야곱과 에서의 이야기는 위의 예정론 장에서 밝힌 바 있다. 야곱과 에서의 이야기도 무조건적 선택임을 알 수 있는 좋은 예이다. 에서와 야곱은 이삭과 리브가 사이에서 쌍둥이로 태어났다. 그런데 그들이 태중에 있을 때, 그들이 아직 아무것도 하지 않았는데도 하나님께서 "두 국민이 네 태중에 있구나 두 민족이 네 복중에서부터 나누이리라 이 족속이 저 족속보다 강하겠고 큰 자가 어린 자를 섬기리라"(창25:23)고 하셨다. 하나님께서 말라기 선지자를 통해 다시 말씀하셨다: "나 여호와가 말하노라 에서는 야곱의 형이 아니냐 그러나 내가 야곱을 사랑하였고 에서는 미워하였으며"(말1:2~3).

바울은 이 장면을 로마서에 그대로 담고 있다. 야곱을 택하신 것은 하나님의 주권적인 무조건적 선택이다.

> 15 내가 긍휼히 여길 자를 긍휼히 여기고 불쌍히 여길 자를 불쌍히 여기리라.

16 그런즉 원하는 자로 말미암음도 아니요 달음박질하는 자로 말미암음도 아
니요 오직 긍휼히 여기시는 하나님으로 말미암음이니라(롬9:15~16).

④ 다윗

그렇다면 다윗의 경우는 어떠한가? 혹자는 하나님께서 다윗을 뽑을
때, "사람은 외모를 보지만 하나님께서는 중심을 본다"고 하지 않았느
냐고 반문할 수 있다. 이 경우도 마찬가지다. 하나님께서는 자신의 주
권적인 무조건적 선택으로 다윗을 예정해 놓으셨다. 그러나 이 사실을
모르는 사무엘은 다윗의 형제들의 외모만 보고 그들에게 호감을 가졌
을 것이다.

그러나 하나님께서는 다윗을 예정해 놓으셨기 때문에, 당연히 사람
의 외모와 신장을 보지 말라고 하셨던 것이다. 하나님이 다윗의 마음
을 보고 뽑았다는 것은 2차 원인이다. 이미 하나님께서 어떤 조건에
의하지 않고 오직 하나님의 뜻에 따라 무조건적으로 뽑으셨고, 다윗으
로 하여금 하나님께서 쓰시기에 합당한 마음을 갖고 태어나게 하셨던
것이다.

2) "때가 차매?"

"때가 차매"는 무슨 의미인가? 예수님은 그냥 아무 때나 오는 것이
아니다. 사람들이 기다린다고 오시는 것도 아니다. 이스라엘 백성이
로마의 압제 아래 있어 해방될 필요가 있기 때문에 오시는 것도 아니
다. 하나님께서는 창세 전에 예수님을 이 세상에 보내실 때를 정해 놓
으셨고, 그때가 되어서 오신 것이다. 그때가 바로 "때가 차매"인 것이
다. 배 안의 아기도 10개월 있다가 나오듯이, 예수님께서도 하나님께
서 정한 때가 다 되어서 오신 것이다. 아무 때나 오는 것이 아니고, 누
가 기다린다고 오시는 것도 아니며, 누가 안 기다린다고 안 오시는 것

도 아니다. 하나님의 시간표에 따라 시간이 되었을 때, 그것이 바로 "때가 차매" 또는 "때가 찼고"인 것이다.

> 때가 차매 하나님이 그 아들을 보내사 여자에게 나게 하시고 율법 아래에 나
> 게 하신 것은(갈4:4).

> 때가 찼고 하나님의 나라가 가까이 왔으니 회개하고 복음을 믿으라(막1:15).

예수님께서 돌아가신 사건도 우연히, 어떻게 하다 보니 돌아가신 것이 아니다. 사람들이 몰라서 죽인 것처럼 보여도, 실상은 하나님의 정하신 때가 되었기에 돌아가신 것이다.

> 이르시되 성안 아무에게 가서 이르되 선생님 말씀이 내 때가 가까이 왔으니 내
> 제자들과 함께 유월절을 네 집에서 지키겠다 하시더라 하라 하시니(마26:18).

예수님께서는 때가 되기 전에는 잡히지도 않으셨다. 그냥 안 잡히신 것이 아니다. 하나님께서 정한 때가 안 되었기 때문에, 사람들이 잡고 싶어도 못 잡는 것이다.

> 그들이 예수를 잡고자 하나 손을 대는 자가 없으니 이는 그의 때가 아직 이르
> 지 아니하였음이니라(요7:30).

그러므로 정명석의 주장처럼 때가 되어 조건에 맞는 사람을 뽑으시는 것이 아니라, 하나님의 정하신 때가 되었을 때 하나님께서 미리 정한 사람을 맞추어 보내시는 것이다.

(7) 중심인물의 선택과정?

1) 미리 정하시고

2) 부르시고

3) 의롭게 하시고

4) 영화롭게 하시고

이 구절은 어떤 특정 인물을 뽑는 과정을 말한 것이 아니고, 택함을 받은 성도들이 어떻게 구원받는가 하는 하나님의 구원 섭리의 전(全) 과정을 언급하고 있다. 이것을 구원의 서정(순서와 과정)이라고 한다. 즉 하나님께서는 미리 정하시고(예정), 부르시고(소명), 그 부르신 그들을 또한 의롭다 하시고(칭의), 의롭다 하신 그들을 최종적으로 영화롭게 하신다는 것이다.

1) 미리 정하시고

먼저, 하나님은 영원 전부터 구원받을 성도를 예지하고 예정해 놓으셨다. 이에 대해 바울 사도는 "곧 창세 전에 그리스도 안에서 우리를 택하사 우리로 사랑 안에서 그 앞에 거룩하고 흠이 없게 하시려고 그 기쁘신 뜻대로 우리를 예정하사 예수 그리스도로 말미암아 자기의 아들들이 되게 하셨으니"(엡 1:4-5)라고 증언하였다. 하나님은 창세 전에 이미 구원받을 성도를 아시고 구원받도록 예정해 놓으셨다는 말이다. 그러므로 구원은 하나님의 주권적인 섭리로 이루어지는 일이다.

2) 부르시고

다음으로 바울은 "미리 정하신 그들을 또한 부르시고"라고 했다. 이처럼 하나님께서 성도를 부르시는 섭리를 '소명(召命)'이라고 한다. 이에 대해 베드로 사도는 "그러므로 형제들아 더욱 힘써 너희 부르심과 택하심을 굳게 하라 너희가 이것을 행한즉 언제든지 실족지 아니하리라"(벧후 1:10)라고 하였다. 우리가 그리스도를 알게 되고 그분을 믿고 신앙생활을 하게 된 것은, 하나님께서 먼저 우리를 부르셨기 때문에 가능한 것이다.

> 너희도 그들 중에 있어 예수 그리스도의 것으로 부르심을 입은 자니라(롬 1:6).

3) 의롭다 하시고

그 다음으로 하나님은 '부르신 그들을 또한 의롭다'고 하신다. 정명석은 하나님께서 중심인물에게 시대의 진리 말씀을 들려주어 그로 하여금 그 말씀대로 순종하며 실천하게 하여 의로운 사람으로 만드신다고 하였다. 하나님께서는 중심인물을 연단시켜 의롭게 만든다고 하였다. 그러나 성경은 율법의 행위로 의롭다 함을 받을 육체가 하나도 없다고 선언하고 있다.

> 그러므로 율법의 행위로 그의 앞에 의롭다하심을 얻을 육체가 없나니 율법으로는 죄를 깨달음이니라(롬3:20).

> 또 하나님 앞에서 아무도 율법으로 말미암아 의롭게 되지 못할 것이 분명하니 이는 의인은 믿음으로 살리라 하였음이라(갈3:11).

정명석은 성경에 자기의 행위로 하나님 앞에 의롭다 함을 받을 사람이 아무도 없다고 기록되어 있음에도 불구하고 의롭다 함을 받을 사람이 있다고 주장한다. 이는 바로 사탄의 말이다.

사람이 의롭게 되는 것은 율법의 행위로 의롭다 함을 받는 것이 아니다. 예수 그리스도를 믿음으로 의롭다 함을 받는 것이다.

> 사람이 의롭게 되는 것은 율법의 행위로 말미암음이 아니요 오직 예수 그리스
> 도를 믿음으로 말미암는 줄 알므로 우리도 그리스도 예수를 믿나니 이는 우리가
> 율법의 행위로써가 아니고 그리스도를 믿음으로써 의롭다 함을 얻으려 함이라 율
> 법의 행위로써는 의롭다 함을 얻을 육체가 없느니라(갈2:16).

그러므로 자기 행위로 하나님 앞에 의롭다 함을 얻으려 하는 자들은
결국 성공하지 못하고 고생만 죽도록 하다가 지옥에 간다. 만약에 사
람이 자기 행위로 의롭게 될 수 있다면 그리스도가 어찌 필요한가? 자
기 행위로 의롭다 하심을 받을 수 있다면 그리스도는 헛되이 죽은 것
이다(갈 2:21). 예수 그리스도를 믿어 의롭게 되는 것이 하나님의 뜻
이다.

> 너희 중에 이와 같은 자들이 있더니 주 예수 그리스도의 이름과 우리 하나님의
> 성령 안에서 씻음과 거룩함과 의롭다 하심을 얻었느니라(고전 6:11).

4) 영화롭게 하시고

끝으로 바울은 "의롭게 하신 그들을 또한 영화롭게 하셨느니라"고
증언한다. 이 '영화'롭게 하시는 구원 섭리에는 성도의 현재와 미래를
동시에 영화롭게 만드신다는 의미가 있다. 먼저는 하나님의 영이신 성
령을 주시고, 하나님의 자녀라는 신분을 주심으로써 영화롭게 하셨다
(already, 14-16절). 그러나 아직은 장차 받을 영광과는 차이가 있다
(not yet). 예수님께서 재림하시면 성도들을 신령한 몸, 즉 영광스러운
하늘의 몸으로 부활시키시고 천국의 영광을 입혀주실 것이다. 이것이
하나님의 마지막 구원 섭리이다. 하나님께서는 이를 통해 성도를 영
원히 영화롭게 하실 것이다. 그러므로 하나님의 구원 섭리는 미리 정
하시고(예정), 부르시고(소명), 의롭게 하시고(칭의), 거룩하게 하시고

(성화), 그리고 영화롭게 하시는(영화) 일을 통해 이루어진다. 이것은 마치 연결된 은혜의 사슬과 같다. 그야말로 모든 것을 합하여 선을 이루시는 것이다(28절). 부르심을 받은 성도들은 모든 것을 합력하여 구원으로 이끈 하나님의 은혜를 찬송하지 않을 수 없다.

> 이는 그가 사랑하는 자 안에서 우리에게 거저 주시는 바 그의 은혜의 영광을 찬송하게 하려는 것이라(엡1:6).

결론

신구약을 막론하고 중심인물은 예수 그리스도 뿐이다. 레오나르도 다빈치가 그린 예수님의 최후의 만찬 그림을 보면, 예수님은 중앙에 앉아 계시고, 제자들은 좌우에 앉아서 중앙 쪽을 바라보고 앉아 있다. 예수님은 사진에서 중심인물이다. 좌측에 앉아 있는 제자들은 중앙의 예수님을 보기 위해 좌측을 보고 있고, 우측에 있는 제자들은 우측을 바라보고 있다.

구약의 성도들은 좌측의 제자들과 같고, 신약의 성도들은 우측의 제자들과 같다. 구약의 성도들은 앞으로 오실 메시아를 바라보고 있고, 신약의 성도들은 오신 메시아를 바라보고 있다. 그러므로 예수님만이 중심인물이다.

그리고 지금은, 어떤 특정인물을 중심인물이라고 하지 않는다. 중심인물을 굳이 찾는다면 구원받은 모든 사람들이 중심인물이다. 이제는 구약시대와는 달리, 예수 믿고 구원받은 모든 사람들은 모두 제사장이 되었다. 이것이 루터가 주장한 만인사제주의다. 구원받은 성도들은 택하신 족속이요, 왕 같은 제사장들이요, 거룩한 나라요, 그리고 하나님의 덕을 선포하는 선지자라 할 수 있다.

> 그러나 너희는 택하신 족속이요 왕 같은 제사장들이요 거룩한 나라요 그의 소
> 유가 된 백성이니 이는 너희를 어두운 데서 불러 내어 그의 기이한 빛에 들어가게
> 하신 이의 아름다운 덕을 선포하게 하려 하심이라(벧전2:9).

정명석은 자신을 이 시대의 중심인물이라고 주장하지만, 그것은 틀린 말이다. 하나님께 가는 유일한 길과, 중보자로서의 중심인물은 예수님 밖에는 없다. 시대별 중심인물이라 일컬어질 만한 사람들도 다 예수님을 통해 구원받았다. 그러므로 우리를 죄 가운데서 구원하신 분은 오직 예수 그리스도뿐이다. 그리고 구약시대의 중심인물들은 예수님께서 오시기 전에 사명 받았기 때문에, 예수 그리스도의 모형과 그림자로 세워 일하게 했을 뿐이다.

정명석은 자기를 성약 시대의 중심인물이라고 하지만, 그 말이 맞으려면 정명석이 재림 예수여야 한다. 정명석이 재림 예수로 왔다면, 천하만국의 모든 사람들이 천사장의 나팔 소리와, 정명석이 하늘 구름을 타고 큰 영광과 능력으로 오는 것을 봤어야 한다(마24:30). 심지어 '찌른 자들도 볼 것이요 땅에 있는 모든 족속들이 애곡하리라(계1:7)'는 예언의 말씀과도 부합되어야 한다. 그러나 전자발찌 찬 모습이 영광스러운 모습인가? 그가 구름 타고 오는 모습을 보고 모든 사람들이 애곡하였는가? 그렇지 않다. 그러기에 궁극적인 중심인물은 예수님 밖에 없다. 구약의 선지자들은 예수님의 모형과 그림자일 뿐이다.

그러므로 예수님만이, 신구약을 막론하고 어느 시대든지, 중심인물이요, 길이요, 중보자요, 견본자이다. 예수님께서 직접 말씀하셨다: "나는 길이요, 진리요, 생명이니 나로 말미암지 않고는 아버지께로 올 자가 없느니라"(요14:6). 그런데 누가 예수님의 시대는 끝났고, 이제부터는 내가 '길이요, 진리요, 생명이라'고 외치는가? 그가 바로 적그리스도이다.

예수님의 보좌는 영원하며, 시대가 바뀌어도 다른 사람으로 바뀌지 않는다.[175] 성경은 "주의 보좌는 영원하다"고 분명히 밝히고 있다.

> 아들에 관하여는 하나님이여 주의 보좌는 영영하며 주의 나라의 규는 공평한 규이니이다(히1:8).

가브리엘 천사가 마리아에게 수태고지(受胎告知) 하면서 "그 나라가 무궁하리라"고 전하였다.

> 31 보라 네가 잉태하여 아들을 낳으리니 그 이름을 예수라 하라
> 32 그가 큰 자가 되고 지극히 높으신 이의 아들이라 일컬어질 것이요 주 하나님께서 그 조상 다윗의 위(位)를 그에게 주시니
> 33 영원히 야곱의 집을 왕으로 다스리실 것이며 그 나라가 무궁하리라(눅 1:31~33).

---

175) 피영민, 『완전한 믿음의 정상에서 2』, (서울: 검과흙손, 2009), 44.

08. 한 때, 두 때, 반 때

08
한 때, 두 때, 반 때

다니엘 12장 7절~13절

7 내가 들은즉 그 세마포 옷을 입고 강물 위에 있는 자가 그 좌우 손을 들어 하늘을 향하여 영생하시는 자를 가리켜 맹세하여 가로되 반드시 한 때 두 때 반 때를 지나서 성도의 권세가 다 깨어지기까지니 그렇게 되면 이 모든 일이 다 끝나리라 하더라

8 내가 듣고도 깨닫지 못한지라 내가 가로되 내 주여 이 모든 일의 결국이 어떠하겠삽나이까

9 그가 가로되 다니엘아 갈지어다 대저 이 말은 마지막 때까지 간수하고 봉함할 것임이니라

10 많은 사람이 연단을 받아 스스로 정결케 하며 희게 할 것이나 악한 사람은 악을 행하리니 악한 자는 아무도 깨닫지 못하되 오직 지혜 있는 자는 깨달으리라

11 매일 드리는 제사를 폐하며 멸망케 할 미운 물건을 세울 때부터 일천이백구십 일을 지낼 것이요

12 기다려서 일천삼백삼십오 일까지 이르는 그 사람은 복이 있으리라

13 너는 가서 마지막을 기다리라 이는 네가 평안히 쉬다가 끝 날에는 네 업을 누릴 것임이니라.

〈한 때, 두 때, 반 때〉는 30개론의 정점(頂点)으로서, 정명석이 자랑하고 또 자랑하는 교리이다. JMS 사람들은 정명석이 성폭행죄로 10년형의 중벌을 받아도, 그리고 방송에서 정명석의 성 스캔들에 대하여 특집방송으로 여러 번 다뤘어도 요지부동 흔들리지 않는다. 그것은 바로 이 〈한 때, 두 때, 반 때〉 교리가 그들의 마음을 붙잡고 있기 때문이다. JMS의 30개론이란 정명석이 재림 예수라고 가르치는 것이고, 그 중에서 〈한 때, 두 때, 반 때〉는 재림 예수가 출현하는 시간을 말하는데, 정명석의 사명 시작할 때(1978년)가 〈한 때, 두 때, 반 때〉가 말하는 재림 예수의 출현한 연도(1978년)와 맞으니 정명석이 재림 예수라는 것이다. 이 장에서는 정명석의 〈한 때, 두 때, 반 때〉가 무엇인지 살펴본 후 반증할 것이다.

정명석의 주장[176)]

(1) 다니엘이 하늘로부터 계시를 받게 된 동기

바벨론 느브갓네살(Nebuchadnezzar) 왕 때 이스라엘 민족은 바벨론으로 포로로 잡혀갔다. 이때, 청년 다니엘 역시 함께 잡혀갔다. 다니엘은 자기 민족이 해방되어 고국으로 돌아가기를 간구하며 "우리의 이 형벌 기간은 언제 끝나고, 언제 그리운 고국으로 돌아가서 옛날에 하나님을 섬기듯 섬기게 됩니까?"라고 기도했다.[177)]

그러자 다니엘이 기도 가운데 영계에서 두 사람을 보았는데, 하나는 강 저편 언덕에 서 있고, 하나는 강 이편 언덕에 서 있었다. 그중 한 사람이 강물 위에 세마포 옷을 입고 서 있는 자에게 "이 놀라운 일의 끝

---

176) 『고급편』, 75-91; 『실제 보는 강의안』, 202-215.
177) 『고급편』, 76; 『실제 보는 강의안』, 204.

이 어느 때까지냐?"(단12:7b)고 물었고, 다니엘이 들으니 세마포 옷을 입고 강물 위에 서 있는 자가 손을 들어 하늘을 향하여 영원히 살아 계시는 이를 가리켜 맹세하여 이르기를 "반드시 한 때, 두 때, 반 때를 지나서 성도의 권세가 다 깨어지기까지니 그렇게 되면 모든 일이 끝나리라"(단12:7b)고 하였다. 다시 말해서, 〈한 때, 두 때, 반 때〉가 지나야 이스라엘 민족의 포로 기간이 끝나고 해방이 된다는 비밀의 말씀이었다.[178]

뿐만 아니라 이때는 사탄으로부터 인류가 완전히 벗어나는 영적인 해방의 때인 바로 재림의 때, 마지막 구원의 때를 알려주는 예언의 말씀이기도 하였다. 새 시대의 사명자가 말씀을 풀고 하나님을 중심하여 역사를 펴야 하기에 선지자 다니엘에게 봉함하였던 것이다.[179]

다니엘은 대선지자였지만 듣고도 깨닫지를 못하였다고 하였다. 본문에 오직 지혜 있는 자만 깨닫는다고 하였으니 오직 이 예언의 사명을 가진 자만이 깨닫고 이 글에 해당되는 시대의 하나님 일을 한다는 것이다.[180]

(2) 〈한 때, 두 때, 반 때〉의 환산법

1) 〈한 때〉는 1년이다.

〈한 때, 두 때, 반 때〉는 무엇이고 어떻게 풀어야 하는가? 여기서 〈한 때〉는 "1년"을 의미한다. 그렇다면 〈두 때〉는 2년, 〈반 때〉는 6개월이므로, 〈한 때와 두 때와 반 때〉는 3년 6개월이다. 이것을 달로 환산하면 42달이고, 날수로 환산하면 1260일(42 × 30= 1260일)이 된

---

178) 『실제 보는 강의안』, 203-204.
179) 『실제 보는 강의안』, 205.
180) 『실제 보는 강의안』, 205.

다.[181]

2) 1일(日)은 1년(年)이다.

하나님께서 모세나 에스겔 선지자에게 말씀하시기를 "형벌 기간이나 어떤 역사 기간을 계산할 때 하루를 1년으로 환산하라"(민14:33-34, 겔4:6)고 하셨다.[182] 말씀대로 환산 풀이할 때 죗값을 지는 탕감 기간의 환산법은 1일을 1년으로 계산한다.

> 너희가 그 땅을 탐지한 날 수 사십 일의 하루를 일 년으로 환산하여 그 사십년간 너희가 너희의 죄악을 질지니(민14:34).

> 내가 네게 사십 일로 정하였나니 일일(一日)이 일년(一年)이니라(겔4:6).

1일을 1년으로 환산하면, 〈한 때, 두 때, 반 때〉의 1260일은 1260년이 된다.

3) 미운 물건[183]은 오마르 사원(Mosque of Omar)이다.

그러면 매일 드리는 제사를 폐하며 멸망케 할 미운 물건은 무엇인가?

> 매일 드리는 제사를 폐하며 미운 물건을 세울 때부터 일천 이백 구십일을 지낼 것이요, 기다려서 일천 삼백 삼십 오일까지 이르는 사람이 복이 있으리라 너는 가

---

181) 『고급편』, 78; 『실제 보는 강의안』, 206.
182) 『실제 보는 강의안』. 206.
183) 개역한글 성경에는 "미운 물건"으로 되어있으나, 개역개정 성경에는 "가증한 것"으로 나와 있다.

서 마지막을 기다리라 이는 네가 평안히 쉬다가 끝 날에는 네 몫을 누릴 것임이라 (단12:11, 개역한글).

"매일 드리는 제사를 폐하며 미운 물건을 세울 때"부터 계산하라고 했다. 미운 물건을 세운 때부터 형벌 기간이 결정되는 것이다. 그러므로 미운 물건이 무엇인지를 아는 것이 중요하다. 미운 물건은 사탄이 세운 회교 성전인 오마르 사원이다.[184]

4) 오마르 사원은 AD688년도에 세워졌다.

정명석은 미운 물건이 오마르 사원이라는 하늘의 계시를 받고 그 실체 근거를 확인하기 위해 무려 3년 동안 그 역사적 근거를 찾아다녔다고 한다. 결국 유대 사전 7권 148편 157페이지 둘째 줄에서 회교 사원이 AD688년에 세운 것을 확인했다고 한다.[185]

(3) 이스라엘의 해방
1) 육적 이스라엘의 해방

오마르 사원을 세운 AD688년에서 1260년을 더하면 AD1948년으로 이스라엘이 해방된 연도가 나온다. 과연 성경 예언대로 미운 물건인 회교 사원이 세워진 688년에서 1260년이 지난 1948년 5월 14일에 육적 이스라엘 민족이 해방되었던 것이다.[186]

1260년+ 688=1948년. 육적 이스라엘의 육적 해방

---

184) 『고급편』, 84; 『실제 보는 강의안』, 206.
185) 『고급편』, 86.
186) 『고급편』, 87.

2) 영적 이스라엘의 해방

다니엘서 12장 11절을 보면 "매일 드리는 제사를 폐하며 멸망케 할 미운 물건을 세울 때부터 일천 이백구십일을 지낼 것이요"라고 했다. 1290일은 1일을 1년으로 계산하면 1290년이니, 688년에 1290년을 더하면 1978년이 나온다. 1978년은 무엇인가? 1978년에 무엇이 해방되었다는 말인가? 이는 제2 이스라엘 민족의 영적 해방을 의미한다.[187] 이 말은 1978년도부터 정명석이 말씀을 외치기 시작하였는데, 영적 이스라엘인 기독교는 정명석의 말씀을 듣고 해방을 받는다는 말이다.

정명석은 이 인봉을 떼고서 1978년 6월 1일부터 말씀 선포하여, 요한복음 8장 32절의 "진리를 알지니 진리가 너희를 자유케 하리라"는 말씀처럼 자기가 지금 진리의 말씀으로 사람들을 자유롭게 하고 있다고 주장한다. 해방이란 요한복음 5장 24절의 "내 말을 듣고 또 나 보내신 이를 믿으면 사망에서 생명으로 나오리라"고 했듯이, 사망권에서 생명권으로, 신광야(신약)에서 가나안 복지(성약)로 나온 것을 말한다.[188]

1290년+688=1978년. 영적 이스라엘의 영적 해방.

3) 영적 복음 완성의 해(부활 복음 시대)

기다려서 천삼백 삼십오 일까지 이르는 그 사람은 복이 있으리라(단12:12).

여기서 "기다려서 1335일까지 이르는 그 사람은 복이 있으리라"

---

187) 『고급편』, 87-88.
188) 『실제 보는 강의안』, 88.

했다. 1335일은 1일을 1년씩으로 계산하면 1335년이다. 688년에 1335년을 더하면 2023년이 나온다. 2023년은 무엇인가? 이때는 성약 1000년 역사, 신부 역사의 초석을 다지는 때를 두고 말한 것이다. 즉 1978년부터 2023년까지 45년 기간은 성자 주님이 사명자(정명석-필자 주)의 몸을 쓰고 이 땅에서 재림의 역사를 이루는 기간이다.[189]

다니엘서 12장은 오직 지혜 있는 사람만 깨닫는다고 했다. 총명했다던 다니엘도 환산풀이를 하지 못했다. 인봉된 말씀이라 하나님이 때가 되어 가르쳐 주기 전에는 선지자도 풀 수 없었다. 이 말씀에 해당되는 주인공만 알고 그때에 맞춰 외친다.[190]

한 때 두 때 반 때 연대표 [191]

단 12:7-13 환산풀이
Calculation of Daniel 12:7-13

한 때	두 때	반 때
1년	2년	6개월

3년 6개월

42달

1260일

겔 4:6
민 14:34 1260년

688+1260=1948 688+1290=1978 688+1335=2023
해방   해방   해방

연대 대조
Comparison of the Times

단 12:7
1260일=1260년

688년+1260년=1948년
(육적 이스라엘 해방)

단 12:11
1290일=1290년

688년+1290년=1978년
(영적 이스라엘 해방)

단 12:12
1335일=1335년

688년+1335년=2023년

1978년 : 전21년+후21년+3년6개월=45년

1978년+45년=2023년

---

189) 『실제 보는 강의안』, 208; 『고급편』, 89.
190) 『실제 보는 강의안』, 208; 『고급편』, 89.
191) 『실제 보는 강의안』, 207

1978년(사명시작)+45년(사명기간)=2023년(사명 끝나는 기간).[192]

1978년부터 2023년까지는 45년이다. 이것은 재림 메시아의 사명 기간이다.

우리의 역사(JMS의 역사-편집자 주)[193]

단 12:7 688+1260=1948년 5월 14일 민족 해방

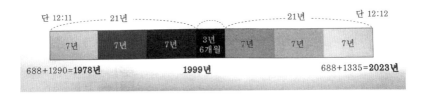

결론적으로 〈한 때, 두 때, 반 때〉는 정명석이 재림 예수로서 1978년부터 사명을 시작하여 45년 동안 사역하다가 2023년에 마친다고 주장하는 교리이다. 지금으로부터 2천6백~7백 년 전의 다니엘이 정명석의 사명 기간을 예언했다는 것이다.

반증

(1) 다니엘은 이스라엘 민족이 언제 해방될 것인지를 알고 있었다.

1) 정명석은 다니엘이 이스라엘 민족이 언제 해방되어 고국으로 돌아갈 것인지를 알고자 기도하기 시작했다고 주장한다. 과연 그런가? 아니다.

---

192) 정명석, 『말씀도표강의론』, (충남: 기독교복음선교회, 2007), 75.

193) 『말씀도표강의론』, 73.

거짓말이다. 다니엘은 언제 해방될 것인지를 이미 알고 기도를 시작하
였다.

> 1 메대 족속 아하수에로의 아들 다리오가 갈대아 나라 왕으로 세움을 받던 첫
> 해
> 2 곧 그 통치 원년에 나 다니엘이 책을 통해 여호와께서 말씀으로 선지자 예레
> 미야에게 알려 주신 그 연수를 깨달았나니 곧 예루살렘의 황폐함이 칠십 년만에
> 그치리라 하신 것이니라
> 3 내가 금식하며 베옷을 입고 재를 덮어쓰고 주 하나님께 기도하며 간구하기
> 를 결심하고(단9:1~3).

다니엘이 다리오(Darius)왕의 바벨론 통치 원년에 예레미야 선지자
의 글을 읽다가, 여호와께서 말씀으로 선지자 예레미야에게 알려주신
그 연수를 깨달았다고 하였다(단9:2). 곧 "예루살렘의 황폐함이 칠십
년만에 그치리라"(렘25:11~12)는 사실을 발견한 것이다. 다니엘은
"칠십 년만에 그치리라"한 예레미야 선지자의 글을 읽고 깜짝 놀랐다.
"칠십 년만에 그치리라!" 다니엘은 정명석의 말처럼 "언제 해방되겠
습니까?" 하고 묻기 위해 기도한 것이 아니다.

> 11 이 모든 땅이 폐허가 되어 놀랄 일이 될 것이며 이 민족들은 칠십 년 동안
> 바벨론의 왕을 섬기리라.
> 12 여호와의 말씀이니라 칠십 년이 끝나면 내가 바벨론의 왕과 그의 나라
> 와 갈대아인의 땅을 그 죄악으로 말미암아 벌하여 영원히 폐허가 되게 하되(렘
> 25:11~12).

그러므로 유대 민족의 바벨론 포로 기간은 처음부터 70년이라고 정

해져 있었다. 그러므로 유대 민족이 언제 바벨론에 끌려갔는가 하는 시작 연도만 안다면, 끝나는 연도를 알 수 있었다.

다니엘을 포함하여 유대 민족이 최초로 바벨론의 느부갓네살 왕에 의하여 포로로 잡혀 온 해는 BC606년이었다.[194] 다니엘은 BC606년에 포로로 잡혀 왔으므로 시작하는 해는 알았을 것이고, 그때부터 몇 년이나 남았는지를 계산할 수 있었던 것이다. 다니엘이 예레미야의 책을 읽은 때가, 다리오가 바벨론의 왕이 되는 첫해라고 했다. 이는 BC538년경이다. 다니엘은 예레미야의 예언을 읽고 70년이 차려면 2년밖에 남지 않았음을 알게 되었다. 이때 다니엘은 약 82세경으로, 그의 인생의 만년에 들어선 때였다.[195]

바사(Persia)의 고레스왕(Cyrus)은 바벨론을 무너뜨리고, 바벨론이 포로로 잡아 왔던 유대민족에게 예루살렘으로 돌아가라고 명령한다. 그때가 BC536년이었다.[196] 포로로 잡혀온 지 정확히 70년이 되는 해였다. 바사의 고레스 왕은 누구인가? 이 사람이 바로 이사야 46장 11절의 "동방의 독수리"로 예언된 사람이다.

> 22 바사의 고레스왕 원년에 여호와께서 예레미야의 입으로 하신 말씀을 이루시려고 여호와께서 바사의 고레스왕의 마음을 감동시키시매 그가 온 나라에 공포도 하고 조서도 내려 이르되
> 23 바사 왕 고레스가 이같이 말하노니 하늘의 신 여호와께서 세상 만국을 내게 주셨고 나에게 명령하여 유다 예루살렘에 성전을 건축하라 하셨나니 너희 중에 그의 백성된 자는 다 올라갈지어다 너희 하나님 여호와께서 함께 하시기를 원하노라 하였더라(대하36:22~23).

194) 헨리 H. 할레이, 『최신 성서핸드북』, 박양조 역. 기독교문사, 2000, 397.
195) 민병석, 『쉽게 배우는 다니엘서』, (서울: 도서출판 신생, 2007), 72.
196) 『최신 성서핸드북』, 276.

단12장 6절에서 "이 놀라운 일의 끝이 어느 때까지인가?"라고 물은 것은 한 천사가 다른 천사에게 70이레와 마지막 때에 관해 물은 것이지, 바벨론에 포로 잡혀있던 이스라엘의 해방에 대해서 물은 것이 아니었다. 다니엘은 유대 나라가 언제 해방을 받을 것인지 예레미야서를 통해 이미 알고 있었기 때문이다.

2) 지혜 있는 자는 누구인가?

> 많은 사람이 연단을 받아 스스로 정결하게 하며 희게 할 것이나 악한 사람은 악을 행하리니 악한 자는 아무것도 깨닫지 못하되 오직 지혜로운 자는 깨달으리라(단12:10).

정명석은 자기가 〈한 때, 두 때, 반 때〉의 당사자라서 다니엘도 알지 못했던 것을 깨달을 수 있었고, 그래서 자기가 지혜로운 자라고 주장한다. 과연 그럴까?

다니엘은 악한 자는 아무것도 깨닫지 못하되, 지혜로운 자는 깨닫는다고 하였는데, 누가 악한 자이고, 누가 지혜로운 자인가? 악한 자는, 성품이나 성격이 악하다는 것을 말하는 것이라기보다는, 이 세상을 향한 하나님의 계획을 알지 못하는 이들이며, 세상 끝날에 대한 하나님의 뜻도 알지 못하는 이들이다. 악한 자들은 세상 끝이 있는 줄도 알지 못하고, 어떻게 살아가야 하는지도 알지 못한다. 그래서 계속해서 불의와 악을 행한다. 악한 자들은 그들의 악 속에서 하나님을 알 수도 없고 깨달을 수도 없다.[197]

지혜로운 자는 누구인가? 성경에서 지혜로운 자는 머리가 좋은 것

---

197) 김근주, 『다니엘처럼』, (서울: 대장간, 2019), 357~358.

을 말하는 것이 아니다. 하나님을 경외하는 자가 지혜로운 자요,[198] 하나님을 믿지 아니하는 자들이 미련한 자이다.[199] 다니엘이 전하고 싶은 것은 마지막 날에 이루어질 환난과 그 다음에 올 구원에 대한 지식이며, 이를 통해 마지막 때를 어떻게 살아가야 할 것인가에 대한 태도이다.[200] 이 지식이 있을 때, 세상 풍조를 따라 살지 않고 오직 하나님의 뜻을 따라 살아갈 수 있다. 호세아서도 백성들이 하나님에 대한 지식이 없어서 망한다고 하였다. 지식이란 하나님의 사랑을 아는 것이다. 하나님 사랑은 십자가에서 확연히 드러났다(롬5:8).

결국 성경에서 악하고 미련한 자는 예수님을 안 믿는 사람들이고, 지혜로운 자는 예수 믿고 구원받은 사람들이다. 예수 그리스도는 하나님의 능력이요 지혜이기 때문에, 예수 믿는 사람들은 예수 그리스도를 통해 하나님의 행하심을 깨닫게 된다. 예수 그리스도는 세상이 알지 못하는 하나님의 지혜이다(고전1:24). 그러므로 지혜로운 자들은 정명석과 JMS 회원들이 아니고, 예수 믿고 구원받은 사람들을 말한다. 세상 지혜로는 하나님을 알지 못하나(고전1:21), 예수 믿는 사람들에게는 예수 그리스도가 지혜가 되어 하나님의 사랑을 깨닫게 하고, 의와 거룩함과 구원이 되기 때문이다(고전1:30).

(2) 〈한 때, 두 때, 반 때〉의 환산법에 대해서.

1) 한 때는 1년이라고 계시받았다는 것에 대하여.

정명석은 겨울 새벽에 성전 마당의 눈을 쓸다가 "한 때"가 "1년"이라는 것을 계시 받아서 알았다고 했다. 정명석은 계시 받아서 알게 되

---

198) 여호와를 경외하는 것이 지식의 근본이거늘 미련한 자는 지혜와 훈계를 멸시하느니라 (잠1:7)
199) 어리석은 자는 그의 마음에 이르기를 하나님이 없다 하는도다(시1:1).
200) 김근주, 358.

었다고 자랑하고 있으나, 그것은 특별히 계시 받지 않더라도 다 아는 내용이었다. 히브리어로 "때"(히. מוֹעֵד 모에드)의 본래 의미는 "지정" 즉 "고정된 때"이지만, 관례적으로 "한해"를 의미하는 단어이다.[201] 그러므로 한 때, 두 때, 반 때는 원래부터 1년, 2년, 반년이라고 번역해도 무방한 단어이다.

실제로, 영어 성경 Good News Bible에는 한 때(a time) 두 때(times) 반 때(half a time)라는 말 대신 아예 "3년 반"(three and a half years) 이라고 적고 있다.[202] 그리고 다른 영어 번역본에는 "a year, two years and half year"이라고 각주 처리되어 있다. 그러므로 보통의 일반 성도들은 〈한 때, 두 때, 반 때〉에 대해서 정명석이 계시받기 이전에도 지식적으로 이미 "3년 반"이라고 알 수 있다.[203]

2) 1일은 1년인가?

성경의 예언을 풀 때 민수기 13장 34절과 에스겔 4장 5절을 이용하여, 1일을 1년으로 계산하는 법을 연일(年日) 계산법이라고 한다. 연일 계산법은 이단들이 주로 사용하는 계산법인데, 정명석도 이 계산법을 이용하여 예언을 풀었던 것이다. 그러나 성경의 어느 예언도 1일이 1년으로 성취된 적이 없다.[204]

민수기 13장 34절은 이스라엘 정탐꾼이 40일 동안 가나안 땅을 탐지하고 돌아와, 가나안 땅을 악평하여 이스라엘 백성으로 하나님을 원망하게 만들었다. 그래서 하나님께서는 탐지한 날 수 40일 동안, 1일을 1년으로 계산하여 이스라엘 백성들로 하여금 40년 동안 광야에서

---

201) O.N.O 기획부, 『스트롱 코드 히,헬 원어사전』, 라형택 엮음, 도서출판 로고스, 245.
202) It will be three and a half years.
203) 특히 세대주의자들이 한 이레를 7년으로 해석하여 7년 대환란이라는 단어를 쓰고 있다. 7년 대환란을 주장하게 되면 한때 두 때 반 때는 그것의 반이므로 3년 반이 되는 것이다.
204) 진용식, 『안식교의 오류』, 도서출판 성산, 1998, 50.

방황하게 하셨다. 그것은 범죄한 날 수만큼 형벌을 준다는 의미이지, '1일을 1년으로 풀어라'는 해석법을 말한 것이 아니다.

에스겔 4장 6절에서 하나님께서는 에스겔에게 이스라엘 민족의 징조가 되리라고 하시며, 이스라엘 민족의 범죄한 햇수대로 1년을 1일로 계산하여, 이스라엘 족속을 위해서는 좌측으로 390일, 유다 족속을 위하여서는 우측으로 40일 누워있으라 하였다. 그러나 이것은 예언의 1일을 1년으로 계산하라는 말씀이 아니다. 이것은 에스겔 선지자를 통하여 고난받는 모습을 보여줌으로써 이스라엘 백성으로 하여금 깨닫게 하려고 한 것이다. 성경 어디에도 1일을 1년으로 해석하라는 말씀은 없다.[205]

정명석의 주장대로라면 성경의 예언 가운데 1일을 1년으로 성취된 사실이 있어야 한다. 다시 말해, 성경 예언 가운데 '1일이 1년'으로 성취된 사건이 있느냐는 것이다. 그러나 성경의 예언 가운데 1일을 1년으로 환산하여 성취된 적이 없다. 이는 성경의 예언과 성취를 확인해 보면 알 수 있다.

① 홍수 심판에 관한 예언
하나님께서 노아에게 7일 후에 홍수가 시작되고, 40일 동안 밤낮 비가 오리라고 말씀하셨다.

지금부터 7일이면 내가 40주야(晝夜)를 땅에 비를 내려 내가 지은 모든 생물을 지면에서 쓸어버리리라(창7:4).

예언 성취

205) 진용식, 50.

칠일은 칠일로, 사십일은 사십일로 그대로 성취되었다.

> 7일 후에 홍수가 땅에 덮이니(창7:10)

> 40주야를 비가 땅에 쏟아졌더라(창7:12).

② 아브라함 자손에 대한 사백년 유리표박 예언

하나님께서 아브라함에게 네 자손이 이방에서 사백년 동안 유리표박하리라 말씀하셨다.

> 여호와께서 아브람에게 이르시되 너는 반드시 알라 네 자손이 이방에서 객이
> 되어 그들을 섬기겠고 그들은 사백년 동안 네 자손을 괴롭히리니(창15:13)

예언 성취

이스라엘 백성들이 애굽에서 400년 고역 살다가 출애굽하였다. 그러므로 400년은 400일이 아니라 400년으로 성취되었다. 400년을 날로 바꾸면 14만6천일(400×365=146,000)이고, 1일을 1년으로 치면 14만 6천 년이다. 이스라엘 백성들은 14만 6천 년 만에 출애굽하지 않았다. 그렇게 계산한다면 지금도 애굽에 갇혀 있어야 한다. 반대로 1년을 1일로 친다면 400일 만에 나왔어야 하는데, 그것도 아니었다. 400년은 문자 그대로 400년이었다.

③ 술 관원장과 떡 관원장에 대한 예언

요셉은 바로의 술 관원장에게는 사흘 안에 복직된다고 예언하였고, 떡 관원장에게는 사흘 안에 참수될 것이라 예언하였다.

> 지금부터 사흘 안에 바로가 당신의 머리를 들고 당신의 전직을 회복하리라(창

40:12).

지금부터 사흘 안에 바로가 당신의 머리를 들고 당신을 나무에 달리니(창 40:19).

예언 성취

요셉은 삼 일만에 술 관원장은 복직될 것이고, 떡 관원장은 매달릴 것이라고 예언했는데, 삼 일 후에 그대로 이루어졌다. 정명석의 주장 대로라면 1일을 1년으로 계산하여 3년 후에 일어났어야 한다. 그러나 요셉이 "삼 일 후"라고 말한 대로 "삼 일 후"에 일어났던 것이다.

20 제삼 일은 바로의 탄일이라 바로가 모든 신하를 위하여 잔치할 때에 술 맡은 관원장과 떡 굽는 관원장으로 머리를 그 신하 중에 들게 하니라.
21 바로의 술 맡은 관원장은 전직을 회복하매 그가 잔을 바로의 손에 받들어 드렸고
22 떡 굽는 관원장은 매여 달리니 요셉이 그들에게 해석함과 같이 되었으나 (창40:20~22).

④ 바로의 꿈을 통한 예언

요셉은 바로의 일곱 마리 통통한 소와 일곱 개의 통통한 이삭을 칠 년 풍년이 올 것으로 풀었고, 마른 소 일곱과 마른 이삭 일곱을 칠 년 흉년이 올 것으로 풀었다.

29 온 애굽 땅에 일곱 해 큰 풍년이 있겠고
30 후에 일곱 해 흉년이 들므로 애굽 땅에 있던 풍년을 다 잊어버리게 되고 이 땅이 그 기근으로 망하리니(창41:29~30)

예언 성취

요셉이 예언한 대로 일곱 해 풍년이 왔고, 일곱 해 흉년이 왔다.

> 53 애굽 땅에 일곱 해 풍년이 그치고
> 54 요셉의 말과 같이 일곱 해 흉년이 들기 시작하매 각국에는 기근이 있으나
> 애굽 온 땅에는 먹을 것이 있더니(창41:53~54)

칠 년 풍년 예언은 칠 년 풍년으로, 칠 년 흉년 예언은 칠 년 흉년으로 그대로 이뤄졌다. 그러나 정명석의 주장대로 연일 계산법으로 환산해 보자. 우선 칠 년을 날짜로 환산하면 7년×365일=2555일이 나온다. 1일이 1년이라면 2,555년 동안 풍년이 오고, 2,555년 동안 흉년이 왔어야 한다. 아니면 칠 년을 칠일로 계산하여, 7일 동안 풍년이 오고, 7일 동안 흉년이 왔어야 한다. 그러나 요셉의 칠 년 풍년과 칠 년 흉년은 문자 그대로 칠 년 풍년과 칠 년 흉년으로 성취되었다.

그런데 정명석은 왜 1260일을 1260년으로 환산해야 한다고 주장하는가? 이는 성경에 기록된 날짜를 자신의 시대에 억지로 끼워 맞추기 위함이다.

⑤ 바벨론 포로 기간에 대한 예언

예레미야는 유대민족이 바벨론으로 잡혀가 칠십 년 동안 타국 생활할 것을 예언했다.

> 이 모든 땅이 폐허가 되어 놀랄 일이 될 것이며 이 민족들은 칠십 년 동안 바벨론의 왕을 섬기리라(렘25:11).

예언 성취

예레미야의 칠십 년 예언은 칠십 년으로 성취되었다. 유다 민족의 바벨론 1차 포로가 BC 606년부터 발생하여 바벨론을 멸망시킨 페르샤의 고레스 왕 원년 BC 536년에 귀환하여, 예레미야의 바벨론 70년 포로 예언이 그대로 이루어졌다(BC 606~BC 536).

21 이에 토지가 황폐하여 땅이 안식년을 누림 같이 안식하여 칠십 년을 지냈으니 여호와께서 예레미야의 입으로 하신 말씀이 이루어졌더라

22 바사의 고레스 왕 원년에 여호와께서 예레미야의 입으로 하신 말씀을 이루시려고 여호와께서 바사의 고레스 왕의 마음을 감동시키시매 그가 온 나라에 공포도 하고 조서도 내려 이르되

23 바사 왕 고레스가 이같이 말하노니 하늘의 신 여호와께서 세상 만국을 내게 주셨고 나에게 명령하여 유다 예루살렘에 성전을 건축하라 하셨나니 너희 중에 그의 백성된 자는 다 올라갈지어다 너희 하나님 여호와께서 함께 하시기를 원하노라 하였더라(대하36:21~23).

⑥ 다니엘의 느브갓네살 왕에 대한 일곱 때 예언
다니엘은 느브갓네살 왕이 질병(정신질환)으로 일곱 때(7년) 동안 소처럼 들의 풀을 먹고 살 때가 있을 것이라고 꿈을 해석한다.

또 그 마음은 변하여 사람의 마음 같지 아니하고 짐승의 마음을 받아 일곱 때를 지내리라(단4:16).[206]

For seven years he will not have a human mind, but the mind of animal(Dan4:16 Good News Bible).

---

206) 번역본마다 일곱 때는 칠 년으로 각주 처리되어 있다.

예언 성취

느부갓네살 왕은 '일곱 때(칠년)' 동안 정신질환을 앓을 것이라고 예언한 대로 칠 년 동안 앓다가 나았다. 7년을 날짜로 환산한다면 7×365일= 2,555일이 나온다. 그러면 정명석의 주장대로 한다면, 느부갓네살 왕은 2,555년 동안 정신질환을 앓았어야 한다. 그렇지 않으면 7년을 7일로 환산하여 7일 동안 아팠어야 한다. 그러나 느부갓네살 왕이 2,555년 동안 살 수도 없고, 그가 정신질환을 앓은 후, 손톱이 자라 새 발톱처럼 되었다고 한 것으로 보아 7일이 아님은 분명하다. 그러므로 칠년 예언은 칠년으로 성취된 것이다.

> 33 바로 그 때에 이 일이 나 느부갓네살에게 응하므로 내가 사람에게 쫓겨나서 소처럼 풀을 먹으며 몸이 하늘 이슬에 젖고 머리털이 독수리 털과 같이 자랐고 손톱은 새 발톱과 같이 되었더라.
> 34 그 기한이 차매 나 느부갓네살이 하늘을 우러러 보았더니 내 총명이 내게로 돌아온지라…(단4:33~34).

다니엘서 4장에서 일곱 때는 7년이기 때문에, 다니엘 12장의 〈한 때, 두 때, 반 때〉, 즉 세 때 반은 3년 반이어야 한다. 그러나 정명석은 왜 1260년이라고 주장하는가? 성경의 예언 가운데 1일을 1년으로 계산하는 것은 옳지 않다.

⑦ 예수님의 부활 예언

예수님은 죽으신 후 3일 만에 부활하실 것을 예언하셨다.

> 이르시되 인자가 많은 고난을 받고 장로들과 대제사장들과 서기관들에게 버린바 되어 죽임을 당하고 제 삼일에 살아나야 하리라 하시고(눅9:22)

예언 성취

예수님은 죽으신 후 3일째 되던 날에 부활하셨다.[207] 정명석의 말처럼, 1일을 1년으로 계산한다면 3년 만에 부활하셨어야 했다. 그러나 제 삼일에 부활하실 것이라고 말씀하신 대로 제 삼일에 부활하셨다.

(3) "미운 물건"은 오마르 사원이 아니다.

또한, 정명석이 "미운 물건"을 오마르 사원이라고 해석하는 것 역시 오류이다. 그렇다면 "미운 물건"이 무엇인가? 미운 물건은 다른 번역본에서는 "멸망의 가증한 것"이라고 되어있다.[208] "미운 물건이 설 때부터"(단12:11)라고 하였으니, 그때부터 연대풀이의 기점이 된다. "미운 물건"에 대하여 예수님께서 친히 언급하신 것이 있다. 거룩한 곳(예루살렘)에 "멸망의 가증한 것"이 서게 될 것이고, 그 "멸망의 가증한 것"이 서면 대환란이 시작될 것이니 산으로 도망가라고 하셨다.[209]

15 그러므로 너희가 선지자 다니엘이 말한바 멸망의 가증한 것이 거룩한 곳에 선 것을 보거든(읽는 자는 깨달을진저)
16 그때에 유대에 있는 자들은 산으로 도망할지어다(마24:15~16).

성경의 해석은 직통 계시를 받아서 하는 것이 아니라 성경으로 해석해야 한다. 그리고 불분명한 것은 분명하게 표현된 것에 의해서 해석해야 한다. 마태복음 24장 15절과 병행 구절인 누가복음 21장 20-21

---

207) 이는 안식일 전날에 돌아가셨다가(눅23:54), 안식 후 첫날에 부활하셨기 때문이다(눅24:1, 21). 예수님 부활 당일 엠마오로 낙향하던 제자들도 그날이 예수님이 돌아가신지 사흘째라고 말하였다(눅24:21).
208) 개역한글에는 "멸망케 할 미운 물건"으로 나왔으나 개역 개정에는 "멸망의 가증한 것"으로 나왔다. 영어 성경에는 "the abomination that causes desolation"이다.
209) 마24장15절 이하는 예루살렘의 멸망에 관한 예언이다.

을 살펴보자.

> 15 그러므로 너희가 선지자 다니엘이 말한바 멸망의 가증한 것이 거룩한 곳에 선 것을 보거든(읽는 자는 깨달을진저)
> 16 그때에 유대에 있는 자들은 산으로 도망할지어다(마24:15~16).

> 20 너희가 예루살렘이 군대들에게 에워싸이는 것을 보거든 그 멸망이 가까운 줄 알라.
> 21 그 때에 유대에 있는 자들은 산으로 도망갈 것이며 성내에 있는 자들은 나갈 것이며 촌내에 있는 자들은 그리로 들어가지 말지어다(눅21:20~21).

마태복음 24장 15절의 "너희가 멸망의 가증한 것"(미운 물건)이 거룩한 곳에 선 것을 보거든…"과 누가복음 21장 20절의 "너희가 예루살렘이 군대들에게 에워싸이는 것을 보거든…"을 비교하면 멸망의 가증한 것(미운 물건)이 무엇인가 알 수 있다. 거룩한 곳은 예루살렘이고, 멸망의 가증한 것(미운 물건)은 군대들이다.

실제로 AD70년에 로마 장군 타이터스(Titus)가 군대를 이끌고 예루살렘을 에워싸는 일이 발생했다. 그때 초대 기독교인들은 예루살렘 성이 군대들에게 에워싸이는 것을 보면 산으로 도망가라는 예수님의 말씀이 떠올랐다. 그래서 기독교인들은 로마 군대가 예루살렘 성을 에워쌀 때 펠라(Pella) 산으로 도망가서 모두 살 수 있었다.[210] 그러나 유대 종교인들은 신앙의 힘으로 적들을 무찔러야 한다며 예루살렘에 다 모여들었고, 끝까지 결사 항전을 펼치다가 결국 집단전사 하고 말았다. 그때 죽은 사람이 110만 명이었고, 로마에 포로로 잡혀간 사람이 10

---

210) 이에 대해서는 다음의 자료를 참조하였다: https://blog.daum.net/kuaile8/73

만 명이었다. 그리고 그때 로마 병사들은 성전의 돌을 하나도 남기지 않고 다 훼파(毁破)하였다. 왜냐하면 돌과 돌 사이에 금이 붙어 있어서 그것을 떼어 가지려고 그랬던 것이다. 그것은 "돌 하나도 돌 위에 남지 않고 다 무너뜨려지리라"(마24:2)는 예수님의 예언이 성취되기 위함이기도 했다. 그러므로 미운 물건(멸망의 가증한 것)은 오마르 사원이 아니라 로마 군대였다.

(4) 오마르 사원은 AD688년에 세워졌는가?

오마르 사원은 AD688년도에 세워진 것이 아니라, 압둘 말리크에 의해 AD685년도부터 AD691에 세워졌다.[211] 큰 건물은 1년 만에 지을 수 없다. 돔 근처에 있는 비석에는 사원이 처음으로 지어진 해, 즉 기원후 691년의 연도가 적혀 있다.[212] 과연 미운 물건이 오마르 사원이라면, 기공연도인 AD685년을 기점으로 삼든지, 혹은 완공연도인 AD691년을 기점으로 잡았어야 한다. 그렇다면 1948년, 1978년, 2023년이라는 연도는 애당초 나올 수 없었다. 따라서 오마르 사원이 AD688년에 세워졌다는 말은 거짓말이다.

(5) 정명석의 〈한 때, 두 때, 반 때〉는 한에녹의 "예언 연대 계산표"의 표절이다.

1) 표절한 증거

① 최초로 계시를 받아서 풀었다고 주장한 점

한에녹은 1942년 3차 40일 기도 중에, 지상에서 천국이 실현될 것

---

211) 이에 대해서는 다음의 자료를 참조하였다:https://blog.daum.net/terrasanta/ 17464779
212) 이에 대해서는 다음의 자료를 참조하였다:https://ko.wikipedia.org/wiki/%EB%B0 %94%EC%9C%84%EC%9D%98_%EB%8F%94

을 깨닫고 주야로 기도하던 중 1943년 여름에 〈한 때, 두 때, 반 때〉를 통해 1948년에 이스라엘이 독립할 것을 깨달았다고 하였고,[213] 정명석은 70일 금식기도 중에, 너무 많이 굶어서 수십 번씩 죽었다가 살아나기를 반복하다가 추운 겨울에 깨달았다고 하였다.[214]

그리고 한에녹은 계시를 통해 미운 물건이 성전 터 위에 세워진 회교 사원이라는 사실을 알게 되었다고 한다. 그리고 다니엘 12장 11절의 "멸망케 할 가증한 물건을 세울 때부터"라고 한 것과 연결하여 연대의 기산법을 발견케 되었다고 말한다. 그리고 멸망케 할 가증한 물건이 세워진 때를 알아보다가 마침내 유다 사전 제7권 148페이지 첫째 줄에 688년이라 나왔다는 것을 발견하였고, 그래서 688년에 1260년을 더하여 1948년에 이스라엘 독립이 일어날 것을 알고 너무 기뻐서 무한 감사기도를 드렸다고 한다.[215] 한에녹은 과거 10억 성도들과 유대교 수만의 랍비들도 일생을 두고 다니엘의 〈한 때, 두 때, 반 때〉를 알려고 했으나 알 수 없었던 것은, 다니엘 12장 4절과 9절에서 그 계시를 말세까지 봉함하라고 해서 그랬던 것이고, 이제 [말세권]이 이미 이르러서, 때가 되어 자기에게 알려준 것뿐이라고 말했던 것이다.[216]

그러나 정명석은, 〈한 때, 두 때, 반 때〉는 그것에 해당되는 사명자만 풀 수 있기에 아무도 풀 수가 없었던 것이고, 심지어 계시를 받았던 다니엘조차도 풀지 못했으나, 자기가 처음으로 풀었음으로 자기가 사명자라고 주장했다.

이제 한에녹의 〈예언 연대 계산표〉와 정명석의 〈한 때, 두 때, 반 때

213) 한에녹, 276.
214) 『고급편』, 77; 『실제보는 강의안』, 209.
215) 한에녹, 276-278.
216) 한에녹, 278.

〉의 도표를 살펴보자. 1948년, 1978년, 2023년 숫자와 풀이 과정이 똑같다는 것을 알 수 있다.

한에녹의 예언 연대 계산표 [217]

단12:11 성전 터 위에 가증한 물건 회교당 세운 해
주후 688년부터

단12:7 주후 688년부터 1260년은 이스라엘 독립 연대
688+1260=1948년
(과연 주후 1948년 5월 14일 27개국 승인으로 독립함)

단12:11 열 나라가 이스라엘과 싸울 아마겟돈 전쟁
(계16:16)은 688+1290=1978년(전쟁 종결)

단12:12 예수 초림과 천년 왕국 실현
688+1335=2023 에덴 회복

회교당 세운 기록은 유다 사전 제7권 148페이지 참조.

---

217) 한에녹, 277.

정명석의 연대대조표[218]

단12:7
1260일=1260년
688년 + 1260년 =1948년
(육적 이스라엘의 해방)
단12:11
1290일=1290년
688년 +1290년 =1978년
(영적 이스라엘의 해방)

단12:12
1335=1335년
688년+1335년= 2023년

1978년: 전21년+ 후21년+ 3년6개월=45년
1978년+45년=2023년

② 1일을 1년으로 푼 것이 똑같다.

1일을 1년으로 환산하는 연일(年日) 계산법은 정명석만의 고유한 것이 아니다. 이 연일 계산법은 이단들이 쓰는 계산법으로서, 안식교의 창시자 윌리암 밀러(William Miller)도 연일계산법을 사용하여 다니엘 8장 14절에 나오는 2300주야를 해석하여 재림의 날짜를 정하였다. 에스라 7장의 아닥사스다(Artaxerxes) 왕이 명령을 내린 해인 BC457

---

218) 『실제 보는 강의안』, 207.

년을 기점으로 잡고, 거기에다가 2300주야를 연일 환산법으로 계산해서 나온 2300년을 더하면 AD1843년이 나온다(BC457+2300=1843년). 그래서 윌리암 밀러는 AD1843년을 예수님의 재림의 해로 풀었던 것이다. 그러나 그 예언이 불발되자 추종하던 사람들이 실망하여 흩어질 때에, E. 화이트(E. G. White)라는 자칭 여선지자가 나타나서, 윌리암 밀러의 예언이 틀린 것이 아니라, 자기가 환상을 보니까 예수님께서 하늘 성소에 계시다가 하늘 지성소에 들어가셨다고 주장했다. 이러한 주장을 따르는 추종자들이 모여 안식교가 생겨난 것이다.[219]

③ 미운 물건을 오마르 사원이라고 푼 것이 똑같다.

④ 1948년을 이스라엘의 해방으로 푼 것이 똑같다.

⑤ 1978년과 2023년을 예언 성취의 연도로 푼 것이 똑같다. 다만 한에녹은 1978년을 아마겟돈 전쟁의 종결의 해로, 정명석은 영적 이스라엘의 해방으로 풀었다. 그리고 한에녹은 2023년을 '에덴동산 회복'으로, 정명석은 자기의 '메시아 사명 기간이 끝나는 해'로 풀었다.

⑥ 결정적으로, 정명석은 오마르 사원의 건립 연대가 유대 사전 7권 148편 157페이지 둘째 줄에 적혀 있다고 말했는데, 한에녹의 책에도 동일하게 유대 사전 제7권 148페이지 첫째 줄이라고 적혀 있다.[220] 정명석이 한에녹의 말을 정확하게 옮기지는 않으나, 표절의 흔적으로는 충분하다. 한에녹의 『영원한 복음』은 1947년에 나왔고, 정명석은 1945년생이다. 그렇다면 누가 표절했는지는 명백하다. 정명석은 어느 날 한에녹의 『영원한 복음』을 접하였을 것이고, 그러나 한에녹의 책을 거론하지 않은 채, 자기가 처음으로 깨달았으니 자기가 바로 예언의 주인공이라고 말했을 것이다. 정명석은 표절 시비가 일어나자 진리는 공통이고, 예수님 앞의 세례 요한처럼 한에녹에게 진리를 일부 미

---

219) 진용식, 13-15.
220) 한에녹, 278.

리 알려줘서 선포하게 했다고 변명했다. 그러나 연대풀이가 맞다면 먼저 깨달은 한에녹을 사명자라고 해야 옳을 것이다.

그리고 정명석은 한에녹을 자신의 세례 요한이라고 할 수도 없다. 이미 문선명을 세례 요한이라고 했으니 말이다. 사건마다 세례 요한이 따로 있다고 변명할 것인가? 그렇다면 예수님 앞에 세례 요한이 여러 명이 있었는가? 아니다. 정명석은 남의 것을 제 것인 양 주장하다 보니 궁색한 변명을 늘어놓을 수밖에 없었다.

2) 진리인 줄 알고 표절했으나, 실상은 틀린 답이었다.

① 1978년에 대하여

그러나 문제는 한에녹의 연대풀이가 맞지 않는다는 것이다. 한에녹이 1943년에 〈한때, 두 때, 반 때〉의 예언을 깨닫고, 그것을 1947년에 출간한 자신의 저서 『영원한 복음』에 "1948년은 이스라엘 독립의 해"라고 예언한 것이 맞았다고 해서, 그를 사명자라고 말할 수 없다. 왜냐하면, 그 다음으로 예언한 것이 1978년인데, 그 예언은 틀렸기 때문이다. 한에녹은 1978년에 아마겟돈 전쟁이 끝나고, 회교사원(오마르사원)이 없어질 것이라고 예언했다.[221] 그는 1943년에 예언한 1948년의 이스라엘의 해방 예언이 맞았으니, 1978년 아마겟돈 전쟁 예언도 맞을 것이고, 2023년 에덴 회복도 맞을 것이라고 호언장담했다.[222] 그러나 1978년에 아마겟돈 전쟁은 일어나지 않았고, 오마르 사원도 없어지지 않았다. 한에녹은 "어찌 이것(1948년)이 맞았는데 저것(1978년)이 틀릴 수가 있겠느냐?"고 장담했었는데 틀리고 말았다.

그러나 정명석의 〈한 때, 두 때, 반 때〉는 더욱 초라하다. 정명석이 깨달았다고 한 시기는 1948년 이스라엘의 해방이 훨씬 지난 1973년

---

221) 한에녹, 293.
222) 한에녹, 332.

이었는데, 1948년 이스라엘의 해방이 맞았으니 1978년 영적 이스라엘(기독교)의 해방도 맞고, 2023년도 맞을 것이라 주장하는 것이기 때문이다.

그런데 1978년도에 영적 이스라엘인 기독교에는 아무 일도 일어나지 않았다. 어째서 1978년이 영적 이스라엘(기독교)의 해방연도인가? 기독교가 언제 갇힌 적이 있었는가? 이는 틀린 해석이다. 기독교는 이미 예수 그리스도로 말미암아 해방을 받은 상태이다. 예수님께서는 믿는 자들에게 이미 자유를 주셨다. "너희가 진리를 알지니 진리가 너희를 자유케 하리라"(요10:32).

그래서 바울은 예수 안에 있는 자들은 죄와 사망으로부터 해방되었다고 선포하였다. 이미 해방되었는데 또 어떻게 해방된다는 말인가? 이미 구원받은 성도들은 예수 안에서 영적으로 해방된 상태이다.

> 1 그러므로 그리스도 예수 안에 있는 자에게는 결코 정죄함이 없나니
> 2 이는 그리스도 예수 안에 있는 생명의 성령의 법이 죄와 사망에서 너를 해방
> 하였음이라(롬8:1~2).

그런데 정명석은 왜 기독교가 또 해방되어야 한다고 거짓말하는가? 그러므로 1978년도에 영적 이스라엘인 기독교가 해방되어야 한다는 것은 전혀 근거 없는 주장이다. 영적 이스라엘인 기독교는, 예수 십자가의 구속(救贖)으로 말미암아 이미 죄와 사망으로부터 해방된 상태이기 때문이다.

② 2023년에 대하여

한에녹은 1978년에 아마겟돈 전쟁이 끝나면 그때부터 45년 후에, 즉 2023년도에는 지상에 에덴동산이 회복되어 천년왕국이 실현될 것

이라고 예언하였다.[223] 그러나 2023년에 무슨 에덴동산이 회복된다는 것인가? 그 증거로 1978년도에 아마겟돈 전쟁이 일어나고, 또 오마르 사원이 없어질 것이라고 했는데, 아마겟돈 전쟁은 일어나지 않았고 오마르 사원도 없어지지 않았다. 그러므로 2023년도에 에덴동산, 지상천국은 오지 않을 것이다.

정명석은 1978년을 정명석의 사명 시작의 해로, 그리고 2023년을 자기의 메시아 사명이 끝나는 해로 풀었다. 1978년(JMS 시작연도)을 기점으로 전(前) 21년 + 무덤 기간 3년 6개월 + 후(後) 21년 = 2023년으로 풀었다. 1978년부터 2023년까지 45년이 걸린다.

한에녹은 2023년을 에덴동산이 회복하는 해로 풀었고, 정명석은 자기의 재림주 사명이 끝나는 해로 풀었다. 그러나 2023년에 한에녹의 주장처럼 에덴동산은 회복되지 않을 것이다. 정명석은 2023년에 자기의 재림예수로서의 사명 기간이 끝난다고 하였다. 그러나 정명석이 재림주라면 그의 사명이 끝나지 않아야 한다. 왜냐하면 그리스도는 사명이 끝나거나 갈리지 않기 때문이다. "그리스도는 영원히 계시므로 그 제사장 직분도 갈리지 아니하느니라"(히7:24). 세상 대통령이나 임기제(任期制)이지, 그리스도가 무슨 임기가 있다는 말인가? 예수님은 영원한 왕이다. 가브리엘 천사가 마리아에게 나타나 수태고지를 하는 가운데 예수님에 대해서 영원한 왕이라고 선포했다. "그가 큰 자가 되고 지극히 높으신 이의 아들이라 일컬어질 것이요 주 하나님께서 그 조상 다윗의 왕위를 그에게 주시리니 영원히 야곱의 집을 왕으로 다스릴 것이며 그 나라가 무궁하리라"(눅1:32~33). 그러므로 그리스도도 사명 기간이 있어서 2023년이 되면 사명을 내려놔야 한다는 정명석의 주장은 거짓말이다.

---

223) 한에녹, 293.

그러나 정명석이 교리를 수정하고 사명 기간을 종신직이나 영구직으로 바꾸어 말한다고 해도 그리스도가 되는 것은 아니다. 그리스도는 예수 그리스도뿐이기 때문이다. "예수 그리스도는 어제나 오늘이나 영원토록 동일하시니라"(히13:8)

(6) 수정(연장)된 무덤 기간

원래 정명석의 역사론에서는 1999년도부터 2002년 6월까지의 3년 6개월 동안은 사명적으로 정명석의 무덤 기간이었다. 그러나 이 무덤 기간이 3년 6개월에서 14년으로 수정(연장)되었다. 14년으로 연장한 것은 예언과 현실이 맞지 않았기 때문이다.

정명석은 1999년에 대집회를 통해 메시아 선포를 할 것이라고 말하였다.[224] 이를 선포하면, 기독교인들은 유대교인들처럼 불신할 것이고, 그로 인해 1999년도에 자기도 예수님처럼 (심정의) 십자가를 질 것이다. 그러나 3년 6개월 무덤 기간이 지나면, 즉 2002년 6월이 되면 법적인 문제가 다 해결되고 사명적으로 부활할 것이라고 예언했다. 그러나 1999년에 메시아 선포식을 위한 대집회를 하지 못했다. 오히려 메시아 선포는커녕 황양 납치사건으로 방송에 터지고 말았다. 정명석은 이에 대하여 1999년에 방송 터지고 고발된 것은 무덤 기간의 시작이고, 그 후로 3년 6개월의 무덤 기간을 거친 후, 2002년 한일 월드컵의 해에 그의 법정 문제가 다 해결될 것이라고 하였다. 실제로 1999년 정명석에 관한 방송이 터졌을 때, 무덤 기간의 시작 연도가 1999

---

224) 『역사편』, 97.

년이었기 때문에 예언이 맞는 것처럼 보였다.[225] 그러나 부활의 해인 2002년 법적 문제가 해결되기는커녕, 오히려 해외 선교를 빙자하여 해외 각국을 떠돌다가 2007년 중국 공안에 붙잡혔고, 2008년에 한국으로 압송된 후 10년 실형 선고를 받았다. 정명석은 2002년에 부활한다고 하였으나 예언이 불발되자, 3년 6개월의 무덤 기간을 4배로 늘려서 14년으로 연장시켰고, 그리고 2012년을 부활의 해라고 선포하였다.[226]

그러나 정명석은 2012년을 막상 부활의 해로 선포했지만 그 해에 출옥하지 못하고 6년을 더 감옥에 있다가 2018년에 만기로 출옥하였다. 예수님은 죽기 전에 사흘 만에 부활하신다고 하셨고, 그 예언대로 사흘 만에 부활하셨다. 그러나 정명석은 2002년에 부활한다고 예언했으나 부활하지 못했다. 그리고 2012년이라고 수정하였다. 메시아가 틀릴 수가 있는가? 메시아가 틀릴 수 있다면 그의 메시지를 신뢰할 수 있는가? JMS에서는 제자들이 책임을 못해서 달라진 것이라고 변명하겠지만, 그렇다면 예언은 왜 하는가? 예언은 어떤 변수에도 상관없이 그대로 성취되어야 하나님의 예언이라고 할 수 있다.

그리고 이상한 점은 후반기의 JMS역사 도표에는 2023년도에 끝마친다는 내용이 없다. 아마도 2023년이 되면 몇 년을 더 연장해야 하기 때문에, 또한 종신직으로 수정할 것을 염두에 두어야 하기 때문에 표시하지 않았을 것이다. 그러나 그런 고무줄 같은 예언이 무슨 하나님

---

225) 정명석은 1999년 자기의 메시아 사명을 대중 집회를 통해 사명을 공포할 것이라 말했었다(1975년에 있었던 통일교의 여의도광장 집회처럼). 그러나 1999년 1월 초 "황양 납치사건"으로 방송에 뜨자 그대로 해외 도피하였다. 그가 평소 말하던 대로 사명 공포도 하지 못했다. 그러나 그는 방송에 보도된 것이 자기 사명을 공포한 것이라고 변명하였다. 그 방송을 보면서 그럼에도 불구하고 자기를 믿어주는 사람들은 우편 강도와 같은 사람들이고, 그 방송을 보면서 자기를 악평하는 사람들은 좌편강도와 같이 지옥에 떨어질 사람들이라고 하였다.

226) 『실제 보는 강의안』, 210-215.

의 예언일 수가 있는가? 설령 예언이 맞고 연대풀이가 맞아도 가짜인데, 하물며 틀리기까지 한다면 더욱 가짜이다.

정명석은 한에녹의 1948년, 1978년, 2023년의 연대표에 자기의 이름을 집어넣고, 자기가 계시받았으니 자기가 주인공이라고 말하였다. 그것은 계시를 받은 것이 아니라 표절이다. 표절자는 지식을 도둑질한 사람으로, 그리스도는커녕, 대학강단에 서도 안 될 사람이다.

그리고, 정명석의 재림 예수의 사명이 2023년에 끝난다는 것도 틀린 말이다. 메시아의 사명은 끝나는 것이 아니기 때문이다. 정명석이 사명 기간을 연장하거나 종신직으로 수정한다 해도 틀린 말이다. 수정은 불완전한 인간이나 하는 것이지, 하나님(그리스도)은 수정할 수가 없기 때문이다. 예수님의 그리스도로서의 사명은 다른 사람으로 바뀌지도 않고, 끝나는 것도 아니라 영원한 직분이다.

(7) 예언이 틀렸다는 것은?

구약성경에서 참 선지자인지 거짓 선지자인지를 분별하는 방법은 그가 예언한 것이 이루어졌는지, 아니면 이루어지지 않는지를 통해 판단할 수 있다고 하였다.

> 21 네가 마음속으로 이르기를 그 말이 여호와께서 이르신 말씀인지 우리가 어떻게 알리요 하리라
> 22 만일 선지자가 있어 여호와의 이름으로 말한 것이 증험도 없고 성취함도 없으면 이는 여호와께서 말씀하신 것이 아니요 그 선지자가 제 마음대로 한 말이니 너는 그를 두려워하지 말지니라(신18:21~22).

또 다른 곳에서는 그가 예언한 것이 맞고 기적과 이적을 행한다고 하여도 하나님 외에 다른 신을 믿자고 한다면 그는 거짓 선지자라고 하였다.

1 너희 중에 선지자나 꿈꾸는 자가 일어나서 이적과 기사를 네게 보이고

2 그가 네게 말한 그 이적과 기사가 이루어지고 너희가 알지 못하던 다른 신들을 우리가 따라 섬기자 말할지라도

3 너는 그 선지자나 꿈꾸는 자의 말을 청종하지 마라 이는 너희의 하나님 여호와께서 너희가 마음을 다하고 뜻을 다하여 너희의 하나님 여호와를 사랑하는 여부를 알려 하사 너희를 시험하심이라(신13:1~3).

신약시대에 이 말씀을 적용하면, 어떤 사람이 꿈꾼 것이 맞고, 예언한 것이 맞고, 심지어 기적과 이적을 행할지라도, 그를 좇지 말라는 말씀이다. 하나님은 이적과 기사를 행하며 적그리스도가 나타났을 때에 성도들이 과연 마음을 다하고 뜻을 다하여 예수그리스도만 사랑하는지 그 여부를 알려 하신다는 것이다.

정명석의 〈한 때, 두 때, 반 때〉 예언은 틀렸다. 1978년도는 기독교 해방과는 아무런 상관이 없고, 3년 6개월이란 무덤 기간도 틀렸고, 2023년도에 메시아 사명 기간이 끝난다는 이야기도 틀린 말이다. 그리고 계시받았다는 30개론도 대부분 통일교의 『원리강론』에 있는 내용들을 표절한 것이다. 그러므로 정명석의 30개론은 결국 통일교의 『원리강론』으로 몸통 삼고, 한에녹의 〈한 때, 두 때, 반 때〉 연대풀이로 얼굴 삼고, 기독교 형식으로 옷을 입혀서 세워놓은 생명 없는 마네킹에 불과하다.

(8) 〈한 때와 두 때와 반 때〉는?

〈한 때와 두 때와 반 때〉는 비단 다니엘 12장 7절에만 나오는 것이

아니다. 다니엘 7장 25절에도 나오고,[227] 요한계시록 12장 14절에도 나온다.[228]

다니엘 7장 25절의 〈한 때와 두 때와 반 때〉는 열 뿔 가진 네 번째 짐승의 또 다른 뿔의 기간을 나타낸다. 정명석이 중요하게 다루는 다니엘 12장 7절의 〈한 때와 두 때와 반 때〉는 다니엘 시대부터 종말까지의 기간을 나타냈다고 보기도 하고,[229] 다니엘이 가브리엘 천사로부터 계시받은 70 이레(단9:24) 가운데 마지막 한 이레를 재림 전의 7년 대환란으로 해석한 후, 그 절반인 후 3년 반을 그 기간으로 보기도 한다.[230]

요한계시록 12장 14절의 〈한 때와 두 때와 반 때〉는 여자가 뱀의 낯을 피하여 양육받은 기간이다. "그 여자가 큰 독수리의 두 날개를 받아 광야 자기 곳으로 날아가 거기서 그 뱀의 낯을 피하여 〈한 때와 두 때와 반 때〉를 양육 받으매"(계12:14). 여기서 여자는 교회이고, 독수리의 두 날개는 하나님의 능력이고, 뱀은 사탄이다. 교회는 〈한 때, 두 때, 반 때〉 동안 사탄의 공격으로부터 하나님의 보호하심을 받는다는 뜻이다. 고로 여기서 〈한 때와 두 때와 반 때〉는 초림과 재림 사이의 시간을 말한다.

또한 〈한 때와 두 때와 반 때〉는 요한계시록에서 42개월, 1260일로도 사용되었다(계11:2-3; 12:6, 14; 13:5). 이것은 거룩한 성이 짓밟히고(계11:2), 두 증인이 예언하는 기간이며(계11:3), 여자가 광야에

---

227) 그가 지극히 높으신 이를 말로 대적하며 또 지극히 높으신 이의 성도를 괴롭게 할 것이며 그가 또 때와 법을 고치고자 할 것이며 성도들은 그의 손에 붙인 바 되어 한때와 두 때와 반 때를 지내리라(단7:25).
228) 그 여자가 큰 독수리의 두 날개를 받아 광야 자기 곳으로 날아가 거기서 그 뱀의 낯을 피하여 한때와 두 때와 반 때를 양육 받으매(계12:14)
229) 『최신 성서핸드북』, 402.
230) 『쉽게 배우는 다니엘서』, 176~177.

서 양육 받는 기간이고(계12:6, 계12:14), 다시 살아난 짐승이 신성모
독 하는 권세를 받은 기간이다(계13:5).

여기서 거룩한 성이 짓밟힌다는 것은 교회가 짓밟힌다는 것이요, 두
증인이 증언을 한다는 것은 교회가 복음을 증언한다는 것이요, 여자
가 양육 받는다는 것은 교회가 양육 받는다는 것이다. 사탄이 해하는
권세를 받은 기간도 주님이 오실 때까지이다. 그러므로 〈한 때, 두 때,
반 때〉는 1260일이고, 42달이고, 3년 6개월이다. 요한계시록의 숫자
들은 대부분 상징적이다.

예수님의 말씀에 의거하여, 멸망의 가증한 것(미운 물건)은 로마 군
대임을 알 수 있다. 그렇다면 〈한 때와 두 때와 반 때〉는 사실 로마 군
대가 예루살렘 성전을 파괴한 때(AD70년)부터 재림까지 신약의 기간
이라고 할 수 있다.

(9) 〈한 때와 두 때와 반 때〉의 여러 가지 견해들

〈한 때와 두 때와 반 때〉에 대해서 여러 가지 견해들이 있다.

〈한 때와 두 때와 반 때〉는,

1) "때"는 "연"(年)을 의미하며, 3년 반, 즉 42개월, 1260일이 된다.
어떤 사람들은 글자 그대로 3년 반으로 생각한다.

2) 또 다른 사람들은 일(日)을 연(年)으로 생각하여 1260년으로 생각
한다. 안식교의 윌리암 밀러(William Miller), 한에녹, 정명석 등이 이
해석을 택했다. 그러나 이 해석들은 모두 오류이다.

윌리암 밀러는 1843년 10월 22일에 예수님이 재림한다고 하였으나
수포로 돌아갔다. 1843년은 에스라가 귀환한 해인 BC457년에 2300
년을 더한 해이다. 2300년을 더한 것은 2300주야(晝夜)를 지내라(단

8:14)[231]는 예언에서 1일을 1년으로 환산한 것이다.

한에녹은 1260일을 1260년으로 해석했다. 그리하여 오마르 사원이 세워진 688년을 기점으로 688년 이후 1260년이 지나면 1948년에 이스라엘 독립이 성취될 것이라고 예언했다. 더 나아가 1290년을 지나 1978년에 아마겟돈 전쟁이 일어나서 예루살렘이 회복되고, 그 결과로 가증한 물건인 오마르 사원은 없어질 것이며, 1335년 후인 2023년에는 예수님이 재림하여 에덴동산이 회복된다고 예언했다. 우연의 일치로 1948년에 이스라엘이 독립했으나, 1978년에 아마겟돈 전쟁은 일어나지 않았고 오마르 사원도 없어지지 않았다. 한에녹은 아마겟돈 전쟁을 유대인들과 독일 패전 후 다시 일어날 반유대인 10개 연합국의 싸움이라고 풀이하기도 했다.[232] 그러나 이런 일은 일어나지 않았다.

3) 특히 어떤 사람들은 숫자를 한정된 기간으로 생각하지 않고, 상징적으로 생각한다. 7은 완전을 상징하고, 3.5는 7의 반으로 불완전을 상징하며, 악의 통치는 일시적일 것이라고 주장하는 식이다.[233]

4) 그 밖에도 사람들은 〈한 때, 두 때, 반 때〉를 여러 가지로 해석한다. 예를 들면,

① 안티오쿠스 에피파네스(Antiochus Epi-phanes)가 성전을 모독한 기간이 3년 반이었다(BC168 – 165).

② 예루살렘을 공격한 로마의 전쟁은 3년 반 동안이었다(AD67-70).

③ 교황권은 약 1260년 동안, 즉 6세기부터 18세기까지 세계를 지배했다.

④ 이슬람교는 팔레스타인을 정복하여(AD637), 기독교가 지배할

---

231) 그가 내게 이르시되 이천삼백 주야까지니 그때에 성소가 정결하게 되리라 하였느니라 (단8:14).
232) 『영원한 복음』, 288~289,
233) 『최신 성서핸드북』, 403.

때까지(AD1917) 약 1260년을 지배했다.[234]

　그러나 어떠한 해석도 〈한 때, 두 때, 반 때〉의 기간에 대한 뜻을 다 이해했다고 생각할 수가 없다. 왜냐하면 하나님께서 계시하시면서 다니엘에게도 숨기셨기 때문이다(단12:9). 그리고 〈한 때, 두 때, 반 때〉가 재림 일자에 관한 종말 예언이라면 더더욱 알 수도 없고 알려고 해서도 안 된다. 그것은 천사도 모르고 아들도 모르고 오직 하나님만 아시는 절대주권의 영역이기 때문이다(마24:36).[235] 그러므로 혹자가 계시를 받았다고 하면서 또는 남의 것을 표절한 후 다니엘도 모르는 인봉(印封)을 뗐으니, 자기가 바로 재림 예수라고 주장해서는 안 된다. 재림 예수가 왔다면 온 세상이 다 아는 우주적 사건이어야 한다. 그러므로 〈한 때, 두 때, 반 때〉를 자기 상황에 맞추어 풀어놓고 자기를 그리스도라 주장하는 것은 적그리스도이다.

　우리가 〈한 때, 두 때, 반 때〉를 명확하게 모른다고 기죽을 필요도 없다. 직접 계시를 받은 다니엘에게도 숨기신 것이다. 숨기셨다는 것은 알릴 필요가 없었기 때문이다. 숨기신 것을 몰랐다고 해서 혼날 일도 아니다. 오히려 숨기신 것을 억지로 풀려고 하면 멸망을 자초하게 되고, 거짓말쟁이가 되기 마련이다.

　재림 일자를 알아야 재림 예수를 맞을 수 있다고 말해서도 안 된다. 역사적으로 재림 일자를 알아맞히려 했던 어떤 노력도 성공하지 못했다. 성경의 가르침대로 그 날과 그 시는 아무도 모른다고 하였으니, 오히려 알려고 하는 것 자체가 비성경적이다. 예수님이 재림하시면 그때는 누구나 다 알 수 있다(마24:30). 그러므로 우리는 깨어 있어 언제 주님이 오시더라도 기쁘게 맞이할 수 있도록 준비된 자세로 살면 되

---

234) 『최신 성서핸드북』, 403.
235) 그러나 그 날과 그 때는 아무도 모르나니 하늘의 천사들도, 아들도 모르고 오직 아버지만 아시느니라(마24:36).

는 것이다(마25:13).

필자가 〈한 때와 두 때와 반 때〉에 대해서 쓰는 것은, 정확히 언제인지를 설명하기 위해서라기보다는, 이단들이 엉터리로 풀어 천하보다 귀한 영혼들을 도둑질하는 것을 보고 의분이 생겼기 때문이다. 그리고 침묵하지 않기 위해서이다.

필자의 견해로는, 아마도 이 숫자들은 어떤 때는 숫자 그대로, 어떤 때는 비유적으로, 어떤 때는 상징적으로 사용된 것으로 보인다. 또 이 숫자들은 첫 번째 역사의 사건(안티오쿠스 에피파네스)에서 이루어지고(BC168 - 165), 두 번째의 사건(타이투스)에서 이루어지고(AD67~70), 궁극적으로 종말(재림 때)에 이루어질 것으로 생각된다.[236]

다니엘 12장 1절[237]의 "그 때에 네 민족을 호위하는 큰 군주 미가엘이 일어날 것이요"에서 "그 때"는 안티오쿠스 에피파네스의 환난 때이다. 이는 이 때 미가엘 천사를 통해 보호해 준다는 것을 의미했으며, 그것은 극심한 환난 중에 있는 모든 그리스도인들에게 해당될 수 있다.[238]

"또 환난이 있으리니 이는 개국 이래로 그때까지 없던 환난일 것이며"(단12:1b)라는 말씀은 AD70년 로마의 타이투스(Titus)의 예루살렘 공격이라는 해석과, 혹은 마태복음 24장 22-23절에 기록된 전무후무한 예수 재림 전의 환난이라는 해석이 있다. 그러나 필자는 둘 다 해당이 된다고 본다. AD70년의 타이터스의 환난 때와 같이 재림 전에도 극심한 환난이 있을 것이다.

"성도의 권세가 다 깨어지기까지이니"(단12:7b). 마치 예수님이 십

---

236) 『최신 성서핸드북』, 403-404.
237) 단12:1 그 때에 네 민족을 호위하는 큰 군주 미가엘이 일어날 것이요 또 환난이 있으리니…
238) 천정웅, 『장별 성경연구를 위한 다니엘』(서울: 말씀의 집, 1991), 200.

자가에서 그의 모든 권세가 깨어지고 희생이 된 것처럼, 환난이 계속될 것이다. 〈한때와 두 때와 반 때〉는 요한계시록 11장의 거룩한 성이 이방인들에게 짓밟히는 42개월이 될 것이며(계11:2), 두 증인이 굵은 베옷을 입고 1260일을 예언하는 기간이 될 것이다(계11:3). 즉 〈한때와 두 때와 반 때〉는 예루살렘 성전이 무너졌을 때(AD70년)부터 재림 때까지의 신약의 기간이다.

신약의 기간 내내 끝까지 두 종류의 사람들이 있을 것이다. 한 종류는 스스로 정결케 하는 사람들이며, 다른 한 종류는 아무것도 깨닫지 못하고 계속해서 악을 행할 사람들이다(단12:11).

1290일은 〈한때, 두 때, 반 때〉(1260일)동안을 거친 후 30일을 더 기다려야 한다. 1335일은 그 후 45일을 더 지난 기간이며, 그때까지 인내하는 자는 구원을 받으며 주의 재림을 맞는다.

11 매일 드리는 제사를 폐하며 멸망하게 할 가증한 것을 세울 때부터 1290일을 지낼 것이요
12 기다려서 1335일까지 이르는 그 사람은 복이 있으리라(단12:11~12).

(10) 〈한 때와 두 때와 반 때〉에 대한 여러 가지 해석들에 대해서 정리해 보자.

1) 한에녹의 해석

한에녹은 1942년도에 〈한 때와 두 때와 반 때〉를 풀었다. 그리고 이것을 1947년도에 발간된 『영원한 복음』이라는 책에 실었다. 이때 정명석은 1945년생이므로 2살 때이다. 한에녹은 한때를 1년으로 본다. 고로 〈한 때, 두 때 반 때〉는 3년 6개월이다. 3년 6개월은 42개월이고, 42개월은 1260일이다. 그리고 한에녹은 1일을 1년으로 해석한다. 그러므로 1260일은 1260년이다. 미운 물건(멸망의 가증한 것)은 회교

사원(오마르사원)이다. 회교사원은 AD688년에 세워졌다. 미운 물건(멸망의 가증한 것)을 세울 때부터라 하였으니,

688년+1260=1948년. 1948년은 이스라엘의 독립연도이다.

688년+1290년=1978년. 1978년은 아마겟돈 전쟁이다.

688+1335=2023년. 2023년은 에덴동산의 회복이다.

한에녹은 1942년도 푼 해석에서 1948년도에 이스라엘이 독립할 것이라고 한 예언이 맞았기 때문에, 1978년의 예언도 맞고 2023년의 예언도 맞을 것이라고 자신하였다. 그 증거로 1978년도가 되면 회교 사원이 없어질 것이라고 예언했으나 없어지지 않았다.

2) 정명석의 해석

정명석은 1973년도에 〈한때, 두 때, 반 때〉를 최초로 풀었다고 하였다. 그러나 풀이 과정이 한에녹의 풀이와 똑같았다. 한 때는 1년이고, 두 때는 2년, 반 때는 6개월이다. 〈한 때, 두 때, 반 때〉는 3년 6개월, 42달, 1260일이다. 정명석도 1일을 1년으로 해석한다. 그러므로 1260일은 1260년이다. 미운 물건(멸망의 가증한 물건)도 회교사원(오마르사원)이다. 가증한 물건(미운 물건)을 세울 때부터라 했으니, 오마르사원이 세워진 688년이 기점이다.

688년+1260년=1948년. 이스라엘의 해방.

688년+1290년=1978년. 영적 이스라엘의 해방(정명석의 사명이 시작하는 해)

688년+1335년=2023년. 정명석의 메시아 사명 마치는 해.

이는 한에녹과 풀이 과정은 똑같으나, 다만 1978년을 영적 이스라엘의 해방, 2023년을 정명석의 사명 마치는 해라고 풀었다는 점에서 차이가 있다.

그러나 1일이 1년도 아니고, 미운 물건(멸망의 가증한 것)이 오마

르 사원도 아니고, 오마르 사원이 688년에 건축된 것도 아니다. 그리고 무덤 기간이 3년 반이라고 주장하였으나 맞지 않자 14년으로 수정하였다. 무엇보다 메시아가 사명 기간이 있다는 주장 자체가 틀린 말이다. 예수 그리스도는 영원히 다스리신다고 하였기 때문이다(눅 1:32~33).[239]

3) 안식교의 해석

안식교는 〈한 때, 두 때, 반 때〉를 2300주야에 포함시켜 해석한다 (단8:14).[240] 예루살렘 중건령이 있었던 BC457년을 기점으로 2300주야를 지낸다. 안식교도 1일을 1년으로 해석한다. 2300주야는 2300년이므로 BC457년부터 2300년을 더하면 1843년이다. 그 다음 해인 1844년이 마치는 해이다.

안식교는 미운 물건을 교황으로 해석하며, 교황이 정치적 권세를 얻은 AD538년이 미운 물건을 세운 때가 된다. 〈한때, 두 때, 반 때〉는 1260년이다. 교황권은 AD538년부터 중세기 1260년 동안의 권세를 누렸다. AD538년+1260년=1798년. 1798년부터 45년을 더하면 1843년이고 그 이듬해 1844년에 이른다. 이와 같은 이유로 안식교는 1844년을 재림 연도로 주장하였으나 불발되었다.

4) 세대주의의 해석

세대주의는 〈한 때, 두 때, 반 때〉를 다니엘의 70이레의 마지막 한 이레의 후반부로 해석한다. 70이레는 7이레와 62이레와 1이레로 나

---

239) 그가 큰 자가 되고 지극히 높으신 이의 아들이라 일컬어질 것이요 주 하나님께서 그 조상 다윗의 왕위를 그에게 주시리니 영원히 야곱의 집을 왕으로 다스리실 것이며 그 나라가 무궁하리라(눅1:32~33).
240) 그가 내게 이르되 이천삼백 주야까지니 그때에 성소가 정결하게 되리라 하였느니라(단 8:14).

뉘지는데, 7이레와 62이레를 지나서 이방인들이 구원받는 "교회 시대"를 편입한 후, 마지막 1이레, 즉 7년을 뒤로 쭉 빼놓는다.

한 이레는 7년이고, 그 중간을 나누면 전3년반, 후3년반이 된다. 뒤의 3년 반을 〈한 때, 두 때, 반 때〉의 기간으로 삼는다. 흔히들 "7년 대환란"을 거론하거니와 그것은 사실 세대주의의 영향에서 온 것이다.

5) 개혁교회의 해석

개혁교회는 〈한 때, 두 때, 반 때〉를 상징적인 기간으로 본다. 〈한 때, 두 때, 반 때〉는 42개월이고, 42개월은 1260일이다. 이 기간은 성전 밖 마당을 이방인들이 짓밟는 기간이요(계11:2), 두 증인(신약교회)의 증거 기간이다(계11:3~11). 이 기간은 AD70년 성전이 무너진 때부터 예수님 재림 직전 대환란의 때까지요, 전쟁 후 환란 기간이 30일 동안 진행되다가 45일 기다려서 예수님은 재림하시고 교회는 휴거한다. 그리고 천년왕국이 시작된다.

6) 필자의 견해

필자는 기본적으로 개혁교회의 해석을 따른다. 〈한 때, 두 때, 반 때〉는 로마 장군 타이터스가 예루살렘을 무너트린 AD70년부터 재림 직전의 환난이 시작되기까지의 교회 시대로 본다. 42개월과 1260일은 같은 기간으로서, 다만 다른 각도로 그 기간을 설명한다. 42개월은 교회가 이방인들에게 짓밟히는 기간이요(계11:2), 1260일은 교회가 복음을 전하는 기간이다(계11:3). 1260일이 끝나면 30일 동안 환난을 받을 것이고,[241] 45일 동안 주님의 오심을 기다리게 될 것이다.[242] 30일과 45일간의 기간은 상징적인 숫자일 가능성도 있다. 그리고 예수님이 재림하시고, 교회는 공중으로 휴거 하게 된다. 그리고 휴거 된 성도들은 예수 그리스도와 함께 영원히 거하게 된다(살전4:17).

① 한에녹의 해석(p299)[243]

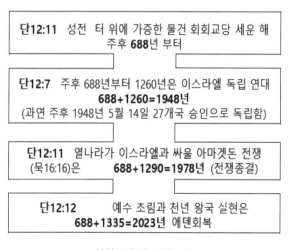

예언 연대 계산표

단12:11 성전 터 위에 가증한 물건 회회교당 세운 해
주후 **688년** 부터

단12:7 주후 688년부터 1260년은 이스라엘 독립 연대
688+1260=1948년
(과연 주후 1948년 5월 14일 27개국 승인으로 독립함)

단12:11 열나라가 이스라엘과 싸울 아마겟돈 전쟁
(묵16:16)은 **688+1290=1978년** (전쟁종결)

단12:12 예수 초림과 천년 왕국 실현은
688+1335=2023년 에덴회복

회회교당 세운 기록은
유다 사건 제7권 148폐지 참조

---

241) 30일이라는 숫자는 1260일에서 1290일까지 이르는 숫자이다. "매일 드리는 제사를 폐하며 멸망하게 할 가증한 물건을 세울 때부터 천이백구십일을 지낼 것이요"(단12:11).

242) 45일 숫자는 1290일에서 1335에 이르는 숫자이다.
"기다려서 천삼백삼십오 일까지 이르는 자는 복이 있으리라"(단12:12).

243) 한에녹, 277.

② 정명석의 해석[244]

③ 안식교의 해석[245]

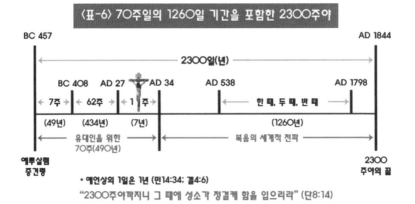

---

244) 『실제 보는 강의안』, 207.
245) 세천사 복음방송

④ 민병석 목사의 해석[246]

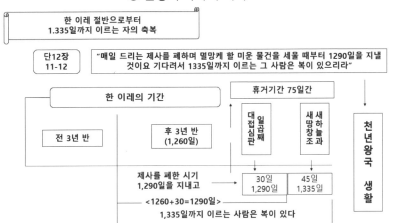

⑤ 천정웅 교수의 해석[247]

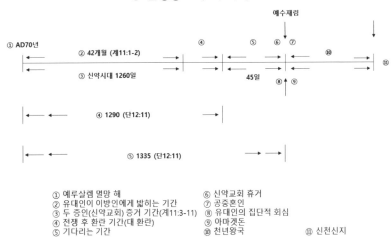

① 예루살렘 멸망 해
② 유대인이 이방인에게 밟히는 기간
③ 두 증인(신약교회) 증거 기간(계11:3-11)
④ 전쟁 후 환란 기간(대 환란)
⑤ 기다리는 기간

⑥ 신약교회 휴거
⑦ 공중혼인
⑧ 유대인의 집단적 회심
⑨ 아마겟돈
⑩ 천년왕국   ⑪ 신천신지

246) 민병석, 『작은 책의 비밀』(서울: 밤중소리사역회, 2014), 101.
247) 천정웅, 『장별 성경연구를 위한 다니엘』, (서울: 말씀의 집, 1991), 203.

⑥ 필자의 견해

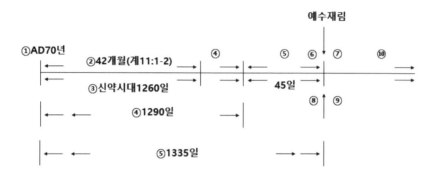

① 예루살렘 멸망 해
③ 두 증인(신약교회) 증거기간(계11:3-11)
⑤ 기다리는 기간
⑦ 공중혼인
⑨ 아마겟돈

② 유대인이 이방인에게 밟히는 기간
④ 전쟁 후 환란 기간(대 환란)
⑥ 신약교회 휴거
⑧ 유대인의 집단적 회심
⑩ 신천신지

09. 천년왕국론

09
천년왕국론

4 또 내가 보좌들을 보니 거기에 앉은 자들이 있어 심판하는 권세를 받았더라 또 내가 보니 예수를 증언함과 하나님의 말씀 때문에 목 베임을 당한 자들의 영혼들과 또 짐승과 그의 우상에게 경배하지 아니하고 그들의 이마와 손에 그의 표를 받지 아니한 자들이 살아서 그리스도와 더불어 천 년 동안 왕 노릇하니

5 (그 나머지 죽은 자들은 그 천년이 차기까지 살지 못하더라) 이는 첫째 부활이라

6 이 첫째 부활에 참여하는 자들은 복이 있고 거룩하도다 둘째 사망이 그들을 다스리는 권세가 없고 도리어 그들이 하나님과 그리스도의 제사장이 되어 천년 동안 그리스도와 더불어 왕 노릇하리라(계20:4~6).

천년왕국은 요한계시록에 나오는 개념으로서 구원받은 성도들이 천 년 동안 죽지도 않고 왕 노릇을 한다는 이상향의 세계이다. 과연 천년왕국과 같은 지고지복(至高至福)의 세계가 실제로 존재하는가? 존재한다면 어떤 식으로 존재하는가? 이 장에서는 먼저 정명석의 천년왕국론을 살펴본 후, 이에 대해 반증하고자 한다.

정명석의 주장

(1) 천년왕국이란?

천년왕국이란 천 년 동안 죽지 않고 살아간다는 말이 아니라 왕국의 기간이 천년이라는 말이다. 구약의 율법 기간이 4천 년, 신약의 복음 기간이 2천 년, 성약의 말씀 기간이 1천 년이다. 재림의 말씀이 천년을 가면서 이 기간의 사람들을 다스리며 간다는 것이다.[248]

(2) 천 년 동안 죽지 않고 산다는 것은?

그 주관권 안에서 영이 죽지 않는다는 것이다. 오늘날 기독교인들은 예수님이 재림하시면 산채로 그대로 천 년 동안 살 것으로 생각하고 있다. 그러나 예수님이 나를 믿으면 영원히 산다고 했지만 신약 기간 동안 사람들이 다 죽지 않았던가? 또한 예수님이 초림하셨을 때도 사람이 젊어지거나, 늙지 않는 일은 벌어지지 않았다. 사람들은 신약 2천 년 동안 다 죽었다. 그렇다면 그리스도와 더불어 죽지 않는다는 것은 무슨 말인가? 그 주관권 내에서 영이 죽지 않는다는 것이다.

초림 때 예수님의 주관권 내에서는 아무도 죽지 않은 것 같이 재림 때도 그 주관권 안에서는 누구도 죽지 않는다. 여기서 육신의 죽음을 첫째 사망이라고 하고, 영의 죽음을 둘째 사망이라고 한다. 정명석에 따르면, 재림주를 믿으면 첫째 사망의 해를 받더라도, 천 년 동안 둘째 사망의 해를 받지는 않는다. 즉, 영은 사망하지 않고 살아서 천 년 동안 왕 노릇 한다는 것이다. 육신이 죽어도 그 기간 동안 영혼이 살아 있기 때문에 하늘의 영원한 세계로 갈 수가 있다.[249]

(3) 왕노릇 한다는 것은 무엇인가?

사람이 복직되어 개성적으로 살게 된다. 곧 사람이 개성으로 왕 노

---

248) 『중급편』, 492.
249) 『중급편』, 493.

룻한다는 말이다. 원래 사람은 하나님이 개성과 재질대로 창조하신 개성진리체(個性眞理體)이다.[250] 사람을 개성적으로 볼 때, 모두가 각자의 센터에서는 왕과 같은 역할을 수행한다. 예를 들어 입, 눈, 코, 귀, 손, 발 등을 생각해 보자. 보는 것은 눈이 왕이요, 차는 것은 발이 왕이요, 만지는 것은 손이 왕이요, 듣는 것은 귀가 왕이다. 해의 영광, 달의 영광, 별의 영광이 다르듯이, 천년왕국은 누구든지 자기 개성대로 자기 센터의 왕이 되어 각각 개성대로 일하고, 왕처럼 주권을 행사하며 살아간다는 것이다. 축구선수는 공으로 왕 노릇 하고, 수영 선수는 수영으로 왕 노릇 하듯이 자기 개성대로 사명을 다하고, 자기 직책대로, 자기 소질대로 주권을 행사하는 것이다.

역사적으로 신약 때 과연 베드로는 살아서 예수님과 왕 노릇 하여 육신이 죽고도 영이 살아서 그 이름이 사명대로 신약 2천 년 동안 왕 노릇 했다. 이같이 성약 때 그 주관권에서 개성의 왕 노릇을 하게 된다. 말씀의 주관을 뺏기지 않고 항상 그리스도의 인(印)과 말씀의 인(印)과 생활의 인(印)을 맞으면 왕노릇 하게 된다.[251]

(4) 사탄 불가침의 세계

사탄이 절대 활동을 못 하는 세계가 지상천국이다. 재림주가 왔을 때 1천 년 동안 사탄을 가둘 것이라고 말씀하셨다. 신약시대 때 근본적으로 가두지 못한 사탄을 재림 때는 가둔다는 것이다. 오늘날 기독교는 초림 때 예수님이 사탄 마귀를 어떤 감옥이나 특정한 장소에 다 가둔 것으로 생각한다.

---

250) 개성진리체는 통일교의 용어이다. 통일교에서 인간을 하나님의 형상적 개성진리체라고 하고, 인간 이외의 피조물들을 상징적 개성진리체라고 한다. cf. 세계기독교신령협회, 『원리강론』(서울: 성화출판사, 2006), 27~29
251) 『중급편』, 493~494.

그렇다면 어찌하여 지옥에 가두어 놓았다는 사탄 마귀의 영들이 이 땅 위에 나타나고 있는가? 여기서 가두었다는 것은 문자 그대로 어떤 굴 속이나 일정한 장소에 끌어모아서 가두어 놓은 것이 아니라, 사탄의 주관권 속에다가 가두었다는 것을 의미한다. 베드로후서 2장 4절에서는 사탄을 심판 때까지 어두운 구덩이에 가둔다고 했다. 그것은 흑암의 세계는 흑암에 감금한다는 말이다. 누구든지 흑암과 같은 짓을 하면 이미 사탄의 주관 속에 갇히게 되는 것이다. 천년이 차면 사탄이 옥에서 나와 자기 나라를 형성한다고 했다. 비유컨대, 추수가 끝나면 나머지 알곡은 쥐들이 먹게 놔두는 것과 같은데 그때는 괴로운 세계가 되어 거기서 견딜 자가 없게 된다. 이러므로 당세의 역사 앞에 서지 못하면 힘들다.[252]

(5) 지상천국의 원리와 이치
1) 천국의 종류
① 심령천국과 실체 천국

천국에는 마음의 천국과 행실적인 천국이 있다. 마음의 천국이란 마음이 사망권에서 벗어나서 생명권으로 오는 것으로, 심령이 회복되는 것을 심령천국이라고 말한다. 실체 천국은 육신이 복직되고 그 행위를 고쳐 복귀되는 육적 천국, 행실의 천국을 말한다.

그런데 육적 문제가 다 이뤄졌을지라도 심령의 문제가 해결되지 않았다면 그 심령은 지옥일 것이다. 반대로 마음이 문제가 없어 평화롭다고 해도 육적 문제가 해결되지 않았다면 육신이 지옥일 것이다. 그러므로 천국은 이 두 가지가 다 이루어져야 영육의 천국이 이루어질 수 있는 법이다. 초림주는 마음의 천국의 세계를 이루었지만, 재림주

---

252) 『중급편』, 494~495.

는 육신까지 복직되는 실체 천국의 세계를 이룬다.[253]

② 지상천국과 천상천국

> 진실로 너희에게 이르노니 무엇이든지 너희가 땅에서 매면 하늘에서도 매일 것
> 이요 무엇이든지 땅에서 풀면 하늘에서도 풀리리라(마18:18).

천국에는 지상천국과 천상천국이 있다. 지상천국은 육인체가 땅을 중심으로 실체적으로 이루어지는 유형의 천국이고, 천상천국은 영인체가 하늘을 중심으로 이루어지는 무형의 천국을 말한다. 그런데 이 땅에서 지상천국이 먼저 이루어져야 천상에서도 천상천국의 세계가 온전히 이루어진다. 곧 사람이 살아서 육신으로 지상천국을 누리고, 육신이 죽은 후 하나님 나라에 가서 그 영혼이 하나님을 중심으로 천상천국을 누리게 되는 것이다. 그러므로 지상에서 천국을 이루지 않고서는 죽어 천상에서 천국을 이룰 수 없는 법이다.[254]

2) 지상천국의 실현 원리
① 천국은 메시아가 와야 이루어지는 이상세계이다.

> 이때부터 예수께서 비로소 전파하여 가라사대 회개하라 천국이 가까이 왔느니
> 라(마4:17).

천국은 오직 선하신 하나님이 메시아를 보내 주셔야 이룰 수 있다. 오직 하늘이 보낸 구세주가 올 때 근본 문제가 해결되고 평화가 온

---

253) 『중급편』, 495~496.
254) 『중급편』, 496.

다.[255]

② 천국은 한꺼번에 이루어지지 않는다.

> 30 또 가라사대 우리가 하나님의 나라를 어떻게 비하며 또 무슨 비유로 나타낼꼬.
> 31 겨자씨 한 알과 같으니 땅에 심길 때에는 땅 위의 모든 씨보다 작은 것이로되
> 32 심긴 후에는 자라서 모든 나물보다 커지며 큰 가지를 내니 공중의 새들이 그 그늘에 깃들일 만큼 되느니라(막4:30~32).

유대인들은 하나님이 강림하시면 천지개벽하듯이 순식간에 천국이 이루어지는 줄 알았으나 천국은 그렇게 당장 이루어지는 것이 아니다. 천국도 지옥도 한 번에 이루어지는 것이 아니라 점진적으로 이루어지는 것이다. 한 가정이 이루어지는 것도 오랜 기간이 필요하듯이 천국도 마찬가지이다. 천국도 점진적으로 이루어지면서 점차 번져 나가는 것이다.

　a. 지상 지옥도 한 사람으로부터 시작해서 번져가며, 지상천국도 한 사람으로부터 시작하여 번져간다. 재림주로부터 시작하여 개인 단위, 가정 단위, 민족 단위, 세계 단위, 천주 단위로 번져 나가면서 점진적으로 이루어진다. 예수님 때 시작된 마음 천국의 종교역사가 신약 2000년 동안 흘러오면서 전 세계로 번져 왔듯이, 천년왕국은 세대가 거듭되며 1000년 동안 이루며 가는 세계이다.[256]

　b. 천국은 복음이 전파되는 데에 따라, 또 복음이 실천되는 과정과 정도에 따라 점진적으로 이루어지는 것이다. 이스라엘 민족이 가나안 복지에 들어갈 때에도 한 번에 들어간 것이 아니다. 싸워서 적을 물리

255) 『중급편』, 496~497.
256) 『중급편』, 497.

치고 수고하고 개발하고 개척하는 만큼 그 땅을 차지할 수 있었다. 이처럼 천국도 자기가 얼마나 노력하는가에 따라 누릴 수 있는 정도가 달라진다.[257]

③ 천국은 말씀으로 이루어지는 이상세계이다.

천국을 만드는 자료는 무엇인가? 오직 하나님의 말씀밖에 없다. 구세주가 와서 천국을 이루는 말씀을 선포하고 그 말씀에 따라 행동하는 여하에 따라서 모든 분야가 천국으로 거듭나게 되는 것이다. 진리대로 실천하고 살면 천국이 이루어진다. 즉 하늘나라와 같은 생활을 해나가면 그것이 바로 천국이다.[258]

④ 천국은 진리의 주관권 안에서만 하나 되는 이상세계이다.

예수님은 양과 염소를 하나 되게 만들어 놓았다. 재림 때도 보낸 자(정명석—필자 주)를 중심으로 사람이 하나 되고 종파가 하나가 되는 것이다. 하나 되는 범위는 일차로 복음이 나간 곳, 주관권 안에서만 하나 된다. 천년왕국은 재림주가 겨자씨가 되어 말씀 주관권 안에 들어오는 자들만이 하나가 되어 누리는 세계이다.[259]

⑤ 천국은 모든 것이 하나님을 중심으로 회복되는 이상세계이다.

천국은 모든 것이 복직되는 이상적인 세계이지만, 오직 하나님을 중심으로 여러 가지가 다 성립되고 성사되어야 천국이 될 수 있다. 지상 천국은 오신 그리스도를 중심으로 과학, 정치, 경제, 사회, 법, 철학, 종

---

257) 『중급편』, 497~498.
258) 『중급편』, 498.
259) 『중급편』, 499.

교, 사상, 문화, 예술 등 모든 세계가 회복되는 세계이다.[260]

⑥ 천국은 사람 복직의 세계이다.

먼저 사람이 복직되어야 천국도 이루어진다. 사람 회복이 될 때 천주 회복이 되는 법이다. 그러므로 개인 회복은 가정 회복을, 가정 회복은 민족 회복을, 민족 회복은 세계 회복을, 세계 회복은 천주(天宙) 회복을 이루어서 지상천국을 이룰 수 있게 되는 것이다.[261]

⑦ 천국은 하나님의 방법대로 이루어지는 이상세계이다.

천국은 하늘나라의 세계에서 이루어지는 일들을 이 땅 위에 실현시키는 것이다. 이 세상이 하나님의 뜻을 깨닫고, 그 사고와 사상, 그 도의 프로그램대로 살아야 천국이 된다.[262]

⑧ 천국은 심정일체의 이상세계이다.

그 날에는 내가 아버지 안에, 너희가 내 안에, 내가 너희 안에 있는 것을 너희가 알리라(요14:20). 이 본문에서 보듯이, 지상천국은 사람이 온전한 하나님의 대상체가 되어 인통(人通), 도통(道通), 영통(靈通), 심통(心通)하여 위로는 하나님과 심정일체, 뜻 일체의 세계를 이루고, 메시아와 그를 기다리는 자의 마음이 서로 일체 되고 행동 일체 되는 세계이다.[263]

⑨ 지상천국은 사탄의 주관을 받지 않는 이상세계이다.

---

260) 『중급편』, 499.
261) 『중급편』, 499.
262) 『중급편』, 499~500.
263) 『중급편』, 500.

"그러나 내가 만일 하나님의 손을 힘입어 귀신을 쫓아내는 것이면 하나님의 나
라가 이미 너희에게 임하였느니라"(눅11:20).

마음속에 악한 귀신을 쫓아내고 마음속에 사탄을 몰아내면 천국이
임한 것이다. 마음에 임했다는 것은 바로 마음 천국이라는 것이다. 행
실에 임했다는 것은 바로 실체 천국이라는 것이다.[264]

결론

나라가 임하옵시며 뜻이 하늘에서 이룬 것같이 땅에서도 이루어지
이다(마6:10). 기독교의 최대 소망은 바로 천국의 세계를 이루는 것이
다. 그런데 하나님의 소망도 이상세계를 이루는 것이다. 그 이상세계
가 지상에서 이루어지는 것이다. 재림 때도 천국은 허공에서가 아니라
지구 공중(땅)에서 이루어진다.

천국은 하나님만이 만들 수 있고 그 방법대로 해야만 이루어지게 된
다. 구약은 종적 천국, 신약은 형제적 천국을 이루었지만 성약은 애인
천국의 이상적인 세계로 근본적 복직이 이루어진 세계이다. 그런데 믿
음에서가 아니라 행동에서 이루어진다. 심령천국은 심령이 회복된 만
큼 이루어지듯이, 지상천국도 누구든지 메시아를 중심하여 선포된 진
리대로 한 동작 한 동작 그 육신의 행실을 고쳐 복귀하는 만큼 이루게
되는 것이다.[265]

반증

---

264) 『중급편』, 500.
265) 『중급편』, 500~501.

천년왕국론은 기독교 내에서도 의견이 다양하여 한 가지 입장만으로 반증하기에 어려움이 있다. 그렇지만 이단들의 엉터리 해석들이 난무하는 상태에서 틀릴까봐 아무 말도 하지 않는 것은 무책임한 태도일 것이다. 일반교회에서는 해석이 서로 상이할 수는 있어도 본류에서 벗어나지는 않는다. 본류는 예수 그리스도이고, 어떤 해석도 예수 그리스도를 벗어나지는 않는다. 그러나 이단들은 자기네 교주를 '새 시대의 예수', '새 이름의 예수'라고 하며 예수 그리스도를 벗어난다. 자기네 교주가 재림 예수이기 때문에 천년왕국이 시작되었고, 자기네 단체들이 천년왕국의 실현이고, 그래서 이미 천년왕국이 진행되고 있다고 주장한다.

(1) 천년왕국의 기간을 문자적으로 이해해야 하는가?

정명석은 천년을 문자적으로 천년이라고 본다. 베드로후서 3장 8절에 보면, "하루가 천년 같고 천년이 하루 같다는 이 한 가지를 잊지 말라"는 말씀이 있다. 정명석은 여기서 '하루가 천년과 같다'는 말에서 힌트를 얻고, 하나님의 창조 7일 가운데, 4일을 구약 4천년, 2일을 신약 2천년, 마지막 하루를 천년왕국으로 해석한다. 그러나 이런 해석은 2세기에 유명한 프랑스 리옹의 감독이었던 이레니우스(Irenaeus)가 잠시 주장했으나 나중에 폐기한 이론이다.[266] 이런 해석은 잘못된 해석이다. 그렇다면 무엇인가? 모세는 다음과 같이 표현하였다. "주의 목전에는 천 년이 지나간 어제 같으며 밤의 한순간 같을 뿐임이니이다"(시90:4). 그러므로 천년이란 하루 같기도 하고, 한순간 같기도 하다는 말이다. 이 말은 영원하신 하나님께는 천년이나 하루나 한순간이나 별 차이가 없다는 의미이다. 결국 시간이란 시간적 존재(time

---

266) 피영민, 『견고한 신앙』, (서울: 검과흙손, 2005), 176.

being)인 인간들에게나 길고 짧은 것이지, 영원한 존재(eternal being)인 하나님께는 무슨 큰 의미가 있겠느냐는 것이다. 그러니까 베드로는 예수님 가신 지 2천 년이나 되었는데 왜 오시지 않나 하고 조급해하지 말라는 말씀이다. 이천년이라 해도 하나님께는 이틀밖에 되지 않은 것이고, 심지어 0.2초, 0.002초밖에 지나지 않은 것과 같다는 의미이다.

그렇다면 천년을 문자 그대로 천년으로 볼 것인가? 상징으로 볼 것인가? 정명석은 천년을 문자대로 천년이라고 본다.

일반교회에도 천년왕국에 대해서 크게 3가지의 견해가 있다. 전(前)천년설, 후(後)천년설, 무(無)천년설이다. 전천년설과 후천년설은 천년의 기간을 문자적으로 본다. 전천년설은 천년왕국이 시작되기 전에 예수님이 재림하신다는 것으로, 예수님이 재림하신 후에 예수님과 함께 천년왕국이 시작된다는 것이다. 후천년설은 천년왕국이 끝나고 예수님이 재림하신다는 설이다. 그러나 후천년설은 요한계시록 20장 4절의 "그리스도와 더불어"라는 말씀에 부합되지 않는다. 후천년설은 한때 미국에서 인기를 끌었으나 현재는 더 이상 주목을 받지 못하고 있다. 이에 비하여 무천년설은 오랫동안 교회의 지배적인 견해로 통하고 있다.

무천년설은 천년을 문자적인 기간이 아닌 상징적인 기간으로 본다. 무천년설은 계시록의 특성상 천년을 글자 그대로 문자적인 의미로 받지 않는다. 천년은 상징으로서, 주의 초림부터 재림까지의 완전한 교회의 기간을 의미한다고 본다.[267] 무천년설은 어거스틴과 칼빈 등이 주장하였다. AD381년 콘스탄티노폴리스 공회의는 "그의 나라는 끝이 없다"(cucius regni non erit finis)고 확정하면서 교회가 천년왕국을 교회의 교리로 받지 않는다는 것을 확고하게 하였다.[268] 공교회와 종

267) 『서철원박사 교의신학 Ⅶ 종말론』, 181.
268) 『서철원박사 교의신학 Ⅶ 종말론』, 181.

교개혁자들의 이해에 의하면, 천년은 상징적인 숫자로서 주의 초림부터 재림까지의 완전한 교회의 기간을 지시하는 것으로 본다.[269]

(2) 천년왕국이 정명석과 함께 시작되는가?

천년왕국 사상은 교회의 공식적인 배척에도 불구하고 완전히 사라지지 않았다. 소수 분파들에게 천년 왕국에 대한 대망이 남아 있었기 때문이다. 밀러파(the Millerites), 몰몬교도(Mormons), 세이커파(the Shakes) 등이 그것이다. 중세시대에도 이 사상이 남아 있다가 종교개혁 때 강하게 일어났다. 그중 재(再)세례파는 뮌스터(Münster)에 얀보겔손(Jan Bockelson)을 왕으로 세우고 천년 왕국을 건설하였다. 뮌스터의 주교는 군대를 동원하여 재세례파를 박멸했는데, 그 후로 지상 천년왕국 사상이 영적으로 바뀌었다.[270]

그러나 19, 20세기에 오면 그리스도교와는 아무런 관련 없이 세속적 천년왕국 주의가 등장하였다. 그 대표적 예로서 로버트 오웬(Robert Owen)의 유토피안 사회주의, 마르크스(Karl Marx)의 공산주의 운동, 히틀러(Adolf Hitler)의 나치 운동을 들 수 있다.[271] 이들의 비전은 '새로운 사회', '공산사회' '새 제국' 등으로 일컬어졌는데, 이것도 다름 아닌 천년 왕국에 대한 열망이 세속적으로 분출된 경우들이다.

아울러 신앙적으로 천년 왕국 사상이 다시 일어나고 있다. 오늘날 우리 주변에서 발견되는 이단들이다. JMS나 신천지도 그 중의 하나이다. "그리스도와 더불어 천 년 동안 왕 노릇 하니"(계20:4)에서 그리스도는 누구인가? 명명백백하게 예수 그리스도를 의미한다. 그러나 정

---

269) 『서철원박사 교의신학 Ⅶ 종말론』, 181.
270) 『서철원박사 교의신학 Ⅶ 종말론』, 172.
271) 김영한/임지현, 『서양의 지적 운동』, (서울: 지식산업사, 1994), 66~67.

명석은 자기를 그리스도라고 하기에, 정명석과 함께 천년왕국이 시작된다고 주장하는 것이다. 다시 말하면, "그리스도와 더불어"를 "정명석과 더불어"로 해석한다. 신약시대가 2천 년 동안 한 사람 예수 그리스도로부터 시작되어 뻗어 나왔듯이, 향후 천 년 동안 정명석으로부터 세계를 향해 뻗어 나간다는 것이다. 이것이 성약 시대이고, 그 기간이 천년이라는 것이다. 이 주관권에 들어온 사람들만 지상천국 생활하다가 죽어 천상천국에 들어갈 것이라고 주장하는 것이다.

이 밖에도 천년왕국이 시작되었다는 곳들이 많다. 그들의 공통점은 재림 예수가 영으로 오셔서 교주를 통해서 자기네 단체들을 만들었는데, 그 단체가 바로 천년왕국이라고 주장하는 것이다. 과연 그 단체들이 천년왕국인가?

이단을 구별하는 좋은 방법이 하나 있다. '이 시대의 그리스도는 누구인가?'라고 묻는 것이다. 이단은 이 시대의 그리스도는 자기네 교주라고 믿기 때문이다. '예수 그리스도'란 명칭은 '예수는 그리스도다'라는 말의 줄인 말로서, 그 이름 자체가 신앙고백이고, 신앙고백 중에서 가장 짧은 고백이다.[272] 예수께서 그리스도라는 것은 대부분의 이단들도 다 인정한다. 이단들이 정통교회라는 보호색으로 치장해야 하기에, 오히려 의도적으로 '우리도 예수님을 믿는다'고 말한다. 그때 '이 시대의 그리스도도 예수인가?'고 물어보라. 이때 얼버무리거나 말꼬리를 흐린다면 이단일 가능성이 높다. 왜냐면 이단들은 이 시대의 그리스도는 예수님에게서 자기들의 '선생님'에게로 바뀌었다고 믿기 때문이다. 그래서 요한계시록 20장 4절의 "그리스도와 더불어"를 자기네 '선생님과 더불어'라고 자동으로 번역해서 읽는다. 그곳이 바로 이단이다. '예수는 그리스도다, 그리스도는 예수다.' 이렇게 앞뒤가 같아야 정통

272) Walter Kasper, Jesus der Christus, Verlag Herder, 2007; 발터 카스퍼, 『예수 그리스도』, 박상래 역, (서울: 분도출판사, 1983), 14.

이다(예수=그리스도, 그리스도=예수).

그러나 JMS 사람들은 '그리스도와 더불어'를 '정명석 그리스도와 더불어'로 읽고, JMS 단체를 천년왕국의 성취라고 믿는다. 여호와의 증인은 예수님이 영으로 재림하여 "여호와의 증인"이라는 천년왕국을 만들었다는 것이고, 신천지는 예수님의 영이 이만희를 통해 신천(신)지(新天新地)라는 천년왕국을 만들었다는 것이다. 그러나 어느 시대를 막론하고 그와 같이 주장하는 단체들은 다 이단들이다. 성경에 기록된 천년왕국은 이단 단체를 예언한 것이 아니다.

(3) "살아서 왕 노릇 하리라"는 말은 어떤 의미인가?

정명석은 자기를 믿고 따르는 사람들은 육신은 죽어도 영은 죽지 않고 계속 사는 것이라 말하였다. 왕 노릇은 개성대로 왕 노릇 하며 사는 것이라 하였다. 그렇다면 과연 JMS 회원들이 지금 왕 노릇 하고 있는가? 정명석 자신은 여왕벌처럼 왕 노릇 하고 있다고 자랑할 수 있겠지만, 회원들도 왕 노릇 한다고 할 수 있을까? 오히려 일벌처럼 종노릇 하고 있지 않은가? JMS에서는 교회를 합치는 것을 합봉(合蜂)이라 하고, 교회 분리하는 것을 분봉(分蜂)이라 한다. 원래는 벌통을 합치는 것을 합봉, 나누는 것을 분봉이라 한다. 그러나 JMS 단체에서는 교회를 합치는 것을 합봉이라 하고, 나누는 것을 분봉이라 하는데, 이것은 사람을 벌로 보기 때문이다.

정명석은 JMS 단체를 왕벌 조직처럼 만들고 그 안에서 왕 노릇 하고 싶겠지만, 세상 사람들에게는 그저 성범죄자요 사이비 이단 교주일 뿐이다. 성경의 천년왕국과 JMS 단체는 달라도 너무 다르다. 왜 그런가? 정명석이 그리스도가 아니기 때문이다.

전천년설에 의하면, 천 년 동안 예수 그리스도가 왕이 되어 영광스러운 모습으로 세계를 다스린다. 부활한 성도들과 및 살아서 변화된 성도들이 예수 그리스도의 통치에 참여한다. 평화와 의가 전(全) 세계에 충만해진다. 과연 JMS 단체가 성경에 나오는 이러한 천년왕국과 부합하는가? 전혀 아니다.

무천년설에 의하면, 이 말씀은 순교자들과 우상에게 경배하지 않은 사람들의 영혼들에 관해서 말씀하신 것이다. 예수님을 믿다가 순교한 사람들과, 우상에게 경배하지 않은 사람들의 영혼들은 육신이 죽을지라도 영혼은 죽지 않고 살아서 천국에서 예수 그리스도와 더불어 왕 노릇 하며 사는 것이다. 정명석을 믿다가 죽은 사람들은 순교자가 아니라, 오히려 우상 숭배하다가 죽은 사람들이다. 우상 숭배자들은 회개치 않으면 지옥 불에 떨어지고 만다. 위에서 살펴보았듯, 첫째 사망이 육신의 죽음이라면, 둘째 사망은 구원받지 못한 영혼들이 지옥 불에 던져지는 것을 말한다. 정명석은 영적 죽음이 둘째 사망이라고 하였지만, 사실 영적 죽음은 그보다는 지옥 불에 떨어져서 영원히 형벌 받는 것을 말한다.

> 그러나 두려워하는 자들과 믿지 아니하는 자들과 흉악한 자들과 살인자들과 음행하는 자들과 점술가들과 우상 숭배자들과 거짓말하는 모든 자들은 불과 유황으로 타는 못에 던져지리니 이것이 둘째 사망이라(계21:8).

(4) 사탄을 결박한다는 것은?

정명석은 초림 때 사탄을 완전히 결박하지 못했기 때문에 재림 때 완전히 결박해야 한다고 주장한다. 그렇다면 재림주인 정명석은 사탄을 완전히 결박했는가? 사탄을 완전히 결박했다면, 정명석은 사탄이 쓴다는 엑소더스 멤버들[273]에 의해 도망 다니다가 체포되어 왜 감옥살

---

273) JMS의 일부 회원들이 탈퇴하여 "엑소더스"단체(www.antijms.net)를 결성하였다. JMS에서는 그들을 "가라지"라 부르고, 사탄이 쓰는 사람들이라고 하였다.

이까지 했는가? JMS 단체는 과연 사탄 청정지역이고, 사탄 불가침의 세계인가? 그럴 리가 없다. 사탄을 결박했다면, 월명동 집회 때마다 왜 '사탄은 물러가라!'라고 통성으로 기도하는가? 정명석은 회원들에게 도끼 그림 그리고 "사탄 불가침"이라는 부적 같은 것을 써 주곤 하였다. 그 부적 그림을 붙이면 사탄이 들어오지 못하도록 힘을 발휘하는가? 이는 심각한 오류이다. 정명석이 재림주로 왔다면 사탄을 완전히 결박했어야 한다. 그러므로 천년왕국과 JMS와는 아무런 상관이 없다.

전천년설에 의하면, 사탄은 아직 결박당하지 않았다. 신약시대에도 예수 믿고 구원받은 사람들에게도 사탄이 역사하고 있음을 주목하고, 아직 천년왕국이 이르지 아니하였다고 본다. 사탄은 예수님이 재림하실 때 비로소 결박되게 된다.

무천년설을 추종하는 어거스틴은 "사람이 먼저 강한 자를 결박하지 않고는 그 강한 자의 집에 들어가 세간을 강탈하지 못하리니 결박한 후에야 그 집을 강탈하리라"(막3:27)를 천년왕국과 연결하여 해석하였다. 여기서 강한 자는 사탄을 뜻한다. 그가 인류종족을 포로로 잡는 힘을 가졌기 때문이다. 여기서 세간은 사탄에 의해서 영적으로 붙잡힌 자들을 뜻한다. 그런데 이들이 주 예수를 믿을 것이다. 이 강한 자를 잡는 것은 십자가로 인해 천사가 하늘에서 내려와 용, 옛 뱀 곧 사탄을 잡아서 천 년간 결박한 것으로 이해하였다.[274] 곧 사탄에게 재갈을 물리고 제재하여 해방된 자들을 더 이상 유혹하거나 소유하지 못하게 하는 것이다. 사탄은 예수 십자가에 의해 패배했다(골2:15). 그러므로 예수를 믿을 때 사탄은 패배하고 결박될 것이다.

결론

---
274) 『서철원박사 교의신학 VII 종말론』, 188.

무천년설에 의하면, 천년왕국의 천년 통치는 교회가 통치되는 기간이다. 순교한 자들과 우상 숭배하지 않은 자들은 육신은 죽어도 영은 죽지 않는다. 그들이 살아서 그리스도와 더불어 천 년 동안 왕 노릇 하는 것은, 그들의 영혼이 하나님의 보좌 앞에서 살면서 왕 노릇 하는 것을 말한다. 그들은 교회 기간에 그리스도의 통치에 동참하고 있다. 사탄이 천 년 동안 갇힌다는 것은, 사탄은 예수 믿고 구원받은 사람들을 지옥으로 끌고 갈 수 없기에 갇힌 것이다. 천년은 주의 초림부터 재림까지의 완전한 교회의 상징적 기간이므로, 이미 교회를 통하여 천년왕국은 실현되고 있는 것이다.

전천년설은 예수 그리스도가 재림하여 천 년 동안 통치한다고 가르친다. 이는 사탄이 갇히는 기간이다. 천년왕국이 끝나면 마침내 신천신지에 이른다.

결론적으로 천년왕국은 예수 그리스도와 함께 이루어지는 세계이다. 무천년설은 초림부터 재림까지 이미 교회를 통하여 천년왕국이 진행되고 있다고 믿는 것이고, 전천년설은 예수님께서 재림하셔서 1천년 동안 실제로 다스리신다고 믿는 것이다. 천년왕국은 예수 그리스도께서 일구시는 세계이다. 정명석이나 다른 어떤 인간 교주들과는 아무런 상관이 없다. 그들이 만든 단체들과도 아무런 상관이 없다. 역사적으로 보면, 종교적으로나 세속적으로나 천년왕국을 표방하며 깃발을 든 경우가 많았다. 그러나 이 단체들은 결국 다 지상 지옥을 만들어냈다. 왜냐면 그들은 그리스도가 아니었기 때문이다.

10. 인류의 기원

10
인류의 기원

아담(Adam)은 인류의 조상인가? 아니면 종교의 조상인가? 정명석은 아담이 인류의 조상이 아니라, 단지 종교의 조상이라고 주장한다. 이 장에서는 인류의 기원에 대한 정명석의 주장을 소개한 후 반증할 것이다.

정명석의 주장

(1) 아담 이전에도 수많은 사람이 살고 있었다.

1) 가인이 만난 사람들

14 주께서 오늘 이 지면에서 나를 쫓아내시온즉 내가 주의 낯을 뵈옵지 못하리니 내가 땅에서 피하며 유리하는 자가 될지라 무릇 나를 만나는 자마다 나를 죽이겠나이다.

15 여호와께서 그에게 이르시되 그렇지 아니하다 가인을 죽이는 자는 벌을 칠 배나 받을 리라 하시고 가인에게 표를 주사 그를 만나는 모든 사람에게서 죽임을 면하게 하시니라(창4:14~15).

가인(Cain)은 동생 아벨(Abel)을 살해한 후 자신도 만나는 사람들에 의해 살해될 것을 두려워했다. 그러나 하나님께서는 가인에게 표를 줘서 만나는 사람들로부터 가인이 죽임당하지 않도록 보호해 주셨다. 가인이 두려워했던 그들은 누구일까? 창세기에 보면 아담 가족 이외의 다른 사람은 아무도 없었는데 도대체 가인은 누구에게 죽임을 당할까 염려했는가? 그것은 아담 이전 시대에도 수많은 사람이 이미 살고 있었다는 의미이다.[275]

2) 가인의 아내

16 가인이 여호와 앞을 떠나서 에덴 동쪽 놋 땅에 거주하더니

17 아내와 동침하매 그가 임신하여 에녹을 낳은지라 가인이 성을 쌓고 그의 아들의 이름으로 성을 이름하여 에녹이라 하니라(창4:16~17).

이 말씀은 가인이 하나님에게 추방된 후 에덴 동편 놋 땅에 가서 아내를 취해서 살았다고 기록한다. 그렇다면 가인은 어떻게 그곳 여인과 결혼해서 살 수 있었을까? 종래의 신학에서는 가인의 아내를 아담의 딸로 보는 경우가 있는데, 그렇다면 아담의 딸들이 놋 땅에 가서 여인국을 이루고서 살았단 말인가? 이는 오히려 당시 놋 땅에는 아담의 후손이 아닌 다른 사람들이 이미 많이 살고 있었다는 사실을 의미한다.[276]

(2) 아담의 인류 조상 문제
1) 아담은 종교적 조상

275) 『고급편』, 301-302.

276) 『고급편』, 302.

아담 이전에도 이 땅 위에는 수많은 사람이 세계 각지에서 흩어져 살고 있었다. 그러나 아담 이전의 시대에는 하나님을 모르던 시대였다. 이러한 시대 가운데 마치 아브라함이 우상 숭배하던 지역에서 믿음의 조상으로 뽑혔듯이, 아담도 처음으로 하늘 앞에 뜻을 이룰 중심인물로 뽑혔던 것이다. 마치 예수님을 구약에서 뽑아내어 신약의 시조로 삼으신 것처럼, 아담도 종교적 선사시대를 종결짓고 새로운 시대를 여는 구약 종교의 조상으로 선택되었던 것이다. 이리하여 하나님에 대한 신앙이 아담 때부터 처음 시작되어 그 후손을 통해 흘러왔다. 그러므로 아담은 인류의 조상이 아니라 종교적 조상이며 그때는 종교의 시작인 것이다.

> 그때에 사람들이 비로소 여호와의 이름을 불렀더라(창4:26).

2) 아담의 창조

> 여호와 하나님이 아담에게 취하신 그 갈빗대로 여자를 만드시고 그를 아담에게로 이끌어 오시니(창2:22).

성경은 아담을 하나님이 처음부터 성인(成人)으로 창조한 것처럼 묘사하고 있다. 아담과 하와가 어떻게 태어났는가? 아담과 하와도 문자 그대로 흙으로 만드신 것이 아니라 그의 부모를 통해서, 유전자를 물려받아 태어났다. 아담과 하와가 무인지경에서 창조된 것이 아니라 정자와 난자로부터 시작하여 성장 기간을 거쳐 수많은 사람 중에 하나님께서 섭리사의 중심인물로 뽑아낸 사람이다.[277]

---

277) 『고급편』, 304.

인류의 기원은 아담 때보다 더 오래되었다. 아담은 문자 그대로 인류 육신의 혈통적 조상이 아니라 종교의 조상, 신앙의 조상이다. 이같이 성경을 통해 과학이 풀어지는 때가 바로 진리가 회복되는 시대이다.[278]

반증

(1) 이것은 이중(二重)아담론이다.

아담 이전에도 사람들이 살고 있었다고 주장하는 것을 이중아담론이라 한다. 이중아담론은 정명석뿐만 아니라 여러 이단들이 공통적으로 주장하는 이론이다.[279]

1) 놋 땅의 사람들과 가인의 아내는 누구인가?

이중아담론자들은 흔히 아담의 자녀가 가인(Cain)과 아벨(Abel), 그리고 셋(Seth) 뿐이라고 생각한다. 아니다. 더 많은 자녀가 있었다. 그러나 성경은 구속사에 필요한 사람들의 이름만 언급할 뿐 그렇지 않은 사람들은 누락시켰다.

> 아담은 셋을 낳은 후 팔백 년을 지내며 자녀들을 낳았으며 그는 구백삼십 세를 살고 죽었더라(창5:4~5).

아담은 가인, 아벨, 셋만 낳은 것이 아니다. 아담은 팔백 년을 지내

---

278) 『고급편』, 304.

279) 이러한 입장에 대해서는 다음 자료를 참조할 것:https://researchheresy.com/board42/1276.

며 자녀들을 낳았고, 구백삼십 년을 살았다고 하였다. 아담과 하와가 피임하지 않았을 것은 분명하다. 그러므로 이들이 자연스럽게 생기는 대로 자녀들을 낳았다면, 2~3년 안에 한 명씩만 낳았다고 가정해도, 수백 명을 낳았을 수도 있다. 그리고 아담과 하와가 구백삼십 년을 사는 동안 자녀들이 또 자녀들을 낳았을 것이기 때문에 인구수가 급격하게 불어날 수 있었을 것이다. 가인 생전에 이미 많은 사람이 아담 주변에 퍼져 나가 살고 있었다. 가인의 아내도 그 중의 한 사람이었다. 가인이 만나는 사람들이나 가인의 아내는 아담 이전에도 사람들이 살고 있었다는 증거가 아니다. 가인이 만난 사람들은 전부 아담의 후손들이고, 그래서 그들은 가인의 살인 사건을 알고 있었던 것이다.

2) "남자가 부모를 떠나"라는 말은?

> 이러므로 남자가 부모를 떠나 그의 아내와 합하여 둘이 한 몸을 이룰지로다(창 2:24).

정명석은 "남자가 부모를 떠나"라는 말에 초점을 맞춘다. 여기서 남자가 아담이라면 부모는 아담의 부모라는 것이다. 아담에게 부모가 있었다면, 아담이 처음 사람이 아니라는 의미로 받아들인다.

그러나 "남자가 부모를 떠나 그 아내와 둘이 한 몸을 이루라"는 말은 인류 모두에게 주신 결혼에 대한 일반론을 말씀하신 것이다. 창세기는 모세에 의해 기록되었다. 그래서 흔히 모세오경이라고 한다.[280] 모세오경에 담긴 교훈의 첫 대상은 모세를 통하여 모세오경을 하나님의 말씀으로 받았던 사람들이었다. 그러기에 "남자가 부모를 떠나"라

---

280) 모세오경은 '창세기, 출애굽기, 레위기, 민수기, 신명기'를 가리킨다.

는 말은 아담에게 부모가 있었다는 말씀이 아니고, 지금 모세 앞에 있는, 그리고 후에 나타날 하나님의 백성들에게 남자가 부모를 떠나 가정을 이루는 것이 일반적인 창조의 질서임을 천명한 것이다.

3) 아담의 창조

성경적으로 아담이 최초의 인류임에 틀림없다. 독자들 가운데는 '어떻게 흙으로 사람을 만들 수 있지?'라고 반문하고 싶은 사람도 있을 것이다. 왜 이것이 불가능하다고 생각하는가? 하나님은 말씀으로 천지를 창조하신 분이다. 전능하신 창조주 하나님을 믿는다면, 하나님이 사람을 흙으로 만드셨다는 것을 못 믿을 이유가 없다. 어린아이에게 흙을 준다면 찰흙 놀이를 할 것이고, 건축가는 흙집을 만들 것이고, 도공(陶工)은 도자기를 만들 것이다. 그러나 하나님께서는 사람을 만드셨던 것이다. 왜 그런 차이가 발생하는가? 능력과 지혜의 차이다. 하나님은 전능하신 분이다.

성경에 하와는 아담의 갈빗대로 만들어졌다고 하였다. 그러나 정명석은 갈빗대는 남자의 정자를 비유한 것이라고 주장하며, 결국 하와는 정자 하나로 만들어졌다고 한다. 만약 하와가 아담의 정자로 만들어졌다면 하와는 아담의 딸이어야 한다. 그러나 하와는 아담의 아내이다. 또한, 사람은 정자만으로는 탄생할 수 없다. 사람이 태어나려면 난자도 있어야 한다. 그렇다면 하와가 태어날 때 누구의 난자가 사용되었는가? 또한 정명석은 아담과 하와가 두 살 차이라고 주장한다.[281] 그렇다면 아담의 갈빗대로 하와를 만들었다고 했는데, 갈빗대가 정자라면, 아담이 두 살 때 정자를 생성했어야 한다. 그게 가능한가?

정명석은 이런 문제들에 대하여 아담이 '최초의 인간이 아니다'라는

---

281) 『고급편』, 150. 『실제 보는 강의안』, 193.

답변을 내놓았다. 그래서 아담도 아버지와 어머니가 있었고, 하와도 아버지와 어머니가 따로따로 있었다고 주장한다. 그러나 그런 주장은 성경을 벗어나는 것이다. 성경은 아담이 최초의 인간이라고 기록하고 있기 때문이다. 이같이 성경을 벗어나서 자기 맘대로 믿는다면 결국 무신론자와 다를 바가 없다. 정명석은 자기가 하나님께 직통계시를 받았다고 주장하지만, 하나님의 계시라면 성경과 다를 리가 없다.

　마태복음 1장의 족보가 위에서 아래로 기술하였다면, 누가복음 3장에 나오는 족보는 아래서 위로 올라간다. 누가복음 3장 38절을 보자. 아담과 하나님 사이에 어떤 사람도 나오지 않고, 바로 하나님이 나온다. "그 위는 에노스요 그 위는 셋이요 그 위는 아담이요 그 위는 하나님이시라"(눅3:38). 아담 이전에 다른 사람은 없었다. 기록된 성경을 믿는 것이 하나님 믿는 것이지, 자기 맘대로 믿는 것은 하나님 믿는 것이 아니다.

11. 아담

11
아담

정명석은 아담에 대해서 성경에 나와 있지 않은 이야기를 많이 한다. 이 장에서는 아담에 대한 정명석의 주장을 살펴본 후 반증할 것이다.

정명석의 주장

(1) 아담과 하와는 미성년 때 타락하였다.

아담과 하와는 성장 중에, 즉 완성되기 전에 타락하였다.[282] 선악과를 따먹은 것이 타락인데, 따먹었다는 것은 성교를 의미한다. 하나님께서는 생육하고 번성하라고 하셨는데, 성교한 것이 어찌 타락인가? 그것은 미성년 때 성교해서 그런 것이다. 사람은 성장 기간이 중요하다. 과일도 완전히 익은 후 따먹은 것과 익기 전에 따먹은 것이 차이가 많다. 물건도 덜 만들어진 미완성품을 팔면 문제가 생기는 법이다.

(2) 아담은 16세, 하와는 14세에 타락하였다.

---

282) 『실제 보는 강의안』, 188; 『고급편』, 150.

그것은 아담이 16세 때, 하와가 14세 때 이성의 관계를 가진 것이다.[283] 비유컨대, 20세가 넘어서 남녀가 서로 이성 관계를 가졌을 때에는 타락했다는 소리를 하지 않는다. 오히려 결혼을 해야 한다고 한다. 그러나 15세, 16세 때 이성 관계를 하면 타락했다고 한다. 또 16세 청소년이 술을 먹으면 타락으로 본다. 그러나 24세, 25세에 술 먹으면 타락했다고 말하지 않는다. 이러한 점에서 아담과 하와가 타락했다는 것은 곧 아담과 하와가 아직 어렸을 때 이성관계를 가졌다는 것을 의미한다.

(3) 선악과는 다 익은 다음에 따먹게 하려고 했었다.

정명석은, 하나님께서 선악과를 영원히 따먹지 말라고 하신 것이 아니라 영육이 완성되기 전에 따먹지 말라고 하신 것이라고 주장한다.[284]

정명석은 하나님께서 아담과 하와에게 주신 "따먹지 말라!"는 계명은 평생 따먹지 말라는 계명이 아니라고 설명한다. 다만 하나님 입장에서는 선악과 열매가 제대로 성장할 때까지, 성장 과정 중에 결코 따먹지 말라는 것으로, 아담 하와의 성장 기간에 한해서 필요한 말씀이었다. 비유컨대, 부모가 자식이 초등학생일 때는 결혼하라고 하지 않지만, 어른이 된 다음에는 결혼하라고 하듯, 때와 시기를 두고 말씀하신 것이다.

(4) 선악과는 원래 선실과였다.

선악나무는 선(善)도 열 수 있고 악(惡)도 열 수 있다. 여자는 선한 남자를 만나면 선한 자녀를 낳고, 악한 남자를 만나면 악한 자녀를 낳는

---

283) 『실제 보는 강의안』, 193; 『고급편』, 150.
284) 『고급편』, 149.

다. 그래서 선악나무라 한 것이다. 그러나 하와는 원래는 선만 낳을 수 있는 나무였다. 그래서 여자 성기를 선실과라고 한다.[285]

반증

(1) 아담과 하와는 발육 면에서 처음부터 완성된 인간 이었다.

창세기 1장 28절의 "생육(生育)하라"는 말씀은, 정명석의 말처럼 "소생기, 장성기, 완성기"가 있다는 의미가 아니다. 히브리어로 파라(הרפ)라는 단어로서 '열매를 맺다', '풍성하게 결실하다'라는 의미이다. 영어 성경에도 "열매를 많이 맺어서 번성하라"(Be fruitful and increase in number)라고 되어 있다. 그러므로 하나님께서 아담 하와를 창조하신 후 바로 번성하라고 하셨지, 성장한 다음에 번성하라고 말씀하지 않으셨다. 아담과 하와는 인간 부모가 낳은 것이 아니라 하나님으로부터 흙으로 창조되었기 때문에 소생기, 장성기, 완성기가 필요하지 않다.

(2) 아담과 하와가 두 살 차이라는 말은 근거가 없다.

정명석은 아담과 하와가 두 살 차이라고 하였다. 그래서 아담은 16세 때, 하와는 14세 때 타락하였다고 하였다. 정명석은 직통계시를 받아서 알게 되었다고 말하지만, 성경적으로 아담과 하와는 창조 6일째, 한 날에 창조되었다. 다만 아담을 흙으로 창조하신 후, 아담 혼자 사는 것이 좋지 아니하여, 아담을 잠들게 하신 후 갈빗대로 하와를 만드셨

---

285) 『고급편』, 148. JMS에서는 여자 성기를 선실과라고 라고 하고, 남자 성기는 생명과라고 하지 않고 생명나무라고 부른다. 그러므로 생명나무는 아담도 되고 축소하여 아담의 성기도 된다.

다고 하였다. 그러므로 시간상에 약간의 차이는 있을지라도 두 살 차이라는 것은 성경적으로 전혀 맞지 않는다. 이같이 이단의 특징은 성경에 없는 말을 지어낸다는 것이다. "그들이 탐심으로써 지어낸 말을 가지고 너희로 이득을 삼으니…"(벧후2:3). 그리고 계시받았다고 말한다. 성경을 이렇게 자기 맘대로 해석하는 사람이 이단이 아니라면 누가 이단이겠는가? 성경을 억지로 푸는 자는 스스로 멸망에 이르게 된다(벧후3:16). 억지로 푼다는 것은 고생해서 힘들게 푼다는 것이 아니고, 성경의 원뜻을 왜곡한다(distort)는 의미이다. 아담과 하와가 두 살 차이라는 말은 성경을 왜곡한 것이다. 그래서 거짓말이다.

(3) 익은 다음에 따먹으라는 말은 근거가 없다.

정명석은 하나님께서 선악과는 영원히 따먹지 못하게 하려고 한 것이 아니라, 익은 다음에 따먹게 하려고 했다고 하였다.

참으로 가당치 않은 해석이다. 따먹지 말라는 것은 계속하여 따먹지 말라는 것이지, 시간이 지나면 따먹어도 된다는 말이 아니다. "말라"에 해당되는 히브리어는 로(לֹא)라는 단어로서 "결코… 아니다."라는 뜻으로 쓰인다. 이 단어는 십계명에 "살인하지 말라"(לֹא), "간음하지 말라"(לֹא), "도둑질하지 말라"(לֹא)에 쓰였던 단어이기도 하다. 살인하지 말라는 명령은 어느 시대에서도 하지 말라는 명령을 담고 있다. 그러므로 시간이 지나면 허용되는 종류의 것이 아니다. 선악과를 익은 다음에 따먹게 하려고 했다는 정명석의 말은 기록된 성경 밖으로 넘어가는 행위이다. 잘못된 주장을 합리화하려다 보니 기록 밖으로 넘어가는 것이다. 그래서 거짓말이다.

(4) 선악과의 이름이 원래는 선실과였는가?

정명석은 여자 성기를 선실과라고 한다. 그래서 늙은 여자를 '늙은 선실과'로 하고, 젊은 여자를 '젊은 선실과'라고 말하기도 한다. JMS 사람들은 여자 성기를 선악과, 선실과라고 말하기 때문에, 따먹는다는 것은 성교하는 것을 말한다. 선실과가 맛있다고 말하는 것은 성적 쾌감을 말하는 것이다.

정명석은 하와가 타락치 않았으면 선실과라고 하였을 것이나 타락해서 선악과라고 부르게 되었다고 한다. 그러나 선악과의 원래 명칭이 선실과였다는 것 역시 성경적으로 아무런 근거가 없는 말이다. 사도 바울은 성도들에게 "기록된 성경 밖으로 넘어가지 말라"(Do not go beyond what is written. 고전4:6)고 경고하였다. 선악과의 원래의 이름이 선실과라고 말하는 것은 명백한 거짓말이다. 이같이 성경에도 없는 것을 말하는 것은 고상한 진리를 말하고 있는 것이 아니라 그냥 거짓말하는 것이다.

12. 노아

12
노아(Noah)

노아의 홍수심판이 전체심판인가 부분심판인가 하는 문제에 대해서는 2권에서 다룬 바 있다. 여기서는 첫 번째로 홍수심판이 왜 일어났는가를 다루고, 두 번째로 왜 노아는 발가벗고 잤는지에 대한 문제를 다루려고 한다.

정명석의 주장

(1) 노아 홍수심판의 원인

하나님께서는 노아에게 방주를 만들라 명하시고, 노아 가족 외에는 다 물로 쓸어버리셨다. 왜 그런 일이 발생하였는가?

1) 혼인 문란 때문이었다.

> 1 사람이 땅 위에 번성하기 시작할 때에 그들에게서 딸들이 나니
> 2 하나님의 아들들이 사람의 딸들의 아름다움을 보고 자기들이 좋아하는 모든 여자를 아내로 삼는지라(창6:1~2).

여기서 "하나님의 아들들"은 그 시대 하나님의 절대적 주관권에 들어있는 사람들을 말하고, "사람의 딸들"은 하나님 주관권 밖의 사람들을 말한다. 그들이 자기들 맘대로 이성으로 놀아나니 혼인 문란이 생기게 된 것이다. 하나님께서는 이들이 결혼을 함부로 했기 때문에 심판하셨다. 하나님을 믿는 사람들과 하나님을 믿지 않는 사람들이 일체되는 것을 볼 수가 없었다. 이 문제는 아담과 하와 때부터 시작되어 하나님이 가장 싫어하는 문제였다. 어느 시대든지 간에 하나님의 근본 뜻을 벗어나서 육적으로 흐르게 되면 하나님은 심판을 감행하신다.

2) 선악 분립이다.

5 여호와께서 사람의 죄악이 세상에 가득함과 그 마음의 생각의 모든 계획이 항상 악할 뿐임을 보시고
6 땅 위에 사람 지으셨음을 한탄하사 마음에 근심하시고
7 이르시되 내가 창조한 사람을 내가 지면에서 쓸어버리되……
8 그러나 노아는 은혜를 입었더라(창6:5~8).

선과 악을 구분해서 완전히 쪼갠다는 것이다.[286] 선악 분립은 하나님의 구원의 한 방법이다. 하나님께서 40일간 홍수심판을 통해서 아담 이후 1600년 동안 못 쪼갠 것을 탕감하면서 선악을 쪼개셨던 것이다.[287]

286) 『역사편』, 52.
287) 최성희 『30개론 강의안』(서울: 도서출판 명, 2002), 89. cf. 정명석은 탕감이라는 단어를 벌준다는 의미로 사용한다. 그러나 원래는 벌을 주지 않고 뭉개서 없애준다는 의미이다.

3) 에덴에 복귀하기 위해서이다.

노아 때 하나님께서 에덴을 복직(회복-필자 주)해야 되겠다고 섭리
하신 것이다. 하나님께서는 홍수 심판이 끝난 후 하나님께서 아담에게
축복을 주신 것(창1:28)과 똑같이 노아에게도 "생육하고 번성하라"
(창9:1~2)는 축복을 주셨다. 이를 통해 노아는 다시금 아담과 하와의
일을 하기 시작했다. 곧 노아를 통하여 다시 복직된 하나님의 주권의
새 하늘 새 땅을 만드시려고 했던 것이다.[288]

> 하나님이 노아와 그 아들들에게 복을 주시며 그들에게 이르시되 생육하고 번
> 성하여 땅에 충만하라(창9:1).

(2) 노아의 벌거벗은 사건

노아는 홍수심판이 끝난 후, 포도 농사를 짓고, 포도주를 마시고 취
하여 발가벗고 잠을 잤다. 노아의 아들 함(Ham)이 아버지의 하체가
벗었음을 형제들에게 고하였고, 형제들은 뒷걸음쳐 아비의 하체를 덮
어 주었다. 노아는 왜 발가벗고 잠을 잤을까? 그리고 잠에서 깬 이후
에, 왜 자신이 벌거벗었다고 말한 함에게 심한 저주를 내렸을까? 먼저
정명석의 주장을 살펴본 후 반증하고자 한다.

1) 노아의 실수가 아니다.

정명석은 노아가 포도주를 마시고 발가벗고 잔 것은 하나님의 뜻이
었다고 한다.[289] 기독교인들은 노아가 술에 취해서 실수했다고 말하
나, 실상은 하나님의 뜻이 있어서 한 합당한 행동이었다는 것이다. 정
명석에 따르면, 노아의 이 행동은 에덴동산을 회복하기 위한 것이었

---

288) 『역사편』, 52.
289) 『역사편』, 54.

다. 그것은 실수가 아니고, 노아는 아담이 하지 못한 일을 다시 하러 온 아담의 입장이었기 때문이다. 그래서 아담이 벗었듯이, 노아도 벗었던 것이다. 그러므로 아담이 벌거벗었으나 부끄러워하지 않고 죄가 되지 않았듯이, 노아도 그러했었다.

2) 노아의 사랑 문제였다.

노아는 왜 벗었는가? 하나님은 과거의 것을 다시 찾기 위하여 역사를 동시성(同時性)으로 돌리신다. 아담 하와는 사랑 문제로 인하여 하나님의 뜻이 깨어졌다.[290] 그래서 하나님께서는 노아를 통해 에덴동산을 복귀하고자 했다. 노아는 그 시대에 아담이 못한 일을 다시 하러 온 아담의 입장이었다.[291] 그래서 노아가 벗었다는 것은 노아의 사랑 문제였고, 함이 그것을 이해하지 못하고 반대하였다는 것이다.

3) 함은 아버지 노아에 대해 믿지 못했다.

노아는 아들들에게 횡적으로 아버지였으나 종적으로 메시아였다. 노아는 당대에 완전한 자요, 의인이었던 중심인물이었다. 노아의 아들들은 아버지 때문에 홍수심판에서 살아났으면 무조건 아버지를 철통같이 믿어주어야 했다. 함은 절대적으로 자기를 살려준 아비에게 감사하면서 아비에 대한 믿음의 조건을 쌓아야 했다. 그러나 함은 아비의 벌거벗은 것을 부끄럽게 여겼다. 그것 자체가 믿음의 조건을 세우지 못한 것이다. 노아가 하나님의 입장을 땅에서 실현하고 있는 사명임을 그 자녀들이 알지 못했다.[292]

---

290) 정명석은 아담 하와가 선악과를 따먹은 것을 성교한 것으로 풀기 때문에 사랑 문제라고 표현한다. 뱀을 경호 천사라고 풀기도 하고, 아담 이외의 다른 남자라고 풀기도 한다.
291) 『역사편』, 54.
292) 『역사편』, 55.

4) 이 일로 에덴동산에 있었던 흑암의 주관이 다시 나타났다.

결국 홍수심판 이전의 사탄 주관권의 타락한 상태로 되돌아가고 말았다. 하늘의 권세를 거역했기 때문에 함이 심판을 자취하게 된 것이다.[293]

반증

(1) 노아의 홍수심판에 대하여

1) 혼인 문란 때문만은 아니었다.

혼인 문란을 하나님께서 싫어하시는 것은 맞다. 구약에서도 하나님께서 이스라엘 민족이 이방 사람들과 혼인하는 것을 싫어하셨다. 이방 여인들은 우상숭배를 끌어들이기 때문이다. 그리고 신약에서 바울도 "너희는 믿지 않는 자와 멍에를 함께 메지 말라"(고후6:14)며 경계하였다.

그렇다고 하더라도 혼인 문란이 홍수로 심판하신 본래 이유라고 말할 수 없다. 왜냐면 창세기 본문에 홍수심판의 원인이 나와 있기 때문이다. 성경은 세상에 죄악이 가득 찼고, 사람들의 생각 자체가 항상 악했다고 기록한다. 그러므로 혼인 문란만이 홍수심판의 원인은 아니었다.

> 여호와께서 사람의 죄악이 세상에 가득함과 그의 마음으로 생각하는 모든 계획이 항상 악함을 보시고(창6:5).

---

293) 『역사편』, 55.

그리고 가인은 아벨을 죽였고, 아담의 6대손 라멕도 사람을 죽였다고 하였다(창4:23). 인류의 시작 초기부터 살인 사건이 발생하기 시작했던 것이다. 라멕은 다음과 같이 말하였다. 나의 상처로 말미암아 내가 사람을 죽였고 나의 상함으로 말미암아 소년을 죽였도다(창4:23). 아담의 타락 이후 사람들은 간음과 살인, 거짓, 우상숭배 등으로 부패하고 타락하여 죄가 관영(貫盈)하였던 것이다. 이를 혼인 문란으로만 보는 것은 지나치게 성 중심적으로 해석하는 것이다.

> 11 그 때에 온 땅이 하나님 앞에 부패하여 포악함이 땅에 가득한지라
> 12 하나님이 보신즉 땅이 부패하였으니 이는 땅에서 모든 혈육 있는 자의 행위가 부패함이었더라(창6:11~12).

> 13 하나님이 노아에게 이르시되 모든 혈육 있는 자의 포악함이 땅에 가득하므로 그 끝 날이 내 앞에 이르렀으니 내가 그들을 땅과 함께 멸하리라(창6:13).

2) 선악 분립이 아니라 악을 쓸어버리기 위함이었다.
선악 분립이라는 것은 선과 악을 쪼개어 각각 세우기 위함일 것이다. 그러나 홍수심판의 원인은 성경에 분명히 나와 있다. 죄악에 대한 인한 징벌이었다.
① 혼인 문란(창6:2)
② 사람의 죄악이 세상에 가득 찼고(창6:5)
③ 사람의 계획하는 모든 것이 항상 악하고(창6:5)
④ 온 땅이 하나님 앞에 부패하여 포악함이 땅에 가득한지라(창6:11)
그래서 하나님께서 사람을 지으신 것을 한탄하시고 악인들을 쓸어버리기 위함이었다. 선악 분립이 아니라 노아 가족만 살리고 악인들은

멸절하기 위함이었다.

3) 에덴 복귀가 아니다.

하나님께서 노아에게 아담에게 하신 것과 똑같은 복을 주셨다고 해서, 노아가 타락 전의 아담 상태로 돌아갔다는 것은 맞지 않는다. 왜냐면 그것은 대표원리(代表原理)에 맞지 않는다. 대표원리란 첫 사람 아담 (the first man Adam) 한 사람으로 인해 죄와 사망이 많은 사람들에게 들어오고, 마지막 아담(the last Adam)되신 예수님 한 사람으로 인해 많은 사람들이 의와 영생을 얻은 것을 말한다. 첫 사람 아담과 마지막 아담이신 예수님 사이에 다른 아담은 없다.

아담은 오실 자의 모형과 그림자이다. 여기서 오실 자는 예수 그리스도이다. 그러므로 아담 이후 예수님 때까지는 아무도 아담과 같은 역할을 할 수 없다. 아담은 최초의 인물이었기에 생육하고 번성하라고 한 것이고, 노아 가족은 홍수심판 이후 유일하게 살아남은 가족이었기 때문에 생육하고 번성하라고 한 것이다. 첫 사람 아담은 생령(a living being)이 되었다면, 마지막 아담이신 예수님은 살려주는 영(a life-giving spirit)이 되셨다(고전15:45). 그렇지만 노아는 아담 이후 타락한 사람으로서, 당대에는 비록 의인이라 칭함을 받았지만, 그 또한 원죄가 있는 사람으로 예수 그리스도를 통해 구원을 받아야 하는 죄인이었다. 그리고, 예수님 외에 모든 사람들은 다 땅에서 난 사람들이다. "첫 사람 아담은 땅에서 났으니 흙에 속한 자이거니와 둘째 사람은 하늘에서 나셨느니라"(고전15:47).

노아는 아담의 입장이 될 수 없다. 노아도 아담 아래에 있었고, 예수님을 통해 구원받아야 할 죄인이다. 그러므로 노아는 예수님처럼 후(後) 아담의 입장이라고 할 수 없다. 에덴 복귀는 아직 때와 시기가 안 되었고, 그 일은 마지막 아담 되신 예수님께서 하실 일이다.

(2) 노아의 발가벗은 사건에 대하여

1) 노아의 실수였다.

정명석은 노아가 포도주에 취해서 발가벗고 잔 것은 실수한 것이 아니고, 오히려 에덴동산을 회복하기 위한 하나님의 뜻이 있는 행동이었다고 주장한다.

그러나 그것은 자의적으로 성경을 해석하는 것이다. 성경에 포도주는 죄짓게 하는 것으로 분명히 말씀하고 있다. 포도주는 사람을 거만하게 만들고 그로 인해 화를 받게 한다.

> 포도주는 거만하게 하는 것이요 독주는 떠들게 하는 것이라 이에 미혹되는 자마다 지혜가 없느니라(잠20:1).

> 포도주는 붉고 잔에서 번쩍이며 순하게 내려가나니 너는 그것을 보지도 말지어다(잠23:31).

> 르무엘아 포도주를 마시는 것이 왕들에게 마땅하지 아니하고 왕들에게 마땅하지 아니하며 독주를 찾는 것이 주권자들에게 마땅하지 않도다(잠31:4).

> 아침에 일찍이 일어나 독주를 마시며 밤이 깊도록 포도주에 취하는 자들은 화 있을진저(사5:11).

> 포도주를 마시기에 용감하며 독주를 잘 빚는 자들은 화 있을진저(사5:22).

제사장들은 포도주를 마시면 성전 안뜰에도 들어가지 못했다.

> 아무 제사장이든지 안뜰에 들어갈 때에는 포도주를 마시지 말 것이며(겔

44:22).

다니엘은 바벨론에 끌려갔을 때 포도주를 마시지 않겠다고 다짐을 하였다. 포도주를 마시면 더러워지기 때문이었다.

> 다니엘은 뜻을 정하여 왕의 음식과 그가 마시는 포도주로 자기를 더럽히지 아니하리라 하고 자기를 더럽히지 아니하도록 환관장에게 구하니(단1:8)

> 세 이레가 차기까지 좋은 떡을 먹지 아니하며 고기와 포도주를 입에 대지 아니하며 또 기름을 바르지 아니하니라(단10:3).

2) 노아의 사랑 문제가 아니다.

정명석은 노아가 벌거벗은 것은 에덴동산을 회복하기 위한 것으로, 아담과 하와도 타락하기 전에 벌거벗었으나 부끄러워하지 않았느냐고 반문한다. 노아도 아담처럼 벌거벗은 것인데 무엇이 잘못되었느냐는 것이다. 그렇다면 노아가 벌거벗었다는 것은 무엇인가? 그것은 노아의 사랑 문제였고, 함(Ham)이 그것을 형제들에게 고(告)했다는 것은 노아의 사랑 문제를 형제들에게 고했다는 식으로 해석하였다.

정명석은 아담도 사랑 문제, 노아도 사랑 문제로 해석하였다. 그러나 둘 다 사랑 문제가 아니었다. 아담은 선악과를 따먹지 말라고 한 금령을 어긴 불순종이었다. 그렇다면 노아의 문제는 무엇인가? 사람이 "선 줄로 생각하는 자는 넘어질까 조심하라"(고전10:12)고 했는데, 노아는 그만 방심하고 술 취하여 발가벗고 잔 것이다. 그것을 노아의 사랑 사건으로 미화하는 것은 억지해석이다. 성경에 분명히 포도주를 마시고 취하여 벌거벗었다고 했는데, 정명석은 왜 그것을 노아의 사랑 문제라고 주장하는가? 그것은 자기의 문란한 성적 행각을 정당화하기 위한 궤변에 지나지 않는다.

성경의 명백한 기록을 도외시한 채, 노아의 문제를 사랑 문제로 연결시킨다는 발상 자체가 이단적 특징을 그대로 드러내는 것이다. 성경을 해석할 때 가장 합법적이고 정당한 해석방법은 문자적 해석방법이다.[294] 그러나 이단들이 사용하는 성경해석은 성경의 역사적 기록들을 비유나, 영적, 가현설(假現設)적으로 해석하면서 성경의 역사성을 훼손한다. 정명석처럼 사랑 문제였다고 풀면 포도주를 마시고 잤던 일은 없었던 일이 되고 만다. 정명석의 이러한 성(性) 중심적 해석은 자기의 성 행각을 덮으려는 의도를 잘 드러낼 뿐이다. 노아는 성경의 기록 그대로 포도주 마시고 취하여 발가벗고 잔 것이다.

노아가 에덴동산을 회복하기 위해 발가벗었다는 말은 틀린 말이다. 아담과 노아가 발가벗은 이유가 똑같지 않다. 아담은 타락하기 전이라 부끄럼 없이 벗었다면, 노아는 술에 취하여 실수하여 벗은 것이다. 그러므로 노아가 타락 전의 아담과 같은 입장이 되어서 발가벗었다는 정명석의 말은 거짓말이다.

3) 함(Ham) 때문에 역사가 깨진 것은 아니다.

정명석은 함이 아버지 노아를 믿지 못해서 에덴동산 복귀의 뜻이 깨졌다고 하였다. 그러나 노아가 발가벗은 것과 아담이 발가벗은 것이 같은가? 정명석은 노아가 아담의 입장이라고 하였는데, 과연 그러한가?

아담은 오실 자이신 예수 그리스도의 표상이다(롬5:14). 첫 사람 아담은 창세기의 아담이고, 마지막 아담은 예수 그리스도이다(고전15:45). 예수님을 마지막 아담이라고 해서 중간에 제2, 제3의 아담이

---

294) R.C. Sproul, 『기독교의 핵심진리 102가지』, 윤혜경 역, (서울: 생명의 말씀사, 2014), 54~55.

있는 것은 아니다. 그러므로 노아는 제2의 아담이라고 할 수 없다. 함이 노아의 발가벗음을 고(告)하지 않았다면 에덴동산이 회복되었겠는가? 아니다. 마지막 아담 되시는 예수님이 오셔야 회복되는 것이다. 한 사람 아담으로 죄와 사망이 왔듯이, 한 사람 예수 그리스도로 말미암아 속죄와 영생이 오는 것이다(롬5:18). 첫 사람 아담으로 깨진 역사는 마지막 아담 되는 예수 그리스도로 인해 회복되는 것이다. 정명석은 노아가 아담과 같은 입장으로 왔다고 하는데, 아담은 첫 사람이었으나 불순종하여 타락하였고, 노아는 하나님께서 홍수심판 때 들어 쓰신 사람이다. 혹시 함이 노아의 발가벗었음을 형제들에게 알리지 않았을지라도, 그 사실은 에덴동산의 회복과는 어떤 관계도 없다. 그러므로 함 때문에 에덴동산 회복의 역사가 깨졌다는 것은 과도한 해석이다.

그러나 이것이 함을 옹호하는 것은 아니다. 함이 아버지 노아의 실수에 대해 은밀하게 처리했더라면 좋았을 뻔했다는 생각이 든다. 설령 아들 함이 예의 없게 행동했더라도, 노아가 그렇게까지 가혹하게 대응하지 않았으면 좋았겠다는 생각도 든다. 비록 노아가 당대에 완전한 자라 칭찬을 받기도 한 사람이지만(창6:9), 이러한 연약한 모습들을 볼 때 역시나 "좋은 일만 하고, 잘못을 전혀 저지르지 않는 의인은 이 세상에 하나도 없다"(전7:20 공동번역)는 말씀이 떠오른다. 그러므로 그리스도인들은 선 줄로 생각되면 넘어질까 조심하며, 바울처럼 스스로 자기 몸을 쳐 근신하며 살아야 할 것이다(고전9:27).

13. 아브라함

13
아브라함

정명석은 아브라함이 제사 드리다가 실수해서 이스라엘 백성들이 애굽에 고역을 400년간 살게 되었다고 주장한다. 또한 아브람(Abram)을 아브라함(Abraham)으로 개명한 것은, 노아의 아들 함(Ham)이 세우지 못한 믿음의 조건을 아브람(Abram)이 세웠기 때문에, 아브라함(Abram)이 함의 이름을 계승하여 아브라함(Abraham)이 되었다고 주장한다. 이 장에서는 정명석의 아브라함의 제사와 개명(改名) 사건을 소개한 후, 이를 반증하며 검토하고자 한다.

(1) 아브라함의 제사

9 여호와께서 그에게 이르시되 나를 위하여 삼년 된 암소와 삼년 된 암염소와 삼년 된 숫양과 산비둘기와 집비둘기 새끼를 가져올지니라

10 아브람이 그 모든 것을 가져다가 그 중간을 쪼개고 그 쪼갠 것을 마주 대하여 놓고 그 새는 쪼개지 아니하였으며

11 솔개가 그 사체 위에 내릴 때에는 아브람이 쫓았더라(창15:9~11).

정명석의 주장[295]

1) 아브라함은 제물 실수하였다.

정명석은 아브라함이 제사 드릴 때 실수하였다고 한다. 아브라함은 제물을 드릴 때 다른 것은 다 쪼개었지만 비둘기를 쪼개지 않았다. 그 비둘기를 쪼개지 않은 일이 죄가 되었다는 것이다. 그래서 흠이 있는 제물이 되었고, 하나님은 그 흠 있는 제물을 받지 않았다고 한다.[296]

2) 아브라함의 제물 실수

① 가정불화 때문이었다.

정명석은 아브라함의 제물 실수는 아내 사라와의 다툼 때문이었다고 하였다. 그 근거로 마태복음 5장 24절을 보면, 예수님이 제물 드릴 때 형제에게 원망받을 일이 있다면 제물 드리기 전에 먼저 형제와 화목하라고 했다는 것이다. 그러나 아브라함은 사라와 다툰 후 화해하지 않고 제물 드리다가 실수하게 된 것이라 하였다.[297]

② 비둘기 때문이었다.

아브라함이 제사 드릴 때 다른 동물들의 가운데는 쪼갰으나 새의 가운데는 쪼개지 않았다(창15:10). 정명석은 아브라함이 새의 가운데를 쪼개지 않은 것이 실수였다는 것이다. 하나님은 흠이 있는 제물은 받지 않으시는데, 그 새 하나 때문에 하나님께서 전체 제사를 받지 않았다고 하였다.[298] 하나님께서는 아브라함의 제물 실수로 그 후손들이

---

295) 『역사편』, 57~60.
296) 『역사편』, 56~57.
297) 『역사편』, 58.
298) 『역사편』, 57.

애굽 땅에서 400년 동안 고통을 받게 하셨다고 한다.[299]

3) 이삭을 바치라고 한 것은?

역사는 탕감 복직의 노정이다. 다시 말해 빚 갚는 역사이다. 탕감은 "형벌 받는다", "영창생활을 한다"는 뜻이다.[300] 하나님께서는 아브라함에게 왜 이삭을 바치라고 하셨는가? 그것은 아브라함이 제사 드릴 때 새의 가운데를 쪼개지 않아 제물 실수한 것을 만회하기 위함이었다. 이것을 탕감 복직이라고 한다. 한번 실수한 역사는 가중탕감을 통하여 형벌을 받고 복직은 되지만 그 역사는 연장된다. 아브라함이 제물 실수한 것을 다시금 기준을 세워야 했기 때문이다.[301]

반증

1) 제물 실수라고 주장하는 것은 통일교의 주장이다.

아브라함이 비둘기의 중간을 쪼개지 않아 제물 실수하게 되었다는 것은 사실 통일교의 주장이다.[302] 비단 이것뿐만이 아니라 대부분의 교리가 통일교의 것이지만, 정명석은 절대로 표절했다고 하지 않는다. 다만, 통일교의 문선명이 자신의 세례 요한이고, 하나님께서 예수님 전에 세례 요한을 통해 회개하라고 미리 외치게 하셨듯이, 문선명을 통해 약간의 메시지를 미리 전하게 했을 뿐이라고 한다.

그러나 아브라함이 비둘기 가운데를 쪼개지 않아서 제물 실수했다

---

299) 『역사편』, 58.
300) 『역사편』, 58~59.
301) 『역사편』, 58~59.
302) 『원리강론』, 288~296.

는 통일교의 이러한 해석은 그 자체로 오류이다. 정명석은 정답인 줄 알고 베꼈으나 틀린 답을 베낀 것이다.

2) 아브라함의 제물 실수 건에 대하여.

① 아브라함이 가정불화로 제물 실수하게 되었는가?

아브라함이 사라와 부부싸움으로 제물 실수하게 되었다는 것은 순전히 정명석의 자의적 해석이다. 성경에서는 아브라함이 제사 드리기 전에 사라와 싸웠다는 기록이 없다. 다만 예수님은 "예물 드리기 전에 형제에게 원망받을 일이 있는 것이 생각나거든 예물을 제단에 두고 먼저 가서 형제와 화목하고 그 후에 와서 예물을 드리라"(마5:24)고 하셨다. 그것은 형제에게 죄를 범하였으면 제물 드리기 전에라도 먼저 화해를 해야 법적 문제로 비화하지 않고, 그래서 감옥에 가지 않을 수 있다는 말씀이다. 감옥에 가게 되면 제사도 못 드리니 먼저 화해하라는 말씀이었다.

그러나 이 구절은 아브라함의 제사와 아무런 상관이 없다. 만약 이 두 구절이 서로 관계가 있기 위해서는 실제로 사라(Sarah)가 아브라함을 고소해야만 할 것이다. 그러나 아브라함의 제사는 그런 것이 아니다. 따라서 아브라함이 사라와 부부 싸움해서 하나님께서 제물을 받지 않으셨다는 것은 정명석의 말은 심각한 자의적 해석이다. 성경에 없는 말을 가지고 지어내서 하면 거짓말이 되는 것이다. 성경은 성경으로 해석해야 하지만, 아무것이나 갖다 붙인다고 되는 것은 아니다.

② 비둘기는 쪼개는 것이 아니다.

정명석은 아브라함이 비둘기를 쪼개지 않아서 실수하였다고 하였다. 그러나 비둘기는 원래 쪼개는 것이 아니다. 왜냐면 제사 규정에는 비둘기는 몸통을 쪼개라고 하지 않았다. 날개를 찢되 그것마저도 완전히 찢지는 말라고 하셨다.

> 그는 그것의 날개들과 함께 그것을 찢되 둘로 나누지는 말지니라(레1:17 KJV
> 흠정역).

그래서 비둘기를 바칠 때는 몸통을 절단하지 않았고 날개를 찢었다.
짐승의 각을 뜨는 이유는 불에 잘 타게 하기 위함인데, 새는 작기에 굳
이 그럴 필요가 없었기 때문이다.[303] 그래서 아브라함은 비둘기 새끼
의 몸통을 쪼개지 않았던 것이다. 이 비둘기 새끼의 몸통을 쪼개지 않
았다고 해서 이스라엘 백성들을 400년 동안 형벌 주었다는 것이 말이
되는가? 정명석과 문선명의 해석은 성경을 억지로 푼 것에 지나지 않
는다.

아브라함이 제물을 드렸을 때 하늘에서 불이 내려 쪼갠 고기 사이로
지나갔다.[304] 제물을 드렸을 때 하늘에서 불이 내려와서 고기를 태우
는 것은 하나님께서 그 제물을 받으셨다는 의미이다. 하나님의 약속이
확실하다는 것을 불로써 인준하신 것이다. 그러므로 아브라함이 제물
실수하였다는 말은 거짓이다.

3) 왜 애굽에서 고역살이 400년을 지내야 했는가?

왜 이스라엘 민족이 애굽에서 400년을 보내야 했을까? 정명석은 비
둘기 몸을 쪼개지 않아서 그로 인해 애굽에서 고역살이를 하게 되었
다고 한다. 그러나 하나님께서는 원래 쪼갤 필요가 없는 비둘기를 쪼
개지 않았다고 해서 고역살이를 400년이나 시키실 리가 없다.

하나님께서 잠든 아브라함에게 계시하셨다. "너는 정녕히 알라 네

---

303) 김경열, 『레위기의 신학과 해석』, (서울: 새물결플러스, 2017), 84.
304) 피영민, 『약속의 땅에 거하라』, (서울: 검과흙손, 2006), 67.

자손이 이방에서 객이 되어 그들을 섬기겠고 그들은 사백년 동안 네 자손을 괴롭히리니…네 자손은 사대 만에 이 땅으로 돌아오리라." 돌아올 때는 "내가 그 섬기는 나라를 징벌할 지며 그 후에 네 자손이 큰 재물을 이끌고 나오리라"(창15:14). 여기서 특이한 것은 하나님께서 노예 생활을 하는 문제와 재물을 연관시켜서 말씀하셨다는 점이다.

그리고 너는 "장수하다가 평안히 조상에게 돌아가 장사될 것이요 네 자손은 사대 만에 이 땅으로 돌아오리니 이는 아모리 족속의 죄악이 아직 가득 차지 아니함이니라."고 말씀하고 있다. 400년 동안 애굽에서 종살이하는 것의 의미는 무엇이며, 종살이하고 나올 때 큰 재물을 이끌고 나올 것이라는 말씀의 의미는 무엇인가? 또 아모리 족속의 죄악이 아직 관영치 않았기 때문에 400년간 종살이해야 한다는 말씀의 의미는 무엇인가?

아마도 아브라함은 이 말씀의 의미를 이해한 것 같다. "하나님 도대체 이것이 무슨 말씀이십니까?"하고 물었다는 기록이 없기 때문이다. 왜 자기 자손이 400년 동안 애굽에서 종살이해야 하는지 아브라함은 그 이유를 알고 있었다는 말이다.[305]

아브라함은 하나님의 명령을 따라서 갈대아 우르에서 나와서 하란으로 갔다가 하란에서 가나안 땅으로 들어왔다. 가나안 땅으로 들어온 아브라함에게 하나님께서 말씀하신다. "내가 이 땅을 네 자손에게 주리라"(창12:7). 하나님께서 이렇게 말씀하셨으면, 아브라함은 그 땅에 머물러 있어야 했다. 그런데 가나안 땅에 기근이 임하자 아브라함은 먹을 것이 풍부한 애굽으로 내려갔다. 그런데 거기서 문제가 발생했다. 아브람은 자기 아내 사래(Sarai)가 너무 예쁜 것이 맘에 걸렸다. 아브람은 애굽 사람들이 자기를 죽이고 아내를 빼어 갈까 봐 겁이 났

305) 『약속의 땅에 거하라』, 67.

다. 그래서 아브라함은 아내 사래를 자기 누이라고 속였다. 애굽 사람들은 사래가 너무 아리따운 것을 보고 사래를 애굽 왕 바로에게 데려갔다. 바로는 아브람을 후대하여 양과 소와 노비와 암수 나귀와 낙타를 제공하였다. 결국 아브람은 자기 목숨을 위해 아내를 팔아먹는 사람이 되고 말았다. 그러나 하나님께서 바로 왕과, 또 왕의 집에 큰 재앙을 내리셔서 사래의 정조를 지켜 주셨다. 그리고 애굽 왕은 아브람에게 큰 재물까지 넘겨주었다. 아브람은 아내도 다시 찾고 재물도 공짜로 얻었다.

여기서 우리는 중요한 메시지를 얻을 수 있다. 하나님께서는 공의의 하나님이시라는 점이다. "아브람아, 너는 정녕히 알라. 너는 애굽에서 공짜로 그 재물을 얻어서 돌려주지 않고 그것을 그대로 가지고 나왔다. 너는 장수하다가 죽어서 평안히 네 조상에게 돌아가라. 그러나 네가 얻은 재물과 네가 누린 향락과 평안은 네 자손 대에 가서라도 다 치러야 할 것이다"라고 말씀하시는 것이다.[306]

그리고 사대 만에 큰 재물을 가지고 나오리라고 하셨다. 그런데 왜 400년간이나 고역을 받아야 하는가? 이스라엘 백성이 가나안 땅에 돌아오려면 가나안 땅이 비어 있어야 하고, 돌아올 자리가 있어야 한다. 그런데 가나안 땅은 아모리 족속이 차지하고 있었다. 그 땅을 이스라엘 백성에게 주려면 아모리 족속을 쳐내야 한다. 아모리 족속을 쳐내려면 그만한 이유가 있어야 한다. 하나님은 죄악이 작은데 치시는 분이 아니시다. 죄가 관영해야 심판하신다. 노아 홍수심판 때도 사람들의 죄악이 관영했을 때 심판을 감행하셨다(창6:5). "네 자손은 사대 만에 이 땅으로 돌아오리니 이는 아모리 족속의 죄악이 아직 가득 차지 아니함이니라"(창15:16).

---

306) 『약속의 땅에 거하라』, 69.

이 모든 사건들이 일어난 궁극적인 이유는 아브람이 가나안 벧엘에 있을 때에 하나님께서 "너에게 이 땅을 너와 네 자손에게 영원토록 주리라"고 하신 약속의 말씀을 믿지 않고 애굽으로 내려갔기 때문이다. 믿음으로 순종해서 하나님의 뜻을 따라 가나안 벧엘까지 왔는데, 거기서 어려움이 생기니까 믿음으로 극복하지 못했던 것이다.[307] 어려움이 없는 사람은 없다. 아브람도 가뭄이 들었을 때 믿음으로 극복하고 그 자리를 지켰더라면 하나님께서 까마귀를 보내서라도 먹여 살리셨을 것이다. 그런데 자기 아내를 누이라고 속이면서까지 애굽에 내려갔던 일이 결국 이런 사건들이 일어나게 된 것이다. 아브람도 처음부터 믿음이 강한 사람은 아니었다.

4) 역사는 탕감 복직의 역사가 아니다.

역사는 과거의 실수를 만회하고 실수하면 또 만회하는 돌고 도는 역사가 아니다. 세상 역사는 종말을 향하여 직진으로 나아간다. 아담 이후 모든 사람은 죄인이다. 사람들은 아무리 시간을 많이 준다고 해도, 인간의 죄를 스스로 해결할 수가 없다(롬3:25). 사람들은 스스로 자신을 구원할 수 없다. 그래서 하나님께서 사람의 몸으로 오셨다. 그분이 예수 그리스도이다. 역사는 예수 그리스도의 이야기다. 구약은 메시아가 어떤 사람인가를 알리는 것이고, 신약은 예수 그리스도가 바로 그분이라는 것을 알리는 것이다. 예수 피 외에 인간의 죄를 탕감시키는 것은 없다.

인간은 자신의 힘과 노력으로 과거의 실수를 탕감 복직할 수 없다. 역사는 타락한 인류를 예수님의 십자가와 부활을 통해 구원하는 구속사(救贖史)이다.

---

307) 『약속의 땅에 거하라』, 69-72.

구속사(救贖史, history of redemption)는 창세 전부터 정하신 하나님의 작정에 따라 예수 그리스도의 죽으심과 부활을 중심으로 타락한 죄인들을 구원하는 전(全)역사를 가리킨다.

구속사라는 말에서 구속(救贖, redemption)이라는 말은 '해방'과 같은 뜻으로, 죄의 속박에서부터 그 값을 주고 풀려나 자유롭게 되는 구원(救援, salvation)을 말한다. 따라서 구속은 반드시 어떤 대가를 지불해야 한다. 죄의 삯은 사망인데(롬6:23), 우리 대신 죗값을 대신 지불하시고 구속을 이루신 분은 천하 인간에 오직 예수 그리스도 한분뿐이다(마20:28).[308] 인간 스스로 조건을 세워서 타락 이전의 상태로 복귀하는 것이 아니다.

5) 탕감은 형벌 받는다는 뜻이 아니다.

정명석은 탕감받는다는 것을 벌 받는다고 이해하고 있으나, 탕감(蕩減)은 쓸어버릴 탕(蕩)과 덜 감(減)으로서, 빚이나 세금, 요금 등을 없었던 것으로 만들어주는 것을 말한다. 이는 사실 형벌 받는다는 것과는 전혀 반대의 의미이다. 그냥 용서해 준다는 뜻이다. 그러나 정명석은 탕감이라는 단어 자체를 이해하지 못하고, 형벌 받는 뜻으로 오해했던 것이다. 탕감이라는 단어도 통일교가 주로 사용하는 단어이다. 통일교에서도 탕감이란, 조건을 세워서 원래의 상태로 회복하는 것이라고 한다.[309] 이처럼 이단 교주들은 종종 국문 자체를 이해하지 못하여 자의적인 해석의 오류를 자주 범한다.

6) 이삭을 제물로 바치라 한 것은?

하나님께서는 왜 이삭을 제물로 바치라 하였을까? 1차적으로 아브

---

308) https://ko.wikipedia.org/wiki/구속사
309) 『원리강론』, 244.

라함의 믿음을 시험(test)하고 훈련시키기 위함이었다. 그리고 예수님의 십자가 사건에 대한 모형으로 보여주셨다.

하나님이 주신 시험은 악을 행하라는 유혹도 아니고, 불행한 아브라함을 함정에 빠뜨리기 위한 시험도 아니다. 광야에서 이스라엘 백성들이 받은 시험처럼 아브라함이 받은 시험은 그를 굳건하게 하고 강하게 하려는데 그 의도가 있었다.[310] 하나님은 언약 상대인 아브라함이 그의 계약 조항을 지키는지 알아보시기 위해 시험하셨다.

그리고 시험은 하나님이 그분의 구원의 목적을 달성하시는 수단이 된다.[311] 때로 우리는 시험이 끝나기 전까지는 왜 우리가 시험받는지를 모른다. 우리가 단련되고 훈련되고 교육된 후에야 현 상황을 뛰어넘을 수 있고, 신앙이 굳세어지며 앞에 놓인 더 힘든 일을 감당할 만큼 강건해질 수 있는 것이다.

아브라함은 3일 거리에 있는 모리아산(Mt.Moriah)에 사랑하는 아들을 바쳤다. 하나님은 사랑하는 독자 예수 그리스도를 갈보리 언덕에 죽게 하고, 3일 만에 부활시키셨다. 이삭도, 예수님처럼, 아버지의 뜻에 따라 죽기까지 순종하였다. 아브라함이 이삭을 돌려받은 것은 예수님의 부활을 예표하고 있다. 아브라함이 이삭 바친 사건은 예수 그리스도 안에서 많은 메시지를 제공하고 있다.

예수님께서는 아브라함이 나의 때 볼 것을 기뻐하다가 보고 기뻐하였다고 하였다. "너희 조상 아브라함은 나의 때 볼 것을 즐거워하다가 보고 기뻐하였느니라"(요8:56). 그러나 아브라함이 언제 예수님을 보고 기뻐하였는가? 언제 그리스도를 보았는가? 육적으로 본 적도 없고 만난 적도 없는데, 예수님께서는 아브라함이 예수님의 때를 보았다고 분명히 증거하고 있다.

---

310) 『IVP 성경난제주석』, 119,
311) 『IVP 성경난제주석』, 119,

그 때는 아마 아브라함이 모리아 산에서 독자 이삭을 바칠 때일 것
이다. "아브라함아 아브라함아 네 독자 이삭에게 손을 대지 말라 그리
고 네가 네 아들 네 독자까지도 내게 아끼지 아니하였으니 내가 이제
야 네가 하나님을 경외하는 줄 아노라"(창22:12). 아브라함이 눈을 들
어 살펴본즉 한 숫양이 뿔에 걸려 있었는데, 그 양을 가져다가 아들을
대신하여 번제로 드렸다고 하였다(창22:13).

하나님은 독생자 예수 그리스도를 십자가에 한 마리의 양(羊)처럼
죽이심으로 지옥 갈 우리들을 대신하여 죽게 하시고, 이삭을 살리듯이
우리들을 살리셨다. 아브라함은 숫양의 제사를 통해 하나님의 구원의
도를 본 것이다. 멸망할 우리가 어린 양 예수로 말미암아 죄 사함과 영
생을 얻게 되었다는 것을 본 것이다. 그래서 아브라함은 예수님을 보
고 기뻐했던 것이다.[312]

성경에서 사랑하는 아들을 제물로 바친 두 가지 사건이 있다. 바로
하나님과 아브라함이다. 하나님은 사랑하는 독생자 예수를 십자가
에 속죄 제물로 내놓으셨고, 아브라함은 100세 때 낳은 이삭을 내놓
았다. 그래서 아브라함은 하나님과 동병상련을 느낀 사람으로서 하나
님은 그를 "나의 친구"라고까지 표현하셨다. "그러나 나의 종 너 이스
라엘아 내가 택한 야곱아 나의 벗(my friend) 아브라함의 자손아"(사
41:8).

이러한 사실은 하나님께서 결코 아브라함에게 비둘기의 가운데를
쪼개지 않았다는 이유로 가중처벌을 내리신 것이 아니라는 것을 분명
하게 보여준다.

---

312) 『약속의 땅에 거하라』, 130.

(2) 아브라함의 개명(改名)

하나님께서 아브람(Abram)을 아브라함(Abraham)으로 개명해 주셨다. "이제 후로는 네 이름을 아브람이라 하지 아니하고 아브라함이라 하리니 이는 내가 너를 여러 민족의 아버지가 되게 함이니라"(창 17:5).

하나님께서는 아브람(Abram)을 왜 아브라함(Abraham)이라고 개명하셨을까? 예를 들면, 아브라킴(Abrakim)이라고 할 수도 있고, 아브라조(Abrajo)라고도 할 수 있었을 텐데 왜 하필이면 아브라함(Abraham)이라고 하셨을까 하는 점이다. 정명석은 하나님께 그 이유를 직접 들어서 알았다고 한다.

정명석의 주장

1) 자녀권 함(Ham)의 불신

함이 아비의 벌거벗을 것을 보고 형제들에게 일러 아비의 하체를 덮어주었다. 노아는 이 일로 인하여 함을 "가나안은 형제의 종의 종이 될 것"이라고 저주하였다. 가나안은 함의 자식이다.[313]

노아는 당세의 완전한 자요 의인이었다. 노아는 자식들에게는 횡적으로 보면 아버지였으나, 종적으로 보면 메시아였다. 자녀들은 아버지 때문에 살았으니 무조건 아버지를 철통같이 믿어주었어야 했다. 그러나 자녀들이 믿음의 조건을 세우지 못해 홍수심판 이전 상태로 원위치가 되고 말았다. 그 중에서 함이 특히 아버지를 믿지 못했다. 함은

---

313) 함의 아들은 구스와 미스라임과 붓과 가나안이요(창10:6)

하늘의 권세를 거슬렀기 때문에 심판을 자취하게 된 것이다.[314]

2) 아브람이 아브라함으로 개명된 이유

아브람은 하나님께서 이삭을 바치라고 하자 순종하여 바쳤다. 그래서 하나님께서는 "이제야 네가 하나님을 경외하는 줄 알겠다"(창 22:12)고 하셨다. 아브라함은 이삭이 제물인 것을 알고서도 자식을 죽여서라도 믿음을 지켰다는 것이다. 이삭을 번제로 드림으로써 아브라함이 실체적인 믿음의 조건을 세운 것이다.[315]

그래서 아브람(Abram)은 노아 때 함(Ham)이 세우지 못한 믿음의 조건을 세웠기 때문에, 함(Ham)자를 붙여 아브라함(Abraham)이라고 개명했다.[316] 노아의 아들 함(Ham)의 이름을 아브람(Abram)이 계승하여 아브라함(Abraham)이라 하였다는 것이다.

3) 정명석의 개명 사건

정명석(鄭明析)의 석(析)자도 원래는 주석 석(錫)을 썼는데, 하나님께서 쪼갤 석(析)으로 바꿔주었다고 하였다. 왜 쪼갤 석(析)으로 바꿔주셨는가? 쪼갤 석(析)은 나무 목(木)에 도끼 근(斤)자이다. 나무는 사람이고, 도끼는 말씀이다. 이는 하나님께서 정명석을 통해 사람들을 도끼 같은 말씀으로 심판한다는 것이다. 정명석은 하나님께서 자신에게 "너는 말씀으로 사람이라는 나무를 철학적으로, 육적으로, 영적으로, 과학적으로, 심리학적으로 역사적으로, 의학적으로 쪼개라"고 말씀하셨다고 간증한다.[317]

---

314) 『역사편』, 54-55.
315) 『역사편』, 59.
316) 『역사편』, 60.
317) 『역사편』, 61; 정명석, "때를 만난 사람들", 1993년 3월 7일 주일설교.

더 나아가. 정명석은 자기 이름이 마태복음 3장 10절에 나와 있다고 주장한다. "이미 도끼가 나무뿌리에 놓였으니 좋은 열매를 맺지 아니하는 나무마다 찍혀 불에 던져지리라"(마3:10). 자기가 이 말씀의 주인이라는 것이다.

반증

1) 노아가 발가벗은 사건은 과연 하나님의 뜻인가?

정명석은 노아가 당대에 완전한 자였고 의인이었기 때문에, 노아가 술에 취하여 벌거벗고 잔 것도 실수가 아니라 하나님의 뜻이 있어서 행한 행동이었다고 말한다. 그러나 성경의 일반적인 본문들은 완전한 사람은 하나도 없다고 선언하고 있다.

> 의인은 없나니 하나도 없으며 깨닫는 자도 없고…(롬3:10a).

> 선을 행하고 전혀 죄를 범하지 아니하는 의인은 세상에 없기 때문이로다(전7:10).

사람은 선도 행하고 악도 행한다. 사람은 불완전하기 때문이다. 그러므로 선만 행하는 사람은 아무도 없다. 노아도 예외는 아니다.

그렇다면, "노아는 의인이요 당대에 완전한 자라 그는 하나님과 동행하였으며"(창6:9)는 무슨 뜻인가? 여기서 '완전한'이라는 말은 "흠잡을 데가 없다"(blameless)는 뜻이다. 이 구절은 노아가 죄가 하나도 없는 완전한 사람이었음을 뜻하지 않는다. 노아는 다른 사람들과 확연히 구분될 정도로 경건했다. "하나님과 동행했다"는 것은 당시의 사람들에게 붙여질 수 있는 최고의 찬사였다.[318] 그렇다고 해서 점과 흠도 없이 완전했다는 뜻은 아니다. 그렇다면 창세기 6장 9절의 "노아는 의인이요 완전한 자"라는 구절과 로마서 3장 10절의 "의인은 없나니 하나도 없다"는 구절은 서로 상충하지 않는가? 만약 상충한다면, 우리는 어떤 것을 받아들여야 할까? 성경을 해석할 때, 불명확한 것은 명확한 구절을 가지고 해석하는 것이 좋다. 성경의 교훈적 본문에 비추어 볼 때, 어느 시대에도 완전한 인간이 없다는 것은 명백하다. 따라서 노아가 완전한 사람이 아니라는 것은 상식적으로도 추론이 가능하다. 노아도 아담 이후에 원죄 가운데 태어난 사람이다. 성령으로 동정녀 탄생하신 예수님 외에 완전한 사람은 하나도 없기 때문이다. 그러므로 노아가 발가벗은 것은 하나님의 뜻이 아니라 그냥 실수한 것이다.

2) 정명석의 '중심인물 노 터치(no touch)' 교리

정명석은 노아와 같은 중심인물에 대해서는 노 터치(no touch)해야 한다고 주장한다. 중심인물은 그 시대의 메시아이고, 중심인물은 하나님께서 직접 관리하시기 때문에, 그의 언행이 이해되지 않아도 무조건 믿어줘야 한다는 것이다. 그런 점에서 노아의 자녀들은 아비를 무조건 믿어주었어야 한다고 하였다. 정명석의 이러한 교리는 자신의 허물에 대해서도 마찬가지로 건드리지 말아야 한다고 복선을 까는 것이다. 심지어 정명석은 자기의 성 문제에 대하여 회원들이 문제삼는 것을 아비 노아의 하체를 가리려 했던 함(Ham)과 같다고 비난하기도 한다. 자기를 믿어주지 못하고 시비를 걸면 '너도 함처럼 저주받는다'고 위협하는 것이다.

함이 물론 발가벗은 아비의 모습을 보고 당황한 나머지 형제들에게

고한 것은 지혜롭지 못했다. 형제들에게 말하지 말고, 은밀하게 처리했어야 옳다. 노아는 홍수심판을 경험하고, 포도나무를 심고 포도주를 마신 후 술에 취해 발가벗고 잠을 잤다. 사람은 술에 취하면 실수하기 마련이다. 노아가 발가벗은 것은 타락 전의 아담이 발가벗은 것과 다르다. 아담은 죄가 없어서 발가벗은 것이고, 노아는 술에 취해 발가벗은 것이기 때문이다. 함이 지혜롭게 처리하지 못하여 아버지를 화나게 한 것은 사실이다. 그러나 함 때문에 에덴동산을 복귀하려는 하나님의 계획이 깨졌다는 것은 과도한 해석이다. 노아가 그 시대에 하나님께 쓰임 받은 사람인 것은 분명하지만, 그렇다고 하더라도 노아의 실수까지 다 하나님의 뜻을 실천하기 위한 것이었다고 미화해서는 안 된다. 노아뿐만 아니라, 존경받는 아브라함도, 다윗도 다 실수를 했다. 흙으로 만들어진 연약한 인간들이기 때문이다.

3) 아브라함의 개명 사건

하나님께서 아브람을 아브라함으로 개명해 주셨다. 이스라엘 사람들에게 이름은 대단히 중요한 의미를 가진다. 이스라엘 사람들의 이름은 각각 의미를 띠고 있어서 어떤 사람을 알기 위해서는 먼저 그 사람의 이름을 아는 것이 중요했다.[319]

아브람은 '고귀한 아버지'라는 뜻이다. 그리고 아브라함은 '무리의 아버지'라는 뜻이다. 성경에는 '여러 민족의 아버지'라고 나와 있다(창 17:5). 하나님께서 아브람에게 크게 번성케 하시겠다는 언약을 세우고 아브람에서 아브라함이라고 개명하여 주셨다.

그런데 정명석은 노아의 아들 함(Ham)이 구세주이자 자기 아버지였던 노아에게 절대적인 믿음의 조건을 세우지 못하자 하나님께서는,

---

319) 이에 대해 보다 상세한 내용은 다음 자료를 참조할 것: http://blog.daum.net/duaworld/8574703

함(Ham)이라는 이름을 믿음의 조건을 세웠던 아브람(Abram)에게 주어 아브라함(Abraham)이라고 하였다고 하였다. 정명석은 계시받아서 이 사실을 알아내었다고 하였으나 이것은 명백한 거짓말이다. 계시가 실제 사실과 다르면 그 계시는 거짓이다. 아브라함과 함의 이름을 조금 더 자세히 살펴보자.

한글로 보면 노아의 아들 "함"과 아브라함의 함은 똑같은 "함"이다. 영어로 봐도 똑같이 Ham과 Abraham이다.

그러나 히브리어 원어로 보면 다른 글자이다. 함(חם)은 헤트(ח)로서 된소리의 쌍히읏(ㅎㅎ) 발음이 난다. 그러나 아브라함(הם)은 헤(ה)로서 부드러운 ㅎ 발음이다. 함(חם)에게 쓰인 헤트(ח)는 히브리어 알파벳의 8번째이고, 아브라함(הם)의 헤(ה)는 5번째의 글자이다. 그러니까 함(헤트)과 아브라함의 함(헤)은 완전히 서로 다른 글자이다.

영어의 R과 L도 우리말로는 똑같이 ㄹ로 쓰지만 완전히 다른 글자이다. 예를 들면, 영어 Ram(숫양)과 Lamb(어린양)도 우리나라 말로 쓰면 똑같이 "램"이라 써도 영어로는 완전 다른 글자이다. 한국(韓國)과 한국(漢國)도 마찬가지이다. 그와 같이 노아의 아들 함과 아브라함의 함은 완전히 다른 글자였던 것이다.

그러기에 이들의 이름은 중국어 성경에는 함(含)과 아브라함(亞伯拉罕)이다. 아예 다른 글자이다. 함(Ham)은 머금을 함(含)이고, 아브라함(Abraham)에는 그물 한(罕)을 썼다. 그러므로 함의 이름을 아브라함에게 갖다 붙였다는 말은 심각한 오류이다.

정명석의 30개론 자체가 다 이런 식이다. 얼른 들을 때는 진리처럼 들리지만, 자세히 알고 보면 엉터리다. 이는 순진한 성도들을 미혹하여 속이는 악의적인 가르침이다. 사람들이 영계에 대해서도 잘 모르고, 성경에 대해서도 잘 모르니까 누가 거짓말을 담대하게 하면 속는 것이다. 정명석은 도대체 누구에게 계시를 받았다는 것인가? 하나님께서 계시해 주셨다고 주장하지만 하나님께서 이런 것을 틀리실 리가 없다. 귀신의 장난이거나, 정명석의 거짓말이거나 둘 중 하나일 것이다.

4) 정명석의 개명 사건

정명석은 하나님께서 아브라함의 이름을 바꿔주셨듯이, 자신의 이름도 명석(明錫)에서 명석(明析)으로 바꿔주셨다고 자랑하였다. 원래는 가족의 이름을 따라서 주석 석(錫)이었으나 가를 석(析)으로 바꿔 주셨다고 하였다. 그래서 자기로 하여금 마태복음 3장 10절의 사명을 감당하라고 바꿔주셨다는 것이다.

> 이미 도끼가 나무뿌리에 놓였으니 좋은 열매를 맺지 아니하는 나무마다 찍혀
> 불에 던져지리라(마3:10).

여기서 도끼는 말씀, 나무는 사람, 열매는 행실이다. 그래서 하나님께서 자기에게 도끼 같은 말씀을 주셔서 그 말씀으로 열매 맺지 않는 사람들을 심판하라는 의미로 주셨다는 것이다. 그래서 정명석은 사인할 때마다 JMS라고 쓴 다음에 석(析)자를 그 옆에 쓴다.

그러나 성경에 매력적인 구절이 있다는 이유로 그 구절을 자기 자신에 대한 말씀이라고 주장해서는 안 된다. 동방에 독수리를 보낸다고 했을 때(사46:11), 그것은 결코 한국의 정명석을 지칭하는 구절일 수 없다. 이단의 교주마다 이 독수리가 자신을 의미한다고 주장하지만, 천부당만부당한 말이다. 이 독수리는 페르시아의 고레스 왕을 가리키는 말이기 때문이다.

마태복음 3장의 10절의 말씀도 마찬가지이다. 이 말씀은 세례 요한이 예수님을 증거한 구절로서, 좋은 열매가 없는 나무는 도끼에 찍혀 불에 던져지는 것처럼, 예수님의 말씀을 듣고서도 열매가 없는 사람은

지옥 불에 던져지게 된다는 것을 말씀한 것이다. 절대로 정명석을 두고 한 말씀이 아니다. 따라서 이 구절은 정명석과는 아무런 상관이 없다. 그런데도 마치 자기가 그 성경 구절의 주인공인 것처럼 말하는 것은 거짓 그리스도와 거짓 선지자임을 자인하는 것이다.

필자의 이름은 경천(敬天)이다. 공경 경(敬), 하늘 천(天)자를 쓴다. 원래 필자의 가족의 이름은 규(圭)자 돌림을 사용하나, 아버지가 아들을 낳으면 하나님을 공경하는 사람이 되기를 바라면서 지은 이름이다. 이는 하나님을 잘 공경하라는 뜻이다. 정명석의 주장대로라면, 필자의 이름도 성경에 나와 있다고 주장할 수 있을 것이다. "여호와를 경외하는 것이 지식의 근본이거늘…"(잠1:7). 이 구절을 갖고 '내가 이 구절의 주인공이다. 내가 지식의 근본이다'고 주장할 수 있는가? 그럴 수 없다.

정명석은 자신의 이름값을 하겠다고 성경을 온통 도끼로 장작 패듯이 쪼개 놨으나 엉터리로 쪼개 놨다. 절대로 쪼개서는 안 되는 것들이었다. 불 심판은 말씀 심판이 아니라 그냥 불 심판이고, 구름은 인(人)구름이 아니라 실제 하늘 구름이다. 예수님은 영으로 부활한 것이 아니고, 실제 육신으로 부활하셨다. 예수님은 영적인 의미로 처녀에게 탄생한 것이 아니고, 실제로 육신을 가진 처녀에게서 탄생하셨다. 오병이어 기적도, 말씀만 전하고 끝난 것이 아니라, 실제 떡을 먹이신 기적이었다. 선악과도 여자 성기가 아니라 그냥 선악과이다. 성경을 정명석처럼 자기 맘대로 함부로 쪼개는 것은 저주받을 짓이다. 성경은 성경 자신이 해석자이다. 그러나 정명석처럼 자기 맘대로 해석하면 거짓말쟁이가 되고 괜히 심판만 자초하게 된다.

정명석은 온갖 잘못된 교리로 수많은 사람을 속여 자기를 추종하게 했으나, 그의 교리는 거짓말 모음집이다. 당연히 그도 메시아가 아니다. 마태복음 3장 10절의 "열매 맺지 않으면 찍혀 불에 던져지리라"는 말씀은 예수님에 대한 세례 요한의 증거로서, '예수 믿으면 구원받지만, 그렇지 않으면 심판받고 지옥 불에 들어가게 된다'는 말씀이다. 이는 결코 정명석을 두고 한 말씀이 아니다. 예수님에 대한 성경 구절을 자기 것이라 주장하는 것이야말로 적그리스도의 행태인 것이다.

14. 예수 그리스도

14
예수 그리스도

정명석은 세상 사람이 다 죽더라도 예수님 만큼은 십자가에서 그렇게 죽지 않았어야 한다고 주장한다. 이 말은 예수님을 위하는 말 같지만, 사실은 예수님의 고귀한 희생을 폄훼하는 것이다. 과연 예수님의 죽으심이 잘못된 것인가? 정명석의 주장을 먼저 들어본 후 이에 대하여 반증하고자 한다.

정명석의 주장

(1) 예수님은 죽으러 오지 않으셨다.[320]

정명석은 세례 요한이 예수님을 증거하는 데 실패한 선지자라고 주장한다. 그래서 그는 겉으로는 순교자 같아도 실상은 개죽음이요, 실족하여 심판받아 죽었다고 주장한다. 세례 요한이 죽으니 예수님도 죽게 되었다. 여기서 신약 역사가 완전히 깨지게 되었다.[321] 세례 요한으로 인하여 역사가 돌아갔다. 공동운명체이기 때문에 증거자가 망하면 증거 받는 사람도 망하는 것이 법칙이다. 만일 세례 요한이 예수님을

---

320) 『고급편』, 43~44.
321) 『고급편』, 43~44.

믿고 사명을 다하여서 증거를 다했다면, 예수님은 결단코 십자가 고난의 길을 가시지 않았을 것이다.[322]

(2) 예수님은 아담을 통한 하나님의 뜻을 이루지 못했다.

예수님은 후(後) 아담이다. 기독교인들은 예수님이 3년 동안 복음을 전하다가 십자가에 달려 죽으러 오셨다고 생각하지만, 그것은 하나님의 창조의 목적과 타락의 근원을 모르기 때문에, 또한 예수님이 무슨 일을 하려고 왔는지를 모르기 때문에 하는 소리이다. 사실상 그 일은 구세주가 아니면 알 수 없는 일이다. 예수님은 아담을 통하여 이루고자 하셨던 하나님의 뜻을 이루기 위하여 후 아담의 입장으로 역사 앞에 나타났던 것이다. 그러나 아담 때 못 이룬 뜻을 예수님 때 이루려고 했지만 실패했다.[323]

(3) 예수님은 3년 만에 십자가에 못 박혀 죽으심으로 천국을 이루지 못했다.[324]

반증

(1) 예수님은 죽으러 오셨다.

예수님의 십자가에 대해서는 필자의 졸고, 『거짓을 이기는 믿음 Ⅱ』의 "세례 요한과 예수님의 관계 사명" 장에서 다룬 바 있다. 그러나 예수님의 십자가는 기독교의 핵심교리이기 때문에 좀 더 다루어

---

322) 『고급편』, 44.
323) 『역사편』, 88.
324) 『역사편』, 88.

보고자 한다.

예수님은 죽으셨어야 하는가? 아니면 죽지 않으셨어야 하는가? 이 질문에 대한 대답은, 일반 기독교인들에게는 쉬운 질문이지만, 이단자들에게는 대단히 중요하다. JMS와 통일교는 예수님이 죽기 위해 오시지 않았다고 한다.[325] 죽기 위해 오시지 않았는데 죽으셨다는 것은 어떤 의미가 되는가? 그것은 실패했다는 말이고, 잘해봐야 절반의 성공만을 거둔 것이라고 평가절하하는 것이다. 이들은 예수님이 십자가를 지고 죽으셨기 때문에 영적인 구원은 이루셨지만, 육적 문제는 근본적으로 해결되지 못했다고 말하면서 십자가의 구원의 한계를 말한다.[326] 그것은 초림주가 구원을 완성하지 못했기 때문에 재림주가 와서 완성해야 할 것으로 생각하게 만들고, 자기가 바로 그 재림주라고 주장하기 위한 것이다. 그러나 그런 주장은 예수님과 그리스도인들을 이간질하여 예수님 대신 자기를 재림예수로 믿고 따르게 하려는 미혹에 지나지 않는다.

1) 세례 요한에 대한 예수님과 사도들의 평가

정명석을 포함한 이단 교주들은 세례 요한이 예수님을 잘 증거하지 못했다고 하지만, 예수님은 세례 요한이 진리에 대하여 증거하였다고 분명하게 말씀하셨다. "너희가 요한에게 사람을 보내매 요한이 진리에 대하여 증언하였느니라"(요5:33b). 여기서 진리는 예수님을 의미한다.

그리고 예수님의 죽으심이 세례 요한이 진리를 증거하는 일에 실패했기 때문에 일어난 일이라면, 그 점에 대해서 베드로나 바울 혹은 어떤 사도라도 그에 대해 언급했을 것이다. 그러나 성경에서는 그와 관

---

325) 『원리강론』, 155~162.
326) 『고급편』, 223.

련된 구절은 단 하나도 찾아볼 수가 없고, 오히려 세례 요한에 대한 긍정적인 면만 부각하고 있다. 사도들은 예수님의 죽음에 대해서 한 번도 세례 요한의 책임으로 돌리지 않았다. 사도들은 다음과 같이 말하였다.

> 곧 요한이 그 세례를 반포한 후에 갈릴리에서 시작하여 온 유대에 두루 전파된 그것을 너희도 알거니와(행10:37)

> 24 그가 오시기에 앞서 요한이 먼저 회개의 세례를 이스라엘 모든 백성에게 전파하니라
> 25 요한이 그 달려갈 길을 마칠 때에 말하되 너희가 나를 누구로 생각하느냐 나는 그리스도가 아니라 내 뒤에 오시는 이가 있으니 나는 그 발의 신발끈을 풀기도 감당하지 못하리라 하였으니(행13:24~25).

> 바울이 이르되 요한이 회개의 세례를 베풀며 백성에게 말하되 내 뒤에 오시는 이를 믿으라 하였으니 이는 곧 예수라 하거늘(행19:4)

이러한 구절들은 예수님의 죽으심이 세례 요한의 증거 부족으로 일어났다는 사실을 결코 지지하지 않는다.

2) 베드로에 대한 책망
예수님께서 때가 되어 예루살렘에 죽으러 가겠다고 말씀하시자, 베드로가 "그리 마옵소서 이 일이 결코 주께 미치지 아니하리이다"(마16:22)고 항변하였다. 그러자, 예수님께서는 베드로에게 "사탄아 물러가라 너는 하나님의 일을 생각지 않고 사람의 일을 생각하는구나"(마16:23)라고 책망하셨다. 죽는 것이 하나님의 뜻이 아니라면, 예수

님께서는 왜 베드로에게 "사탄아 물러가라"고 하셨겠는가? 베드로는 예수 선생께서 예루살렘에 죽으러 가시겠다는데, 제자된 도리로서 당연히 말렸어야 할 것으로 생각했을 것이다. 그러나 그것은 하나님의 뜻을 거부하라는 말이 되기 때문에 예수님께서는 불호령을 내리실 수밖에 없었던 것이다.

3) 예수님의 겟세마네 동산 기도

그렇다면 혹자는 겟세마네 동산에서 땀방울이 핏방울이 되도록 죽음의 잔을 옮겨달라는 예수님의 기도는 무엇인지 질문할 것이다. 예수님께서 죽으시는 것이 하나님의 뜻이라면, 예수님께서 그런 기도를 하실 필요가 없을 것이라는 이유에서다. 사실 충분히 의문을 가져볼 만한 점이다. 그렇다면 예수님은 왜 그런 기도를 하셨을까?

예수님께서 겟세마네 동산에서 그렇게 기도하신 이유는 아무리 예수님이라고 하더라도 인성(人性)을 가지셨기 때문에 십자가상에서의 죽음만큼은 피하고 싶으셨을 것이라고 생각할 수 있다. 그렇지만 예수님은 십자가의 죽음이 변치 못할 하나님의 뜻이라는 것을 아시기 때문에 순종하여 받아들이셨다. 예수님께서는 죽기까지 순종하시면서 하나님의 뜻을 이룬 것인데, 그 거룩한 순종과 희생을 잘못되었다고 하는 것은 예수님을 두 번 십자가에 못 박는 것이다. 십자가를 모독하는 것은 용서받지 못할 반역이다. 예수님은 분명히 당신의 죽음에 대해 명백하게 언급하셨다.

> 인자가 온 것은 섬김을 받으려 함이 아니라 도리어 섬기려 하고 자기 목숨을 많은 사람의 대속물로 주려 함이니라(마20:28).

> 나는 선한 목자라 선한 목자는 양들을 위하여 목숨을 버리거니와(요10:11).

17 내가 내 목숨을 버리는 것은 그것을 내가 다시 얻기 위함이니 이로 말미암아 아버지께서 나를 사랑하시느니라.

18 이를 내게서 빼앗는 자가 있는 것이 아니라 내가 스스로 버리노라 나는 버릴 권세도 있고 다시 얻을 권세도 있으니 이 계명은 아버지에게서 받았노라(요 10:17~18).

4) 엠마오 도상에서 두 제자와의 대화

또한 예수님은 예수님의 죽으심에 대하여 실망하며 엠마오로 내려가던 두 제자에게 나타나셔서 당신의 죽으심의 당위성에 대해 설명하셨다.

25 이르시되 미련하고 선지자들이 말한 모든 것을 마음에 더디 믿는 자들이여

26 그리스도가 이런 고난을 받고 자기의 영광에 들어가야 할 것이 아니냐 하시고

27 이에 모세와 모든 선지자의 글로 시작하여 모든 성경에 쓴 바 자기에 관한 것을 자세히 설명하시니라(눅24:25~27).

5) 바울의 증언

바울은 예수님께서 성경대로 죽으시고 성경대로 부활하셨다고 증언하였다. 예수님의 죽으심은 성경에 예언된 대로 죽으신 것이고, 예수님의 부활하심은 성경에 예언된 대로 부활하신 것이다. 그러므로 예수님의 죽으심은 하나님의 뜻의 성취였다.

3 성경대로 그리스도께서 우리 죄를 위하여 죽으시고

4 성경대로 사흘 만에 다시 살아나사(고전15:3~4).

그러므로 예수님이 죽지 않았어야 한다는 말은 성경을 부인하는 말

이다. 구약성경은 예수님이 죽으실 것을 분명히 예언하였고, 신약성경은 그 예언이 성취되었음을 확인하였다. 구약의 속죄양이나 유월절 양, 그리고 모세의 놋뱀 사건만 보더라도 십자가에 대한 분명한 예표였다.

(2) 예수님은 다 이루셨다.

정명석은 예수님이 아담 때 못 이룬 것을 이루려고 하셨지만 이루지 못하셨다고 말한다.[327] 아담이 못 이룬 것은 무엇인가? 예수님께서 과연 아담처럼 결혼하여 아담이 이루지 못한 가정 천국을 이루셔야 했는가? 과연 예수님께서 아담처럼 결혼하셔야 했는가? 그런 얘기는 신성모독일 뿐만 아니라, 예수님과 성경에 대해 무지몽매한 망언이다.

이단들은 자기네들이 왜 이단이냐고 항변하겠지만, 이런 망언이나 하는 사람들이 이단이 아니면 누가 이단이겠는가? 정명석은 예수님의 인성은 알았지만, 예수님의 신성은 모르는 사람이다. 예수님은 결혼하러 오신 분이 아니고, 피 흘리심으로 세상 죄를 해결하기 위해 하나님의 어린 양으로 오셨던 것이다. "보라 세상 죄를 지고 가는 하나님의 어린 양이로다"(요1:29).

예수님은 이 세상에 하와와 같은 여자 하나 만나서 결혼하여, 자식들 낳고 가정이나 이루려고 오신 것이 아니다. 피 흘려 죽으러 오셨다. 황소와 염소의 동물의 피가 아닌 예수님의 피로 완전한 속죄를 이루게 하려는 것이 하나님의 뜻이었다. 히브리서 기자는 이 점을 분명히 밝히고 있다. 구약시대의 동물 제사는 장차 올 제사에 대한 모형이고 참 형상이 아니기 때문에 폐하시고, 참 제물되신 예수님을 피 흘려 죽게 하심으로 믿는 자들로 하여금 단번에 영원히 온전케 하려는 것이

---

327) 『역사편』, 88. 정명석은 예수님이 아담처럼 결혼하여 가정천국을 이루었어야 했는데 못하고 죽었다고 하였다. 통일교는 한술 더 떠 예수님의 영혼결혼식까지 거행하였다.

하나님의 뜻이었다. 예수님은 그 뜻을 온전히 이루셨다.

9 그 후에 말씀하시기를 보시옵소서 내가 하나님의 뜻을 행하러 왔나이다 하셨으니 그 첫째 것을 폐하심은 둘째 것을 세우려 하심이라
10 이 뜻을 따라 예수 그리스도의 몸을 단번에 드리심으로 말미암아 우리가 거룩함을 얻었노라(히10:9~10 개역개정).

9 다음에는 "하느님, 저는 당신의 뜻을 이루려고 왔습니다" 하고 말씀하셨습니다. 이렇게 그리스도께서는 나중 것을 세우기 위해서 먼저 것을 폐기하셨습니다.
10 예수 그리스도께서는 하느님의 뜻을 따라 단 한 번 몸을 바치셨고 그 때문에 우리는 거룩한 사람이 되었습니다(히10:9~10. 공동번역).

예수님은 십자가상에서 "다 이루었다"고 선언하셨다(요19:30). 이것은 희랍어로 '테텔레스타이(tetelestai)'라는 말로, 보통 화가가 그림을 완성한 후 사용하는 말이며, 상인이 모든 부채를 변제한 후 홀가분한 기분으로 던지는 말이기도 하다. 심부름꾼이 심부름을 모두 마친 후 자신을 보낸 주인에게 돌아와서 하는 보고도 이 말이었고, 성전에 있는 제사장이 제사에 사용할 제물을 살펴본 후 최종적으로 내린 결론도 바로 이 말이었다. 테텔레스타이! "흠 없이 완전하다" 혹은 "다 마쳤다"는 말이다.[328] 그런데 정명석은 예수님의 선언을 왜 무효화하는가? 예수님의 선언을 뒤엎을 권위는 상천하지에 아무도 없다. 예수님은 이 땅에 오신 목적을 다 이루셨다. 그렇다면 무엇을 이루셨는가?

1) 원죄가 해결되었다.

---

328) 이에 대해서는 다음 자료를 참조하였다:http://news.kmib.co.kr/article/view.asp?arcid=0923475092

아담으로 인해서 원죄가 들어오고 그 죄로 인해서 많은 사람이 범죄자가 되었다. 그러나 예수님으로 인해 죄가 해결되고 의인이 되었다.

> 17 한 사람의 범죄로 말미암아 사망이 그 한 사람을 통하여 왕 노릇 하였은즉 더욱 은혜와 의의 선물을 넘치게 받는 자들은 한 분 예수 그리스도를 통하여 생명 안에서 왕 노릇 하리로다.
> 18 그런즉 한 범죄로 많은 사람이 정죄에 이른 것 같이 한 의로운 행위로 말미암아 많은 사람이 죄인된 것 같이 한 사람이 순종하심으로 많은 사람이 의인이 되리라(롬5:17~18).

2) 영생권이 회복되었다.

아담의 범죄로 죄가 오고 그 결과로 사망이 왔다. 그러나 예수님으로 인해 사망이 폐하여졌다. 예수님은 인간들이 박탈당했던 영생권을 회복하셨다.

> 이제는 우리 구주 그리스도 예수의 나타나심으로 말미암아 나타났으니 그는 사망을 폐하시고 복음으로써 생명과 썩지 아니할 것을 드러내신지라(딤후1:10).

> 영생은 곧 유일하신 참 하나님과 그가 보내신 예수 그리스도를 아는 것이니이다(요17:3).

> 우리에게 약속하신 것은 이것이니 곧 영원한 생명이니라(요일2:25).

이제 예수 믿는 사람은 죽어도 살 것이고, 살아서 믿는 자는 영원히 죽지 않는 생명을 부여받았다.

25 예수께서 이르시되 나는 부활이요 생명이니 나를 믿는 자는 죽어도 살겠고
26 무릇 살아서 나를 믿는 자는 영원히 죽지 아니하리니 이것을 네가 믿느냐
(요11:25~26).

3) 예언을 다 이루셨다.

예수님께서는 구약성경에 기록된 예수님에 대한 예언을 다 이루셨다. 예수님께 일어난 모든 일은 성경에 미리 다 기록된 일이었다. "예수께서 열두 제자를 데리시고 이르시되 보라 우리가 예루살렘으로 올라가노니 선지자들을 통하여 기록된 모든 것이 인자에게 응하리라"(눅18:31).

예를 들어보자. 처녀에게서 태어나실 것(사14:6), 베들레헴에서 태어나실 것(미5:2), 아브라함의 씨로 오실 것(창22:18), 이새의 가문에서 태어나실 것(사11:1, 10), 다윗의 후손으로 오실 것(삼하7:12~16), 나귀 새끼 타고 예루살렘에 들어가실 것(슥9:9), 스불론 땅과 납달리 땅에서 복음 전하실 것(사9:1~2), 은 30에 팔리실 것(슥11:12), 속죄양으로 죽으실 것(사53:5~6), 뼈가 꺾이지 아니할 것(시34:20), 예수님의 옷을 제비뽑아 가질 것(시22:18), 부활하실 것(시16:10) 등, 예수님에 대해 기록된 모든 예언이 그대로 성취되었다. 심지어 제자들이 도망갈 것도 기록되었다. "예수께서 제자들에게 이르시되 너희가 다 나를 버리리라 이는 기록된바 내가 목자를 치리니 양들이 흩어지리라 하였음이니라"(막14:27).

사도 바울도 예수님에 대해서 "성경대로 그리스도께서 우리 죄를 위하여 죽으시고, 장사 지낸 바 되었다가 성경대로 사흘 만에 다시 살아나셨다"고 하였다(고전15:3~4). 여기서 "성경대로"라는 말은 "성경에 기록된 대로"라는 의미이다.

4) 천국을 이루셨다.

정명석은 예수님이 천국을 이루지 못했다고 하는데, 그 말은 틀린 말이다. 예수님의 오심은 천국이 이루어진 것이다. 제자들이 하나님의 나라가 어느 때에 임하나이까 하고 질문하였다(눅17:20). 예수님께서는 "하나님의 나라는 볼 수 있게 임하는 것이 아니요 또 여기 있다 저기 있다고도 못하리니 하나님의 나라는 너희 안에 있느니라"(눅17:21)고 대답하셨다. 하나님의 나라는 이미 예수님의 제자들 마음 안에 자리 잡고 있었던 것이다.

찬송가(438장)에도 "내 영혼이 은총 입어 중한 죄 짐 벗고 보니 슬픔 많은 이 세상도 천국으로 화하도다 … 초막이나 궁궐이나 내 주 예수 모신 곳이 그 어디나 하늘나라"라고 나와 있지 않은가?

예수 믿는 사람은 살아서도 천국이요, 죽어서도 천국이다. 사도 바울은 그 구원의 확실성이 얼마나 분명한지, 이미 "우리를 하늘나라에 앉히셨다"라고까지 표현하였다. "또 함께 일으키사 그리스도 예수 안에서 함께 하늘에 앉히시니"(엡2:5).

예수님을 구세주로 믿지 않고 죄 사함을 받지 못한 사람은 이 천국에 대해서 도무지 알 수 없다. 예수 믿고 구원받은 사람은 천국 시민권이 있는 사람들이다. "…우리의 시민권은 하늘에 있는지라"(엡3:20). 구원받은 성도들은 천국 시민들로서 잠시 세상에 외국인과 나그네로 여행 중이다(히11:13).

그러나 이 말은 이 세상이 곧 천국이라는 것을 의미하지는 않는다. 우리는 구원을 받아 천국 시민권자로서 이 땅에서부터 천국 생활을 하고 있지만, 아직 천상천국에서 사는 것은 아니다. 그래서 "이미, 그러나 아직 아닌"(already, but not yet)의 구도가 형성된 것이다. 그러나 여기서 "아직"이라는 말이 천국을 못 이루었다고 말하는 것은 아니다. 예수 믿고 구원받은 사람들은 이미 천국 시민이 되었고, 장차 천상천국에 들어갈 사람들이고, 천상천국에 사는 것은 시간문제이기 때문이다. 이 점에서 정명석의 "예수님은 천국을 이루지 못했다"는 말은 틀린 말이다.

15. 역사란 무엇인가

15
역사란 무엇인가

기독교 역사관에 의하면, 역사란 하나님의 창조하심으로부터 시작되었고, 하나님의 섭리하심으로 종말을 향하여 직선으로 나아가는 과정이다. 그러나 정명석의 역사관은 순환하면서 반복되는 것이라고 한다.

정명석의 주장

(1) 역사는 동시성이다.

지구가 돌고 돌아 사계절이 돌고 돌듯이 역사는 돌고 돈다. 고로 어제 있던 것이 오늘 있고, 오늘 있는 것이 내일 있게 된다. 즉 어제 한 일을 오늘 현재에서 다시 하게 되고, 오늘 한 일은 미래인 내일에서 다시 하게 된다는 것이다.[329]

> 9 이미 있던 것이 후에 다시 있겠고 이미 한 일을 후에 다시 할지라 해 아래는 새것이 없나니
> 10 무엇을 가리켜 이르기를 보라 이것이 새것이라 할 것이 있으랴 우리가 있기

---

329) 『역사편』, 4.

전 오래전 세대들에도 이미 있었느니라(전1:9~10).

이제 있는 것이 옛적에 있었고 장래에 있을 것도 옛적에 있었나니 하나님은 이미 지난 것을 다시 찾으시느라(전3:15).

(2) 동시성의 이유는 무엇인가?

그것은 지난 것을 다시 찾기 위하여, 과거에 못한 것을 다시 한번 해보라고 돌리신다는 것이다.

1) 하나님이 사람을 통하여 이루시려던 과거의 일을 다시 이루시기 위하여.

2) 사람이 과거에 못한 일을 다시 하도록 기회를 주기 위해서.

3) 두 번째 가는 길은 더 자신 있게 갈 수 있듯이 사람들에게 더 자신 있고 실적 있는 역사를 펴기 위해서.

4) 죽은 자들에게 재림 부활의 기회를 주기 위해서.

역사적으로 볼 때, 모세 때 못한 것은 여호수아 때, 엘리야 때 못한 것은 엘리사 때, 예수님 때 못한 것은 사도 바울 때, 루터 때 못한 것은 칼빈 때, 초림 때 못한 것은 재림 때, 구약에서 못한 것은 신약에서, 신약 때 못한 것은 성약에서, 전반전 때 못한 것은 후반전 때, 육신 쓰고 못한 것은 영으로 재림 부활 때 다시 하게끔 나타난다는 것이 정명석의 주장이다.[330]

(3) 차원적 동시성

역사는 동시성으로 돌고 돈다. 그러나 그 차원을 높여서 역사가 돌아가고 있다. 역사가 차원성을 두고 오기에 다시 올 때는 위치, 환경이

---

330) 『역사편』, 6.

같지 않다. 아담의 동시성은 예수님이고, 예수님의 동시성을 가지고
나타나는 자는 재림주이다.[331]

(4) 동시성적 섭리 역사

하나님은 섭리를 동시성으로 돌리면서 역사하신다. 아담을 중심하
여 이루려던 것이 노아에게, 노아에게 하려던 것은 아브라함에게, 아
브라함이 하려던 것은 이삭과 야곱에게, 그리고 모세와 예수님에게 동
시성으로 연장되어 나왔다.

한편 동시성은 영적인 세계에도 해당된다. 과거에 육신 쓰고 못한
채 죽은 사람들은 현실에 와서 현실 사람들에게 재림 부활할 수 있는
기회를 준다는 것이다. 하나님께서는 엘리야가 못 이룬 것을 세례 요
한을 통해 이루어 나갔다. 초림주가 못 이룬 것을 재림주를 통해서 이
루실 것이다. 예수님 때 못한 것을 2000년 후 재림주가 다시 나타나서
한다.[332]

반증

(1) 정명석의 역사관은 희랍철학의 순환사관(巡還史觀)
을 닮았다.

순환적인 시간 개념에서는 엄밀한 의미에서 시작과 중간, 끝이 없
다. 다른 말로 표현한다면 모든 점이 시작이요, 중간이요, 끝이라 볼
수 있다. 따라서 세계의 창조나 종말도 없다. 다만 그것은 무한히 원을
그리면서 운동할 따름이다. 그러므로 역사의 과정에서는 엄밀한 의미

331) 『역사편』, 6~7.
332) 『역사편』, 7.

에서 새로운 것이 하나도 없다. 왜냐면 모든 것은 끝없이 반복되어 나타나기 때문이다. 이같이 시간의 반복을 주장하게 되면 시간의 어떤 순간이나 역사의 어떤 사건에도 심각한 의미를 부여하여 생각할 수 없다.[333]

그러나 역사와 시간은 끝없는 순환이 아니라, 시작과 중간과 끝(exortus, processus, et finis-telos)이 있는 유한한 선(線)이다. 그러므로 인간은 역사 안에서 진정한 새로운 사건을 경험할 수 있고, 또한 기대할 수도 있다.

그렇다면, 구약의 전도서에 있는 말씀은 무엇인가? 다음 구절을 살펴보자: "과거에 있었던 것은 미래에도 있을 것이며 과거에 했던 일은 미래에도 할 것이다. 해 아래 새것이 없다"(전1:9~10). 이 말씀은 순환론자들의 주장처럼 역사 안에서 똑같은 일이 반복적으로 나타난다고 말하는 것이 아니다. 그것은 사건들의 속성상 어떤 사건은 과거의 어떤 사건과 비슷하다는 것을 설명하기 위한 것이지, 결코 똑같은 사건이 반복된다는 뜻은 아니다.

이에 대하여 어거스틴도, 전도서의 솔로몬의 이 말은 역사 안에서 똑같은 사건이 반복하여 발생하는 것을 말하는 것이 아니라면서 다음과 같이 경고하였다.

그러나 어떤 사람은 이 말씀을 그릇되게 해석하여 하나님의 예정 안에서는 모든 것이 이미 존재하였고 또한 해 아래에서는 새로운 것이 하나도 없다고 이해할지 모른다. 그러나 여하튼 참다운 신자들은 솔로몬의 이 말이 결코 같은 시간의 기간과 사건이 똑같이 그대로 반복된다는 것을 믿는 철학자들의 주장을 의미한 것이 아니라는 것을 알아

---

333) 선한용, 『시간과 영원』, (서울: 성광문화사, 1994), 135.

야 한다.[334]

어거스틴은 세 가지를 들어 순환사관을 반대했다.

첫째, 무로부터의 창조이다. 하나님께서는 무로부터 천지를 창조하셨다. 그러므로 시작과 끝이 있다. 그러나 순환사관은 시작과 끝이 없다.

둘째, 그리스도의 성육과 십자가 사건이다. 우리 인간을 죄와 죽음에서 구원하기 위하여 성육하신 예수 그리스도의 사건은 역사에서 전례가 없었던 새로운 사건이었다. 그리고 성육의 사건과 십자가 사건은 다시 (끝없이) 반복되지 않는다. 예수 그리스도의 사건은 독특하고 유일회적인 사건이다.

셋째, 희랍철학의 순환사관은 인간 구원의 소망을 근본적으로 부정한 것이 된다. 소망이란 본래 우리가 바라는 미래에 있을 최후의 완성과 밀접하게 관계되어 있다. 그러나 순환적인 시간관에 있어서는 과거나 미래의 시간이 사실상 같은 것이므로 진정한 의미에서 구원과 완성이 없다. 거기엔 다만 인간의 행복과 괴로움이 끝없이 반복될 뿐이다. 인간의 행복은 괴로움을 뒤따르고 또한 그 괴로움은 행복을 뒤따르게 되어 진정한 행복도 없고 마지막의 완성도 없게 된다. 다만 역사의 모호성만이 숙명의 수레바퀴와 함께 돌아가는 인생을 지배하고 있을 뿐이다. 종말의 완성이 없이 무한히 계속되는 시간은 목적이 없는 역사의 과정과 같다. 목적이 없는 역사의 과정은 목적이 없는 여행길과 같아서 무의미한 것이 되고 만다. 종말의 완성이 없는 무한한 시간이나 순환적인 시간은 다 같이 무의미한 시간으로서 역사의 의미를

---

334) De civ, Dei,. Ⅻ, 13; 『시간과 영원』, 137에서 재인용.

찾을 수 없다는 것이다.[335]

(2) 역사는 직선이다.

사람들은 흔히 역사는 반복된다고 한다. 유행도 반복된다고 하고, 전도서에서도 해 아래는 새것이 없다고 말씀하기도 하였다. 그러나 그 것은 역사의 유사성을 말한 것으로, 사실 엄밀한 의미에서 반복되는 일은 하나도 없다. 인간의 역사란, 하나님의 창조로 시작하여 종말을 향해 나아가는 과정(procursus)이다.[336] 그것이 성경이 말하는 직선사 관이다.

예수님의 십자가 사건을 예로 들어보자. 예수님의 십자가 사건은 단 회적이며 결코 반복되지 않는다. 예수님께서 세상 사람들이 죄를 지을 때마다 십자가 지고, 또 십자가 지고, 또 십자가를 진다면 어떨까? 예 수님께서 이같이 계속하여 반복적으로 십자가를 지셔야 한다면 여러 번 죽으셔야 한다(히9:26). 그러나 죽으심은 한 번뿐이고, 여러 번 죽 을 수도 없다. 그러므로 예수님의 십자가는 영원히 한 번뿐이고 다시 는 반복되는 일이 없다. 두 점 사이에서 최단 선은 직선이고 직선은 겹 치지 않는다. 역사 가운데 똑같은 역사는 해 아래에서 발생하지 않는 다. 마치 예수님의 십자가처럼. 그래서 직선사관이다.

> 오직 그리스도는 죄를 위하여 한 영원한 제사를 드리시고 하나님 우편에 앉으 사(히10:12)

> 그가 거룩하게 된 자들을 한 번의 제사로 영원히 온전하게 하셨느니라(히 10:14).

---

335) 선한용, 『시간과 영원』, 137~142.
336) 『시간과 영원』, 142.

정명석이나 다른 교주들이 감옥 갈 때마다 세상 죄를 대신 지고 십자가를 지고 간다고 말하지만, 다 거짓말들이다. 왜냐면 십자가 사건은 결코 반복되지 않기 때문이다. 십자가를 대신 지려면 죄가 없어야 한다. 그러나 인간 교주들은 자기 자체가 죄 덩어리들이다. 그런데 무슨 세상 죄를 지고 십자가를 지었다는 말인가? 말이 되지 않는다.

성경은 분명히 말하고 있다. 초림 때는 세상 죄를 위하여 십자가를 지셔야 했지만, 재림 때는 죄와는 상관이 없기 때문에 십자가를 지실 일이 없다고 말이다.

> 이같이 그리스도도 많은 사람의 죄를 담당하시려고 단번에 드리신 바 되셨고 구원에 이르게 하기 위하여 죄와 상관없이 자기를 바라는 자들에게 두 번째 나타나시리라(히9:28).

초림은 구원하러 오셨지만, 재림 때는 심판하러 오신다. 하늘 천사들과 영광 중에 강림하실 심판주가 또 십자가 진다는 것은 말이 되지 않는다. 초림 때와 재림 때는 출현 양식이 다르다.

16. 재림이 동시성으로 이뤄지는가?

16
재림이 동시성으로 이뤄지는가?

재림은 언제 있을 것인가? 재림의 시기는 절대 하나님의 주권이기 때문에 알려고 해서는 안 된다. 그러나 이미 왔다고 믿는 사람들에게는 더 이상 비밀이 아니라 오히려 알려야 하는 문제가 된다. 이 교리는 구약과 신약의 역사를 대조하였을 때 재림주가 나타나야 할 타이밍에 정명석이 나타났으므로 정명석이 재림주라는 것이다. 정명석의 주장을 살펴본 후 반증한다.

정명석의 주장

역사는 동시성적으로 반복되기 때문에 초림을 통해 재림의 때를 알 수 있다. 역사는 반복된다. 이것을 역사의 동시성이라고 한다.

초림의 기점은 요셉에게서 시작한다.[337] 요셉부터 시작하여 애굽 고역살이 400년, 사사시대 400년, 통일왕국시대 120년, 남북분립시대 400년, 바벨론 포로시대 210년, 말라기부터 예수님 때까지 메시아 강림준비기간 400년이다. 그러므로 요셉부터 예수님 때까지 1930년이 걸렸다.

재림은 예수님 때부터 시작하여 로마박해 400년, 교구장시대 400

---

337) 요셉의 활이 도리어 견강하며 그의 팔이 힘이 있으니 야곱의 전능자의 손을 힘입음이라 그로부터 이스라엘의 반석인 목자가 나도다(창49:24. 개역한글).

년, 기독왕국 120년, 동서분립시대 400년, 아비뇽유수 포로시대 210
년, 루터부터 메시아 재강림준비기간이 400년이 소요된다.

요셉부터 1930년만에 예수님이 초림으로 오셨듯이, 재림도 역사가
동시성적으로 반복되기 때문에, 예수님 때부터 1930년 만에 오실 것이
라고 정명석은 주장한다. 그러므로 이 도표에 의하면 재림 예수가 이
땅에 온 지도 이미 한 세기가 다 되어간다. 정명석은 1945년생이다.

JMS의 동시성 역사 도표[338]

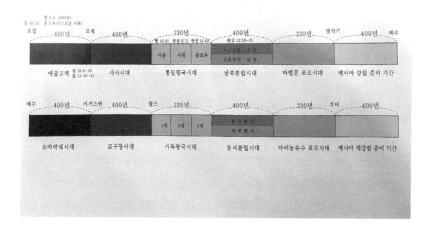

반증

---

338) 『말씀도표강의론』, 72.

(1) 통일교의 "복귀 섭리로 본 역사발전 표시도"의 표절이다.

　정명석은 계시받았다고 하나, 실상은 통일교의 도표를 베낀 것이다. 통일교의 도표와 거의 똑같으나 미세하게 다른 점은, 정명석은 초림의 기점을 요셉부터 놓았고, 통일교는 아브라함부터 놓았다는 점뿐이다. 통일교는 이 도표를 통해서 문선명을 재림 예수라고 주장하며, JMS에서는 정명석이 재림 예수라고 주장하는 것이다. 정명석은 문선명을 자기의 세례 요한이라고 주장하나, 문선명은 정명석을 재림 예수라고 증거 하지 않는다. 재미난 사실은, 모든 이단 교주마다 자기가 한때 메시아라고 추종했던 선생을 세례 요한이라고 주장한다는 점이다. 그 선생을 세례 요한이라고 해야 자기를 재림 예수라고 주장할 수 있기 때문이다.

통일교의 동시성 역사 도표[339]

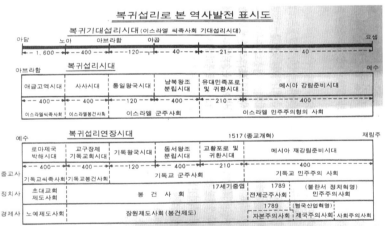

JMS의 도표와 통일교의 도표를 비교해 보라. 애굽 고역살이 400년과 로마박해시대 400년, 사사시대 400년과 교구장시대 400년, 통일왕국시대 120년과 기독왕국시대 120년, 남북왕조시대 400년과 동서분립시대 400년, 바벨론 포로시대 210년과 교황 포로시대 210년, 초림 메시아 강림 준비시대 400년과 재림 메시아준비시대 400년. 통일교와 JMS의 시대구분이 똑같지 않은가? 누가 표절했을까? 당연히 정명석이다.

(2) 애굽 고역과 로마 박해

정명석은 애굽 고역살이가 400년, 로마에게 박해받은 기간이 400년이라고 하면서 이 두 기간이 똑같다고 주장한다. 그러나 구약의 애굽 고역살이는 대략 400년이라고 할 수 있지만, 신약의 로마박해는 400년이라고 할 수 없다. 신약의 초기 기독교는 30년 동안 유대교로부터 박해를 받았다. 이어진 로마박해는 네로 황제가 재임할 때 일어났는데, AD64년에 발생한 로마의 대화재의 책임을 기독교인들에게 돌리면서 시작되었다. 이 박해는 콘스탄틴대제가 기독교를 공인한 AD313년까지 이어졌다. 그러므로 로마박해는 약 250년 정도 이어졌다고 할 수 있다. 로마박해 400년이라는 기간은 애굽 고역살이 400년에 맞추기 위해서 150년이나 늘려서 말한 것이다. 그러므로 애굽 고역살이와 로마 박해는 기간이 다르다.

(3) 사사시대와 교구장시대

사사시대 400년은 과장되었다. 왜냐하면 사사시대는 여호수아가 죽고 나서부터 사무엘시대까지 약 340년간을 말하기 때문이다. 연도상

으로는 BC1390년부터 BC1050년까지다.[340]

　교구장 시대란 무엇인가? 사도들의 전도로 교회가 생겨나기 시작했고, 속(續)사도시대를 거쳐 지역마다 선교의 중심지들이 생겨났다. 그 중심지들로서 로마, 콘스타티노플, 알렉산드리아, 안디옥, 예루살렘의 5대 교구가 생겨났다. 교구장이란 교구의 담당자를 말하며, 그 교구장 중에서 로마 교구장은 나중에 교황으로 불리게 되었다. AD395년 로마 제국이 동로마와 서로마로 분리되면서 교회도 동서로 분열양상을 보이기 시작하였다. AD 7세기경에는 동로마지역의 3대 교구인 예루살렘 교구, 안디옥 교구, 알렉산드리아 교구는 이슬람의 손에 넘어가고 말았다. 이제 동로마의 콘스탄티노플 교구와 서로마의 로마 교구만 남게 되었다. 그러나 이 둘은 신학과 교황권 문제로 다투다가 결국 1054년 상대방을 서로 파문하면서, 분열하였다. 1054년 교회 대분열 이후 서방교회에서는 교구장(총대주교)의 중요성이 급격히 감소하였으나 동방 정교회에는 교구장(총대주교)이 건재하고 있다. 이 점에서 교구장 제도는 현재에도 여전히 존재하고 있는데, 교구장 시대가 400년이라고 말할 수 없다.

　통일교와 정명석이 말한 교구장이란 사실상 교부(敎父)들을 의미한다. 교부(敎父)는 1세기 말부터 기독교 신학의 주춧돌을 놓은 이들을 일컫는다. 교부라는 호칭은 후대에 붙인 경칭이며, 이들에 관련된 신학을 기독교에선 교부학, 교부신학이라고 부르고, 종교철학에서는 교부철학으로 나누어 연구하고 있다. 교부는 1세기 말부터 8세기에 걸쳐 기독교의 이론을 확립하고, 또한 이단과의 열띤 논쟁을 벌여 사도전승을 바탕으로 한 보편교회 신학과 교리를 수호하는 데 앞장섰다.

　교부는 그들이 활동한 시대에 따라 크게 세 무리로 나누어 볼 수

---

340) https://biblical-charts.tistory.com/18

있다.

1) 사도들의 제자 혹은 그들의 가르침을 직접 들은 교부(1세기 말 – 2세기초).

2) 니케아 공의회 이전의 교부(2 – 3세기).

3) 니케아 공의회 이후의 교부 (4 – 8세기).[341]

정명석은 구약의 사사시대와 신약의 교구장시대를 각각 400년이라고 하였다. 그러나 이는 오류이다. 구약의 사사시대는 300년 정도에 불과하며, 교부시대는 1세기 말부터 8세기까지 700년 이상이나 유지되었기 때문이다. 그러므로 정명석이 "사사 시대 400년, 교구장 시대 400년"이라고 한 것은 400년이라는 숫자에 짜 맞추기 한 것이다.

(4) 이스라엘 통일왕국과 기독 왕국(프랑크 왕국)

구약의 통일왕국이란 사울 왕(BC1050 – BC1010년경)에서 시작하여 다윗 왕(BC1010 – BC970)과 솔로몬 왕(BC970 – BC930)까지 세 왕이 통치했던 이스라엘의 전성시대를 이른다.

정명석은 찰스 대제가 교황 레오 3세로부터 로마 황제 대관식을 받음으로써 프랑크 왕국이 기독교 왕국이 되었다고 하였다.[342] 정명석은 찰스 대제(AD786 – AD814년) 때부터 기독교 왕국의 기간이 120년이라고 했는데 그 주장은 맞지 않는다. 왜냐면 찰스 대제가 AD800년 12월 25일에 즉위하였기 때문이다. 연도를 계산하면, 프랑크 왕국은 AD843년에 망했기 때문에 찰스 즉위 이후 총 43년밖에 되지 않는다. 그런데 왜 120년이라고 하는가? 프랑크 왕국의 전(全) 역사(AD481 – 843)는 거의 400년에 육박한다. 그러나 전체로 보나, 찰스 대제 이후부터 보나, 기독교 왕국의 기간이 120년이라는 숫자는 맞지 않는다.

---

341) https://ko.wikipedia.org/wiki/%EA%B5%90%EB%B6%80 참고

342) 『역사편』, 92.

분열한 스타일도 다르다. 구약의 이스라엘 왕국은 사울, 다윗, 솔로몬을 지나 120년 만에 분열하였으나 신약의 기독(프랑크) 왕국은 찰스 대제의 사후 30년 만에 바로 분열하였다.

그렇다면 기독교 왕국의 1세, 2세, 3세는 누구인가? 찰스 대제가 사울 왕에 해당하는 1세 왕이라면, 다윗 왕과 솔로몬 왕에 해당하는 왕들은 누구인가? 그들도 40년씩 통치하였는가? 정명석은 기독교 왕국에도 1세, 2세, 3세가 있다고 설명하지만 정작 이름은 밝히지 않고 얼렁뚱땅 넘어간다. 정명석은 중고등학교를 다니지 않아 세계사를 배우지 않았고, 통일교의 교리를 표절하여 가르치려다 보니 자기도 잘 모르면서 가르친 것이다.

이스라엘의 통일왕국과 기독(프랑크) 왕국은 동일한 역사로 볼 수 없다. 기간도 다르고, 상응하는 인물도 없다.

(5) 남북분립시대와 동서분립시대

정명석은 남유다와 북이스라엘의 남북왕조분립시대를 400년으로, 동프랑크와 서프랑크의 분립시대 역시 400년이라고 하였다. 과연 그러한가?

먼저 남유다는 르호보암 왕이 즉위하던 BC931년부터 바벨론에 포로로 잡혀가던 BC586년까지 존속한다. 이 연도를 계산하면 345년이다. 북이스라엘은 여로보암이 갈라져 나가던 BC931년부터 앗시리아에게 멸망당하던 BC722년까지 존속한다. 이 연도를 계산하면 209년이다.

반면, 프랑크 왕국은 베르덴 조약(AD843년)과 메르센 조약(AD870년)을 통해서 세 나라로 갈라졌다. 찰스 대제가 즉위한 AD800년부터 계산하면 43만에 분열하였다. 그러므로 분열왕국 시대가 400년이라고 주장하는 것은 오류이다.

그리고 이스라엘은 북이스라엘과 남유다로 갈라졌지만, 프랑크 왕국은 동프랑크, 중프랑크, 서프랑크로 갈라져 세 나라가 되었다. 이 사실은 이스라엘과 프랑크 왕국을 동일선상에서 비교해서는 안 된다는 점을 분명하게 보여준다. 이스라엘은 남북으로 갈라져 두 나라가 되었고, 프랑크 왕국은 동서로 세 나라로 갈라졌다. 뭐가 같은가? 그러므로 이스라엘의 남북 이(二)분립과 프랑크 왕국의 삼(三)분립은 같지 않다. 기간도 다르고, 숫자도 다르다.

(6) 바벨론 포로(유수) 시대와 아비뇽 포로(유수)시대

정명석은 이스라엘 민족이 바벨론에 210년간 포로로 끌려간 사건과, 교황이 아비뇽에 210년간 유폐된 사건을 비교하며 역사의 동시성이라고 주장하였다. 흔히 교황이 프랑스 지역의 아비뇽에 끌려간 것을 유대 백성이 바벨론에 끌려간 것과 같다고 해서 빗대어 말하곤 한다. 그러나 그것은 비단 교황에게만 붙이는 말이 아니다. 누구라도 특정 세력에게 끌려가서 갇히면 바벨론 유수(幽囚, 잡아 가둠)와 같다고 비유적으로 말하는 것이다. 그런 면에서 교황의 아비뇽유수를 바벨론 유수에 빗대어 말할 수는 있다.

그러나 바벨론 유수는 3차에 일어났고, 귀국도 3차에 걸쳐 일어났으나, 아비뇽유수는 이 과정이 단번에 이루어졌다. 그리고 바벨론 유수는 이스라엘 민족에게 거국적으로 일어났고, 아비뇽유수는 교황청만 옮긴 사건이었다.

기간에 대해서도 생각해 보자. 유대 민족이 바벨론에 끌려갔다가 돌아온 기간이 70년이다. 그리고 교황이 아비뇽에 유폐된 것도 AD1309년부터 AD1377년까지 68년에 불과하다.[343] 바벨론 유수 기간이 70년

---

[343] https://ko.wikipedia.org/wiki/%EC%95%84%EB%B9%84%EB%87%BD_%EC%9C%A0%EC%88%98 2021년 6월 29일 접속.

이고, 아비뇽유수 기간이 68년이니 기간만 따진다면 얼추 비슷하다고
도 할 수 있다. 그러나 정명석은 바벨론 포로 시대와 교황의 아비뇽 포
로 시대를 210년이라고 설명한다. 이는 실제 역사적 사실과 일치하지
않는다. 이는 정명석이 자신의 주장을 합리화하기 위해 억지로 정당화
하는 과정에서 발생한 오류인 것처럼 보인다.

　결론적으로, 바벨론 유수는 바벨론 유수이고, 아비뇽유수는 그냥 아
비뇽유수이다. 모든 사건은 과거에 어떤 사건과 닮았다고 말할 수는
있어도, 엄밀한 의미에서 똑같은 사건은 하나도 없다. 모든 사건은 독
특하기 때문이다. 모든 사건은 직선의 한 점처럼 유일하다. 십자가 사
건이 유일한 것처럼 말이다.

(7) 말라기 이후 400년에 대해서

　정명석은 말라기 선지자 이후 400년 만에 초림주가 왔듯이, 루터 이
후 400년 만에 재림주가 오실 것이라고 주장한다. 그러나 성경에 루터
이후 400년 만에 재림주가 오신다는 말은 없다. 다만 구약에서 그랬듯
이 신약에도 그럴 것이라고 유비적으로 상상할 수 있을 뿐이다. 그래
서 통일교는 루터가 1517년에 종교개혁을 시작하였으니, 400년을 더
하여 1947년에 재림 역사가 시작된다고 주장한다. 그리고 바로 문선
명이 그때부터 역사를 펴기 시작했다고 주장한다. 초림이 아브라함부
터 예수님 때까지 2000년 걸렸으니, 재림도 예수님 때부터 2000년이
끝나갈 무렵에 주(主)께서 오실 것이라고 주장한다.[344]

　정명석은 이와 같은 문선명의 주장을 자신의 주장처럼 바꿔놓았다.
그러나 문선명, 정명석, 그 누구라도 재림 예수가 될 수 없다. 왜냐면
어떤 가설이나, 어떤 상상력도 명백히 기록된 성경을 능가할 수 없기

344) 『원리강론』, 527.

때문이다. 또한 성경은 재림의 현상에 대해서 분명하고도 특별하게 기록해 놓고 있다. 어떤 교주도 구름 타고 오시리라는 성경의 예언대로(행1:11) 구름을 타고 오지 않았고, 우주적인 불 심판(벧후3:8~13)도 없었으며, 죽은 자들이 먼저 부활하리라(살전4:16)는 예언도 성취된 바 없다. 전 세계 사람들이 예수님의 재림의 상황을 볼 것이고, 각 민족이 통곡하며 예수님을 창으로 찌른 자들도 볼 것이라 하였는데(계1:7) 그런 일들이 전혀 없었다. 그런데 어찌 자기를 그리스도라고 주장하는가? 통일교나 JMS의 주장은, 말라기 선지자 이후 400년 만에 예수님이 오셨으니, 재림 예수도 마르틴 루터 이후 400년 후에 오셔야 하지 않겠느냐고 주장하는 것이다. 그러나 이런 이단의 교리들은 재림에 관한 성경의 명백한 기록과는 다르다. 이단 교주들은 이러한 약점을 커버하기 위해 성경을 비유로 풀고, 역사는 동시성이라고 하면서 자기네들을 재림 예수라고 믿어지게끔 꿰맞추어 놓은 것이다.

재림에 관한 예언을 비유로 해석하면 누구라도 자기를 그리스도라고 주장할 수 있다. 그러나 초림에 대한 예언들은 대부분 문자대로 성취되었다. 예를 들어 초림 때 나귀 새끼 타시고 오신다고 하고(슥9:9), 예수님은 실제로 나귀 새끼 타시고 오셨다(마21:1~11). 마찬가지로 재림 때 구름 타고 오신다는 예언도 문자적으로 성취될 것으로 믿어야 한다. 하나님의 약속과 예언은 반드시 이뤄질 것이다.

만약 신약성경 어딘가에 재림주가, 문선명과 정명석의 주장처럼, 역사의 동시성으로 온다고 예언되어 있었다면, 그들의 역사해석을 따라 재림주가 언제쯤 오실 것인가 알 수도 있을 것이다. 그러나 한 군데도 재림에 대해서 그렇게 말하고 있지 않다. 천사도 모르고 심지어 아들도 모르고 오직 하나님만 아신다고 하셨을 뿐이다. 그러므로 역사적으로 신구약을 대조해보면 알 수 있다는 말은 거짓말이다.

오늘날 자칭 재림 예수라고 주장하는 수많은 사람이 나타났지만, 과연 천사장의 나팔 소리와 함께 하늘 구름을 타시고 큰 영광 중에 오시리라는 예언의 말씀에 부합되는 사람이 있는가? 그런 사람은 아직 한 명도 없었다. 재림 일자를 알아맞히려고 한다든지, 또는 이미 재림주가 오셨으니 알아야 한다고 주장하는 사람들은 다 이단들이다. 둘 다 비성경적이기 때문이다.

재림 예수님은 동정녀 마리아에게서 탄생하시고, 갈보리 언덕에서 십자가에서 죽으시고, 사흘 만에 부활하셔서 승천하셨던 예수, 그분이 다시 오시는 것이다. 그분 외에 다른 예수들은 다 가짜들이다.

(8) 기독교 교회사

기독교 교회사는 통일교와 JMS에서 주장하는 것과는 달리, 일반적으로 초대교회사(0~590년), 중세교회사(590~1517년), 근대교회사(1517년~현재)로 나눈다. 초대교회는 예수님 출생부터 그레고리 대제가 교황으로 즉위한 590년까지이고, 중세교회사는 590년부터 루터가 종교개혁을 시작한 1517년까지이다. 근대교회사는 종교개혁부터 지금까지이다.

초대교회사	중세교회사	근세교회사
1~590년	590년~1517년	1517년~현재

세분하여, 아래의 도표와 같이 구분할 수 있다.

교회사의 시대구분[345]

구분	시대구분	주요사건	비고
고대사 (1-590)	사도시대(1-100)	그리스도~사도들의 활동 종료까지	교회건설기
	속사도 시대(100-313)	콘스탄틴 대제의 기독교 공인까지	교회핍박기
	니케아회의 시대(313-590)	초대 교황 그레고리우스 1세 즉위까지	신학조성기
중세사 (590~1517)	과도기(590~800)	신성 로마제국 탄생까지	선교발달기
	로마교회 성장기(800~1073)	그레고리우스 7세의 즉위까지	동서교회 분리기
	로마교회 전성기(1073~1517)	보니페이스 8세 사망까지	기독교 실생활기
	로마교회 쇠퇴기(1303~1517)	루터의 종교개혁까지	개혁전초기
근세사 (1517~현재)	종교개혁시대(1517~1648)	웨스트팔리아(Westpalia)조약까지	신교발생기
	근세사시대(1648~1800)	프랑스 혁명까지	신교확장기
	최근세사시대		세계 기독교화기

통일교와 JMS의 동시성 역사 도표는 성경적 근거 없이 인간 교주를 재림주로 주장하기 위해 조작해 낸 도표일 뿐이다.

계시에도 우선순위가 있다. 아론과 미리암이 모세의 권위에 도전했을 때, 하나님께서는 아론과 미리암을 징계하셨다. 하나님께서 아론과 미리암에게는 꿈과 환상을 통해 은밀하게 말씀하시지만, 모세와는 그

345) 로버트 C. 월톤, 『챠트로 본 교회사』, 김영무/김일우 역, 서울: 아가페문화사, 1996, 11.

렇지 않고 직접 대면(對面)하여 명백하게 말씀하셨다(민12:6~8). 그러므로 꿈과 환상보다 대면하여 직접 말씀하신 것을 중심으로 해야 한다. 꿈과 환상은 간접계시라서 해석이 필요하지만, 대면은 직접계시이기 때문에 하나님의 뜻이 명백하다.

　통일교나 JMS처럼 구약 역사를 통해 초림주의 시기를 계산한 다음, 재림주의 출현 시기를 알아내려고 하는 것은 마치 간접계시와 같은 개념이다. 오늘날 대면계시가 있는가? 현대의 유일한 대면계시이자 직접계시는 오직 기록된 성경뿐이다. 성경에는 재림 예수의 출현에 대하여 대면하듯이 명백하게 말씀해 주고 있다. 재림하시는 날은 하나님 외에 아무도 모르지만, 막상 재림하실 때는 천사장의 큰 나팔 소리와 함께 큰 영광중에 구름 타시고 올 것이고, 불 심판과 공중 휴거와 부활, 백 보좌 심판 등이 일어날 것이다. 그러나 그런 일은 아직 하나도 일어나지 않았다. 그러므로 예수님은 아직 오지 않으셨다. 그런데 성경은 비유로 봐야 한다거나, 동시성으로 봐야 한다면서 재림 예수가 이미 왔다고 하는 자들이 있는데 그들이 바로 적그리스도들이다.

　예수님은 언제 재림하실 것인가? 재림의 시기는 하나님의 절대 주권의 영역이기 때문에, 신구약의 역사를 대조한다고 하여 알 수 있는 것이 아니라, 아무도 모르게 도둑같이 오신다(살전5:1~2). 재림의 시기는 마태복음 24장에 나온 세상 끝날의 징조들을 마음에 새기며 경각심을 갖고 준비는 할 수 있다. 하지만, 점치듯 날짜를 알아내려고 해서는 안 된다. 예수님께서 "내가 진실로 속히 오리라(Yes, I am coming soon.)"고 약속하셨다(계22:20). 다만 우리는 그 약속을 굳게 붙잡고, 오늘 밤에 오시더라도 "아멘, 주 예수여, 어서 오시옵소서(Amen, Come, Lord Jesus.)"라는 자세로 신앙 생활해야 한다. 주 예수의 은혜가 독자들에게 충만하기를 기원합니다. 아멘.

참고문헌

1. 국내 문헌

김경열. 『레위기의 신학과 해석』. 서울: 새물결플러스, 2017.

김근주. 『다니엘처럼』. 서울: 대장간, 2019.

김영한·임지현편. 『서양의 지적 운동』. 서울: 지식산업사, 1994.

민병석. 『쉽게 배우는 다니엘서』. 서울: 도서출판 신생, 2007.

_____ . 『작은 책의 비밀』. 서울: 밤중소리사역회, 2014.

박해경. 『챠트로 본 조직신학』. 서울: 아가페문화사, 1998.

서철원.『서철원박사 교의신학 Ⅱ 하나님론』. 서울: 쿰란출판사, 2018.

_____ . 『서철원박사 교의신학 Ⅶ 종말론』. 서울: 쿰란출판사, 2018.

선한용. 『시간과 영원』. 서울: 성광문화사, 1994.

진용식. 『안식교의 오류』. 서울: 도서출판 성산, 1998.

천정웅. 『장별 성경연구를 위한 다니엘』. 서울: 말씀의 집, 1991.

피영민. 『완전한 믿음의 정상에서』. 서울: 검과흙손, 2009.

_____ . 『약속의 땅에 거하라』. 서울: 검과흙손, 2006.

_____ . 『완전한 믿음의 정상에서 2권』. 서울: 검과흙손, 2009.

_____ . 『견고한 신앙』. 서울: 검과흙손, 2005.

한에녹. 『영원한 복음』. 서울: 영원한 복음사, 1947

2. 학술문헌 및 기타

(사)한국성서유니온선교회. 『묵상과 설교 2018. 9~10』. 2018.

세계기독교청년연맹. 『중급편』. 서울: 세계청년대학생MS연맹기획
　　　　　실. nd.

_____.『고급편』. 세계청년대학생MS연맹기획실. nd.

_____. 『역사편』. 세계청년대학생MS연맹기획실. nd.

기독교복음선교회. 『실제 보는 강의안』. 충남: 도서출판 명, 2012.

정명석. "휴거는 변화다", 2020년 6월 8일 주일설교.

정명석. 『말씀도표강의론』. 충남: 기독교 복음선교회, 2007.

정동섭. "성도의 행복을 위해 주신 율법…은혜와 관계는?". 교회와
　　　　　신앙. 2015년 12월3일자 기사.

최성희. 『30개론 강의안』. 서울: 도서출판 명, 2002.

세계기독교통일신령협회. 『원리강론』. 서울: 성화사, 2006.

https://terms.naver.com/entry.nhn?docId=2389966&cid=50762&categoryId=51387 2019년 8월 7일

http://blog.daum.net/cesil777/10124

http://www.ecumenicalpress.co.kr/n_news/news/view.html?no=44135

https://goodlucks6200.tistory.com/173

http://www.amennews.com/news/articleView.html?idxno=14037

https://m.blog.naver.com/panem/70053698742 2020년 6월 1일 접속

https://www.mk.co.kr/news/economy/view/2019/06/433185/ 2020년
6월 1일 접속.

blog.daum.net/kinhj4801/2716395

http://blog.naver.com/PostView.nhn?blogId=kickkick99&logNo=220426520701

https://ko.wikipedia.org/wiki/%EA%B0%80%EC%8A%A4%EB%9D%BC%EC%9D%B4%ED%8C%85

https://ko.wikipedia.org/wiki/구속사 2019년 12월 6일 접속

http://blog.daum.net/duaworld/8574703

http://news.kmib.co.kr/article/view.asp?arcid=0923475092

http://www.aahope.net/xe/files/78247 2021년 5월 27일 접속

https://ko.wikipedia.org/wiki/%EC%95%84%EB%B9%84%EB%87BD_%EC%9C%A0%EC%88%98 2021년 6월 29일 접속

Halley, Henry H. 『최신 성서핸드북』. 박양조 역. 서울: 기독교문화
　　　사, 2000.

Kaiser Jr, Walter C. · Bruce, F.F. · Brauch, Manfed T.· Davids, Peter
　　　H. 『IVP성경난제주석』. 서울: 한국기독학생
　　　회출판부, 2017.

라형택(편). 『스트롱코드 히·헬 원어사전』. 도서출판 로고스, 2012.

news.jtbc.joins.com/html/121/NB10468121.html 2021년 3월18일
접속

기독교복음선교회. 『강의안』. 미간행. nd.

https://new-book.tistory.com/232 2021년 3월 25일 접속.

https://blog.daum.net/kuaile8/73 2021년 3월 접속

https://blog.daum.net/terrasanta/17464779 2021년 3월 접속

https://ko.wikipedia.org/wiki/%EB%B0%94%EC%9C%84%EC%
9D%98_%EB%8F%94 2021년 3월 접속.

https://researchheresy.com/board42/1276 2019년 12월 11일 접속.

https://news.joins.com/article/4072890 2021년 7월 6일 접속.

https://ko.wikipedia.org/wiki/%EA%B5%90%EB%B6%80
2021.7.18 접속.

3. 번역문헌

Berkhof, Louis. 『벌코프 조직신학 상』. 권수경· 이상원 역. 서울:크
리스챤다이제스트, 1995.

Berkhof, Louis. 『벌코프 조직신학 하』. 권수경· 이상원 역. 서울:크
리스챤다이제스트, 1995.

Berkhof, Louis. 『기독교신학개론』. 신복윤 역. 서울:성광문화사,
1992.

스베덴보리 연구회 편역.『스베덴 보리의 위대한 선물』. 서울:다산
초당, 2009.

Choo, Tomas. 『천국은 확실히 있다』. 조용기 역. 서울: 서울말씀사,
2003.

Steele, David N. & Thomas, Curtis C.. The Five Points of Calvinism.
『칼빈주의의 5대강령』. 서울: 생명의말씀사, 1994.

Palmer, Edwin. The Five Points of Calvinism. 『칼빈주의 5대교리』.
박일민 역. 서울:성광문화사, 1994.

Sproul, R.C. 『언약』. 김태곤역. 서울:생명의 말씀사, 2013.

Kasper, Walter. 『Jesus der Christus』. 박상래 역. 서울: 분도출판
사, 1983.

Walton, Robert C. 『챠트로 본 교회사』. 김영무 · 김일우 편역. 서
울:아가페문화사, 1996.

4. 외국문헌

Hick, John H. Philosophy of Religion, New Jersey: Prentice-Hall.,
Inc. 1973.